JÜRGEN OVERHOFF

FRIEDRICH DER GROSSE UND GEORGE WASHINGTON

ZWEI WEGE DER AUFKLÄRUNG

KLETT-COTTA

Klett-Cotta
www.klett-cotta.de

Printed in Germany
Umschlag: Rothfos & Gabler, Hamburg
Unter Verwendung eines Friedrich-Porträts von Johann Georg Ziesenis
und eines Washington-Porträts von Samuel King, © akg-images
Gesetzt aus der Fairfield von Kösel, Krugzell
Gedruckt und gebunden von fgb – freiburger graphische betriebe
ISBN 978-3-608-94647-5

Bibliografische Information der Deutschen Nationalbibliothek
Die Deutsche Nationalbibliothek verzeichnet diese Publikation in der
Deutschen Nationalbibliografie; detaillierte bibliografische Daten
sind im Internet über <http://dnb.d-nb.de> abrufbar.

Dem akademischen Lehrer
QUENTIN SKINNER
und den Freunden und Kollegen
in Berlin und Philadelphia
in Dankbarkeit gewidmet

»Wie erklärt man die Köpfe, das Denken?
Damit ist es wie mit der Liebe.
Sie sind unmöglich zu erklären.
Aber wer wären wir, wenn wir es nicht versuchten.«

Per Olov Enquist (2001)

INHALT

1.

FRIEDRICH DER GROSSE UND GEORGE WASHINGTON – PARALLELE LEBEN

George Washington hatte viel Gutes über Friedrich den Großen zu sagen, als er sich im Sommer 1786 berufen fühlte, die Leistungen des weltberühmten Preußenkönigs in wenigen pointierten Worten zu würdigen. Von seinen europäischen Freunden war er wohlunterrichtet über den bemitleidenswert schlechten Gesundheitszustand des einst so kraftvollen Monarchen, der Preußens und Europas Geschicke beinahe ein halbes Jahrhundert lang geprägt hatte; so kamen seine Äußerungen, die er dem Marquis de Lafayette zwölf Wochen vor Friedrichs Ableben mitteilte, einem vorgezogenen Nachruf gleich.

Lafayette, Washingtons Weggefährte aus den Tagen des amerikanischen Unabhängigkeitskrieges, hatte den siechen preußischen Monarchen selbst erst vor wenigen Monaten in Deutschland aufgesucht; nun schrieb ihm Washington, es gebe in der Welt niemanden, der Friedrich dem Großen »als Soldat« ebenbürtig sei. Doch auch »als Politiker«, der seinem effizient verwalteten preußischen Staat ein rationales Gepräge verliehen habe, komme »ihm keiner gleich«. Als Feldherr und Staatenlenker sei der König noch immer ein unerreichtes Vorbild für viele Militärs und Regierungschefs. So habe auch er, Washington, in vielerlei Hinsicht eine hohe »Meinung« von dem preußischen Herrscher, die selbst in den Altersjahren des Königs noch »weiter angewachsen« sei.

Doch Washington beließ es nicht bei diesem überschwenglichen Lob. Den überraschenden Schlusspunkt seiner Ausführungen bildete eine fundamentale Kritik. Es sei »zu beklagen«, so Washington, dass Friedrichs im Grunde »großartiger Charakter« leider auch einen dunklen »Schandfleck« aufweise. Seit der amerikanischen Revolution von 1776 forderten auch in Europa die Menschen in zunehmendem Maße, als mündige Bürger an den Regierungsgeschäften beteiligt zu sein; Friedrich aber habe sich sein Leben lang gegen jede Form der bürgerlichen Mitsprache in Staatsangelegenheiten gewehrt. Noch immer, auch als kranker Mann, regiere er sein Preußen als ein von niemandem gezügelter Alleinherrscher von oben herab mit Befehlen, Edikten, Anordnungen und Erlassen. Nur seinen eigenen Willen lasse er als Maßstab des politischen Handelns gelten. Es sei aber schändlich, dass »ein Mann« ganz allein die Einwohner eines großen Reiches nach Lust und Laune dirigiere und sich somit selbst zum »Tyrannen über Millionen« erhebe. Dies werfe »einen Schatten« auf ihn, der sein Lebenswerk in der Rückschau »für immer« verdunkeln werde.

Washington wusste sehr genau, von wem er sprach. Schon als junger Mann hatte er den Lebensweg des preußischen Königs mit Interesse verfolgt. Als er selbst während des Siebenjährigen Krieges in Pennsylvania erstmals im Kampf gegen die Franzosen ein amerikanisches Regiment kommandieren durfte, verschlang er mit Begeisterung die Berichte über den kühnen Sieg, den der Preußenkönig als Feldherr im sächsischen Roßbach gegen denselben Feind errungen hatte. Aufrichtig bewunderte er die Verwegenheit, mit der sich der risikofreudige Friedrich, oftmals sogar in Unterzahl, dem Gegner entgegenwarf. Auch war Washington ihm zu Dank verpflichtet: Indem Friedrich der Große die französischen Truppen in Europa in einen langen und kräftezehrenden Krieg verstrickte, trug er entscheidend dazu bei, Frankreichs Herrschaft über weite Teile Nordamerikas zu brechen.

So nimmt es nicht wunder, dass Washington 1759 bei einem Londoner Handelshaus eine große Büste des preußischen Königs bestellte, um mit dieser kostbaren Erwerbung den Eingangsbereich seines Landsitzes Mount Vernon in Virginia zu schmücken.

Einige Jahre später kaufte er seinem Stiefsohn Jacky die Spielzeugfigur eines preußischen Dragoners. Dieser in einem kunstfertigen Miniaturformat gestaltete Elitesoldat Friedrichs des Großen kam auf dem Holzfußboden des Kinderspielzimmers von Mount Vernon zum Einsatz.

Als Friedrichs Kriegsglück im Siebenjährigen Krieg ab 1760 auf dramatische Weise im Schwinden war und der preußische König sich gar dem Untergang nahe wähnte, litt auch Washington mit ihm. In Briefen an europäische Informanten erkundigte er sich nach dem Schicksal dieses wichtigen Alliierten der Amerikaner. Als sich dann das Blatt völlig unvermutet wendete und Friedrich nach dem Hubertusburger Frieden von 1763 wieder mit Tatkraft sein Land regierte, freute sich Washington mit ihm. Dann aber wandelte sich seine Einstellung zu dem heldenhaften preußischen Herrscher, erst allmählich, schließlich unumkehrbar.

Die tiefere Ursache dafür lag in dem Umstand begründet, dass sich seine Haltung zum Königtum insgesamt radikal änderte. Denn nur wenige Jahre nach dem Ende des Siebenjährigen Krieges sagte der britische König seinen amerikanischen Untertanen den Kampf an, weil diese sich standhaft weigerten, Steuern an die Krone abzuführen, die sie nicht selbst in ihren Kolonialparlamenten erhoben hatten; Washington wurde zu einem erbitterten Gegner jedweder Form des Monarchismus. Im Unabhängigkeitskrieg gegen das ehemalige Mutterland, den er ab 1775 als republikanischer General – der vom demokratisch gewählten amerikanischen Kongress zum obersten Feldherrn der frisch gegründeten USA ernannt worden war – mit beherztem Mut und großer Entschlusskraft führte, entwickelte er sich zum kompromisslosen Verfechter des Prinzips der Volkssouveränität.

Im Augenblick seiner ersten großen soldatischen Triumphe, die dem *Commander in Chief* zu weltweitem militärischen Ruhm verhalfen, wurde auch Friedrich der Große auf Washington aufmerksam. 1777 erteilte der preußische König seinem Bruder Prinz Heinrich die Anweisung, mittels einer aufmerksamen Lektüre der von den Zeitungen und Gazetten gelieferten Kriegsberichterstattung jede Bewegung des amerikanischen Generals zu verfolgen. Friedrich erkannte schnell, dass es nur sehr wenige zeitgenössische Schlachtenlenker gab, die so tapfer und strategisch versiert agierten wie Washington. Doch das Lob des Königs beschränkte sich auf dessen Kriegskunst. Einen Sinn für die neue demokratisch-republikanische Ordnung der Vereinigten Staaten hatte er nicht. Obschon Friedrich der Große bereits 1785, nur zwei Jahre nach dem Sieg der Amerikaner, einen ausgefeilten preußisch-amerikanischen Handelsvertrag unterzeichnete, der auch Washingtons Zustimmung fand, beurteilte der Monarch die politische Zukunft der USA mit Skepsis.

In diesem Sinne äußerte er sich gegenüber Lafayette anlässlich der bereits erwähnten Audienz, die kurz nach dem Abschluss des Abkommens zustande gekommen war. Demokratische Republiken müssten über kurz oder lang im Chaos enden. Auch die Vereinigten Staaten von Amerika würden sich diesem Schicksal nicht entziehen können. Nur eine aufgeklärte Alleinherrschaft, wie er selbst sie seit seiner Thronbesteigung im Jahr 1740 aus tiefer Überzeugung heraus praktiziere, verheiße den Menschen – jedenfalls im Innern des so regierten Staates – dauerhaft Ruhe und Ordnung, Frieden und Glück. Diese im Geiste sicher auch an Washington gerichteten Worte sandte Lafayette umgehend nach Amerika, was den amerikanischen General – den seine Landsleute schon bald zu ihrem ersten Präsidenten wählen würden – dann im Sommer 1786 zu eben jenem nachrufartigen Antwortbrief provozierte, in dem er seine resümierende Bewertung Friedrichs des Großen vornahm.

Dass sich Washington und Friedrich beständig im Blick behielten, dass sie bei allen Differenzen auch immer wieder Sympathien füreinander äußerten, mag wohl nicht zuletzt daran gelegen haben, dass sie instinktiv spürten, wie sehr sich ihre Lebensläufe ungeachtet aller vordergründigen Unterschiede ähnelten. Tatsächlich ist die Liste der ihnen gemeinsamen Neigungen, Sehnsüchte, Enttäuschungen und Erfolge so erstaunlich wie lang.

Beide Männer mussten sich als junge Erwachsene unter großen seelischen Schmerzen die Liebe zu Frauen versagen, die sie geheiratet hätten, wenn sie nur zu haben gewesen wären. Friedrich und Washington konnten sich nicht mit den Damen ihrer ersten Wahl der sinnlichen Leidenschaft und stürmischen sexuellen Lust erfreuen, die sie ganz ohne Prüderie guthießen. Beide mussten aus Vernunftgründen andere Frauen heiraten; im Fall Friedrichs war politisches Kalkül maßgebend, im Fall Washingtons eine ansehnliche Mitgift. Eigenen Nachwuchs zeugten Friedrich und Washington mit ihren Ehefrauen nicht. Dafür wandten sie sich dann den Völkern, die sie in ihren Ländern als Regierungschefs anzuführen hatten, in der Weise von Adoptiveltern mit einer ganz bewusst so bezeichneten »väterlichen« strengen Sorgfalt zu. Die Nationen, die sie in ihre patriarchische Obhut nahmen, wurden gleichsam zu angenommenen Kindern.

Ihre besondere Hingabe galt auch den Tieren, mit denen sie zusammenlebten. Rassigen Pferden und pfeilschnellen Hunden ließen sie eine außerordentlich aufwendige Hege und Pflege zukommen. In ihre silbergrauen Windhunde, deren ästhetische Anmut, drollige Fröhlichkeit und rasante Bewegungskunst sie bewunderten, waren Washington und Friedrich geradezu vernarrt. Wann immer einer ihrer Hunde gestorben war, bereiteten beide Männer diesen Tieren ein würdiges Begräbnis in einer eigens zu diesem Zweck angelegten Gruft. Friedrich ließ die Namen seiner Windhunde in deren Grabplatten einmeißeln. Washington bestattete seinen Lieblingswindhund Cornwallis in einer aus Ziegeln erbauten Grablege, die er mit einem Abschlussstein aus Marmor versah.

Auch für sich selbst bestimmten beide Männer schon früh den Ort, an dem sie beerdigt werden wollten. Sie wünschten sich kein monumentales Staatsbegräbnis, keine in steinernen Domen oder Palästen abgehaltenen Trauerfeiern, sondern eine eher schlichte Bestattungszeremonie, die unter freiem Himmel stattfinden sollte. Ihre Körper, verfügten sie, sollten wieder in den Schoß der von Gott geschaffenen Natur zurückkehren, dem sie einst entsprungen waren. So wählten sie für sich Gräber an eben jenen entlegenen Orten aus, wo sie sich zu Lebzeiten am liebsten aufhielten: Friedrich am Terrassenhang seines im Grünen gelegenen Lustschlosses Sanssouci, Washington an einem begrünten Hang seines in eine berückend schöne Landschaft eingebetteten Gutes Mount Vernon.

Die Gartenlandschaften, in denen sie ihre ewige Ruhe finden wollten, hatten Friedrich und Washington als fähige Landschaftsplaner zu großen Teilen selbst gestaltet. Sie gärtnerten in den von ihnen angelegten Rabatten und Obstplantagen auch selbst und führten über das Wachstum der von ihnen gezogenen Früchte und Obstgehölze ausführlich Buch. Die von beiden am meisten geschätzten Pflanzen waren der Weinstock und der Feigenbaum, in deren Schatten sie ihre Wohnungen bauten, um dort Ruhe und Frieden zu finden, ganz gemäß dem Bibelwort über das Leben im Reich des Messias vor dem Ende der Tage (Micha 4,4). Auch diese ausgeklügelten, mit architektonischem Sachverstand erbauten Wohnstätten – Sanssouci und Mount Vernon – entstanden nach eigenen Skizzen und Vorstellungen Friedrichs und Washingtons.

Nicht nur der Gutsherr Washington aus den amerikanischen Südstaaten, sondern auch Friedrich, der preußische König, ließen sich seit ihren frühesten Kindheitstagen von aus Westafrika importierten Sklaven und Leibdienern bei ihren alltäglichen Verrichtungen helfen, ohne sich allzu genau mit der Fragwürdigkeit dieser Form der Knechtschaft auseinanderzusetzen. Andererseits erwiesen sich beide als erstaunlich großzügig, liberal und aufgeschlossen, wenn es darum ging, Angehörigen der unterschiedlichsten Konfessionen den Weg zur ungestörten und friedlichen Ausübung ihrer religiösen Praktiken zu ebnen.

Toleranz, das Recht der jeweils Andersdenkenden auf freie Entfaltung, war für sie zumindest in Religionsdingen ein heiliges Gebot, das sie in sehr umfassender Weise respektierten. Der einer calvinistischen Dynastie entstammende Protestant Friedrich erlaubte im Herzen seiner Hauptstadt Berlin den Bau einer römisch-katholischen Kathedrale, die zu den prächtigsten Gotteshäusern ihrer Zeit zählte. Der anglikanisch getaufte Protestant Washington setzte sich außer für die Katholiken auch stets für das Gedeihen der amerikanischen jüdischen Gemeinden ein, deren Synagogen er immer wieder in herzlicher Verbundenheit mit seinen dort zum Gebet zusammenkommenden Mitbürgern Besuche abstattete.

Die Gelassenheit, mit der Friedrich und Washington in den von ihnen regierten Staaten das Tun und Treiben der unterschiedlichsten Religionsgemeinschaften beobachteten und förderten, war zu einem guten Teil gegründet in dem festen und tiefen Glauben an die göttliche Vorsehung, in der beide Männer seit ihren Jugendtagen die tiefere Ursache des Laufes der Welt erblickten. Welches Gebet oder welche tugendhafte Handlung der Menschen dem Willen des ersten Bewegers aller Dinge entsprach, lag ihres Erachtens ausschließlich im Ermessen dieses unerforschlichen höchsten Wesens, das nach einem geheimen Ratschluss über die Menschen waltete und ihnen nach Belieben Gunst oder Zorn erwies. Dieses ganz unverkennbar deistische Züge tragende Gottesverständnis, das Friedrich und Washington zeitlebens teilten, ermöglichte es ihnen auch, sich in den eher schlechten Tagen ihres Lebens in Geduld zu üben. Denn so willensstark sie beide waren, so sehr war ihnen doch stets bewusst, wie umfassend ihr Handeln von günstigen Gelegenheiten, glücklichen Zufällen und ganz allgemeinen Lebenskonstellationen abhing, die ihren eigenen Einflussmöglichkeiten enthoben waren. Beide Männer waren demütig und gefasst genug, die von der Vorsehung vorgegebenen Grenzen ihrer Handlungsspielräume anzuerkennen.

Doch der Glaube an das Wirken der Vorsehung gab ihnen auch die Kraft, selbst in ausweglos erscheinenden Situationen, insbesondere während der Kriege, nicht aufzugeben, niemals verfrüht die Flinte ins Korn zu werfen, sondern das Risiko zu suchen und nach verwegenen Lösungen noch selbst in der schwierigsten Lage Ausschau zu halten. Ihre aus diesem unbeirrbaren Glauben gespeiste Widerstandskraft machte sie dann für ihre Feinde im

Siebenjährigen Krieg und im amerikanischen Unabhängigkeitskrieg zu letztlich unbezwingbaren Gegnern. Sie selbst waren in Anbetracht ihrer erstaunlichen Erfolge, die sie dank ihrer Charakter- und Glaubensfestigkeit erringen durften, nicht ganz frei von dem Gefühl, von der Vorsehung in besonderer Weise zur Verrichtung außerordentlicher Taten auserkoren zu sein.

Weil sie so von ihrer Sendung erfüllt waren, scheuten sie bei der Mehrung des Glücks ihrer Staaten, für die sie pflichtbewusst kämpften und die sie gewissenhaft regierten, nicht davor zurück, Gebiete und Territorien zu vereinnahmen, die schon seit Jahrhunderten von anderen Völkerschaften bewohnt und regiert wurden. Friedrich vergrößerte sein Königreich Preußen beständig auf Kosten der östlichen Gebiete des deutschen Reiches und des westlichen Polens. Er zwängte seinen Staat gewaltsam zwischen zwei altehrwürdige, von einem gewählten Kaiser und einem gewählten König regierte europäische Reiche. Diese hatten ein an der Schwelle zum 18. Jahrhundert noch gar nicht existierendes Königreich Preußen keinesfalls gewollt und standen ihm lange reserviert, ja ablehnend gegenüber.

Washington war der Präsident eines riesigen Bundesstaates, der ebenfalls erst im 18. Jahrhundert ins Leben getreten war, sich seither aber immer rasanter und hemmungsloser auf den Jagdgründen der gut regierten Konföderation der Irokesen ausgebreitet hatte. Auch die Indianer, deren funktionstüchtiger Bund schon 1575 geschlossen worden war, hatten für lange Zeit gut ohne die weißen Siedler auskommen können. Sowohl Preußen als auch die Vereinigten Staaten von Amerika waren also funkelnagelneue Reiche, Kunststaaten, nicht gewachsen, sondern gemacht, und zwar gemäß den Regeln einer kühl kalkulierenden Vernunft. Beide Staatengebilde mussten nicht auf den Landkarten der Welt erscheinen, sie wollten sich dort einnisten, und deshalb wurden sie zu großen Teilen auf erobertem und kolonisiertem Land errichtet. Dieses neuerworbene Land gedachten Friedrich und Washington in ganz bestimmter Weise zu bebauen und zu kultivieren.

Das Zivilisationsmodell, an dem sich beide Männer orientierten, war das Licht und Fortschritt verheißende Ideal einer umfassenden Bildung aller gesellschaftlichen Schichten, wie es die Philosophen der Aufklärung an der Schwelle zum 18. Jahrhundert entworfen und in den nachfolgenden Jahrzehnten in zunehmend verfeinerter Form weiterentwickelt hatten. Friedrich und Washington hatten dabei durchaus unterschiedliche Lieblingsautoren. Der eine begeisterte sich für den Franzosen Voltaire, der andere für den Engländer Joseph Addison. Wie sein Vorbild Voltaire – und von diesem angeleitet – schrieb der preußische König auch selbst philosophische Gedichte. Die von Addison zur rhetorischen Meisterschaft getriebene Kunst der Argumentationsführung inspirierte und befeuerte auch Washingtons Reden, Artikel und Briefe, mit denen er die Amerikaner vom Wert seiner politischen Vorhaben überzeugen wollte. Beide, Friedrich und Washington, einte jedoch die Auffassung, dass ohne die Schriften des englischen Philosophen John Locke, den sie verehrten und auf dessen Vorarbeiten sich sowohl Addison als auch Voltaire bezogen, das Zeitalter der Aufklärung nicht hätte eingeläutet werden können.

So lebten Friedrich der Große und Washington nach den Maßgaben einer gut aufklärerischen Lebensführung. Sie lasen beständig belletristische Literatur, wissenschaftliche Traktate, politische Essays, Briefe und gefühlsbetonte Gedichte. Beide verfassten auch selbst Texte. Friedrich verschrieb sich der Poesie, der philosophisch-politischen Essayistik und der politischen Geschichtsschreibung. Washington entwarf Reden und politische Aufrufe, die häufig auch die Form von öffentlichen Briefen annahmen. Bücher sammelten der Preußenkönig und der US-Präsident mit bibliophiler Leidenschaft. Ihre Bibliotheksregale waren am Ende ihres Lebens zum Bersten mit Bänden jedes Formats angefüllt. Doch nicht nur sich selbst begehrten sie durch ein lebenslanges Lesen und Lernen immer weiter fortzubilden. Gemäß den Grundsätzen der Philosophie der Aufklärung, die den permanenten persönlichen Erkenntnisgewinn nicht ohne einen stetigen gesamtgesellschaftlichen Wissenszuwachs denken konnte, engagierten sie sich in den von ihnen regierten Staaten mit Verve für die Verbesserung des allgemeinen Schul- und Universitätswesens.

Das Vergnügen kam bei ihnen beim Lernen nicht zu kurz. So genossen sie auch immer wieder die szenische Darbietung von Texten: Theaterbesuche gehörten für beide zu den hochwillkommenen und geschätzten Nebenbeschäftigungen in den Zeiten der Muße. Auch vergnügten sie sich häufig beim Gesellschaftsspiel, bei der Musik und beim Tanz. Sie waren in ganz ähnlicher Weise modebewusst und erfreuten sich am guten Essen und Trinken. Wiewohl sie als Soldaten mit äußerster Zähigkeit und Härte agieren konnten, waren sie doch auch zu großen Gefühlen befähigte Männer, die in ihren intimsten Momenten eine beinahe romantische Zärtlichkeit verströmten.

Die in den Lebensläufen Friedrichs des Großen und Washingtons aufscheinenden Parallelen sind also nicht zu übersehen, sie sind zahlreich und bedeutend. Ja, man kann sogar mit Fug und Recht behaupten, dass sie in ihrer besonderen Ausprägung einzigartig sind, da sich im gesamten 18. Jahrhundert wohl kaum eine andere historisch bedeutsame und die politische Geschichte prägende Gestalt finden lässt, deren Lebenszuschnitt den Lebensmustern dieses Königs und dieses Präsidenten auch nur im Ansatz gleicht. Weder die dem König Friedrich in fast schon obsessiver Manier immer wieder als Erzantagonistin gegenübergestellte Habsburgerin Maria Theresia noch die aufgeklärt-absolutistische Zarin Katharina II., die gleichfalls als »große« Herrscherin gehandelt wurde, noch ein anderer, männlicher Regierungschef des Zeitalters der Aufklärung lassen sich so zu Friedrich und Washington in Beziehung setzen, wie diese aufeinander bezogen werden können.

Umso erstaunlicher ist es, dass eine umfassende Zusammenschau der parallelen Lebenswege Friedrichs und Washingtons bislang noch nicht geleistet wurde, obgleich der Ertrag eines vergleichenden Blicks auf ihre Biographien einen besonderen Erkenntnisgewinn verspricht. Denn Friedrich und Washington verstanden sich trotz ihrer vielen verblüffenden Gemeinsamkeiten sehr bewusst als die führenden Repräsentanten zweier höchst unterschiedlicher Formen vernunftgemäßer politischer Aufklärung, nämlich der Aufklärung absolutistisch-monarchischer Prägung »von oben« in Preußen und einer Aufklärung demokratisch-parlamentarischer Version »von unten« in Amerika. Zudem hatten sich beide Männer in dieser ihrer Unterschiedlichkeit beständig im Blick – aber ganz gewiss auch in ihrer herausragenden politischen Stellung als jeweils unüberbietbare Personifizierung Preußens und der USA, der beiden modernsten Staaten ihrer Zeit. Dieser Gegensatz war ja der Grund dafür, dass sie sich trotz der einander ausdrücklich gezollten Bewunderung letztlich auch schmähten. Während Washington den preußischen König als Tyrannen beschimpfte, verurteilte Friedrich die von Washington mitbegründete politische Ordnung der Vereinigten Staaten als einen Aufbruch in die Anarchie.

Der zwischen Friedrich und Washington bestehende Gegensatz stellt eine große Provokation dar, weil in ihm der eklatante Widerspruch zwischen jenen beiden Wegen der politischen Aufklärung sichtbar wird, zwischen denen die fortschrittsorientierten Menschen im 18. Jahrhundert wählen mussten. Glühende Anhänger hatten beide, auch in Deutschland. Der Schriftsteller Karl Philipp Moritz feierte noch den greisen König Friedrich als »Morgensonne« der Aufklärung, während Immanuel Kant gar vom gesamten 18. Jahrhundert als dem »Jahrhundert *Friederichs*« sprach. Johann Wolfgang von Goethe hingegen beschrieb stattdessen Washington als strahlenden Stern am »politischen Himmel« der Aufklärung. Er bezeugte damit, dass der aufgeklärte Absolutismus des preußischen Königs schon lange vor dessen Tod nicht mehr als das einzig mögliche Verständnis von politischer Aufklärung angesehen wurde. Selbst Friedrichs Bruder Prinz Heinrich pries die freiheitlichen Bestrebungen jenseits des Atlantiks, die sich im Zeichen einer ganz anderen Vorstellung von Aufklärung in nun auch für Europa vorbildlicher Weise vollzogen.

Auch wenn im 18. Jahrhundert noch gar nicht absehbar war, welchem Weg der politischen Aufklärung schließlich die Zukunft gehören würde, waren die Zeitgenossen doch zumindest recht gut über die existierenden Alternativen und die darin angelegten Potentiale unterrichtet. Sie hatten durchaus eine Wahl. Auch Friedrich und Washington trafen sehr bewusst eine Entscheidung für das jeweils von ihnen bevorzugte politische System. Als Washington einmal von einem seiner Offiziere nahegelegt wurde, zur Krone zu greifen, wies er diesen Antrag als unverschämte Zudringlichkeit erbost zurück – anders als kurz nach ihm der republikanische General Napoleon Bonaparte in Frankreich. Auch Friedrich boten sich durchaus Möglichkeiten, Formen der parlamentarischen Mitbestimmung in Preußen einzuführen. Stattdessen ignorierte er selbst die wenigen altständischen Landtage, die es in den von ihm regierten und erworbenen Territorien noch gab, wo er nur konnte.

Friedrich und Washington hatten also bei objektiver Betrachtung die Wahl, welchen Weg der Aufklärung sie gehen wollten. Doch zugleich waren sie in den Jahren 1712 und 1732 in festumrissene Lebensumstände, in sehr traditionsbewusste Familien und in bereits lange bestehende politische Koordinatensysteme hineingeboren worden, die sie so massiv prägten, dass es sich wiederum zu fragen lohnt, über welche Wahlmöglichkeiten sie denn eigentlich subjektiv verfügten. Ihre individuellen Lebensgeschichten sind so eng mit den bis ins 17. Jahrhundert zurückreichenden und ebenfalls parallel verlaufenden Entstehungsgeschichten des Königreichs Preußen und der Vereinigten Staaten von Amerika verwoben, dass sie sich nicht unabhängig davon deuten lassen.

Biographien parallel verlaufener Leben verfasste prototypisch vor fast 2000 Jahren der griechische Schriftsteller Plutarch. Seine vergleichenden Lebensbeschreibungen großer Griechen und Römer, die er *Bioi paralleloi* (Parallele Leben) nannte, inspirierten in den nachfolgenden Jahrhunderten auch ungezählte andere Biographen, die persönlichen Charaktere zweier sich gleichender und in ähnlichen historischen Situationen agierender Menschen aus der Überschau der Zeiten zu betrachten, um so zu einem angemessenen und ausgewogenen Urteil über ihre individuellen Lebensleistungen zu gelangen. Plutarchs Doppelporträts belehren uns noch heute, denn sie bleiben mustergültige Beispiele dafür, wie man große Gestalten der Weltgeschichte geschickt und sinnvoll zueinander in Beziehung setzen kann, um aus diesen Vergleichen dann Schlüsse für die Gegenwart zu ziehen.

Gelernt haben wir von Plutarch, dass Anekdoten, »ein unbedeutender Vorfall, ein Ausspruch oder ein Scherz«, mehr über den Charakter eines Menschen aussagen als »die blutigsten Schlachten, die größten Heeresaufgebote und die Belagerungen von Städten«. So sei es auch gar nicht nötig, die Ruhmestaten der verglichenen historischen Gestalten »sämtlich eine nach der anderen ausführlich« darzustellen. Auch dürfe ein Biograph, obgleich er sein historisches Urteil stets zu erkennen geben müsse, nicht mit dem erhobenen Zeigefinger des besserwisserischen Moralpredigers auf die Fehler und Schwächen der beschriebenen Gestalten hinweisen. Vielmehr solle seine Geschichtsschreibung ein Gefühl des Bedauerns darüber auszeichnen, dass es der menschlichen Natur in ihrer Schwachheit niemals möglich ist, einen moralisch völlig tadellosen Charakter hervorzubringen.

Plutarchs Anregungen sind unentbehrlich. Im Falle des angestrebten Vergleichs der Biographien Friedrichs des Großen und George Washingtons muss der Historiker allerdings noch einen Schritt über Plutarch hinausgehen, weil der griechische Schriftsteller ausschließlich solche Leben beschrieb und zueinander in Beziehung setzte, die zwar ähnlichen, doch teilweise sehr weit voneinander entfernten Zeiten entstammten. Nacheinander erzählte er erst den einen, den älteren, dann den anderen, den jüngeren Lebenslauf. Erst in einer abschließenden Würdigung von Persönlichkeit und Leistung der beschriebenen Männer nahm er in einer Synkrisis, einer urteilenden Quintessenz, den Vergleich vor, dem er dann durchaus eine paradigmatische Bedeutung auch für die Gegenwartszeit der Leser zuschrieb.

Bei Friedrich und Washington lässt sich ein vergleichendes Doppelporträt aber nur dann sinnvoll und erhellend erstellen, wenn ihre parallelen Lebensgänge im Rahmen und als Teil eines ihnen gemeinsamen, sehr viel größeren historischen Kontextes dargestellt werden, der nicht nur die Entstehungsgeschichten Preußens und der amerikanischen Freistaaten umfasst, sondern auch die Grundzüge der politischen Ideengeschichte des Zeitalters der Aufklärung. Denn nur auf der Grundlage einer solchen weitgefassten historischen Erzählung lässt sich ein angemessenes Urteil über die Bedeutung ihres verfassungspolitischen Erbes finden, das wir uns immer wieder von Neuem aneignen müssen, wenn wir uns darüber Aufschluss geben wollen, welchen Weg der Aufklärung wir heute weiter beschreiten wollen, einen Weg, der im Jahr 1701 mit einem strahlenden politischen Sonnenaufgang begann.

2.

EIN SONNENAUFGANG (1701)

Das 18. Jahrhundert war noch jung, da glaubte der englische Philosoph und Parlamentarier Anthony Ashley Cooper, der dritte Earl of Shaftesbury, schon sagen zu können, dass mit dem Anbruch des neuen Säkulums ein Epochenwechsel von bislang unbekanntem Ausmaß erfolgt sei: In einem visionären Brief an Jean Le Clerc, den hochgelehrten Genfer Theologen und Herausgeber mehrerer Enzyklopädien, schrieb er 1706 in sehr poetischen Worten, er nehme seit der Jahrhundertwende ein außerordentlich »starkes Licht« in der Welt wahr, *a mighty Light*, das sich mit zunehmender Geschwindigkeit über die ganze Erde ausbreite und der Menschheit einen Fortschritt in allen Lebensbereichen und »in größerer Dimension als jemals zuvor« verheiße. Was der englische Adlige dem schweizerischen Universalgelehrten hier noch im intimen Zwiegespräch als beinahe esoterische Botschaft anvertraute, war dann bereits 1743 in den Augen des erfolgreichen amerikanischen Selfmademan und Zeitungsverlegers Benjamin Franklin zu einer allgemeingültigen Wahrheit geworden. Denn in eben diesem Jahr wies auch der ambitionierte Unternehmer aus Philadelphia, der sich als Sohn armer Eltern ausschließlich mit Hilfe von autodidaktischen Studien »zu einem gewissen Wohlstand und einigem Ruf in der Welt aufgeschwungen« hatte, auf jenes immer stärker »in die Natur aller Dinge scheinende Licht« hin, das offenbar nicht nur seinen eigenen Aufstieg ermöglicht hatte, sondern »die Bequemlichkeiten und die Vergnügungen des Lebens« aller Menschen seit über vier Jahrzehnten kontinuierlich erweiterte.

Auch in der zweiten Jahrhunderthälfte erschien den Menschen die Welt in zunehmend heiterem Licht. So verkündete der österreichische Diplomat Gottfried van Swieten, einer der größten Förderer Joseph Haydns und Wolfgang Amadeus Mozarts, im Jahr 1774 von seinem preußischen Dienstort Berlin aus, dass er mit vielen seiner Zeitgenossen nach wie vor jenen »neuen Glanz« bewundere, der über viele Menschenalter hinweg »in finsteren Wolken« verhüllt war, nun aber in immer reinerer Strahlkraft das Leben aller Erdenbürger bereichere und verschönere. Und noch 1790 erging sich die englische Schriftstellerin und Frauenrechtlerin Mary Wollstonecraft, die ihre berufliche Karriere in bescheidenen Verhältnissen als ungelernte Näherin begonnen hatte, in überschwenglichen Lobpreisungen des so herrlichen »Lichtstrahls«, der die ehemals »dunklen Tage« der Menschheit nun schon sehr weitgehend erhellt habe, weil er seit Beginn »genau dieses Jahrhunderts« immer »leuchtkräftiger«, *more luminous*, scheine.

Die frappierende Lichtmetaphorik, mit der Männer und Frauen, Alte und Junge, Europäer und Amerikaner, Angehörige der unterschiedlichsten Nationalitäten, Konfessionen, Stände und Berufe während des gesamten 18. Jahrhunderts den besonderen, immer stärker vibrierenden Glanz ihres Zeitalters zum Ausdruck zu bringen wussten, ist in den erhaltenen Reden, Briefen, Pamphleten und Büchern dieser Zeit derart häufig anzutreffen, dass sie geradezu als Signatur jener Epoche bezeichnet werden kann. Unerschöpflich war die Palette der Wörter und Wendungen, mit denen die damals lebenden Menschen den gleißenden Schein beschrieben, der ihr Jahrhundert umgab und durchdrang.

Doch welcher leuchtende Fortschritt, welche glänzende und großdimensionierte Verbesserung der menschlichen Lebensbedingungen, welche strahlende Ausbreitung und sprunghafte Erweiterung sogar der alltäglichsten Bequemlichkeiten war damit eigentlich gemeint? Zunächst bezeichnete das so vielfältig beschworene mächtige Licht eine ganz neue Qualität von Erkenntnis, über die mehr und mehr Menschen seit dem zwar schon im

17. Jahrhundert einsetzenden, nun aber rasant fortschreitenden Aufstieg der Naturwissenschaften verfügten. Nicht nur auf den Gebieten der Physik, der Anatomie und der Medizin, sondern gerade auch auf den Forschungsfeldern der Chemie und der Biologie – die sich jetzt erst zu konstituieren begannen – wurden bahnbrechende Entdeckungen gemacht, die das Leben in zuvor kaum denkbarer Weise erleichterten und in ein milderes Licht tauchten. Der Blitzableiter, den der Verleger und Autodidakt Franklin genau in der Mitte des Jahrhunderts in seinen Mußestunden in Philadelphia erfunden hatte, schien den Zeitgenossen ein besonders sensationelles und eindrückliches Beispiel nützlicher Wissenschaft zu sein; eine der verheerendsten Naturgewalten hatte endlich ihren Jahrtausende alten Schrecken verloren. Aber auch die Pockenschutzimpfung, mit der schon seit Beginn des Jahrhunderts zunächst in England, dann auch andernorts in Europa und Amerika mit zunehmendem Erfolg experimentiert wurde, führte bei immer mehr Menschen zur künstlich herbeigeführten Immunisierung gegen die Blattern, eine der gefürchtetsten Krankheiten aller Zeiten und Kontinente.

Dass diese ganz erstaunlichen Entdeckungen und Erfindungen allein durch den konzentrierten Gebrauch der Vernunft, des logischen Denkens, des gesunden Menschenverstandes zuwege gebracht worden waren, ja dass sich sogar Amateurwissenschaftler und Laien am Ausbau der Wissensbestände beteiligen konnten, ließ die Hoffnung aufkeimen, dass eine permanente Wissenserweiterung in Zukunft wohl prinzipiell von allen Mitgliedern der Gesellschaft zu leisten und nachzuvollziehen wäre. Die Folge dieser Einschätzung war eine ganz neue Organisation des Schul- und Erziehungswesens. Schon in der ersten Hälfte des 18. Jahrhunderts wuchs die Zahl der Fürsten und Bürger, Theologen, Naturwissenschaftler und Geschäftsleute, die es für ihre Pflicht hielten, neue Schulen zu errichten, in denen möglichst viele Menschen, auch immer mehr Mädchen und Frauen, eine gute Ausbildung erhalten sollten, um die Anzahl derer, die sich selbständig um das Wohl von Staat und Gesellschaft kümmern konnten, beständig zu erweitern. Tatsächlich wurden die Lesefähigkeit und auch die Lernlust der Menschen nun spürbar gesteigert, nicht zuletzt deswegen, weil die Lehrer in neuen Lehrerseminaren immer besser ausgebildet wurden und oftmals Formen einer neuen, spielerischen, zur beständigen Selbsterziehung ermunternden Pädagogik ausprobierten.

Diese konzertierten Bemühungen um einen umfassenden Wissenserwerb und eine effektive Wissensvermittlung machten etliche der rasanten gesellschaftlichen Entwicklungen und technischen Innovationen überhaupt erst möglich. Sie führten dazu, dass sich die Lebensverhältnisse in Europa und Nordamerika im Verlauf des 18. Jahrhunderts von Grund auf änderten und sich nun wirklich und immer augenscheinlicher in einem neuen Licht präsentierten. Lichter im wortwörtlichen Sinn wurden die Wälder, die man rodete, um neues Ackerland zu gewinnen. Dem gleichen Ziel dienten die Trockenlegung von Sümpfen und die Eindeichung der Küsten. Durch verfeinerte Anbaumethoden wurde der Ertrag der alten Felder und der neu hinzugewonnenen Böden gesteigert und also die Ernährungssituation verbessert, weshalb die durchschnittliche Lebenserwartung stieg und die Bevölkerung stetig wuchs. Frisch angelegte Chausseen und Kanäle im Binnenland sowie neu entdeckte Passagen auf den Ozeanen und Meeren sorgten dafür, dass Kutschen, Kähne und Schiffe reiselustige Menschen und dringend benötigte Handelsgüter schneller und sicherer um den Globus transportieren konnten; fiel in einem Landstrich die Ernte schlecht aus, so konnte leicht Getreide importiert werden. Mit der Erfindung der Montgolfière im Jahr 1783 wurde es sogar möglich, in lichte Höhen aufzusteigen und durch die Lüfte zu gondeln.

Auch der rein vergnügliche Gebrauch von landwirtschaftlichen Produkten aus den entlegensten Winkeln der Erde, das Trinken von Tee und Kaffee, das Rauchen von Tabak, wurde Mode; man genoss die Welt. Theater, Museen und Kuriositätenkabinette wurden einer immer größeren Öffentlichkeit zugänglich, und man erkannte, dass diese lehrreiche und zugleich unterhaltsame Betrachtung der Menschen, ihrer neuentdeckten exotischen Lebensräume, ihrer glanzvollen Artefakte und der bislang unbekannten Wunder der Natur, die Gesellschaft auf phantasievolle, anschauliche Weise voranbringen konnte. Zahlreiche neugegründete Zeitungen und Zeitschriften berichteten über all diese herrlichen Phänomene ebenso wie über die politischen Ereignisse; in den entstehenden öffentlichen Bibliotheken waren sie unentgeltlich oder gegen eine sehr geringe Gebühr für jedermann einsehbar und beförderten einen von sehr großen Teilen der Gesellschaft gepflegten Diskurs, der Meinungsfreiheit und Toleranz zu einem wesentlichen Anliegen des Zeitalters werden ließ. Neue Straßenlaternen, die zumindest auf den Boulevards der großen Städte die Nacht zum Tag machten, erlaubten es den Zeitgenossen, beinahe zu jeder Stunde in aller Öffentlichkeit ein erhellendes Gespräch zu führen.

Eben weil es zu einem von sehr vielen Menschen geteilten Anliegen wurde, immer mehr Licht ins Dunkel der Welt und der Köpfe zu tragen, verlangte der Geist des Zeitalters danach, das allgemeine Streben nach Helligkeit im eigenen Leben und nach Glanz in der Ausgestaltung von Staat und Gesellschaft auf einen pointierten Begriff zu bringen. Und dieser Begriff wurde gefunden: *Aufklärung*. So geläufig war dieses glückliche und treffende Wort den Zeitgenossen dann schon in der zweiten Hälfte des 18. Jahrhunderts, dass der Königsberger Philosoph Immanuel Kant 1784 ganz umstandslos verkündete, er lebe »in einem Zeitalter der Aufklärung«. Der Begriff bürgerte sich auch an allen anderen Orten Europas und Nordamerikas ein, die von dem Geist der Aufklärung, dem Wunsch nach mehr Licht, erfüllt waren. So sprach man im Englischen von *enlightenment*, im Niederländischen ergötzte man sich an der *voorlichting*, im Dänischen suchten die Menschen der *oplysning* mehr Raum zu verschaffen, die Franzosen priesen das *siècle des lumières*, auch die italienische Sprache kannte ein *illuminismo*.

Auch die Künstler des 18. Jahrhunderts fanden ein starkes, weil einfaches und eingängiges Motiv, um das ausströmende

Licht des Wissens bildlich zu fassen, ein Motiv, das seinerseits zu einem besonders populären, unmittelbar einleuchtenden Symbol der Epoche werden sollte: In unzähligen gemalten, gestochenen, aquarellierten und gezeichneten Arbeiten deuteten sie ihr Zeitalter, die ganze strahlende Aura des Säkulums, als einen ganz wunderbaren *Sonnenaufgang*. Eine besonders charakteristische Inszenierung der aufgehenden Sonne findet sich auf dem Titelblatt des 1720 zum ersten Mal erschienenen Buches *Vernünfftige Gedancken von Gott, der Welt und der Seele des Menschen, auch allen Dingen überhaupt* des Philosophen Christian Wolff aus Halle an der Saale. Zu sehen ist dort eine über Hügeln, Wäldern, Städten und Gehöften hell aus der Mitte dunkler Wolken hervorbrechende Sonne mit einem Strahlenkranz, dessen Mittelpunkt offenbar als dem menschlichen Auge keineswegs unerträglich gedacht ist. Jedenfalls wird er in Gestalt eines überaus gütig und behaglich lächelnden Menschenantlitzes wiedergegeben, das sich über die überallhin entfliehenden Schatten restlos zu freuen scheint. Noch 1791, mehr als siebzig Jahre später, entschied sich der Berliner Kupferstecher Daniel Nikolaus Chodowiecki für die Darstellung einer sich über menschliche Ansiedlungen, Berg und Tal erhebenden Morgensonne, als er den Auftrag erhielt, die »Aufklärung« als die »Große Begebenheit« des zur Neige gehenden Jahrhunderts im Bild festzuhalten. Ein Jahr darauf schrieb Georg Christoph Lichtenberg im *Goettinger Taschen Calender*, die Aufklärung habe auch »jetzt«, am Ende des 18. Jahrhunderts, »noch kein allgemeiner verständliches, allegorisches Zeichen« als »die aufgehende Sonne«; gerade wegen seiner suggestiven und unmittelbaren Wirkung sei dieses Symbol das mit Abstand »Schicklichste«.

Diese weit verbreitete und weithin akzeptierte Sicht auf das 18. Jahrhundert als Zeitalter der Aufklärung, als Säkulum eines herrlichen Sonnenaufgangs, ist jedoch bei näherem Hinsehen gar nicht so selbstverständlich, wie man zunächst meinen möchte. Denn trotz aller großartigen Errungenschaften, Erfindungen und Entdeckungen, die in dieser Epoche gemacht und gefeiert wurden, gab es doch auch genügend Fehlentwicklungen und wirkliche Katastrophen, die den Zeitgenossen durchaus eine andere Perspektive auf ihre Lebenszeit hätte abnötigen können. Immerhin fand in der Mitte dieses Jahrhunderts doch ein sieben Jahre währender, verheerender Krieg statt, der von den beteiligten europäischen Nationen gleichzeitig auf allen damals bekannten Kontinenten der Erde ausgetragen wurde und deshalb der erste globale Konflikt dieser Art, ja ein echter Weltkrieg war. Kurz bevor die ersten verlustreichen Schlachten dieses Krieges geschlagen wurden, kam es 1755 in Lissabon zu einem zerstörerischen Erdbeben, dessen außergewöhnliche Dimension jegliche Vorstellungskraft der Zeitgenossen sprengte, weil die enthemmten Naturgewalten das Lebenslicht von 30 000 Menschen mit einem Schlag auslöschten und die ehemals so prächtige Hauptstadt in Schutt und Trümmer legten. Und auch wenn gegen die Pocken ein Impfstoff gefunden war, blieben doch mit der Cholera, der Ruhr, der Tuberkulose, dem Fleckfieber, der Diphtherie und der Syphilis noch genügend Krankheiten, die für die Menschen Schrecken und Qualen bereithielten.

Krieg und Gewalt, Hunger und Naturkatastrophen, Krankheit und die Aussicht auf einen schmerzvollen Tod waren also auch im 18. Jahrhundert ein unverkennbar großer und nicht zu leugnender Teil der Lebenswirklichkeit. Dies fand nirgendwo eine erschütterndere Schilderung als in Voltaires *Candide*, einer 1759 in Romanform veröffentlichten, viel gelesenen und viel kommentierten Warnung vor einem allzu naiven Optimismus und Fortschrittsglauben. Weshalb aber hielt dann selbst dieser Voltaire – jedenfalls im Grundsatz – an der Vorstellung fest, in einem Jahrhundert der Aufklärung zu leben, in einer Epoche der Ausbreitung des Lichts? Hatte die verblüffend hartnäckige Fokussierung der Zeitgenossen auf die aufgehende Sonne am Ende gar zu einer Verblendung geführt, die die Schrecken des Zeitalters, selbst da, wo sie nicht übersehen werden konnten, letztlich doch nur zu zweitrangigen Vorkommnissen werden ließ, die den Siegeszug des Lichts nicht aufzuhalten vermochten?

Um zu verstehen, wieso das Bild des Sonnenaufgangs – ungeachtet aller möglichen und auch formulierten Einwände gegen seine Stimmigkeit – dennoch zum Symbol des gesamten, als Zeitalter der Aufklärung gedeuteten 18. Jahrhunderts werden konnte, ist es unerlässlich, einen Blick auf bestimmte Vorgänge des 17. Jahrhunderts zu werfen, also auf zentrale Ereignisse einer Epoche, in der die großen philosophischen Durchbrüche zur Moderne stattfanden. Denn irgendwann zwischen 1610 und 1611 richtete der geniale italienische Mathematiker und Naturphilosoph Galileo Galilei das erst im Jahr zuvor in den Niederlanden erfundene Fernrohr auf die Sonne und sah diesen strahlenden Himmelskörper so, wie ihn noch nie ein Mensch zuvor gesehen hatte. Weil er seine Beobachtungen mit beispielloser Präzision anstellte, erblickte er »einige dunkle Flecken auf der Sonne«, die er zwischen Februar und April 1612 auch zeichnete und in dem 1613 in Rom publizierten Buch *Delle macchie solari* interessierten Lesern im Druck zugänglich machte. Er deutete die Flecken als wolkenartige Gebilde, als Dünste von unregelmäßiger Form, die an die Sonne gebunden waren und sich anscheinend auf deren Oberfläche befanden. In ihrer Bewegung folgten sie der Rotation der Sonne, die sich in etwa einem Mondmonat um sich selbst drehte. Die Sonnenflecken konnten sich nun, während sich die Sonne bewegte, als dunkle Schatten zusammenballen, wieder in Fragmente auflösen und die Strahlungsintensität der Sonne verändern. Dies zeugte von einer in Phasen wiederkehrenden Befleckung und damit von einer permanenten Veränderlichkeit des Sonnenlichts, das doch bis dahin von Naturphilosophen und Theologen stets als absolut unveränderlich und makellos rein beschrieben worden war.

Einerseits trugen Galileis Entdeckungen, aus denen er in den Folgejahren auch die These ableitete, dass die Erde schon seit alters um die Sonne rotierte, ihm die Feindschaft der katholischen Kirchenleitung ein, die es dem Mathematiker verübelte, wie grundlegend er die bisherige Ordnung und die Makellosigkeit des azurnen Himmelsgewölbes in Zweifel gezogen hatte. Andererseits aber waren die aufgeschlosseneren Naturwissenschaftler seiner Zeit von Galileis aufsehenerregender Beobachtung und Deutung des Wandels der Gestirne über alle Maßen begeistert. Wie er selbst fanden auch sie es nicht im mindesten bedenklich, dass es »im Sonnenkörper dunkle Flecken« gibt, »wenn er selbst hell leuchtet«. Statt als eine Abwertung des Sonnenlichts konnte Galileis Entdeckung vielmehr als verheißungsvoller Beweis dafür gelten, dass man nicht nur im hellen Schein, sondern gerade da, wo Schatten, Wolken, Nebel und dunkle Flecken zu sehen waren, auf die dahinter verborgene oder sogar darin enthaltene Kraft der Sonnenradiation vertrauen durfte, die in jedem Fall Wirkung tat. Denn, wie es der Physiker Lichtenberg dann gegen Ende des 18. Jahrhunderts formulierte: »Indessen, wenn die Sonne nur aufgeht, so schaden Nebel nicht.«

Vorerst, bis zur Mitte des 17. Jahrhunderts, blieb diese Einsicht allerdings nur führenden Gelehrten vorbehalten, zumal die meisten Europäer die Zeit der von Galilei angefachten wissenschaftlichen Revolution vornehmlich als Epoche der äußersten Bedrückung erlebten, in der in Deutschland, England und Frankreich mit dem Dreißigjährigen Krieg, dem *Civil War* und der *Fronde* eine unaufhörliche Abfolge von Religions- und Bürgerkriegen mit teilweise unvorstellbar grausamen Schändungen von Zivilisten den Alltag bestimmte. Wenn marodierende Kürassiere hilflosen Bauern Jauche in den Rachen pumpten, ihre Töchter vergewaltigten, fouragierend die wehrlos daliegenden Höfe plünderten und schließlich die Leichen der Getöteten fledderten, indem sie ihnen Nasen und Ohren abschnitten, waren nicht viele Dichter geneigt, den hohen, findigen, zu den Sternen vordringenden Geist des Menschen zu besingen. Vielmehr wurden Klagelieder angestimmt, die das Los des Menschen beweinten. So seufzte der schlesische Dichter Andreas Gryphius am Ende seines vom Krieg geprägten Lebens: »Was sind wir Menschen doch? Ein Wohnhaus grimmer Schmerzen, ein Ball des falschen Glücks, ein Irrlicht dieser Zeit, ein Schauplatz herber Angst, besetzt mit scharfem Leid.«

Dennoch gab es auch in den langen Jahren des Krieges Philosophen, die Galileis Geistesschärfe, seine frappierende Beschreibung der Sonne und die seither in Gang gesetzte Entwicklung völlig neuartiger Technologien als mutmachendes Zeichen priesen, dass es in der Welt gewiss schon bald besser, heller und freundlicher zugehen werde. Zu denen, die so dachten, gehörte auch der englische Staatstheoretiker Thomas Hobbes, der Galilei 1636 in Florenz persönlich kennengelernt hatte und ihn seitdem für den »größten Philosophen nicht nur unserer, sondern aller Zeiten« hielt. Wenn man mit der mathematischen Exaktheit und demselben Maß an Vernunft, mit dem Galilei die Bewegungen der Planeten beobachtet hatte, auch die politischen Abläufe auf der Erde studieren und deuten könnte, um zu ermitteln, welches Staatssystem den Menschen wohl am ehesten Frieden und eine allgemeine Blüte der Wissenschaften beschere, dann, so glaubte Hobbes, würde auf der Welt endlich eine Zeit des ruhig genossenen, allgemeinen Glücks anheben.

Schon 1642 bot Hobbes eine bald in ganz Europa diskutierte Lösung des ihn umtreibenden Problems an. In seiner Abhandlung *De Cive* (»Vom Bürger«) betonte er mit den nachmals berühmten Worten *Homo homini lupus*, dass der Mensch dem Menschen leider schon allzu häufig zum Wolf geworden sei. Mit eigenen Augen habe er »die Gewalt der Leidenschaften, Krieg, Furcht, Armut, Niedertracht, Einsamkeit, Barbarei, Unwissenheit, Roheit« gesehen. Doch glaube er »gleichwohl, dass die Menschen von Natur nicht böse erschaffen«, sondern durchaus zur Errichtung der »Herrschaft von Vernunft, Frieden, Sicherheit, Reichtum, Geschmack, Gemeinschaft, Glanz, Wissenschaft und Wohlwollen« begabt seien. Es müssten aber eben zuvor die Staatsphilosophen »ihre Aufgabe mit gleichem Geschick« lösen, wie der größte Mathematiker »die Beobachtung der Gestirne« betrieben habe; dann könne man alles »zum Glück der Menschen in diesem Leben beitragen« und »zu dem hellsten Licht« vordringen, *in lucem clarissimam*.

Auch wenn man bewaffnete Konflikte zwischen Staaten niemals ganz aus der Welt schaffen werde, da »die Guten bei der Verderbtheit der Schlechten ihres Schutzes halber die kriegerischen Tugenden« auch zukünftig zuweilen »zur Hilfe nehmen« müssten, bestehe doch immerhin die Möglichkeit, Staaten so einzurichten, dass innere Wirren und blutige Bürgerkriege, die zu den verheerendsten bewaffneten Konflikten der Gegenwart und der Weltgeschichte gehörten, unmöglich gemacht würden. Wenigstens innerhalb der Grenzen eines so befriedeten, stabilen Staatswesens könnten dann Künste, Wissenschaften und Wohlstand dauerhaft und unbehelligt gedeihen. Je mehr gut eingerichtete Staaten es gebe, desto friedlicher werde zudem die Welt. Um dieses erstrebenswerte Ziel zu erreichen, müsse man nur in möglichst vielen Staaten einem neuen Gesellschaftsvertrag Geltung verschaffen, der als ein dauerhafter und sehr spezieller Konsens, *Consensio*, zu verstehen sei, als eine durch die besondere Einrichtung der Staatsverfassung erzeugte, grundsätzliche Übereinstimmung des politischen Willens von Herrschern und Beherrschten.

Ein solcher Konsens von Regierung und Regierten konnte nun nach Hobbes auf zwei ganz unterschiedlichen Wegen gestiftet werden, weshalb es auch generell »zwei Arten von Staaten« gab: Bei der ersten Art, so Hobbes, »erwirbt der Herr die Bürger durch seinen Willen«, bei der anderen »setzen die Bürger durch ihren Willen« eine »höchste Gewalt« über sich. Die erste Art werde zumeist »monarchische« Herrschaft genannt, die ein wohlmeinender und gerechter Alleinherrscher über ein ihm in bewusster und dankbarer »Untertänigkeit« verbundenes Volk, das seine Regierung stillschweigend anerkenne, als Erbmonarch ausübe. Die zweite Staatsform sei demgegenüber als »Demokratie« zu verstehen, denn indem freie Bürger »freiwillig zusammentreten«, entstehe »schon durch dieses Zusammenkommen eine Demokratie«, in der sich alle »zur Einhaltung dessen, was die Mehrheit beschließt«, verpflichteten. Jeder, der nun dazu beitrage, die Lehre von diesen alternativen Entwürfen einer monarchischen oder demokratischen Staatsgründung, die in beiden Fällen den grundsätzlichen Konsens aller im Staat vereinten Menschen zum Ziel habe, »nicht durch Schrecken oder Strafen, sondern durch einleuchtende Vernunftgründe« zu verbreiten, mache sich um den Frieden und das Vordringen des Lichtes in der Welt verdient.

In der Tat traf Hobbes' Lehre von einem auf Konsens basierenden Gesellschaftsvertrag, die zu einer ganz neuen Art des Staatsverständnisses führte, rasch auf großen Zuspruch. Insbesondere in der zweiten Hälfte des 17. Jahrhunderts interessierten sich mehr und mehr Philosophen und Staatsrechtler für seine politischen Ideen, suchten sie auch in der Praxis zu realisieren, wobei die einen eher dem monarchischen Staatsmodell, die anderen dem demokratischen Ansatz zuneigten. Zwei besonders ambitionierte Denker, die in sehr unterschiedlicher Weise auf die von Hobbes gegebenen Ratschläge eingingen, waren der deutsche Universalgelehrte und Verfassungsrechtler Gottfried Wilhelm Leibniz und der englische Arzt und Philosoph John Locke. Der in kurmainzischen Diensten stehende Leibniz, der in einem 1670 an Hobbes gerichteten Brief *De Cive* als nicht zu überbietendes Glanzstück der politischen Theorie pries, das auf dem bislang dunklen Weg zur Befriedung der Welt endlich »ein großes Licht angezündet« habe, überlegte noch im selben Jahr in einer Abhandlung über die Sicherheit des eigenen Vaterlandes, ob es nicht machbar wäre, »dass Deutschland einen absoluten Herrscher hätte«, oder ob nicht zumindest die quasisouveränen kurfürstlichen Territorien, aus denen das föderativ verfasste deutsche Reich ja zusammengesetzt war, starke und miteinander kooperierende Regierungen erhalten könnten. Locke hingegen, der *De Cive* Mitte der 1660er Jahre gelesen hatte und 1673 gemeinsam mit Hobbes als Berater der britischen Regierung tätig wurde, plädierte in seiner zwischen 1679 und 1681 entstandenen Abhandlung *Two Treatises of Government* dafür, die Souveränität in England – oder auch in den englischen Kolonien Nordamerikas – immer beim Volk zu belassen, *in the people*, da Bürger beim Versagen ihrer Regierung jederzeit das Recht haben müssten, zur Wahrung ihrer Sicherheit eine neue einzusetzen.

Nachdem Leibniz seine politischen Vorstellungen zunächst in Kurmainz und dann im Kurfürstentum Hannover zu verwirklichen gesucht hatte, wurde er 1697 an den kurfürstlich-brandenburgischen Hof nach Berlin eingeladen, wo er nun aus nächster Nähe und als wichtiger philosophischer Ideengeber miterlebte, wie Kurfürst Friedrich III. ganz allein und – um mit Hobbes zu sprechen – nur »durch seinen Willen« einen von ihm unumschränkt regierten Staat begründete. Locke wiederum beriet seit 1686 mit dem wohlhabenden englischen Quäker William Penn einen Mann, der auf seinen riesigen amerikanischen Besitzungen rings um die von ihm gegründete Stadt Philadelphia Land für Kolonisten aus ganz Europa bereitgestellt hatte, die dort – nochmals in einer Wendung von Hobbes – »freiwillig zusammentreten« durften, um ein an demokratischen Prinzipien orientiertes politisches Gemeinwesen zu errichten.

Doch welche günstigen historischen Umstände hatten eigentlich dazu geführt, dass von allen Orten der Welt ausgerechnet Berlin und Philadelphia die Regierungssitze zweier Staaten wurden, die exakt zur selben Zeit, nämlich im Jahr 1701, genau zu Beginn des 18. Jahrhunderts, völlig neuartige Verfassungen erhielten, dank derer sie auf zwei höchst unterschiedlichen politischen Wegen zu Musterstaaten des Zeitalters der Aufklärung wurden? Wie also entstanden die beiden so bedeutenden Kunststaaten Preußen, jenes ganz und gar auf den Willen des Monarchen zugeschnittene Königreich, und Pennsylvania, jener bürgerschaftlich organisierte *Commonwealth*, der Keimzelle und Grundpfeiler eines gewaltigen amerikanischen Staatenbundes werden sollte?

Als Leibniz von Friedrich III., dem Oberhaupt des Hauses Hohenzollern, nach Berlin eingeladen wurde, hatten die Vorfahren des Kurfürsten die Geschicke Brandenburgs schon seit annähernd dreihundert Jahren geprägt. Belehnt worden waren die ursprünglich im süddeutschen Raum ansässigen Hohenzollern mit der Mark Brandenburg bereits 1417. Laut der Goldenen Bulle von 1356, dem Grundgesetz des Heiligen Römischen Reiches Deutscher Nation, hatte der brandenburgische Markgraf in seiner Eigenschaft als Kurfürst das Privileg, gemeinsam mit den anderen Kurfürsten des Reiches den römisch-deutschen König zu wählen. Durch diese Wahl wurde der König designierter Kaiser des Reiches. Die brandenburgischen Kurfürsten waren somit, wie es in der Goldenen Bulle hieß, »Säulen des Reiches«, die als solche darauf bedacht sein mussten, ihr Herrschaftsgebiet konsequent zu sichern oder gar zu erweitern. Während der brandenburgische Kurfürst Albrecht Achilles in der von ihm 1473 erlassenen *Dispositio Achillea* das Erbfolgeprinzip der Hohenzollern dauerhaft regelte und für die kommenden Generationen die Unteilbarkeit der Mark bindend festlegte, strebten seine Nachfolger nach einer Phase der Herrschaftskonsolidierung einen größeren territorialen Zugewinn an.

Es war Kurfürst Joachim II. Hector, der im Verlauf des 16. Jahrhunderts die Grundlagen für den Erwerb des am südöstlichen Rand der Ostsee gelegenen Herzogtums Preußen schuf. Das nicht zum deutschen Reich gehörende Preußen, das im Mittelalter von den Rittern des Deutschen Ordens verwaltet wurde, war 1523 nach vollzogener lutherischer Reformation zu einem evangelischen Herzogtum unter polnischer Lehenshoheit umgewandelt worden. Seither wurde es von Albrecht von Hohenzollern-Ansbach regiert. Weil der preußische Herzog Albrecht ein Cousin des brandenburgischen Kurfürsten war, konnte Joachim II. Hector, der 1539 in Brandenburg die Reformation eingeführt hatte, im Jahr 1568 erwirken, dass seine männlichen Nachkommen zu Miterben des Herzogtums Preußen eingesetzt wurden. Als nun Albrechts Sohn im Jahr 1618 starb, ohne seinerseits Söhne hinterlassen zu haben, trat der in diesem Jahr in Brandenburg regierende Kurfürst Johann Sigismund, ein Urenkel Joachims, das Erbe des preußischen Herzogs an. Fortan waren die Kurfürsten von Brandenburg – die sich ab 1613 zum Calvinismus bekannten, dabei aber ihren lutherischen Untertanen den alten Glauben beließen – zugleich Herzöge von Preußen.

Allerdings konnte Johann Sigismund wegen des Dreißigjährigen Krieges zunächst kein nennenswertes Kapital aus dem Gewinn Preußens schlagen. Erst mit dem 1640 erfolgten Regierungsantritt des Kurfürsten Friedrich Wilhelm eröffneten sich wieder neue Perspektiven. Im Westfälischen Frieden von 1648 wurde ihm zunächst Hinterpommern, das Fürstentum Halberstadt und die Anwartschaft auf das Herzogtum Magdeburg mit der Stadt Halle an der Saale zugesprochen. Als dann 1655 der schwedische König Karl X. in Polen einfiel, um eine neue Phase der schwedischen Vorherrschaft im Ostseeraum einzuleiten, nutzte Friedrich Wilhelm die Gunst der Stunde und schlug sich auf die Seite der schwedischen Armee, um mit ihrer Hilfe die polnische Lehnsherrschaft in Preußen abzuschütteln.

Tatsächlich wurden die polnischen Truppen im Sommer 1656 von den vereinigten Armeen der Schweden und Brandenburger besiegt. Da der schwedische König jedoch Preußen wider Erwarten nicht Friedrich Wilhelm überließ, wechselte der brandenburgische Kurfürst unverzüglich die Fronten. Von diesem jähen Bündniswechsel profitierte er, denn in den beiden im Herbst 1657 unterzeichneten Verträgen von Wehlau und Bromberg wurde Friedrich Wilhelm vom polnischen König in aller Form aus der Lehensabhängigkeit entlassen und zum alleinigen Herrn über Preußen bestimmt, und zwar »mit absoluter Macht und ohne die bisherigen Beschränkungen«. Kaiser Leopold I., der auch dank der brandenburgischen Kurstimme im Jahr 1658 zum Oberhaupt des Reiches gewählt worden war, bekräftigte diese Regelung dann noch einmal am 3. Mai 1660 im Vertrag von Oliva.

Leibniz billigte dem jetzt souveränen Herzog von Preußen in einem 1677 veröffentlichten Gutachten mit dem Titel *De jure suprematus ac legationis Principum Germaniae* eine Gleichrangigkeit mit den gekrönten Häuptern Europas zu. Friedrich Wilhelms nunmehr gesteigerter Geltungsdrang war auch der Grund dafür, dass er 1683 mit der Unterstützung erfahrener niederländischer Kapitäne und mit mehreren, im preußischen Ostseehafen Pillau gebauten Schiffen eine Handelsexpedition an die Goldküste Westafrikas entsandte, wo er den nach ihm benannten brandenburgischen Stützpunkt Groß Friedrichsburg anlegen ließ. Doch blieb es Friedrich Wilhelms Sohn und Nachfolger Kurfürst Friedrich III. vorbehalten, für das Haus Hohenzollern einen Königstitel zu erwerben, der mehr als nur die Bestätigung des äußeren Aufstiegs dieser im Herzogtum Preußen allein regierenden Erbdynastie war.

Schon bald nach dem 1688 erfolgten Amtsantritt als brandenburgischer Markgraf und Kurfürst fragte sich der neue Herrscher mit Blick auf seine Souveränitätsrechte in Preußen laut: »Da ich alles besitze, was zu der königlichen Würde gehört, auch noch in einem viel größeren Maße als andere Könige, warum sollte ich dann nicht danach trachten, den Namen eines Königs zu erlangen?« Dabei bezog sich der Wunsch, eine strahlende königliche Majestät in Preußen zu sein, nicht allein auf die Vermehrung des schönen Scheins. Über die Königswürde zu verfügen hieß vielmehr, einen höheren fürstlichen Rang einzunehmen, was in ganz Europa wie auch im Reich mit einem sehr konkreten Zugewinn an Macht verbunden war. Schon Hobbes hatte 1651 gelehrt, dass bereits der Ruf, in Macht zu stehen, konkrete Macht sei: *Reputation of Power, is Power*. Dies erklärt auch, warum in den 1690er Jahren neben Friedrich III. noch weitere deutsche Kurfürsten Jagd auf den Königstitel machten. Der sächsische Friedrich August I. aus dem Hause Wettin konvertierte sogar aus freien Stücken zum Katholizismus, um sich von den polnischen Adligen zum König August II. von Polen wählen lassen zu können, was dann 1697 geschah. Vier Jahre später sicherten die englischen Lords in einem *Act of Settlement* dem welfischen Kurfürstenhaus von Hannover die Rechte auf den Thron von England zu.

Friedrich III. wollte sich jedoch nicht die Krone eines der altehrwürdigen, schon seit Jahrhunderten existierenden europäischen Königreiche durch Huld und Wohlwollen der lokalen Magnaten antragen lassen. Ihm schwebte vor, ein bislang noch gar nicht vorhandenes Königreich aus eigener Vollmacht ins Leben zu rufen, um es als unumschränkter Selbstherrscher gegen jede Tradition und jedes Herkommen regieren zu können. Dieses Ansinnen war nur zu verwirklichen, indem er das Herzogtum Preußen in ein ganz neuartiges Königreich verwandelte, ein Vorgang, der weniger einer Metamorphose als einer gänzlichen Neuschöpfung glich.

Den ersten Vorstoß in die gewünschte Richtung unternahm er 1692, als er seinem Regierungsrat Paul von Fuchs den kühnen Plan, König in Preußen werden zu wollen, erläuterte. Fuchs riet Friedrich III. zunächst ab, da er glaubte, dass Brandenburg sich damit nur Neider und Feinde schaffen würde, ohne den eigenen Einfluss auf die europäische Politik in nennenswerter Weise zu vergrößern. Auch könne er beim besten Willen nicht einsehen, wieso der habsburgische Kaiser Leopold I. in Wien und die anderen europäischen Könige diesem Vorhaben ihre Zustimmung geben sollten. Doch der gewiefte Kurfürst, der über ein gehöriges Maß an Geduld verfügte, konnte abwarten. Als Joseph Ferdinand von Bayern, der designierte Erbe des spanischen Reiches, im Jahr 1699 starb und Leopold I. vorhersah, dass es nach dem jederzeit zu befürchtenden Tod des kinderlosen Königs Carlos II. wegen der nun wieder ungeklärten spanischen Thronfolge schon bald zu einem großen europäischen Krieg kommen würde, machte Friedrich III. dem Kaiser ein Angebot, das dieser nicht ausschlagen konnte.

Er verpflichtete sich, dem Kaiser ein Truppenkontingent von 8000 Soldaten zur Verfügung zu stellen, und sagte ihm zu, zukünftig in jedem Fall auf der Seite des Hauses Habsburg zu stehen. Im Gegenzug sollte der Kaiser lediglich den Königstitel, den er selbstverständlich nicht in Brandenburg, sondern nur »wegen Preußen« führen wolle, anerkennen und – nach bestem Vermögen – auch bei den anderen großen europäischen Mächten um dessen Anerkennung werben. Äußerst wichtig war dem Hohenzollern der Hinweis, dass der Kaiser den neuen Königstitel nicht etwa selber »creirt«, sondern einfach nur »agnosziert« (anerkennt), denn Friedrich III. wollte statt eines Lehnkönigs ein vom Wiener Hof vollkommen »independanter König« sein. Leopold I. akzeptierte diese Vorschläge und gestand dem brandenburgischen Kurfürsten am 16. November 1700 in einem entsprechenden Kron- und Allianztraktat zu, er werde »ihn unverzögert in und ausserhalb des Reichs für einen König in Preußen ehren, würdigen und erkennen«.

Wie fest Friedrich III. schon vor dieser offiziellen Einwilligung des Kaisers daran geglaubt hatte, König zu werden, ist daran zu erkennen, dass er bereits Mitte der 1690er Jahre damit begann, in und um Berlin prunkvolle, einem König würdige Schlossbauten zu errichten. 1696 entstand in dem westlich von Berlin gelegenen Dorf Lietzow ein Schloss für die Kurfürstin Sophie Charlotte, das man später zu ihren Ehren Charlottenburg nennen sollte. Ab 1699 baute der Architekt Andreas Schlüter dann das alte Berliner Stadtschloss zu einem überaus prächtigen Palast aus. Friedrich III. wollte jedoch nicht nur im barocken Glanz repräsentieren, er wollte seine Macht auch dazu nutzen, den neuen Staat auf den Gebieten der Künste und Wissenschaften voranzubringen, um auf diese Weise das Wohl all seiner Einwohner zu befördern und auch den inneren Frieden des brandenburgisch-preußischen Herrschaftsbereiches zu stabilisieren.

So stiftete er zeitgleich 1694 in Halle an der Saale eine neue Universität und 1696 in Berlin nach dem Vorbild von Paris und Rom eine Akademie der Künste. Und weil alle diese Handlungen sehr weitgehend auf den Ausbau eines solchen Staates abzielten, wie er Leibniz seit den 1660er Jahren vorschwebte, regte eben dieser Jurist und Philosoph den Berliner Hof zusätzlich zur Gründung einer Akademie der Wissenschaften an. Im März 1700 durfte Leibniz dem Kurfürsten, mit dem er seit drei Jahren im engeren Kontakt stand, seine Ideen vortragen. Bereits am 11. Juli wurde die »Churfürstlich-Brandenburgische Societät der Wissenschaften« etabliert und Leibniz von Friedrich III. zu ihrem ersten Direktor ernannt. Mit dem von ihm selbst entworfenen Siegel der Akademie illustrierte Leibniz seine politischen Hoffnungen auf sehr eindeutige Weise: Zu sehen ist auf dem Siegel ein zu den Sternen auffliegender Adler, Symbol eines gerade flügge gewordenen, jungen, zwar sehr mächtigen, doch eben auch dem Licht der Wissenschaften zustrebenden Staates.

Der derart durch Leibniz geehrte und durch den Kaiser legitimierte Friedrich III. begab sich noch im Dezember des Jahres 1700 bei klirrender Kälte nach Königsberg, in Preußens Hauptstadt also, da er nur dort, außerhalb des Reiches, den Königsthron besteigen durfte. Die Krone setzte er sich hier nach einer langen und beschwerlichen Winterreise am 18. Januar 1701 selbst auf sein Haupt. Leibniz feierte die Krönung als »eine der wichtigsten Gegebenheiten der Menschheitsgeschichte«. Eigenkrönungen hatte es zwar zuvor schon in Schweden und Dänemark gegeben, doch der neue preußische König befestigte seinen Anspruch auf die absolute Macht noch auf eine ganz besondere Weise. Denn er lehnte es ab, einen Krönungseid gegenüber dem Land Preußen, seinen Oberräten und seinen Ständen zu leisten. Damit ignorierte er die in den anderen europäischen Staaten übliche Einbeziehung der Stände in die Regierungsverantwortung auf eklatante Weise, was dem neuen preußischen König jedoch keinerlei Gewissensbisse bescherte.

Im Gegenteil: Da es in Königsberg in der Nacht vor der Selbstkrönung noch geschneit, sogar gehagelt hatte, doch dann kurz vor der Zeremonie über der Stadt eine strahlende Sonne aufging, konnte Friedrich I. in diesem himmlischen Feuerball durchaus ein Symbol jenes Lichtes erblicken, welches das Königreich Preußen künftig in der Art einer politischen Morgendämmerung unter den Völkern Europas ausstreuen würde. Der pfiffige Lippstädter Dichter, Lehrer und Pfarrer Johann Kayser, der in diesen dramatischen Tagen Berlin, die zukünftige Residenzstadt des neuen Königs, mit staunenden Augen durchwanderte, glaubte jedenfalls zu erkennen, dass diese Metropole des neuen königlich-kurfürstlichen Verbundes Brandenburg-Preußen die gesamte Welt mit einem gleißenden Licht erhellen werde: So ersann er das Anagramm »Berolinum – lumen orbi«, *Berlin, Licht der Welt*.

Von der glanzvollen und wundersamen Geburt des Königreichs Preußen und seiner völkerrechtlich bedeutsamen Anerkennung durch den Wiener Hof konnte man tatsächlich schon bald in der ganzen Welt hören und lesen. Auch nach Amerika wurden diese Neuigkeiten kolportiert: Stapelweise transportierten Schiffe englische Zeitschriften mit den neuesten Nachrichten aus Europa über den Atlantischen Ozean und brachten sie dann in den Seehäfen von Boston und New York an Land. Vor allem die *London Gazette* fand von hier aus rasch ihren Weg in die Kaffeehäuser, Schenken und Tavernen des nordamerikanischen Kontinents, um die englischen Kolonisten dort in geselliger Runde über die markantesten und merkwürdigsten Vorgänge in der Alten Welt zu informieren.

Voll und ganz ermessen konnte allerdings im Frühling 1701 noch niemand, welche Auswirkungen die Existenz des neuen Staates Preußen dereinst auf die atlantische Welt haben würde. Ohnehin war die Aufmerksamkeit der in Nordamerika siedelnden Kolonisten in diesem Jahr viel stärker von der Vollendung eines ganz anderen Staatsgründungsprozesses beansprucht: Die Bürger Pennsylvanias, jener zu diesem Zeitpunkt jüngsten Kolonie des nordamerikanischen Kontinents, schickten sich an, das Grundgesetz einer völlig neuartigen Bürgergesellschaft auszuarbeiten. Nach intensiven Beratungen verabschiedeten die Pennsylvanier am 28. Oktober 1701 mit der *Charter of Privileges* eine sehr ausgefeilte Verfassung, die ihr Gemeinwesen zur vorbildlichsten Kolonie im gesamten englischen Herrschaftsbereich Nordamerikas werden ließ. Damit war zugleich der vorläufige Gipfelpunkt einer faszinierenden politischen Entwicklung erreicht, die bereits zweihundert Jahre zuvor mit den ersten europäischen Besiedelungsversuchen der amerikanischen Küste eingesetzt hatte.

Nach den zwischen 1492 und 1497 unternommenen Entdeckungsreisen der drei italienischen Seefahrer Cristoforo Colombo (Christoph Columbus), Giovanni Caboto (John Cabot) und Amerigo Vespucci, die weite Abschnitte der jenseits des Atlantiks liegenden Küstenlandschaften erkundeten, hatten sich im Verlauf des 16. Jahrhunderts die europäischen Mächte Portugal, Spanien, England und Frankreich daran gemacht, diese als paradiesisch beschriebenen Gebiete unter ihre jeweilige Kontrolle zu bringen.

Rasch wurde das neuentdeckte Land von den konkurrierenden Europäern als »Neue Welt« bezeichnet, oder auch – zu Vespuccis Ehren und in Abwandlung seines Vornamens – mit der latinisierten Bezeichnung »America« belegt.

Während sich die Portugiesen und Spanier in ihren Kolonisierungsbestrebungen auf Süd- und Mittelamerika konzentrierten, interessierten sich die Franzosen und Engländer fast ausschließlich für die nördlichen Ausläufer der Neuen Welt. Bis weit in die zweite Hälfte des 16. Jahrhunderts war dabei zunächst Frankreich die führende Entdeckermacht. So erschloss der französische Seefahrer Jacques Cartier weite Bereiche jenes von ihm nach einem indianischen Wort für Siedlung getauften Landes »Canada«, das sich zwischen dem ebenfalls von ihm so benannten Berg Mont Royal (Montréal) und dem Unterlauf des Sankt-Lorenz-Stroms erstreckte.

Die Engländer bemühten sich erst ab den 1580er Jahren um eine gründliche Erschließung und dauerhafte Besiedlung des neuentdeckten Kontinentes. An der südöstlichen Küste Nordamerikas legten sie zwischen 1585 und 1587 die Siedlung Roanoke an. Über hundert Siedler, die sich durch die von dem anglikanischen Geistlichen Richard Hakluyt im Jahr 1584 verfassten Werbeschrift *A Discourse concerning Western Planting* für das Kolonialabenteuer hatten begeistern lassen, machten sich in Roanoke mit viel Enthusiasmus an die Aufbauarbeit. Doch sie scheiterten binnen weniger Jahre: Als Schiffe einer Nachschubexpedition im Jahr 1590 erneut in Roanoke vor Anker gingen, fanden sie die kleine Kolonie zerstört und verlassen vor.

Erst 1607 entstand mit dem nach König Jakob (englisch James) benannten Ort Jamestown eine englische Siedlung von Dauer. Sie wurde auf einer gut geschützten, mit wilden Pflaumenbäumen bewachsenen Flussinsel unweit der Chesapeake Bay errichtet. Damit befand sich Jamestown nur 80 Meilen nördlich von Roanoke in einem Gebiet, das Walter Raleigh schon 1584 für England reklamiert und zu Ehren der unverheirateten, jungfräulichen Königin Elizabeth I., der sogenannten *Virgin Queen*, »Virginia«

genannt hatte. Der Tabakanbau entwickelte sich rasch zum wichtigsten Betätigungsfeld der Kolonisten, weil nur die Vermarktung dieses landwirtschaftlichen Erzeugnisses das Überleben der Kolonie Virginia während ihrer ersten Jahre sicherstellen konnte. Doch neben dem Problem der wirtschaftlichen Existenzsicherung interessierten sich die englischen Siedler auch von Anfang an für die politische Selbstverwaltung. So kam in der Kirche von Jamestown am 30. Juli 1619 die erste parlamentarische Versammlung Virginias zusammen, um nach dem Vorbild des englischen Parlaments von Westminster auch in Amerika eigenständig Gesetze für das Zusammenleben zu erlassen. Diese Versammlung bestand aus dem Gouverneur, seinen sechs Beratern sowie zwanzig gewählten Volksvertretern, den *Burgesses*. Als Virginia sechs Jahre später zur Kronkolonie erklärt wurde, wachten sie alle miteinander eifersüchtig über das Recht, ihre eigenen, amerikanischen Gesetze zu verabschieden.

Anders als die Franzosen, die ihre Siedlungsbestrebungen über Jahrzehnte hinweg ausschließlich auf Kanada richteten, hielten die Engländer auch nach dem gelungenen Aufbau von Jamestown nach weiteren, ebenso guten oder vielleicht sogar besser geeigneten Kolonisationsräumen in Amerika Ausschau. Kaum war die Errichtung der Kolonie Virginia geglückt, steuerten Schiffe mit siedlungswilligen Engländern ganz unterschiedliche Abschnitte der nordamerikanischen Küste an. Zwischen 1620 und 1636 entstanden so die eigenständigen Kolonien New Plymouth, Massachusetts, New Hampshire, Rhode Island, Connecticut und Maryland. Diese neuen Kolonien erstreckten sich von der an die französischen Siedlungsgebiete angrenzenden Massachusetts Bay bis hin zur nördlichsten Ausbuchtung der Chesapeake Bay im virginischen Grenzland.

Im Unterschied zu den Virginiern kam es der neuen Generation von Siedlern nicht in erster Linie darauf an, den noch jungfräulichen Boden der Neuen Welt fruchtbar zu machen, Äcker anzulegen und diese zu bestellen, um dann mit den gewonnenen landwirtschaftlichen Produkten Handel zu treiben. Weniger ökonomische Beweggründe, sondern vornehmlich religiöse Motive waren es, die etliche Engländer jetzt zur Auswanderung nach Amerika veranlassten. Da die anglikanische Staatskirche die religiöse Entfaltung der am alten Glauben festhaltenden englischen Katholiken sehr stark einschränkte, aber auch radikalprotestantischen Gruppierungen wie den Puritanern zunehmend das Recht absprach, die reformatorische Erneuerung Englands weiter voranzutreiben, erschien den frömmsten Angehörigen dieser dissentierenden Religionsparteien der Weg nach Amerika als die einzige Möglichkeit, ein wirklich gottgefälliges Leben frei zu gestalten – in der in ihren Augen noch unberührten Wildnis der Neuen Welt. Während sich die Puritaner in New Plymouth, Massachusetts, New Hampshire, Connecticut und Rhode Island niederließen, siedelten sich die Katholiken in Maryland an.

Drei weitere englische Kolonien entstanden nahezu zeitgleich nach der Jahrhundertmitte. Zutiefst beeindruckt von der wirtschaftlichen Blüte Virginias, aber auch von der immer günstigeren Entwicklung der nördlicher gelegenen katholischen und puritanischen Kolonien, beschloss der seit Mai 1660 regierende englische Monarch Karl II., das Engagement der Krone in Amerika zu intensivieren. 1663 wurde auf seine Initiative die nach ihm benannte Kolonie Carolina gegründet, die als eine Art Pufferzone zwischen Virginia und den Spaniern im Süden fungieren sollte. Im Folgejahr entsandte der Bruder des Königs, der Herzog von York, ein großes Kontingent englischer Soldaten in eine zwischen Connecticut und Maryland gelegene Region, in welcher sich seit den 1620er Jahren Holländer angesiedelt hatten, die nun, in der Mitte des 17. Jahrhunderts, zu ernsthaften Konkurrenten der Engländer geworden waren. Nach der erfolgreichen Eroberung des holländischen Siedlungsgebietes durch die Truppen des Herzogs wurde dieses vormals Nieuw Nederland genannte Areal von der englischen Krone annektiert und zweigeteilt. Der kleinere Gebietsabschnitt hieß fortan New Jersey, der größere, zu Ehren des Herzogs, New York.

Damit befanden sich seit 1664 entlang der nordamerikanischen Atlantikküste zwischen Kanada und Florida in einer lückenlosen Reihe Kolonien in englischer Hand, die allesamt sehr unterschiedliche Entstehungsgeschichten vorzuweisen hatten. Von der verblüffenden Tatsache, dass keinesfalls nur die von der Krone besonders geförderten Kolonien Virginia und Carolina florierten, sondern dass auch das katholische Maryland, die puritanischen Siedlungen des Nordens sowie die einst niederländischen Gebiete New Jersey und New York aufstrebende Gemeinwesen waren, zeigten sich in besonderer Weise die führenden politischen Philosophen Englands beeindruckt. Die jeweils unterschiedliche Gestalt der nordamerikanischen Kolonien regte ihre Phantasie in hohem Maße an und animierte sie zum Weiterdenken.

Für Locke erweckte die von den Engländern besiedelte Neue Welt gar den Eindruck einer noch weitgehend unberührten Erde kurz nach dem Schöpfungsakt, die, anders als das alte Europa, einen radikalen politischen Neuanfang ermöglichte. Diese Sichtweise kleidete er auch gern in geradezu paradox anmutende Worte: »So war anfangs die ganze Welt ein Amerika«, schrieb er beispielsweise an einer prominenten Stelle seiner *Two Treatises of Government*. Wegen seines Scharfsinns und des von ihm schon seit den 1660er Jahren bezeugten Interesses an Amerika wurde Locke denn auch – kurz nach seiner begeisterten Lektüre von *De Cive* – von seinen engsten Vertrauten um politischen Rat gefragt, als diese sich daran machten, die Verfassungsordnung von zwei noch jungen englischen Kolonien festzulegen.

Zunächst bat ihn Anthony Ashley-Cooper, der erste Earl of Shaftesbury, für den er als Sekretär tätig war, um seine Mithilfe beim Erstellen eines Grundgesetzes für die Kolonie Carolina. Als Ergebnis ihrer Zusammenarbeit legten beide Männer im Jahr 1669 die sogenannten *Fundamental Constitutions of Carolina* vor. Während Locke in diesem Verfassungsentwurf festschrieb, dass die Repräsentanten auch der weniger wohlhabenden Siedler in einem gewählten Parlament über die Geschicke Carolinas mitentscheiden sollten, sprach sich der Earl, der in Carolina einen gewaltigen Landbesitz sein eigen nannte, im selben Text dafür aus, die Regierungsgeschäfte in der Hauptsache von den carolinischen Großgrundbesitzern überwachen und kontrollieren zu lassen. Dieser eklatante Widerspruch war wohl der entscheidende Grund dafür, dass die *Fundamental Constitutions of Carolina* niemals ratifiziert wurden.

Nur wenige Jahre nach der Veröffentlichung des missglückten Verfassungsentwurfs für Carolina wurde Locke dann von einem guten Bekannten darum gebeten, das Grundgesetz einer anderen amerikanischen Kolonie gründlich zu studieren und gegebenenfalls mit Verbesserungsvorschlägen zu versehen. Diese Kolonie hatte jener Freund, William Penn, ein Sohn des gleichnamigen Admirals Sir William Penn, unter bemerkenswerten Umständen selbst gegründet. Penn, der im Gegensatz zu den Vorstellungen seines Vaters schon in früher Jugend eine tiefe Abneigung gegen den Militärdienst entwickelt hatte, war Ende der 1660er Jahre der Glaubensgemeinschaft der Quäker beigetreten, einer sektiererischen Gruppierung aus dem Spektrum des radikalen englischen Protestantismus, die wegen ihrer Ablehnung des Kriegsdienstes schonungslosen Verfolgungen ausgesetzt war. Als 1670 sein vermögender Vater starb und Penn damit der Anspruch auf 16 000 Pfund zufiel, die sich König Karl II. in den zurückliegenden Jahrzehnten bei Sir William Penn geliehen hatte, nutzte der Sohn die sich durch den Erbfall bietende Gelegenheit mit großer Entschlossenheit dazu, in Amerika ein Asyl für seine Glaubensgenossen zu schaffen.

Penn schlug dem englischen König vor, dass er ihm sämtliche Schulden erlassen würde, falls der Monarch ihm seinerseits Land aus den amerikanischen Besitzungen der Krone übereignete. Dieses Land wollte Penn zu einem Zufluchtsort für alle machen, die wegen ihrer religiösen Überzeugungen schikaniert und verfolgt wurden. Karl II. willigte in den Vorschlag ein und überschrieb seinem dissentierenden Untertan eine westlich von New Jersey gelegene, dicht bewaldete Landmasse, die im Osten vom Delaware River begrenzt war. Den neuerworbenen Grund und

Boden nannte Penn wegen seines dichten Waldbestandes »Sylvania«, also ›Waldland‹, versah diesen Namen jedoch noch – im respektvollen Angedenken an seinen Vater – mit der Vorsilbe »Penn«. Als Eigentümer dieser neuen Kolonie Pennsylvania entschied er ferner, dass die zukünftige Hauptstadt seines neuen Landes Philadelphia heißen sollte: die Stadt der »brüderlichen Liebe«. Damit wollte er kundtun, wie sehr ihm am einträchtigen Miteinander der Menschen gelegen war, die hier dereinst siedeln sollten.

Um möglichst viele Kolonisten für sein Projekt der Bruderliebe zu gewinnen, ließ er bis 1681 in ganz Europa, vor allem in England und im deutschen Reich, zahllose Flugblätter mit einem »Bericht über die Provinz Pennsylvania« verteilen, in denen sämtliche Vorzüge des neuen, noch zu errichtenden Gemeinwesens in leuchtenden Farben ausgemalt wurden. In Pennsylvania, so Penn, werde schon bald wie an keinem anderen Ort der Welt »die Herrschaft des Lichts« anbrechen, da sich die Pennsylvanier zukünftig »durch selbstgegebene Gesetze regieren« und auf der Basis eines allgemeinen »Konsenses« wirklich »frei leben« könnten. Denn allein eine solche politische Lebensform werde den inneren »Frieden« und äußeren »Wohlstand« der Kolonie befördern.

Als Penn im Herbst 1682 erstmals den Atlantik überquerte, um sein neues Land in Augenschein zu nehmen und den Bau der Hauptstadt anzuleiten, stellte er erfreut fest, dass sich schon viele hundert Siedler aus England und Deutschland, aber auch aus Holland und Schweden eingefunden hatten, die mit ihm die Stadt Philadelphia errichten wollten. Er entwarf den Straßenplan, teilte die Grundstücke ein, verkaufte den ersten Kolonisten die besten Bauflächen und reservierte daneben noch genügend Ländereien für zukünftige Verpachtungen. Da er mit dem benachbarten Indianerstamm der Delawaren (oder Lenni Lenape) – dem er für die Besiedlung der von Karl II. übertragenen Gebiete faire Ausgleichszahlungen leistete – in gutem Einvernehmen leben wollte, traf er beim Bau der Stadt auch keine Maßnahmen zur Errichtung von Stadtmauern, Befestigungen oder Militärgarnisonen: Philadelphia sollte eine friedliche, tolerante und offene Stadt bleiben.

Einen recht engen Rahmen des Zusammenlebens steckte Penn allerdings mit dem von ihm selbst konzipierten *Frame of Government* ab, einem Verfassungssystem, das im April 1683 in Kraft trat. Danach durften die pennsylvanischen Siedler zwar ein gesetzgebendes Kolonialparlament, eine sogenannte *Assembly*, mit bis zu 200 Abgeordneten wählen, doch sollten die Parlamentarier vollkommen auf die Initiative des von Penn ernannten Gouverneurs angewiesen bleiben, der zusammen mit seinen Ratgebern, dem *Provincial Council*, das alleinige Gesetzesvorschlagsrecht hatte. Alle Gesetze konnten erst dann in Kraft treten, wenn sie von Gouverneur und *Council* gebilligt worden waren. Diese Einschränkung stand nun offenkundig im Widerspruch zu jenen politischen Verheißungen, mit denen Penn die Siedler nach Pennsylvania gelockt hatte. Dies erkannte auch Locke, als er die pennsylvanische Verfassung im November 1686 begutachtete. Dass die Siedler bei der Gesetzgebung kein eigenes Initiativrecht hatten, hielt er für höchst »ungeschickt«, weshalb Pennsylvania noch »weit entfernt« von einem gut eingerichteten Staatswesen sei.

Lockes Argumentation machten sich denn auch die pennsylvanischen Siedler zu eigen, die den Koloniegründer Penn beim Wort nehmen wollten und folglich beharrlich darauf hinwiesen, dass sein *Frame of Government* noch unbedingt nachgebessert werden müsse. Nach jahrelangen Disputen reformierte Penn die Verfassung Pennsylvanias dann in einem ersten Schritt immerhin schon dahingehend, dass er den Abgeordneten der *Assembly* ab 1696 das Recht gewährte, im Parlament eigene Ausschüsse und Untersuchungskommissionen bei der Aufklärung von Verbrechen einzusetzen. Doch erst nach fünf weiteren Jahren und teils sehr harten Auseinandersetzungen mit den Abgeordneten erließ Penn dann am 28. Oktober 1701 mit der *Charter of Privileges* eine Verfassung, die den Kolonisten endlich alle von ihnen eingeforderten Rechte zugestand.

Die Abgeordneten des jetzt dauerhaft »in Philadelphia« ansässigen Kolonialparlamentes erhielten nun als »jährlich« neu zu wählende Repräsentanten aller Siedler das gleiche Privileg wie der Gouverneur, »Gesetze vorzuschlagen und auszuarbeiten«. Dem *Council* hingegen wurde sein bisheriges Recht, Gesetzesvorlagen einbringen zu dürfen, vollständig aberkannt. Außerdem konnten die Parlamentarier ihre Sitzungen fortan nach eigenem Gutdünken vertagen und sowohl den Sprecher der *Assembly* als auch alle anderen pennsylvanischen Beamten selbst unter den geeignetsten Kandidaten »auswählen«. Überdies wurde in der *Charter of Privileges* ausdrücklich festgeschrieben, dass kein Einwohner Pennsylvanias wegen seiner »religiösen Überzeugung« belästigt oder politisch benachteiligt werden dürfe. Ganz ausdrücklich lud der Quäker Penn auch die Mitglieder aller anderen christlichen Konfessionen dazu ein, der pennsylvanischen »Regierung in sowohl legislativer als auch exekutiver Beziehung zu dienen«. Durch diese Bestimmungen konnten die Bürger Pennsylvanias, wie Penn resümierend befand, nun mindestens so frei und selbstbestimmt leben wie die Bewohner aller anderen englischen »Pflanzungen des Königs in Amerika«.

Tatsächlich aber verfügten die Pennsylvanier seit dem Erlass der *Charter of Privileges* nicht einfach nur über die gleichen Rechte wie alle anderen englischen Kolonisten Amerikas, sondern über sehr viel weitergehende Privilegien. Denn sie hatten mit der neuen Verfassung, die ihnen ein mit großen Vollmachten ausgestattetes Einkammerparlament zusicherte und auch umfassende religiöse Freiheiten bescherte, eine größere demokratische Kontrolle über die eigene Staatsführung gewonnen als jede andere amerikanische Kolonie. Die jüngste Kolonie war jetzt die modernste, Pennsylvania ein für alle nordamerikanischen Siedlungen wegweisendes Vorbild geworden, gewissermaßen das strahlende Morgenrot der Neuen Welt. Dazu passte im übrigen auch, dass Penn – ebenfalls im Jahr 1701 – dafür sorgte, den Besuch der schon 1689 gegründeten Lateinschule von Philadelphia auch jenen begabten Kindern zu ermöglichen, die aus ärmeren

Elternhäusern stammten. Diese Verfügung galt für Kinder aller Religionen, denn nur eine gute Schulbildung möglichst vieler Menschen bot in Penns Augen die Gewähr dafür, sämtliche für die Akzeptanz seiner »Gesetze des Lichtes« unabdingbaren »Künste und Wissenschaften« in Pennsylvania zur Blüte zu bringen.

Zumindest in den Augen der pennsylvanischen Bürger war die von Penn schon vor zwei Jahrzehnten prophezeite Herrschaft des Lichts nun wirklich angebrochen. So war die in Pennsylvania geglückte Grundlegung einer neuen Verfassung – nach der nur wenige Monate zuvor gefeierten Begründung des Königtums Preußen – ein weiterer eindrücklicher Beweis dafür, dass mit dem, wie Penn schrieb, so denkwürdigen »Jahr unseres Herrn ein tausend Sieben hundert und eins« ein vielversprechendes Zeitalter angefangen hatte: Es war der Beginn eines auf beiden Seiten des Atlantik anhebenden, höchst eindrucksvollen politischen Sonnenaufgangs.

3.

KRIEG UND FRIEDEN (1702–1713)

Wiewohl das Musterkönigreich Preußen und die amerikanische Modellkolonie Pennsylvania als faszinierende Neuschöpfungen einer dynamischen neuen Zeit fast im Gleichschritt ins Leben und ins 18. Jahrhundert getreten waren, gab es außer diesen beiden lichtverheißenden Staatsgebilden noch weitere politische Gemeinwesen, die ihre Verfassungsordnung an der Schwelle zum neuen Säkulum zwar nicht völlig neu konstituiert, aber doch ebenfalls sehr weitgehend umgebaut hatten. In Großbritannien, dem Mutterland der englischen Kolonien Nordamerikas, war eine solche umfassende politische Neuordnung zwischen 1688 und 1701 im Rahmen der »Glorious Revolution« verwirklicht worden, die den Einwohnern Englands, sicher auch unter dem Eindruck der in Amerika bestehenden Freiheiten, Zug um Zug eine ganz neue Form der Teilhabe an den Regierungsgeschäften bescherte.

Den äußeren Anlass zu dieser revolutionären Staatsumwälzung hatte ein von englischen Oppositionellen im Sommer 1688 verfasstes »Einladungsschreiben« an den Prinzen Wilhelm III. von Oranien, Statthalter der Niederlande, geboten, in dem dieser unmissverständlich dazu aufgefordert wurde, den seit 1685 regierenden britischen Monarchen Jakob II. Stuart vom Thron zu vertreiben, um Großbritannien vor dem Abgleiten in die Tyrannei zu bewahren. Die Verfasser des Briefes, allesamt Mitglieder des englischen Hochadels, befürchteten nämlich, dass der neue König zukünftig nicht mehr das Gesamtwohl des Staates verfolgen werde, sondern stattdessen sein persönliches Prestige auf ebenso rücksichtslose Weise zu mehren beabsichtige wie sein Vorbild und Freund, der französische König Ludwig XIV.

Wilhelm nahm die verwegene Aufforderung zur Invasion ohne zu zaudern an. Er hatte schon in den 1670er Jahren als Generalkapitän der republikanischen Niederlande gegen Ludwig XIV. gekämpft und dabei erfahren, wie aggressiv dieser machtlüsterne Herrscher gegen kleinere, freiheitsliebende Nachbarn vorgehen konnte. Seine eigene Motivation für den Einfall nach England bestand darin, nicht nur die Britischen Inseln, sondern Europa insgesamt vor dem wiederholten Missbrauch der souveränen Macht eines ehrgeizigen Königs zu bewahren. So setzte er im November 1688 mit einer Armee von über 21 000 Mann nach England über, wo er schnell und ohne größeres Blutvergießen militärische Schlüsselpositionen erobern und besetzen konnte. Der düpierte Jakob II. floh nach Frankreich ins Exil, und die Londoner Bevölkerung empfing den siegreichen holländischen Prinzen kurz vor dem Weihnachtsfest mit überwältigendem Jubel.

Eine von dem Oranier zu Beginn des Jahres 1689 einberufene parlamentarische Versammlung erklärte sich nun in einem souveränen Akt zum regulären Parlament und übertrug ihm und seiner Gemahlin Maria Stuart, einer Tochter des für abgesetzt erklärten Jakob II., die englische Krone. Seinerseits sicherte der jetzt Wilhelm III. genannte König den Abgeordneten in einer »Declaration of Rights« vom 13. Februar 1689 die unumschränkte Rede-, Debattier-, und Verfahrensfreiheit zu und bestätigte, dass Gesetze künftig nur noch vom König und vom Parlament gemeinsam erlassen oder zurückgenommen werden konnten. Damit machte er die frisch ins *House of Commons* gewählten Repräsentanten seiner Untertanen neben den im *House of Lords* versammelten Vertretern des englischen Hochadels zu echten Teilhabern der gerade errungenen Macht. Der König wurde also lediglich als Treuhänder und Wahrer der Grundrechte seines Volkes verstanden. Sein Titel basierte nun, anders als jemals zuvor in der englischen Geschichte, auf einem mit dem Parlament geschlossenen

Vertrag, weshalb das Königtum ab sofort mit einer konstitutionell umschriebenen Grundlage ausgestattet war.

Als politischer Ratgeber der neuen Regierung trat seit Wilhelms und Marias Inthronisation auch Locke auf, der trotz der immer noch starken Stellung der Lords vorbehaltlos damit zufrieden war, dass den Repräsentanten des englischen Volkes im Verlauf des Jahres 1689 bedeutende politische Mitspracherechte eingeräumt worden waren. In seinen schon 1681 fertiggestellten *Two Treatises of Government*, die er zu Beginn des Jahres 1690 auch endlich veröffentlichte, da er in dieser Abhandlung eine exakte staatsphilosophische Beschreibung der neu hinzugewonnenen Rechte der englischen Bürger erblickte, beschrieb er das Verhältnis von König und Volk als einen *Trust*, eine Treuhandschaft, in deren Obhut die Gesellschaft mit ihren Grundrechten stehen sollte. Dabei billigte er »dem Volk« zu, jederzeit »die höchste Gewalt« zu ändern oder »abzuberufen«, wenn es der Ansicht sein sollte, dass der königliche Treuhänder nicht länger Anstalten machte, seinen Pflichten mit der nötigen Gewissenhaftigkeit nachzukommen. Denn falls dieser das in ihn gesetzte Vertrauen verspielte, musste die von ihm ausgeübte Gewalt notwendigerweise »in die Hände derjenigen zurückfallen, die sie erteilt haben«, die sie deshalb auch stets aufs Neue so vergeben konnten, wie es ihnen »für ihre Sicherheit« und ihren Schutz »am besten« erschien.

Auch die von der neuen Regierung betriebene Beseitigung vieler Rechtsnachteile der Puritaner und Quäker stellte Locke durchaus zufrieden; 1689 hatte er in seinem *Letter concerning Toleration* eine weitreichende religiöse Toleranz in England eingefordert. So hatte als eines der ersten Gesetze des neuen Parlaments der »Act of Toleration« Gültigkeit erlangt, der den protestantischen Dissentern öffentliche Versammlungen gestattete und auch die schikanösen Kirchenstrafen wegen Fehlens beim anglikanischen Gottesdienst aufhob. Aber die *Church of England* blieb weiterhin Staatskirche, und Nonkonformisten wurden auch weiterhin nicht als Amtsträger zugelassen; die religiösen Freiheiten waren trotz aller Fortschritte noch immer nicht so groß wie in der Kolonie Pennsylvania, deren Privilegien die des Mutterlandes – spätestens seit 1701 – auch unter dem Gesichtspunkt der demokratischen Partizipation der Bürger deutlich übertrafen.

Dennoch hatte England auf dem Weg zur von Locke gewünschten und in Pennsylvania schon weitgehend realisierten Bürgergesellschaft einen großen Schritt getan. Die wichtigsten Ergebnisse dieses 1688 begonnenen Prozesses wurden im *Act of Settlement*, einer Grundordnung, die das Parlament im Juni 1701 verabschiedete, dann noch einmal in aller Form bestätigt. Danach hatte die Krone nur noch den Charakter eines Staatsorgans, eines unpersönlichen Amtes, beruhte also nicht mehr auf dem Charisma einer Dynastie, weshalb ihr Erwerb fortan den Regeln einer gewöhnlichen Ämterverleihung, einem vorgeschriebenen Eid auf geltende Statuten, unterworfen war. Deshalb auch setzte das Parlament, nicht der König, die Nachfolgeordnung fest. Wegen der Unfruchtbarkeit der schon 1694 verstorbenen Königin Maria und durch den Tod aller Kinder der Thronfolgerin Anne, einer Schwester Marias, erklärte das Parlament im *Act of Settlement* vorsorglich das lutherische Haus Hannover für erbberechtigt, dessen Kurfürstin Sophie eine Enkelin Jakobs I. war. Wer immer zukünftig König oder Königin von England sein würde, konnte somit spätestens seit dem Sommer des Jahres 1701 wissen, dass der englische Königstitel nun dauerhaft auf allgemeinem Konsens und Vertrag beruhte.

England schien also zu Beginn des 18. Jahrhunderts – genau wie seine nordamerikanischen Kolonien oder wie auch das Königreich Preußen – auf dem Boden gesicherter Verfassungsprinzipien einer ruhigen Zukunft entgegenzugehen. Immerhin hatte Wilhelm III. sogar seinen Erzgegner Ludwig XIV. schon vier Jahre vor der Verabschiedung des *Act of Settlement* dazu bewegen können, die Ergebnisse der Glorreichen Revolution widerspruchslos hinzunehmen. Im englisch-französischen Staatsvertrag vom 20. September 1697, der im südholländischen Rijswijk unterzeichnet worden war, hatte Ludwig Wilhelm als rechtmäßigen König von England anerkannt und ihm »ohne jede Ausnahme« zugesichert, nichts gegen die von ihm errichtete neue Ordnung zu unternehmen.

Daher ereilte nicht nur England, sondern ganz Europa ein großer Schock, als eben dieser Ludwig XIV. im Verlauf des Jahres 1701 dann doch wieder eine Politik aufleben ließ, die ihn einmal mehr als unbelehrbaren, nach einer Hegemonie über alle europäischen Nationen strebenden Friedensstörer in Erinnerung brachte. Wiewohl Ludwig dem englischen König am 11. Juni 1699 im Sinne einer gut austarierten europäischen Machtbalance zugesichert hatte, nach dem Tod des kinderlosen spanischen Monarchen Carlos II. den zweiten Sohn des Kaisers Leopold I., den Erzherzog Karl, als Erben des spanischen Reiches anzuerkennen – da der ursprünglich designierte Thronfolger, der bayerische Kurprinz Joseph Ferdinand, im Februar 1699 nach einer eitrigen Magenentzündung verstorben war –, handelte er nach dem Ableben des Spaniers wider alle gegebenen Zusagen. Noch während der spanische König dem Tod entgegen siechte, war es dem Kardinalminister Luis Manuel Fernández de Portocarrero, einem Parteigänger Ludwigs XIV., in letzter Minute gelungen, Carlos II. zu einem Testament zu bewegen, in welchem er Philipp von Anjou, den zweiten Sohn des französischen Kronprinzen Ludwig, zum Universalerben einsetzte. Als der spanische König dann am 1. November 1700 starb, zerriss Ludwig XIV. den Vertrag vom Juni 1699, nahm das unter zweifelhaften Umständen zustande gekommene Testament an und ließ seinen Enkel als Philipp V. zum König von Spanien ausrufen.

Im sofortigen Gegenzug ließ nun Kaiser Leopold I., der das Testament für erschlichen hielt, verlautbaren, alle ihm und dem Haus Habsburg vertraglich zugesicherten Erbansprüche trotz des jähen Meinungsumschwungs und eklatanten Vertragsbruchs des französischen Königs zur Geltung zu bringen. Notfalls, so der Kaiser, wolle er Ludwig XIV. auch militärisch zum Einlenken bewegen. Diese prompte Reaktion des Habsburgers fand ihre Entsprechung in der bedingungslosen Entschlossenheit, mit der sich nun auch Wilhelm III. dem französischen König entgegenstellte. Der englische Monarch befürchtete nicht nur eine unheilvolle Dominanz Ludwigs XIV. in Europa, sondern auch eine starke französische Einflussnahme auf die spanischen Überseegebiete sowie einen sich daraus ergebenden, von Kanada bis Florida ausgreifenden französischen Zangengriff um die englischen Kolonien in Nordamerika. Wilhelm III. unterstellte dem ludovizianischen Frankreich nicht ohne Grund, eine absolutistische, den Weltfrieden gefährdende Universalmonarchie errichten zu wollen.

So gewährte er Leopold I. auch Rückendeckung, als dieser im Sommer 1701 – noch ohne Kriegserklärung – eine kaiserliche Expeditionsarmee unter dem Oberbefehl des Prinzen Eugen von Savoyen über die Alpen schickte, um von vornherein die Möglichkeit zu vereiteln, dass die Franzosen als Erben der Spanier das halbe, bislang spanisch kontrollierte Oberitalien in ihren Besitz bringen konnten. Tatsächlich gelang es dem Prinzen Eugen in einer Serie von Schlachten und Gefechten, die spanisch-französischen Truppen zurückzuwerfen und sich in der Lombardei festzusetzen. Am 7. September 1701 wurde dann auf Betreiben des englischen Königs in Den Haag in aller Form eine sogenannte »Große Allianz« Englands und der Niederlande mit dem Kaiser gebildet. Wie überaus nötig eine solche Allianz gerade auch für England war, zeigte sich nur neun Tage später, als Jakob II. am 16. September im französischen Exil in Saint Germain starb. Sofort verkündete Ludwig XIV. – unter Missachtung seines in Rijkswijk gegebenen Versprechens –, den Sohn des Verstorbenen als König von England anzuerkennen und seine Rechte zu verteidigen.

Die grenzenlose Anmaßung des französischen Königs, die eben erst durch das Parlament im *Act of Settlement* festgesetzte Thronfolge vollständig aufheben und dem englischen Volk stattdessen einen König von außen aufzwingen zu wollen, wurde gleich nach ihrem Bekanntwerden von der gesamten britischen Öffentlichkeit als unerhörte Provokation empfunden. Die allgemeine Erregung kulminierte in der Forderung Wilhelms III. nach Kriegskrediten, die das Parlament auch einmütig bewilligte. Doch just in dem Moment, als der König sich anschickte, eine förmliche Kriegserklärung an Frankreich vorzubereiten, starb er am 19. März 1702 an den Folgen eines Reitunfalls.

Die zu diesem Zeitpunkt noch unausgeführten Pläne des Königs wurden jedoch von seiner Schwägerin und Nachfolgerin, Anne Stuart, mit großer Entschlusskraft aufgegriffen. Nur wenige Tage nach seinem Hinscheiden sicherte sie, die schon die unblutige Entmachtung ihres Vaters im Jahr 1688 unterstützt hatte, dem »Volk dieses Königreichs England« zu, als neue Königin – wie zuvor schon Wilhelm und ihre Schwester Maria – ausschließlich »gemäß den im Parlament beschlossenen Bestimmungen und Gesetzen und Gebräuchen desselben zu regieren«. Insbesondere verwies sie darauf, »auch sehr sorgfältig die Toleranz-Akte beachten und aufrechterhalten zu wollen«, was William Penn dazu animierte, im Namen und »im Auftrag« aller Quäker ein beseeltes Dankesschreiben an die Königin zu versenden. Auch in allen weiteren Ansprachen an das Parlament betonte Anne unablässig die Kontinuität und Übereinstimmung ihrer Politik mit den Vorgaben des verstorbenen Monarchen. In Anspielung auf die holländische Herkunft ihres Vorgängers unterstrich sie sogar, dass ihr »eigenes Herz« schon seit Kindertagen »ganz und gar englisch« fühle.

Daher zögerte sie auch nicht, den von Wilhelm bereits beschlossenen Kampf Englands gegen Ludwig XIV. mit großer innerer Überzeugung aufzunehmen. Der von ihr zum Oberkommandierenden auserkorene John Churchill, Earl of Marlborough, wurde in Alarmbereitschaft versetzt und zum *Captain General* ernannt. Nicht einmal zwei Monate nach dem Tod des Oraniers wurde am 4. Mai 1702 vor der Londoner Residenz der Königin, dem St. James's Palast, öffentlich der Krieg gegen Frankreich erklärt. Elf Tage später, am 15. Mai, trat auch der Kaiser zusammen mit dem anderen wichtigen Partner der Haager Allianz, den Niederlanden, an der Seite Englands in das nun einsetzende gewaltige Ringen um die Zukunft Europas und der Welt ein.

Die Kriegserklärung der Großen Allianz von Den Haag zog aber auch solche Staaten und politische Gemeinwesen in die militärische Auseinandersetzung mit Ludwig XIV. hinein, die dem Bündnis zwar ursprünglich nicht angehörten, jedoch der englischen Königin oder dem Kaiser in einem jeweils unterschiedlichen Grad der Abhängigkeit verpflichtet waren. Dies galt in besonderer Weise für die amerikanischen Kolonien, die nun von London aus angewiesen wurden, auf Geheiß der Königin den Krieg gegen Frankreich und das mit den Franzosen verbündete Spanien zu proklamieren. Die Kriegserklärungen der Amerikaner wurden von den einzelnen Gouverneuren der Krone verlesen, wobei jede Kolonie nach und nach ihre jeweils eigene Erklärung abgab. So proklamierte auch William Penns Vizegouverneur Andrew Hamilton am 19. September 1702 »im Namen der Königin« die Teilnahme Pennsylvanias am »Krieg gegen Frankreich und Spanien«.

Ein anderer wichtiger Verbündeter der Großen Allianz war der preußische König Friedrich I., der nun die im Thron- und Allianztraktat vom 16. November 1700 gegebene Zusage einhalten musste, Kaiser Leopold I. im Falle einer kriegerischen Auseinandersetzung um die Regelung der spanischen Erbfolge seine militärische Unterstützung zu gewähren. Diesen unumgänglichen Preis für den Erwerb seines Königstitels entrichtete er schon einen Monat vor der offiziellen Kriegserklärung der Haager Allianz, als er vom Kaiser dazu aufgefordert wurde, vorsorglich eine brandenburgisch-preußische Armee an den Rhein zu entsenden, um einen Angriff des französischen Königs auf das deutsche Reich zu verhindern. So standen schon im April 1702 annähernd 12 000 Soldaten des Preußenkönigs bei Wesel und verhinderten in den folgenden Wochen und Monaten unter dem Oberbefehl des nun von Königin Anne zum Herzog erhobenen Marlborough, dass Köln und die Festungen Bonn, Geldern, Kaiserswerth und Rheinberg an die Franzosen fielen.

Nach seinem bereits im Herbst 1701 erlittenen Rückschlag in Italien gelang es Ludwig XIV. nun also auch am Rhein nicht, vollendete militärische Tatsachen zu schaffen, weil ihm dort kaiserliche, hier englisch-preußische Entschiedenheit überraschend den Weg versperrte. Doch der französische König war nicht der Mann, der sich rasch einschüchtern ließ oder seine hochgespannten Ziele vorschnell aufgab. Seine Gegner gaben sich denn auch keinen entsprechenden Illusionen hin und stellten sich in dieser Situation eines militärischen Patts auf einen langandauernden Krieg ein. Nur ein Jahr nach Gründung des Königreichs Preußen befand sich Friedrich I. damit in einer politischen Verstrickung, die ihm überhaupt nicht behagte. Und auch die Bürger Pennsylvanias hatten sich die Zeit nach der Verabschiedung ihrer *Charter of Privileges* sehr viel friedlicher vorgestellt.

Thomas Hobbes, der schon in der Mitte des 17. Jahrhunderts prophezeit hatte, dass Kriege nie ganz aus der Welt zu schaffen seien, hatte also recht behalten. Doch stammte von ihm ja ebenfalls die Behauptung, dass gerade solche Staaten wie Preußen und Pennsylvania, die auf einer großen Übereinstimmung des politischen Willens von Regierung und Regierten gründeten, den politischen Frieden zumindest im Innern auch in Kriegs- und Krisenzeiten würden aufrechterhalten können. Wie also würden sich Preußen und das im Verbund mit den anderen amerikanischen Kolonien agierende Pennsylvania in ihrem ersten Krieg nach Vollendung ihres Staatsgründungsprozesses bewähren, in einem Krieg, in dem sie sogar als Partner derselben Militärallianz – jedenfalls aus globaler Perspektive – Seite an Seite kämpften? Würden sie in der Lage sein, auch in Zeiten eines auf mehreren Kontinenten ausgetragenen Krieges die Ausbreitung des Lichtes in der Welt zu befördern?

Für Pennsylvania stellte der Kriegszustand eine ganz besondere Anfechtung dar, war doch William Penn, der Gründer und Eigentümer der Kolonie, ein überzeugter Pazifist, der eine heilige Abscheu vor militärischen Auseinandersetzungen hatte. Auch seine Glaubensbrüder, die Quäker, die im Kolonialparlament von Pennsylvania die Mehrheit der Abgeordneten stellten, hatten gehörige

Skrupel, für einen Krieg mobil zu machen, dem sie innerlich ablehnend gegenüberstanden. Dem Vizegouverneur Hamilton, der zwar keine Angriffe gegen die Franzosen zu führen beabsichtigte, doch zumindest einen Verteidigungsring um Philadelphia schließen wollte, bereitete dies alles große Sorge und auch gehörigen Verdruss. In einem Brief an Penn beklagte er im September 1702, dass noch nicht sehr viele Bürger Pennsylvanias entschlossen seien, eine Miliz zum Schutz der Hauptstadt Philadelphia zu bilden. Und selbst die wenigen Pennsylvanier, die sich bereits »in die Listen der Milizionäre eingeschrieben« hätten, würden nun wieder von den radikalpazifistischen Predigern »entmutigt« und umgestimmt. Etliche würden auch von »ihren Frauen« vom Beitritt zur Miliz abgehalten, da die argwöhnischen Gattinnen ihnen vorhielten, durch die Beteiligung am Kriegsdienst in ungebührlicher Weise die drängenden »Geschäfte und Arbeiten zu vernachlässigen«, mit denen doch das Brot der vielköpfigen Familien verdient werden musste.

Als sich jedoch in Pennsylvania die Nachricht verbreitete, es sei eine Vielzahl von französischen Kriegsschiffen im Mündungsgebiet des Delaware River gesichtet worden, die allesamt Kurs auf die Hauptstadt hielten, wirkte das Szenario einer drohenden Bombardierung Philadelphias selbst auf die friedfertigsten Gemüter derart abschreckend und verstörend, dass nun immerhin eine ernsthafte Debatte darüber geführt wurde, ob eine »nackt und wehrlos« daliegende Stadt nicht wenigstens mit einem aus öffentlichen Mitteln finanzierten Fort geschützt werden solle. Selbst ein enger Freund Penns, der Quäker James Logan, fragte sich jetzt laut, ob man nicht zumindest diejenigen mit Waffen und Munition ausrüsten solle, deren andersartige Interpretation des Christentums ihnen eine kriegerische Wehrtätigkeit aus Gründen der Selbstverteidigung nicht rundheraus verbot.

Solche Überlegungen wurden aber schnell wieder fallen gelassen, als sich herausstellte, dass Pennsylvania gar nicht im Visier der Franzosen lag. Die französische Strategie bestand vielmehr zunächst darin, westlich von Florida, entlang des Flusslaufs des

Mississippi, ein völlig neues Siedlungsgebiet zu etablieren, um den englischen Kolonien eine zukünftige Westausdehnung unmöglich zu machen. Schon im Mai 1701 hatte Ludwig XIV. seinen kanadischen Kronbeamten von dieser neuen Siedlungs- und Militärstrategie Mitteilung machen lassen. Daher errichtete ein Expeditionscorps unter der Leitung des Abenteurers Jean Baptiste Le Moyne de Bienville noch im Verlauf des Jahres 1702 in der Nähe des Mündungsgebietes des Mississippi das mit dem Namen des französischen Monarchen versehene Fort Louis, von wo aus die Besiedelung eines weiträumigen Gebietes entlang beider Ufer des gewaltigen Stromes ihren Anfang nehmen sollte. Auch diese nun ganz neu für die Krone Frankreichs beanspruchte, erst noch zu erschließende Region wurde wie selbstverständlich nach Ludwig XIV. benannt: Sie erhielt den Namen Louisiana.

Viele englische Kolonisten reagierten äußerst erbost darauf, dass die Franzosen sie nun mittels des geplanten gigantischen Siedlungsgürtels, der sich von Kanada, über die mit dem Mississippi verbundenen Großen Seen bis hinunter zum Golf von Mexiko erstrecken sollte, nach Westen hin konsequent abriegeln wollten. Noch war ein solcher französischer Siedlungsbogen nichts anderes als ein kühnes und überdimensioniertes Projekt, das vielleicht niemals verwirklicht wurde. Doch war es insbesondere in den Augen der im südlichen Nordamerika ansässigen Engländer dringend geboten, bereits den Anfängen dieser dreisten Planspiele zu wehren, um eine unerfreuliche Zukunft rechtzeitig zu verhüten.

Deshalb beschloss James Moore, der Gouverneur von Carolina, schon im Oktober 1702, einen gezielten Angriff auf das mit Frankreich verbündete spanische Florida vorzutragen. Er wollte das wichtige spanische Fort San Marcos überwältigen und mit eigenen Truppen besetzen, »bevor es mit französischen Streitkräften« bis zur Uneinnehmbarkeit »gestärkt werden würde«. Doch hielt der steinerne, mit einem tiefen Wassergraben umgebene Festungsbau allen englischen Eroberungsversuchen ein ums andere Mal stand. Nach einer siebenwöchigen Belagerung der Garnison von San Marcos trat Moore mit seiner Miliz am ersten Weihnachtstag den Rückzug nach Carolina an.

Viele tausend Meilen weiter im Norden des Kontinents waren es dann seit dem Hochsommer 1703 die englischen Kolonisten, die sich nun ihrerseits Überfällen und schweren Verheerungen der Franzosen und der mit ihnen verbündeten Indianerstämme ausgesetzt sahen. Nach einer ersten, von 500 Indianern durchgeführten grausamen Brandschatzung des nördlich von Massachusetts gelegenen Ortes Wells, die sich am 10. August zutrug, ereigneten sich die ganzen folgenden Herbst- und Wintermonate hindurch regelrechte Ketten von Attacken auf die an Kanada angrenzenden englischen Kolonien Neuenglands. Bis Ende Februar 1704 wurden mehr als zwanzig englische Dörfer und Ansiedlungen von französisch-indianischen Angreifern heimgesucht.

Bei den nun folgenden Rachefeldzügen gegen kanadische Siedlungen und Forts fochten die Neuengländer nach ihrem stolzen Selbstverständnis immer auch für ihre individuellen politischen Freiheiten, die sie insbesondere durch die Existenz von Kolonialparlamenten gesichert glaubten, welche ja in den französischen Siedlungsgebieten Nordamerikas in der Tat fehlten. Da die englischen Kolonien im Unterschied zu den französischen Siedlungsgebieten keine zentrale Oberbehörde kannten, die ihre militärischen Planungen hätte koordinieren oder besser aufeinander abstimmen können, versuchten die einzelnen Kolonialregierungen und *Assemblies* – gemäß den verfassungsrechtlichen Vorgaben ihrer jeweils unterschiedlichen *Charters* – auf den seit 1702 bestehenden Kriegszustand mit Frankreich und Spanien zu reagieren. Und für die exakt im Herzen des englischen Siedlungsgebietes gelegene Kolonie Pennsylvania hieß dies eben vor allem, den seit 1701 anvisierten Aufbau einer modellhaften Bürgergesellschaft konsequent weiter zu betreiben. In diesem Zusammenhang dachte kein pennsylvanischer Politiker daran, eigene Milizen in die Grenzgebiete von Massachusetts oder Carolina zu entsenden.

Allerdings war auch in Philadelphia ein allgemeines Lamento über die Folgen des Krieges nicht zu überhören. Immer wieder beklagte James Logan in seinen Briefen an Penn, dass der seit 1702 ausgesetzte Handel mit Florida und den spanischen Karibikinseln allen englischen Kolonien des nordamerikanischen Kontinents schweren ökonomischen Schaden zugefügt habe. Doch schickten sich die Pennsylvanier letztlich in die von Logan geschilderten »unglücklichen Zeitumstände«, die sie ihres Erachtens nicht ändern konnten, lebten sparsamer und warteten auf eine Wende der Dinge zum Besseren. Dabei ließen sie sich auch in der wirtschaftlichen Krisensituation zu keinem Zeitpunkt davon abhalten, »ihre eigenen Angelegenheiten«, wie sich Logan ausdrückte, im Parlament stets nach eigenem Gutdünken »zu regulieren«.

Sogar im Krieg bedeutete dies, dass die pennsylvanischen Parlamentarier ununterbrochen und mit Argusaugen über ihre von Penn zugestandenen Rechte und Privilegien wachten. Immer dann, wenn der Eigentümer der Kolonie seine politischen Kompetenzen, die er ja 1701 freiwillig eingeschränkt hatte, wieder zu übertreten drohte, reagierten sie äußerst pikiert und gereizt, weil sie ihre in teilweise heftigen und langwierigen Auseinandersetzungen mit dem Koloniegründer errungene gesetzgeberische und bürgerschaftliche Unabhängigkeit nicht wieder leichtfertig aufs Spiel setzen wollten. Bisweilen schlugen sie dabei gegenüber Penn einen hochfahrenden Ton an, der an harsche Mahnpredigten erinnerte.

So überreichten die Abgeordneten der pennsylvanischen *Assembly* dem Eigentümer am 25. August 1704 einen mit großem Selbstbewusstsein formulierten Beschwerdebrief, in dem sie ihm mit strengen Worten vor Augen führten, dass er ihnen »in der letzten Charter of Privileges« doch ausdrücklich und feierlich zugesichert habe, »ihre eigenen Sitzungen« selbst »einberufen« und in beliebiger Dauer »fortsetzen« zu dürfen. Er aber habe in diesem Krieg schon mehrfach unter dem fadenscheinigen Vorwand erhöhter Dringlichkeit und »in direktem Gegensatz zur besagten

Charter« seinen Vizegouverneur John Evans aufgefordert, seinerseits »*Assemblies* eigenmächtig einzuberufen«. Ob Penn denn nicht mehr wisse, so die Abgeordneten, dass die seit 1701 geltende Verfassungsordnung Pennsylvanias ein derartiges Prozedere nicht mehr zulasse?

Falls Penn, wie ihm zum Vorwurf gemacht wurde, tatsächlich vorübergehend vergesslich gewesen sein sollte, dann war dieses Schreiben wie nur wenige andere Schriftstücke dazu angetan, ihm den Geist der von ihm selbst unterzeichneten *Charter of Privileges* wieder in Erinnerung zu bringen. Tatsächlich respektierte er in der Folge die Weisungen und den Gehalt der bürgerschaftlichen *Charter*, und gemeinsam mit den Abgeordneten sorgte er dafür, dass sich das Licht der Wissenschaften in Pennsylvania selbst in den so schwierigen Zeiten des Krieges weiter ausbreiten konnte: Mit Erfolg unterstützte er die Pläne des Abgeordneten David Lloyd, die Lateinschule von Philadelphia großzügig auszubauen, weil er dessen Auffassung teilte, dass in gesellschaftlichen Krisenzeiten nichts so vordringlich sei wie die gute und geregelte Bildung der Jugend. Es verstand sich übrigens für alle mit der Schulerweiterung befassten Politiker von selbst, dass auch die vergrößerte Lehranstalt weiterhin ein Hort der Erziehung zur religiösen Toleranz sein sollte.

So blieb Pennsylvania den mustergültigen Satzungen seiner *Charter of Privileges* selbst im Krieg treu. Auch wenn die Kolonisten in Carolina und Massachusetts den radikalpazifistischen Gestus der pennsylvanischen Quäker nicht nachvollziehen konnten oder ihn mitunter sogar verächtlich ablehnten, bewunderten sie doch weiterhin die großen politischen und religiösen Freiheiten der von Penn gegründeten Kolonie, die in dieser Form weder an irgendeinem anderen Ort in Amerika noch auch im englischen Mutterland existierten. Pennsylvania blieb für alle amerikanischen Siedler ein bedeutendes zivilisatorisches Modell.

Nur in einer Hinsicht standen die Parlamentarier Pennsylvanias, dieses jüngsten Siedlungsgebietes der Engländer in Amerika, notgedrungen hinter den gewählten Repräsentanten der anderen Kolonien zurück. Während in Philadelphia ein gestandener Abgeordneter wie Joseph Growden, der seit der Gründung Pennsylvanias Mitglied der dortigen *Assembly* war, bereits Genugtuung darüber verspürte, persönlich auf eine zwanzigjährige parlamentarische Laufbahn zurückzublicken, gab es in Virginia, der ältesten englischen Kolonie Nordamerikas, Familien, die schon über zwei Menschenalter hinweg Abgeordnete des *House of Burgesses* stellten. Zum Teil wuchs dort sogar schon die dritte Generation potentieller Parlamentarier heran, zu der unter anderem auch der junge Farmersohn Augustine Washington zählte, dessen Vater und Großvater bereits seit 1665 die Geschicke Virginias als *Burgesses* kontinuierlich mitbestimmt hatten: Auch er hoffte jetzt, mitten im Krieg, inständig darauf, dereinst ins virginische Kolonialparlament gewählt zu werden, um dann – zu gegebener Zeit – seine Begeisterung für das Ideal der parlamentarischen Selbstregierung eines Volkes an die eigenen Nachkommen weiterzuvermitteln.

So nährte in den unwägbaren Jahren des Spanischen Erbfolgekrieges jeder Zeitgenosse seine ganz eigenen Hoffnungen auf eine erfüllte Zukunft. Der mit seinen Truppen im Frühjahr 1702 an den Rhein entsandte brandenburgische Kurfürst und preußische König Friedrich I. sehnte nichts dringlicher herbei als ein baldiges Ende der militärischen Auseinandersetzungen im westlichen Europa. Doch dieser Wunsch war weit davon entfernt, verwirklicht zu werden, weil der Zusammenhalt und Bestand des deutschen Reiches durch einen jähen Frontenwechsel des bayerischen Kurfürsten Maximilian II. Emanuel in lange nicht gekannter Weise bedroht war.

Während der in Regensburg versammelte Reichstag sich mit großer Einmütigkeit den Kriegserklärungen des Kaisers Leopold I. und seiner englischen und niederländischen Alliierten angeschlossen hatte, verweigerte Max Emanuel unversehens den Schulterschluss mit den deutschen Fürsten und Reichsstädten. Stattdessen machte er seit dem Herbst des Jahres 1702 gemeinsame Sache mit dem französischen König. Dieser hatte ihm in geheimen Absprachen zugesagt, im Falle eines militärischen Erfolges gegen den Kaiser ein durch die umliegenden Reichsstände und österreichischen Lande vergrößertes souveränes Königreich Bayern zu schaffen.

Um die Unterstützung Frankreichs für dieses verstiegene Vorhaben auch ganz gewiss zu erlangen und seine Loyalität gegenüber Ludwig XIV. deutlich genug unter Beweis zu stellen, beging Max Emanuel einen Reichsverrat: Bis zum Frühjahr 1703 überfiel und besetzte er die Reichsstädte Ulm, Memmingen, Augsburg und Regensburg und öffnete damit ganz Süddeutschland den französischen Truppen. Damit hatte der bayerische Kurfürst nicht nur die bis dahin herrschende militärische Pattsituation zwischen Frankreich und der Haager Allianz aufgehoben, sondern das seit dem Westfälischen Frieden geltende Reichsrecht in eklatanter Weise gebrochen.

Auch sein Anspruch, ein Königreich Bayern errichten zu wollen, verstieß gegen die Verfassungsordnung des Reiches. Zwar hatten sich die Kurfürsten von Sachsen und Brandenburg jüngst in Polen und Preußen eine Königskrone erwerben können, und auch der Kurfürst von Hannover wartete seit dem *Act of Settlement* auf seine Krönung in England. Doch alle diese bereits erhaltenen oder noch erstrebten gekrönten Souveränitäten lagen außerhalb des Reichsverbandes. Max Emanuel aber wollte ein großbayerisches Reich auf deutschem Reichsgebiet begründen, ja sogar aus eroberten Reichsterritorien zusammensetzen, was die Integrität des gesamten Reiches zur Disposition stellte. Für den preußischen König, der treu zum Reich stand, war dies eine bedrückende Aussicht.

Zur selben Zeit machte sich die englische Königin Anne ihre eigenen sorgenvollen Gedanken. Unter keinen Umständen wollte sie den maßlosen französischen König nun neben Spanien auch noch das deutsche Reich nach Belieben dominieren lassen. Sie beorderte deshalb im Frühjahr 1704 eine englisch-niederländische Expeditionsarmee der Großen Allianz nach Süddeutschland, wo diese sich mit der vom Markgrafen Ludwig Wilhelm von Baden angeführten Reichsarmee, den von Leopold von Anhalt-Dessau befehligten brandenburgisch-preußischen Soldaten und den kaiserlichen Truppen Eugens vereinigen sollte.

Als Anfang August das englisch niederländische Heer, die Reichsarmee, Prinz Eugen und 16000 brandenburgisch-preußische Soldaten unter Leopold von Anhalt-Dessau zusammengefunden hatten, entschlossen sich die mittlerweile auf 56000 Mann aufgestockten französisch-bayerischen Truppen, den Kampf mit dem nun insgesamt 52000 Mann starken Gegner aufzunehmen. So kam es am 13. August 1704 bei Höchstädt an der Donau zwischen den beschaulichen Dörfern Blindheim und Lauingen auf freiem Feld zu einem Waffengang kaum beschreiblichen Ausmaßes, der mit einem triumphalen Sieg der Großen Allianz endete.

Drei Tage nach der Schlacht hob Prinz Eugen in einem Brief an König Friedrich I. hervor, wie er »mit eigenen Augen« gesehen habe, dass gerade die preußische Infanterie »mit einer unerschrockenen Standhaftigkeit wider den Feind gefochten«, weshalb dieser dann Hals über Kopf habe »entfliehen und uns das Feld« und damit »diese so herrliche Victori überlassen müssen«. Die Freude über den bei Höchstädt errungenen Sieg war trotz aller damit verbundenen Schrecken deswegen so groß, weil die kontinentale Vormacht Frankreich noch nie so katastrophal geschlagen worden war. Das Reich war jetzt gerettet, auf Max Emanuel wartete nur noch die Reichsacht, und Ludwig XIV. war unzweifelhaft in seine Schranken verwiesen worden. Die europäischen Staaten konnten sich wieder stärker der inneren Aufbauarbeit widmen.

Dass bei Höchstädt mit dem französischen König einer der größten Feinde der Glorreichen Revolution und des englischen Parlamentarismus eine verheerende Niederlage erlitten hatte, war auch eine letzte große Genugtuung für den Philosophen Locke, der am 28. Oktober 1704 an seinem Schreibtisch verschied. Hätte er nur drei weitere Jahre gelebt, wäre er sogar Zeuge einer weiteren Aufwertung des Parlamentes von Westminster geworden, die sich infolge eines noch festeren Zusammenschlusses von England und Schottland ereignete. Denn diese seit der Thronbesteigung der Stuarts in Personalunion regierten britischen Königreiche bildeten ab 1707 einen einheitlichen Staat, das *United Kingdom*, um die politische und ökonomische Entwicklung beider Reichsteile noch besser koordinieren zu können. In der verfassungsrechtlichen Praxis handelte es sich dabei um einen Anschluss Schottlands an England. Nach der Selbstauflösung des schottischen Parlaments wurden 45 schottische Abgeordnete ins *House of Commons* des nun erweiterten Parlaments von Großbritannien entsandt; 16 schottische Peers zogen in Westminster ins *House of Lords* ein.

Einen ganz anderen Weg als Großbritannien beschritt in den Jahren nach der Schlacht von Blindheim der noch immer junge Staat Brandenburg-Preußen. Statt die traditionellen Ständevertretungen der einzelnen Landesteile, die Landtage, in ihren Rechten zu stärken, versuchte König Friedrich I. weitestgehend ohne parlamentarische Kontrolle zu herrschen. Entsprechend der in einem Brief an seine Gattin Sophie geäußerten Auffassung, dass er seit seiner Krönung zum König in Preußen wirklich »keinem« Menschen in irgendeiner Weise »rede und andtwohrt von meiner regierung schuldig« sei, rief er die Landstände nur dann zusammen, wenn er es selbst für richtig hielt. Und wenn er sich einmal mit ihnen besprach, verlangte er von ihnen in der Hauptsache, die Steuern für immer längere Fristen zu bewilligen, so dass die lokalen Gewalten, der Adel und die Städte, immer geringere Druckmittel gegen ihn in der Hand hatten.

Auch die Macht des Geheimen Rates, des obersten Regierungsorgans, beschnitt Friedrich, indem er das ehemals täglich zusammentretende Kollegium der Räte mit seinen durchaus eigenständigen politischen Vorstellungen und Kompetenzen nur noch dreimal in der Woche konsultierte. Die eigentliche Regierungsgewalt am Hof des preußischen Königs verlagerte sich demgegenüber auf die sogenannte Staatskonferenz, eine kleinen Gruppe von Günstlingen, deren Kopf Johann Kasimir Kolbe von

Wartenberg war, ein langjähriger Vertrauter des Monarchen, der ihm schon bei der Krönung in Königsberg in den majestätischen, mit weißem Hermelinfell gefütterten Purpurmantel geholfen hatte. Diese berieten Friedrich I. vornehmlich gemäß ihren eigenen Interessen, wobei der König aber letztlich doch aus Überzeugung alle wichtigen Entscheidungen allein traf.

Des Weiteren bemühte sich der preußische König, auch in seiner Armee so wichtige Angelegenheiten wie Beförderungen oder Entlassungen, Bestrafungen, die Vergabe von Pensionen oder gar die Ausrüstung der Truppen möglichst ohne Einmischung der führenden Offiziere selbst zu regeln, weil diese militärischen Entscheidungen nach seinem Befinden zu den nicht zu delegierenden Vorrechten des Herrschers zählten. So wurde die Armee unter seiner Ägide eine tragende Säule des Staates, eine monarchistische Institution, die dem König direkt unterstellt war. Zudem verdoppelte sie sich von annähernd 20 000 Soldaten, die zur Zeit der Königsberger Krönung dienten, im Verlauf des Spanischen Erbfolgekrieges auf 39 963 Mann. Dies konnte nur gelingen, weil Friedrich I. Desertionen – die angesichts der Schrecken des Krieges in allen europäischen Armeen an der Tagesordnung waren – schwer bestrafte und die erfolgreiche Jagd auf Fahnenflüchtige hoch belohnte.

Doch selbst mit der Anwendung solcher drakonischen Maßnahmen hatte Friedrich I. gemäß seinem königlichen Selbstverständnis immer nur das Gesamtwohl des von ihm regierten Volkes im Sinn. Schließlich musste er den Krieg gegen Frankreich ja deswegen im Verbund mit der Allianz führen, um den auch von ihm gewollten Frieden im Reich überhaupt sichern zu können. Nach der siegreichen Schlacht bei Höchstädt nutzte er die zunehmende Konzentration seiner Macht im Innern denn auch sofort zum weiteren Ausbau der Wissenschaften und zur besseren medizinischen Versorgung der Bevölkerung. Als Patron der florierenden Universität Halle verschaffte er dem an Hobbes und Leibniz geschulten Aufklärer Christian Wolff im Jahr 1706 einen Lehrstuhl für Philosophie und Mathematik. Und als fürsorglicher, an der Wohlfahrt seiner Untertanen interessierter Monarch veranlasste er am 14. November 1709 per Kabinettsorder den flächendeckenden Bau von Pesthäusern und Spitälern, damit die Kranken dort in Quarantäne gehalten und besser gepflegt werden konnten.

Der ruhmreichste Aspekt seiner Innenpolitik war aber wohl sein redlicher und unermüdlicher Einsatz für religiöse Toleranz. Schon sein Vater, der Große Kurfürst, hatte den 1685 von Ludwig XIV. aus Frankreich vertriebenen Calvinisten – den Hugenotten – als ihr fürstlicher Glaubensbruder einen neue Heimstatt in Brandenburg gewährt, wo die französisch-reformierten Neubürger seither mit den alteingesessenen lutherischen Brandenburgern in der Regel einvernehmlich zusammenlebten. Auch die Juden, die 1571 aus der Mark ausgewiesen worden waren, durften dort seit dem ausgehenden 17. Jahrhundert wieder siedeln. Friedrich I. bestätigte nun nicht nur diese generöse Religionspolitik seines Vaters, sondern entwickelte sie noch weiter fort. Unter seiner Regierung durften auch Katholiken ihren Glauben ungestört praktizieren. Als Friedrich I. im Jahr 1709 eine Volkszählung durchführen ließ, weil Berlin zum 1. Januar 1710 im Rahmen einer kommunalen Neuordnung mit den bis dahin selbständigen Vor- und Schwesterstädten Friedrichswerder, Friedrichsstadt, Dorotheenstadt und Cölln vereinigt wurde, stellte sich heraus, dass in der nunmehr erweiterten »Königlichen Haupt- und Residenzstadt« Berlin unter 55196 Einwohnern immerhin 800 Katholiken lebten.

Die konfessionelle Versöhnungspolitik des preußischen Königs, die auch in Leibniz einen öffentlichen Fürsprecher fand, war deshalb so erfolgreich, weil Friedrich I. in seinen Landen die höchste weltliche und geistliche Autorität darstellte. Er hatte seine Krone ja sehr bewusst nicht aus der Hand eines Geistlichen empfangen. Ganz im Gegenteil war er in Königsberg erst *nach* der Selbstkrönung von dem calvinistischen Bischof Benjamin Ursinus gesalbt worden, der sein geistliches Amt – gemeinsam mit einem neuen lutherischen Bischof – gerade erst und speziell zum

Zweck der Salbung vom Monarchen empfangen hatte. So fühlte sich Friedrich dem von ihm kreierten Klerus auch zu nichts verpflichtet. Dennoch war er ein frommer, gläubiger Calvinist, der als solcher von der Unentrinnbarkeit der »Prädestination«, der gottgewollten Vorbestimmung aller Menschenschicksale, zutiefst überzeugt war und sich, wie er seiner Gattin einmal schrieb, deshalb sein Leben lang »gantz Gottes willen ergeben« hatte. Als sich dieses Leben nun merklich dem Ende zuneigte, verspürte er nur noch den Wunsch, die Thronfolge in seinem jungen preußischen Königreich – das ja das wohl erstaunlichste Geschöpf seines gottergebenen Willens war – auf die kommenden Generationen hinaus gesichert zu wissen.

Wie bedeutsam im Europa der Fürstendynastien eine gesicherte Thronfolge war, zeigte für jedermann sichtbar das heiß umkämpfte, noch immer ungeklärte spanische Erbe. Und wie schwierig es selbst für eine medizinisch bestens betreute Königin war, die Erbfolge ihrer Krone zu sichern, bewies das traurige Schicksal der britischen Monarchin Anne, die zwischen den Jahren 1684 und 1700 zwar siebzehn Kinder geboren hatte, von denen aber kein einziges das Kindesalter überlebte. Eben deswegen war es ja 1701 in England mit dem *Act of Settlement* zu einer vom Parlament autorisierten Neuregelung der Thronfolge zugunsten des Kurfürstenhauses von Hannover gekommen.

Auch die Hohenzollern, bei denen seit der *Dispositio Achillea* von 1473 immer der älteste männliche Nachkomme erbberechtigt war, hatten ihre Erfahrungen mit den Schwierigkeiten einer Thronfolge vorzuweisen, die nicht von einem Parlament festgelegt war, sondern einerseits von der Zeugungsfähigkeit und dem im Testament geäußerten Willen des jeweiligen Herrschers abhing, andererseits vom Überleben der erstgeborenen Prinzen. So war auch Friedrich I. zunächst gar nicht als Kurprinz geboren worden. Doch dann hatte ihm das Schicksal nach dem überraschenden Tod seiner älteren Brüder Wilhelm Heinrich und Karl Emil diesen Platz zugewiesen. Als Kurprinz hatte er wiederum erleben müssen, wie sein ältester Sohn Friedrich August im Alter von nur vier Monaten starb. Erst sein zweiter Sohn, Friedrich Wilhelm, war dann zu seiner großen Erleichterung ein reifer Mann geworden, hatte 1706 als preußischer Kronprinz die Tochter des Kurfürsten von Hannover, des künftigen Königs von Großbritannien, zur Frau genommen und mit ihr, der selbstbewussten Welfin Sophie Dorothea, schon bald nach der Hochzeit Kinder gezeugt. Doch während sich ihre Tochter Wilhelmine zu einem gesunden, blühenden Mädchen entwickelte, starben die 1707 und 1710 geborenen Söhne Friedrich Ludwig und Friedrich Wilhelm nur wenige Monate nach der Geburt.

Der alt und gebrechlich gewordene König war deshalb zu Tränen gerührt, als Sophie Dorothea um die Mittagsstunde des 24. Januar 1712, einem Sonntag, im Berliner Stadtschloss zum dritten Mal von einem Prinzen entbunden wurde, der noch dazu sehr stämmig war und mit seinen pechschwarzen Haaren kerngesund zu sein schien. Sogleich ließ sich Friedrich I. in einer Sänfte in das Zimmer seiner Schwiegertochter tragen, die sich zu seiner Zufriedenheit »rechte wol« befand, und besah sich seinen Enkel. »Er schreiet braf«, notierte der glückliche König später, »und ist recht fet und frisch.« Deshalb werde das Königreich Preußen »an diesem Printzen« ganz gewiss »noch viel Freude erleben« und einigen Anlass haben, »Gott daführ noch ferner zu dancken«.

Unter dem von ihm umgehend angeordneten Läuten aller Glocken Berlins und unter dem Donner der auf den Stadtwällen salutierenden Kanonen legte er dem Kind ein Band um, an dem der Schwarze Adlerorden Preußens befestigt war, den er am Tag vor seiner Selbstkrönung in Königsberg gestiftet hatte. Dann äußerte er den Wunsch, das Kind möge, wie er selbst, Friedrich heißen. Auf diesen Namen wurde der Säugling dann auch am Nachmittag des 31. Januar vom calvinistischen Hofprediger, dem Bischof Ursinus, in der Schlosskapelle getauft. Sein Taufkleid war über und über mit bunten Edelsteinen beladen, und zum Zeichen seiner zukünftigen Würde als preußischer König wurde ihm eine mit Diamanten und Perlen reich besetzte kleine Krone auf dem Köpfchen festgesteckt.

Anders als seine verstorbenen älteren Brüder wurde Friedrich nun aber nach der Tauffeier nicht zu einer Gouvernante mit eigenem Pflegepersonal weggegeben – wie es das in weiten Teilen Europas gebräuchliche französische Hofzeremoniell eigentlich auch in Preußen vorsah – , sondern durfte in der Obhut der Kronprinzessin Sophie Dorothea bleiben, die in den Jahren zuvor auch schon darauf gedrungen hatte, ihre Tochter Wilhelmine nach der Geburt dauerhaft bei sich behalten zu können. Vielleicht war es diese besondere mütterliche Zuwendung, die dazu beitrug, dass sich das »kleine Fritzchen«, wie ihn sein Großvater nannte, prächtig entwickelte. Am 30. August 1712 hielt der stolze König schriftlich fest, »dass der kleine Prinz Fritz nuhn mero 6 zehne hat«, die ohne die geringsten Beschwerden durchgebrochen seien. Der fieberfreie Verlauf des Zahnens sei somit das sichere Zeichen der göttlichen »predestination« und des Prinzen höchster Bestimmung zum Herrscheramt, da »alle seine Brüder haben daran sterben müßen, dieser aber bekömmt sie ohne mühe wie seine Schwester«.

Es war, als hätte Friedrich I. nur auf diesen Augenblick gewartet, um sich im Bewusstsein eines gesicherten Lebenswerks in Ruhe und Frieden aus seinem irdischen Dasein verabschieden zu können, zumal der Herbst 1712 auch noch eine Zeitenwende mit tiefgreifenden politischen Veränderungen heraufführte, die der entkräftete Monarch gar nicht mehr hinreichend mitgestalten konnte. Schon im Monat der Geburt des Prinzen Fritz hatten sich im niederländischen Utrecht die Gesandten der Haager Allianz mit den Diplomaten des Königreichs Frankreich zusammengesetzt, um dort endlich einen tragfähigen Friedensvertrag auszuhandeln, der den Spanischen Erbfolgekrieg in Europa und in Amerika zum Abschluss bringen sollte. Diese Verhandlungen strebten nun ihrem Ende zu.

Nach dem Triumph von Höchstädt hatte die Allianz zwar in den Jahren 1708 und 1709 noch die flandrischen Bataillen von Oudenaarde und Malplaquet für sich entscheiden können, musste dann aber – wiederum in Flandern – am 24. Juli 1712 bei

Denain eine unerwartet schwere Niederlage hinnehmen. Dadurch war zwischen den verfeindeten Mächten nun wieder eine Gleichgewichtslage eingetreten, die noch sehr lange andauern konnte. Unter diesen Umständen einigte man sich in Utrecht notgedrungen darauf, Philipp V. nun doch auf dem spanischen Thron zu belassen, wobei aber im Entwurf des Vertragstextes peinlich genau darauf geachtet wurde, jede Möglichkeit einer zukünftigen staatlichen Vereinigung von Frankreich und Spanien auszuschließen.

Außerdem musste Spanien Gibraltar und Menorca an Großbritannien abtreten. Frankreich hatte in Europa lediglich die Festung Dünkirchen zu schleifen, wurde aber in Nordamerika dazu verpflichtet, den britischen Kolonisten, die mit ihren Milizen bis zuletzt gegen die französischen Truppen heftigen Widerstand geleistet hatten, mit Neufundland und Akadien neue Siedlungsgebiete in Kanada zu überlassen. Und während der gedemütigte Max Emanuel das inzwischen von der kaiserlichen Administration verwaltete Kurfürstentum Bayern nur in den exakten Grenzen der Vorkriegszeit zurückerhielt, wurde Preußen für seine Kriegshilfe mit den niederrheinischen und emsländischen Besitzungen Geldern, Lingen und Moers sowie mit der aus einer Erbschaft des Hauses Oranien stammenden Stadt Neuchâtel (Neuenburg) in der französischsprachigen Westschweiz belohnt.

Mit diesen Ergebnissen der Friedensverhandlungen von Utrecht waren Brandenburg-Preußen und die amerikanischen Kolonien aus einem für sie beide anfänglich existenzbedrohenden Krieg – den sie noch dazu als Verbündete der gleichen Allianz zu bestreiten hatten – gleichermaßen aufgewertet und gestärkt hervorgegangen. Sogar während des Krieges hatte Pennsylvania den inneren Ausbau seines auf religiöse Toleranz, gute Schulbildung und lebendigen Parlamentarismus gegründeten Staatswesens weiter vorantreiben können. Und auch Preußen hatte sich in Europa als erstaunlich toleranter, der Förderung der Wissenschaften verschriebener Staat hohes Ansehen erworben, wobei sein Weg allerdings – anders als der politische Kurs Großbritanniens und seiner amerikanischen Kolonien – nicht von Parlamenten vorgegeben wurde, sondern von der zunehmend zentralisierten Verwaltung einer durch und durch monarchischen Regierung, in der in nahezu allen Angelegenheiten die letzte Entscheidungskompetenz dem souveränen König vorbehalten war.

Als die Gesandten der Haager Allianz, Frankreichs und Spaniens dann am 11. April 1713 auf dem Utrechter Friedenskongress die zwischen ihnen ausgehandelten Vereinbarungen mit ihren Unterschriften förmlich besiegelten, war es den beiden Gründern des Königreichs Preußen und der Kolonie Pennsylvania allerdings nicht mehr vergönnt, diesen Tag festlich zu begehen. Nur etwas mehr als einen Monat zuvor, am 25. Februar, war Friedrich I. im Berliner Stadtschloss im Beisein seines Sohnes Friedrich Wilhelm verstorben. Penn lebte zwar noch, befand sich aber seit einem schweren Schlaganfall, den er nur wenige Wochen vor dem Ableben des preußischen Monarchen erlitten hatte, in einem bedauernswerten Zustand. Zwar konnte er noch leidlich sprechen und gehen, doch sein Erinnerungsvermögen und die Fähigkeit zur sinnvollen Kommunikation hatte er vollständig verloren. Fortan ging die Geschäftsführung des Eigentümers der Kolonie provisorisch in die Hände seiner Söhne und seiner Frau Hannah über.

Die Bürger Pennsylvanias und die Einwohner Brandenburg-Preußens blickten jedoch trotz des Verlustes ihrer Gründerväter William Penn und Friedrich I. durchaus mit Zuversicht in die Zukunft. Denn für den Fortbestand ihrer Staaten war ja gesorgt. Während die Bürger der aufstrebenden amerikanischen Kolonie ihre gesetzgebende *Assembly* in Philadelphia in regelmäßigen Wahlen mit Abgeordneten aus den eigenen Reihen nach Belieben auffrischen konnte, gab es in Berlin mit Friedrich Wilhelm und seinem kleinen Sohn »Fritz« mittlerweile gleich zwei Thronfolger, die nacheinander – und sehr wahrscheinlich auf Jahrzehnte hinaus – die Geschicke Preußens lenken konnten.

4.

VÄTER UND SÖHNE (1713 – 1732)

Rein äußerlich ging der Regierungsantritt des neuen preußischen Königs, Friedrich Wilhelms I., in größtmöglicher Nüchternheit vonstatten. Kaum hatte die höfische Dienerschaft seinen toten Vater in einem violett ausgeschlagenen Zimmer des Berliner Schlosses aufgebahrt, richtete der Berliner Stadtkommandant Alexander Hermann Graf von Wartensleben noch im Sterbezimmer eine schlichte Anfrage an den schon lange designierten Nachfolger: Ob die Stadttore nicht besser sogleich geschlossen werden sollten, um die Todesnachricht nicht etwa aus Berlin gelangen zu lassen, bis die königlichen Stafetten diese Botschaft auch wirklich sicher vor allen anderen Reitern den fremden Höfen überbracht haben würden? Friedrich Wilhelm I. bejahte die Anfrage, gab den entsprechenden Befehl und verlangte von den Geheimen Räten und Höflingen, die Wartensleben umringten, ansonsten ab sofort nur noch eins: bedingungslosen Gehorsam, ohne jegliches »Resonnieren«.

Damit war der Thronwechsel vollzogen. Eine aufwendige Krönungszeremonie, wie sie Friedrich I. noch zwölf Jahre zuvor in Königsberg inszeniert hatte, folgte nicht mehr, da der neue Monarch allein schon als Träger des Hohen Ordens vom Schwarzen Adler deutlich sichtbar zeigen konnte, dass er als Erbherr des Königreichs Preußen in seinem königlich-kurfürstlichen Länderverbund von jetzt an der uneingeschränkte Regent war. Friedrich Wilhelm I. musste und wollte in seinem Herrschaftsbereich niemandem etwas versprechen. Umgekehrt ließ er sich allerdings durch einseitige Eidesleistungen der brandenburgisch-preußischen Ritter- und Bürgerschaft den festen Entschluss bestätigen, in seinen Landen alles »selbst und allein« entscheiden und »seine affehren alle selber tuhn« zu wollen. Den Adeligen gab er auf geradezu verächtliche Weise bekannt, dass sie bei ihren traditionellen Beratungen auf den Landtagen ruhig weiterhin wirkungslosen »Wind« machen sollten, denn er werde es im Notfall auch ohne ihr politisches Zutun fertigbringen, dem Staatshaushalt genügend Geld zufließen zu lassen. Durch diese finanzielle Selbständigkeit komme er zu seinem »Zweck«, »stabilisiere la souveraineté« und etabliere die preußische Krone gleichsam unsichtbar, doch »fest wie einen Rocher [Block] von Bronce«, auch ohne förmliche Krönung auf seinem königlichen Haupt.

Um die schon von seinem Vater erreichte, sehr weitgehende Unabhängigkeit von den brandenburgisch-preußischen Ständen weiterhin wahren und die Staatskasse zu einem großen Teil auch ohne die von den Landtagen bewilligten Steuergelder auffüllen zu können, verordnete er seinem Hof ein drastisches Sparprogramm. Bereits unmittelbar nach Übernahme der Regierungsgeschäfte entließ er von den ursprünglich 142 Höflingen, die sein Vater um sich geschart hatte, 96 Männer und Frauen aus dem Hofdienst. Der Küchenjunge und der Oberzeremonienmeister mussten genauso ihren sofortigen Abschied nehmen wie der Zuckerbäcker und der Orgelbauer. Anschließend strich Friedrich Wilhelm I. die Gehälter der noch verbliebenen Zivilbedienten rasch und unerbittlich um bis zu 75 Prozent zusammen. Allein durch diese radikalen Maßnahmen kürzte er die Ausgaben des Hofes von 276 000 auf 55 000 Taler.

Überdies gab er bekannt, seine persönliche Schatulle und seinen Aufwand bei der königlichen Lebensführung keineswegs von dem nun eingeschlagenen strikten Sparkurs ausnehmen zu wollen. Er kündigte an, sich von allen überflüssigen »großen Mengen Juwelen, Silber, Gold und Möbeln«, die sich in den zurückliegenden Jahrzehnten und Jahrhunderten in den kurfürstlich-königlichen Lusthäusern und Schlössern angesammelt hatten, möglichst rasch durch Verkauf zu trennen. Tatsächlich veräußerte er neben dem Tafelsilber, unzähligen Edelsteinen, Tischen, Schränken und Stühlen auch alle kostbaren Weine seines Vaters, dazu die vielen bedeutungslos gewordenen Sänften und sogar den prächtigen Königsberger Krönungsmantel. Von 24 kurfürstlich-königlichen Schlössern und Herrensitzen behielt er nur sechs, alle anderen verkaufte oder verpachtete er. Auch diese konsequente Verkaufspolitik stellte ihm in kürzester Zeit ganz ansehnliche Geldbeträge zur Verfügung, über die er nunmehr schnell und frei verfügen konnte, ohne irgendeine parlamentarische oder ständische Instanz um die geneigte Zustimmung bitten zu müssen.

So sehr Friedrich Wilhelm I. nun in seiner Innenpolitik darauf pochte, von allen Untertanen seiner Länder als ganz und gar souveräner, in seinen Handlungen ungebundener, letztlich immer allein entscheidender Monarch anerkannt zu werden, so sehr suchte er sich in der Außenpolitik den – wie er es ausdrücklich nannte – »Respekt« der großen europäischen Mächte und ihrer Regenten zu erwerben, um den Ausbau seines nach wie vor jungen Staates möglichst autonom und von militärischen Konflikten unbehelligt vorantreiben zu können. Ein erster Erfolg waren zweifellos die Ergebnisse der Friedensverhandlungen von Utrecht, die dem preußischen Monarchen eben nicht nur weitere Gebietsgewinne bescherten, sondern seinem Königreich zudem auch die schon lange ersehnte völkerrechtliche Anerkennung von Seiten Frankreichs und Spaniens eintrug. Doch wollte er das Ansehen und die Stärke der preußischen Armee, die ja keinen geringen Anteil an dem für die gesamte Haager Allianz vorteilhaften Friedensschluss mit Frankreich hatte, ungeachtet all dieser günstigen Entwicklungen noch weiter steigern.

Deshalb investierte er die durch seine krassen Etatkürzungen eingesparten Gelder noch im Verlauf des Jahres 1713 zu einem erheblichen Teil in die Vergrößerung der königlichen Infanterie, in die er 8073 junge und wehrfähige Männer eingliedern ließ. Um dieser neuen Soldaten habhaft zu werden, schreckte der König auch vor Maßnahmen der Zwangsrekrutierung nicht zurück. Diese wurden in so großer Hast ausgeführt, dass ein britischer Diplomat mit großer Verblüffung berichtete, es würden die besonders tauglichen Söhne der Handwerker von den Werbern und Rekrutierungsoffizieren mitunter direkt aus der Werkstatt geholt. Aber auch die Kavallerie wurde deutlich aufgestockt: 1067 Reiter stießen in nur wenigen Monaten zu dieser Division der Armee hinzu. Dadurch erreichten die königlichen Truppen in kürzester Zeit eine neue und sehr beachtliche Gesamtstärke von 50 000 Mann. Im europäischen Vergleich war die Armee des preußischen Königs damit eine der stärksten geworden. Dies war insofern erstaunlich, als Brandenburg-Preußen nach seinem Gebiet erst an zehnter und nach seiner Bevölkerung sogar erst an vierzehnter Position der europäischen Staaten stand.

Der nachdrückliche und rasche Ausbau der preußischen Armee hatte nicht nur eine unübersehbare außenpolitische Signalwirkung. Er veränderte auch das innenpolitische Klima der von Friedrich Wilhelm I. regierten Länder in hohem Maße, zumal der König in einem neuen Rangreglement vom 21. April 1713 die hochdekorierten Militärs den Zivilbeamten – die von ihm ohnehin schon zahlenmäßig und finanziell degradiert worden waren – auf eine weithin wahrnehmbare Weise vorzuziehen begann. In seinen Augen waren die Offiziere und Soldaten ganz unstrittig die eigentlichen Leistungsträger des Königreichs Preußen, und das wollte er jedem zeigen. Hatte also bislang der Oberkämmerer bei Hofe den ersten Platz eingenommen, trat jetzt der Generalfeldmarschall an seine Stelle. Auch die Kammerherren rangierten ab sofort hinter den Obersten. »Wenn man von dem Berliner Hof redet«, bemerkte ein aufmerksamer Beobachter und Kommentator dieses Veränderungsprozesses, verstehe man darunter »nur die Kriegsleute«, denn diese allein machten »den Königlichen Hof aus«. Und dazu passte dann auch, dass sich der König schon bald nach dem Thronwechsel nur noch im schlichten blauen Soldatenrock eines preußischen Leutnants oder Hauptmanns zeigte.

Durch dieses konsequente Auftreten des Monarchen in Uniform und die von ihm angeordnete Vorrangstellung des Militärs wurde die Unterscheidung zwischen ziviler und militärischer Sphäre, die ja schon unter Friedrich I. verwischt worden war – weil dieser seine politische Souveränität durch umfassende Entscheidungsvollmachten über nahezu alle Angelegenheiten des Heeres zielsicher und gewollt ergänzt hatte –, beinahe vollständig aufgehoben. Die Krone Preußen, der Staat, die Gesellschaft, die Armee, sie alle verschmolzen zu einer untrennbaren, beinahe organischen Einheit, die nach dem Wunsch des Königs nur von einer einzigen Triebfeder, einer unangefochtenen obersten Instanz beseelt und gelenkt werden durfte: Sein Wille allein sollte in Preußen Gesetz sein und von allen Untertanen ohne Aufschub, freudig und mit soldatischem Gehorsam befolgt werden.

So wurden denn auch der Ton, die Umgangsformen und nicht zuletzt die Tischsitten des Berliner Hofes seit dem Regierungsantritt des Königs Friedrich Wilhelm I. immer soldatischer und rauher. Bisweilen waren sie sogar grob, ungehobelt, zotig und vulgär. »Schelm«, »Narr«, »Hundsfott«, »Canaille« und »Schurke« waren beliebte und häufige Schimpfwörter des Königs, mit denen er auch seine Minister, Geheimen Räte und Diplomaten beinahe täglich und noch dazu mit grimmiger Lust maßregelte. Doch konnte dieser ungeschlachte Soldatenkönig ihnen auch noch sehr viel wüstere Ausdrücke entgegenschleudern, sie gar öffentlich auffordern, ihn »im arß« zu »lequen«. Auch drohte er ihnen bisweilen Prügel »auf den Puckel« an. Dass diesem Gebaren ein eher deftiger Geschmack bei der Wahl seiner Gerichte entsprach – er bevorzugte Erbsensuppe, Weißkohl, Schweinebauch und herbes Bier –, vervollständigte das Bild des äußerst derben, teilweise unflätigen Herrschers, das sich seine Untertanen und auch die europäischen Nachbarn nun unweigerlich vom preußischen König zu machen begannen.

Nur wenige wussten oder ahnten, dass seine zur Schau gestellte Robustheit und Urwüchsigkeit im Grunde nur über ein eklatantes Minderwertigkeitsgefühl hinwegtäuschte, das Friedrich Wilhelm I. schon seit seinen Jugendtagen umtrieb, bedrückte, zuweilen auch heftig quälte. Denn so kraftvoll und entschlossen er seine Regierungszeit mit zahlreichen einschneidenden Reformen am Hof und im Militär begonnen hatte, so wenig sicher war er sich im tiefsten Innern, ob er überhaupt ein guter, leistungsfähiger Monarch war oder dies jemals sein würde. Zwar hatte sein Vater ihm schon frühzeitig und wiederholt Gelegenheiten geboten, die Regierungsgeschäfte eines souveränen Herrschers in der Praxis kennenzulernen. So wurde Friedrich Wilhelm I. zwischen 1700 und 1705 auf zwei ausgedehnte Auslandsreisen geschickt, mit jeweils längeren Visiten in den Niederlanden. 1708 wurde ihm gar während eines Kuraufenthalts seines Vaters, der drei lange Sommermonate im westböhmischen Karlsbad weilte, die Statthalterschaft in Brandenburg-Preußen übertragen. Ein Jahr darauf konnte er sich auch unter dem Kommando von Marlborough und Prinz Eugen in der Schlacht bei Malplaquet – wo er seine lebenslange, enge Freundschaft zu Leopold von Anhalt-Dessau begründete und das Kriegshandwerk als seine bleibende »Passion« entdeckte – militärisch auszeichnen. Trotz dieser vielen Bewährungen behielt er aber zeitlebens, wie er seinem Freund, dem Dessauer, einmal niedergeschlagen anvertraute, eine nur »geringe Opinion« von sich und seinen Leistungen.

Dieses Gefühl des Ungenügens, das sich bereits zur Zeit seines Regierungsantritts zu einem echten Komplex ausgewachsen hatte, war wohl auch dafür verantwortlich, dass er sein königliches Garderegiment gezielt mit ellenlangen, übergroßen jungen Männern bestückte, die noch dazu alle eine übertrieben hohe, geradezu skurrile Mütze tragen mussten. Zwischen diesen exzentrisch kostümierten, riesenhaft anmutenden Grenadieren fühlte sich der eher kleine und rundliche Friedrich Wilhelm I. sichtlich wohl, und es gab ihm eine tiefe Befriedigung, die hochaufgeschossenen Soldaten, die schon bald im Volksmund »die langen Kerls« genannt wurden, auf ein einziges Wort hin herumkommandieren zu können. Immerhin vier Kompanien dieser in ganz Europa angeworbenen Königsgrenadiere stellte er mit großem Eifer zusammen, um seinem durch nagende Selbstzweifel immer wieder krisenhaft erschütterten Selbstvertrauen wenigstens auf diese verschroben-spielerische Weise einen seelischen Ausgleich zu gönnen.

Woher aber rührte die innere Zerknirschung des preußischen Königs, sein mangelndes Selbstwertgefühl, die tiefe Verunsicherung über die Bedeutung und Richtigkeit des eigenen Handelns und Wollens? Zum einen war er schon von klein auf mit einem zu äußerst starken Gefühlsschwankungen neigenden Temperament ausgestattet, das ihm im Laufe seines Lebens immer schwerer zu schaffen machte und zu einem aufbrausenden, häufig jähzornig agierenden Menschen werden ließ. Doch einen nicht eben geringen Anteil an der Entwicklung seines labilen und schwierigen Charakters hatte gewiss auch seine rigoros calvinistische Erziehung, die bei ihm ganz anders wirkte als bei seinem Vater, dem der reformierte Glaube stets Trost, Halt und eine unerschütterliche Selbstsicherheit gegeben hatte. Während dem König Friedrich I. die Prädestinationslehre als Beweis von Preußens und seiner eigenen Auserwähltheit gegolten hatte, war dasselbe theologische Dogma für Friedrich Wilhelm I. von jeher ein Alptraum gewesen, weil die unterschiedliche Vorbestimmtheit eines jeden Menschen ja eben auch heißen konnte, dass er selbst möglicherweise nicht zu den zum Heil Auserkorenen gehörte, sondern zu den Verstoßenen.

Eine Linderung dieser Seelenpein hatte erst sein noch vor dem Thronwechsel hergestellter Kontakt zu August Hermann Francke ergeben, einem an der Universität Halle lehrenden Professor für Griechisch und orientalische Sprachen. Francke war nicht nur ein exzellenter Altphilologe, sondern auch der führende Kopf der Hallenser Pietisten, einer Reformbewegung innerhalb des Luthertums, die in der Stadt an der Saale schon seit den 1690er Jahren – mit dem Einverständnis des religiös toleranten Königs Friedrich I. – eine Gegenkultur zur herrschenden lutherischen Orthodoxie bildete. Weil die Pietisten meinten, dass sich die orthodoxen Lutheraner schon seit langer Zeit nur noch mit liturgischen Äußerlichkeiten und überflüssigen doktrinären Streitigkeiten beschäftigten, rückten sie im Gegensatz dazu die spirituellen Bedürfnisse der einfachen Gläubigen wieder in den Mittelpunkt ihres seelsorgerischen Handelns. So riefen sie vielerorts erbauliche Gesprächsrunden ins Leben, die in Ergänzung zu den üblichen Kirchenbesuchen auch in Privatwohnungen als einfache christliche Hauskreise stattfinden konnten.

Vor allem aber der auf den unterschiedlichsten gesellschaftlichen Betätigungsfeldern gelebte tätige Glaube, die praktische Frömmigkeit – lateinisch auch als *praxis pietatis* bezeichnet –, sollte von den geläuterten lutherischen Christen neu eingeübt werden. Eben deswegen nannten sich die Hallenser Reformlutheraner um Francke ja auch mit voller Überzeugung Pietisten, obschon diese Benennung ursprünglich von ihren Gegnern gebraucht wurde und eigentlich abwertend gemeint war. Franckes eigener religiöser Ehrgeiz bestand nun darin, die Schulbildung aller Schichten und Stände zu verbessern, weshalb er zwischen 1695 und 1698 in Halle und in der unmittelbar angrenzenden Vorstadt Glaucha – neben seiner Lehrtätigkeit als Professor – ganz verschiedenartige Erziehungsanstalten für Arme, Waisenkinder, aber auch wohlhabendere Bürger und Adlige begründet hatte, die binnen weniger Jahre unter dem zusammenfassenden Namen »Franckesche Stiftungen« internationale Berühmtheit erlangten. Was alle diese Schulen einte, war die im Mittelpunkt jedes pietistischen Unterrichts stehende Kernaussage, dass Gottes Wohlgefallen immer dann auf einem Menschen ruhe, wenn dieser unentwegt für seinen Nächsten da war oder auch dem Staat, in dem er lebte, mit Nüchternheit, Sparsamkeit, Askese und Opferbereitschaft diente, ob als Bauer, Bürger, Adliger oder Herrscher.

Genau diese Grundüberzeugung der Pietisten, ihr alle Standesgrenzen überschreitendes asketisches Pflichtbewusstsein, mit dem sie in unentwegter Tätigkeit das »gemeine Beste« befördern wollten, entsprach nun sehr weitgehend dem Wirtschafts- und Arbeitsethos des Königs Friedrich Wilhelm I. Da der Arbeitseifer der Pietisten aber in ganz eigener Weise religiös motiviert war und da sie in ihren Schriften immer wieder auf die Gottgefälligkeit der guten Werke zu sprechen kamen, konnte der preußische Monarch von Francke in ganz neuer Weise lernen, dass die aufreibende Arbeit für die Wohlfahrt des Staates auch für ihn – im wahrsten Wortsinne – der Königsweg zum Heil war. Diese Einsicht erlaubte es Friedrich Wilhelm I., die von ihm nunmehr als »Partikularismus« gescholtene Prädestinationslehre zu verwerfen, ohne deswegen einen förmlichen Bruch mit der calvinistischen Religionsgemeinschaft seiner Väter zu vollziehen.

Doch wiewohl sein nunmehr pietistisch geprägter Blick auf die Bedeutung der Arbeit von ihm einerseits als echte Befreiung erlebt wurde, als Möglichkeit, der lähmenden Angst vor den fatalen Konsequenzen der Prädestination dauerhaft zu entkommen, erzeugte die neue Sicht auf sein Amt doch zugleich auch einen ganz erheblichen Erfolgsdruck. Denn das gute Werk, das jetzt einen so hohen Stellenwert hatte, konnte an der preußischen Staatsspitze nur von einem guten, fleißigen, wachsamen, wenn nötig auch strengen, fordernden und immer souverän agierenden König verrichtet werden, der in seinem Eifer niemals nachließ. War er ein solcher Herrscher? Verfügte er wirklich über das nötige Rüstzeug, seinen hohen Posten mit Mut, Zuversicht und Verve auszufüllen? Er selbst war sich da keineswegs sicher.

In äußerster Massivität hatte ihn dieses Gefühl der Unsicherheit gerade in den Sterbestunden seines Vaters erfasst, als er sich voller Angst vor dem bevorstehenden Thronwechsel aus Berlin davonstahl und ins zehn Meilen entfernte Schloss Köpenick fuhr, wo er sich einen ganzen Vormittag lang in großer Anspannung die Zeit zu vertreiben suchte. Er war zwar noch rechtzeitig vor dem Ableben seines Vaters am frühen Nachmittag wieder im Berliner Schloss eingetroffen, konnte deshalb auch noch den von Friedrich I. ausgesprochenen letzten Segen empfangen, doch nicht ohne die verwunderte Frage mitanhören zu müssen: »Wo seid Ihr gewesen, mein Sohn?«

Angst, Selbstzweifel und Unsicherheit begleiteten Friedrich Wilhelm I. auch über den Tod seines Vaters hinaus. Allerdings wurde ihm noch am Todestag Friedrichs I. beinahe schlagartig und wie aus einer Eingebung heraus bewusst, dass er zukünftig doch nicht so ganz allein für die weitere Entwicklung des Königreichs Preußen verantwortlich zu machen war, wie er dies noch am Morgen mit großer Niedergeschlagenheit gefühlt und befürchtet hatte. Denn als er seiner Gemahlin am Nachmittag des 25. Februar 1713 in ihren Gemächern die Nachricht vom Tod des Königs überbrachte, fiel sein Blick auch auf seinen erst einjährigen Sohn Fritz. Als sähe er den zierlichen kleinen Jungen, der gerade erst das Laufen gelernt hatte, plötzlich mit ganz neuen Augen und als beträfe der Tod des Großvaters diesen kleinen Knaben mehr als alle anderen Menschen, sagte er nun bedeutungsvoll und mit schicksalsschwerer Stimme zu ihm: »Heute mache ich dich wieder zum Kronprinzen.«

Das sollte wohl heißen: Heute mache ich dich zu jenem Kronprinzen, der ich einmal war, denn ab heute wirst du dieselbe bange Vorbereitungszeit auf das hohe Amt eines preußischen Herrschers durchleben müssen, wie ich sie durchlitten habe. Oder auch: Ab sofort sind wir beide in unseren Hoffnungen und Befürchtungen unauflöslich vereint. Jedenfalls entlastete er sich mit seinen Worten zu einem guten Teil selbst, weil er nun in dem kleinen Fritz einen wehrlosen Schicksalsgenossen erblickte, der auf seine ganz eigene Weise gefordert war, den hohen Ansprüchen, die mit der jetzt eingetretenen Situation auch an ihn gestellt wurden, stets zu genügen.

Gleichzeitig fällte der neue König mit seiner Anrede an den kleinen Fritz aber auch ein folgenschweres Urteil über dessen Kindheit und die Form seines Aufwachsens, weil er ihn von nun an mit allen ihm zur Verfügung stehenden Machtmitteln zwang, sich als genau der zähe und mutige preußische Kronprinz zu fühlen und zu benehmen, der er sein sollte. Während sein eigener Vater ihm in Kindheit und Jugendalter erstaunliche Freiheiten zur Erprobung der eigenen Fähigkeiten und Talente gewährt hatte, kontrollierte und reglementierte Friedrich Wilhelm I. die Erziehung des Kronprinzen Friedrich rund um die Uhr. Das erste, was er in diesem Zusammenhang schon bald nach seinem Regierungsantritt veranlasste, war eine allumfassende Hinführung seines Sohnes »zum Soldatenstand«, der ihm ja als eherne Säule des brandenburgisch-preußischen Staates galt. Was der König aber selbst erst als junger Mann im Spanischen Erbfolgekrieg in einer ganzen Reihe von eigenständig angestellten Versuchen und Erfahrungen als seine bleibende »Passion« entdeckt hatte – die Leidenschaft zum Militär –, das musste sein Sohn Fritz schon als Zweijähriger auf das bloße Geheiß des Vaters hin ungefragt lieben lernen. Später – als schon großer Friedrich – beklagte dieser Fritz in einer in Verse gekleideten melancholischen Rückschau auf seine frühesten Kindheitsjahre, dass schon seine »Wiege von Waffen umringt war«. »Durch einen strengen Vater und rigiden Richter« sei er »ohne Feiertag und ohne Würde« in einem »Schoß von Schrecken und Alarmsignalen aufgezogen« worden.

Tatsächlich wurde er schon seit seinem dritten Lebensjahr vom Vater unablässig dazu gedrängt, mit Zinnsoldaten, Spielzeugkanonen und Pistolen zu spielen. Zudem hielt König Friedrich Wilhelm I. seinen Fritz an, so häufig wie möglich auf den Trommeln der Militärmusiker Märsche zu intonieren. Auch die Lust an Exerzierübungen sollte ihm partout und so früh wie nur irgend möglich vermittelt werden. Deshalb berief der König mit dem Feldmarschall Albrecht Konrad Finck von Finckenstein, der sich in der Schlacht bei Malplaquet soldatisch ausgezeichnet hatte, und dem Oberst Christoph Wilhelm von Kalckstein, dem die Einnahme von Moers geglückt war, zwei gestandene Offiziere aus preußischem Uradel zu »Gouverneuren« des Kronprinzen, damit diese dessen militärische Ausbildung von Anfang an professionell anleiten und überwachen konnten. So musste der kleine Friedrich schon als fünfjähriger Knabe eine aus 131 gleichaltrigen Jungen bestehende »Kronprinzliche Kadettenkompagnie« selbständig kommandieren.

Außer diesen vielfältigen Kriegsspielereien hatte sich Friedrich aber auch umfangreichen Lese-, Schreib- und Rechenübungen hinzugeben, die ihm eine nicht minder große Disziplin abverlangten. Woche für Woche wurde er im Berliner Schloss von einem

Hofmeister unterrichtet, und zwar nicht nur an allen Stunden des Vormittags, sondern sehr oft auch am Nachmittag bis zum Sonnenuntergang. Selbst am Sonntag fand noch vor dem Kirchgang eine gründliche Katechisation statt. Während Friedrich Wilhelm I. als Erzieher zunächst den Berliner Gymnasiallehrer Hilmar Curas engagierte, der den Jungen in Gemeinschaft mit seiner drei Jahre älteren Schwester Wilhelmine unterwies, ersetzte er diesen dann nach Ablauf des Jahres 1717 durch den aus einem alten protestantischen Adelsgeschlecht in der Champagne stammenden Jacques Egide Duhan de Jandun. Der zweiunddreißigjährige Hugenottenspross Duhan war erst wenige Jahre zuvor freiwillig der preußischen Armee beigetreten, wo er aufgrund seines Mutes und seiner großen Dienstfertigkeit beim König einen bleibenden Eindruck hinterlassen hatte. Vor allem seine militärische Tüchtigkeit war es, die ihn in den Augen Friedrich Wilhelms I. in besonderer Weise dazu befähigte, den Kronprinzen zu unterrichten. Darüber wunderte sich Friedrich noch viele Jahre später. Es sei »ein seltner Fall, daß man einen Präceptor in einem Laufgraben wählt«, war sein ironischer Kommentar zur ungewöhnlichen Auswahl seines Lehrers durch den Vater.

Allerdings war Duhan ein durchaus gebildeter Mann, der in seiner Jugend sogar bei Mathurin Veyssière de Lacroze – dem Leiter der königlichen Bibliothek in Berlin und engen Vertrauten des Philosophen Leibniz – einen exzellenten Unterricht genossen hatte und seither eine starke Vorliebe für das Studium der Literatur und der Philosophie hegte. Nach dem ausdrücklichen Willen des Königs durfte dieser geistreiche und belesene Soldat seinem Zögling aber nur ein ganz bestimmtes Wissen vermitteln. Der Kronprinz sollte zwar auch im reformierten Glauben des Hauses Hohenzollern erzogen werden, doch dabei unter keinen Umständen von der doppelten Gnadenwahl erfahren, von der Prädestinationslehre also, die Friedrich Wilhelm I. so viele Schrecken bereitet hatte. Statt über die Geschichte der Griechen und Römer zu dozieren, die laut den Worten des Königs »zu nichts gut« sei, durfte Duhan nur über die jüngere Politik- und Staatengeschichte

Europas – insbesondere über die Historie Brandenburgs und Preußens – die nötige Auskunft geben. Und als Unterrichtssprachen waren ausschließlich Deutsch und Französisch gestattet.

Eine Unterweisung des Kronprinzen im Lateinischen verbot der König folglich aufs Strengste, weil er glaubte, dass ein zukünftiger Herrscher sehr wohl ohne Kenntnisse dieser alten Sprache auskommen könne. Im jahrelangen Studium der lateinischen Grammatik und Literatur erblickte Friedrich Wilhelm I. nichts weiter als eine fahrlässige und verwerfliche Verschwendung kostbarer Lern- und Arbeitszeit. Umso erstaunlicher war es, dass seine ausdrücklichen Lernverbote bisweilen missachtet wurden. Wie sehr der König toben konnte, wenn er bemerkte, dass er vom Lehrer seines Sohnes hintergangen wurde, schilderte Friedrich einmal als bereits erwachsener Mann seinem Vorleser Henri de Catt. Er sei noch ein kleiner Junge gewesen und habe Latein gelernt, »als plötzlich mein Vater ins Zimmer trat. ›Was machst du da?‹ – ›Papa, ich dekliniere mensa, -ae‹, sagte ich in kindlichem Tone, der ihn hätte rühren müssen. ›O du Schurke, Latein für meinen Sohn! Geh mir aus den Augen!‹ und verabreichte meinem Lehrer eine Tracht Prügel und Fußtritte und beförderte ihn auf diese grausame Weise ins Nebenzimmer.«

Erschreckt durch das wutverzerrte Gesicht seines Vaters sei er selbst unter einen Tisch geflüchtet, wo er sich zunächst in Sicherheit wähnte. Doch habe Friedrich Wilhelm I. das Versteck seines Sohnes sogleich entdeckt und ihn an den Haaren unter dem Tisch bis in die Mitte des Zimmers hervorgezogen, um auch ihm »endlich ein paar Ohrfeigen« zu versetzen und die Drohung auszustoßen: »Komm mir wieder mit deiner mensa, und du wirst sehen, wie ich dir den Kopf zurechtsetze.«

So sehr dieser schreckliche Auftritt des Vaters von schlechten Manieren und großer Unbeherrschtheit zeugte – die ihrerseits eine direkte Folge eines unbezähmbaren Jähzorns waren –, so wenig war sein Sturmlauf der Entrüstung aber, wie selbst Friedrich einzusehen lernte, ein Ausweis von dumpfer Bildungsfeindlichkeit. Denn Friedrich Wilhelm I. wusste schon lange vor seinem Regierungsantritt sehr genau, dass der Daseinszweck Preußens nicht allein die Sicherstellung des materiellen Auskommens seiner Einwohner war. Auch das geistige »Wohl« aller Menschen, die im Herrschaftsbereich der königlich-kurfürstlichen Länder lebten, musste ein preußischer König beständig im Blick haben. Denn ein Staat, der nach dem Willen seines Gründers Friedrich I. mittels einer engagierten Kultur- und Bildungspolitik anderen Staaten ein leuchtendes Vorbild sein sollte, musste die gründliche Ausbildung aller Stände, ob Untertanen oder Mitglieder der königlichen Familie, nach Kräften befördern.

Genau deshalb erließ Friedrich Wilhelm I. ja auch am 28. September 1717 als einer der ersten europäischen Herrscher eine »Verordnung«, der zufolge alle Eltern »bey nachdrücklicher Straffe« gehalten sein sollten, ihre Kinder sowohl in den Städten, aber auch und »absonderlich auf dem Lande«, »in die Schule zu schicken«.

Allerdings war dieses Ideal einer allgemeinen Schulpflicht, mit der er der immer noch »grossen Unwissenheit« unter den Bewohnern seiner Länder »abzuhelffen« gedachte, mit einem ganz anderen bildungsphilosophischen Akzent versehen als der von seinem Vater verkündete Bildungsauftrag Preußens. Während Friedrich I. vor allem seine elitäre Akademie der Wissenschaften und die musikalisch vorzügliche Hofoper als auf ganz Europa ausstrahlende Aushängeschilder seines jungen und kulturbeflissenen Staates förderte, wollte sein Sohn lieber in die Breite wirken und möglichst vielen Kindern ein elementares Schulwissen vermitteln. Dieses sollte sich dann an den schlichten pädagogischen Werten der Pietisten orientieren, die Nützlichkeitserwägungen, Fleiß und Pflichterfüllung in den Vordergrund ihrer Erziehungstätigkeit stellten.

Somit war es durchaus bezeichnend und höchst symbolkräftig, dass Friedrich Wilhelm I. das königliche Opernhaus, das noch zu Königin Sophie Charlottes Lebzeiten als fester Bestandteil des Bauensembles von Schloss Charlottenburg errichtet worden war – und in dem er sogar einmal selbst als kleiner Junge in Laienaufführungen geschauspielert hatte –, zum Abriss freigab und die Berliner Bürger einlud, aus dem entstandenen Schutt eine Schule zu bauen. Ob dieser vom König krampfhaft konstruierte Gegensatz zwischen der Förderung einer musisch-künstlerischen und wissenschaftlichen Elite und der Beschulung aller Schichten und Stände wohl Leibniz' Zustimmung gefunden hätte? Äußern konnte sich der geistige Vater der preußischen Akademie der Wissenschaften zu diesen bemerkenswerten Vorgängen jedenfalls nicht mehr, weil er bereits am 14. November 1716 – unmittelbar nach Vollendung seines siebzigsten Lebensjahres – das Zeitliche gesegnet hatte.

Kultivieren wollte Friedrich Wilhelm I. in seinen Landen aber nicht nur die brachliegenden Talente jener Menschen, die in einfachen oder gar rohen häuslichen Verhältnissen aufwuchsen. Bestellt werden sollten nach seinem stets auf den praktischen Nutzen einer Handlung ausgerichteten Willen auch die vielen Öd- und Moorflächen, die im havelländischen Luch, einem großräumigen, nur vierzig Meilen nordwestlich von Berlin gelegenen Sumpfgebiet, das Landschaftsbild bestimmten. So ließ er dort ab 1719 die endlosen schlammigen Feuchtgebiete von exzellenten holländischen Fachleuten durch das gezielte Anlegen von Gräben und Kanälen entwässern, um auf den dadurch trockengelegten Landinseln neue Ortschaften zu begründen und Kirchen zu erbauen. Die ersten Kolonisten der solcherart entstandenen Siedlungen dankten dem Soldatenkönig für diese ganz und gar unkriegerische Landnahme, indem sie das neue Gotteshaus des – nach ihm benannten – Amtes »Königshorst« mit einer den Monarchen überschwenglich preisenden Inschrift versahen. Bis auf den heutigen Tag steht dort auf einer steinernen Tafel zu lesen, dass »Friedrich Wilhelm König in Preußen« sich als ein äußerst »glücklicher Vermehrer Seines Reichs« erwiesen habe. Denn allein auf seinen Wink hin hätten viele Arbeiter »diesen vormahligen grundlosen Morast und Auffenthalt wilder Thiere, durch große Mühe« zu »des Menschen Nutzen urbahr« und »zum Acker=Bau und Vieh Zucht nutzbar gemacht«. Dies werde man ihm nie vergessen.

Zu eben jener Zeit, als er die Landgewinnungsmaßnahmen im heimischen Luch unter großen Mühen einleitete, erteilte derselbe Friedrich Wilhelm I. allerdings einem ganz anders gearteten Kolonisierungsversuch eine eindeutige Absage. 1720 verkaufte er die preußische Handelsniederlassung Groß Friedrichsburg, die sein Großvater, der Große Kurfürst, ja schon im 17. Jahrhundert an der westafrikanischen Goldküste gegründet hatte, an die Niederländische Westindien-Kompanie. Der Aufwand, den die preußische Kolonialverwaltung hätte treiben müssen, um die weit entfernte afrikanische Kolonie zu einem auch langfristig ertragreichen Landstrich auszubauen, erschien Friedrich Wilhelm I. schlicht zu hoch und auch mit zu vielen Risiken behaftet. Keinerlei Gewissensbisse bescherte ihm dagegen die bedrückende Tatsache, dass bis zum von ihm durchgesetzten Verkauf von Groß Friedrichsburg auch Brandenburg-Preußen – jener junge Musterstaat, der sich doch im Zeichen des Lichts einer aufgeklärteren Zeit der Förderung von Bildung, Wissenschaft und religiöser Toleranz verschrieben hatte – in Westafrika über Jahrzehnte hinweg am Sklavenhandel beteiligt gewesen war.

Immerhin waren zwischen 1683 und 1720 von Groß Friedrichsburg aus nicht nur Gold, Elfenbein, Kautschuk und Straußenfedern in alle Welt gelangt, sondern eben auch 20 000 Afrikaner unter zumeist elenden Transportbedingungen zunächst in die Karibik und von dort weiter auf das nordamerikanische Festland verschleppt worden, wo etliche von ihnen insbesondere auf Tabakplantagen unter größtenteils unwürdigen Bedingungen zu harten Feldarbeiten herangezogen wurden. Auch Friedrich Wilhelm I. ließ sich neben den 72 000 Dukaten, die er von den Niederländern als vereinbarten Erlös für Groß Friedrichsburg erhielt, zwölf junge afrikanische Männer nach Berlin schicken, die dort am königlichen Hof ganz unterschiedliche Dienste verrichten mussten.

Einige von ihnen, die der preußische König gemäß dem zeitgenössischen Sprachgebrauch als »Mohren« bezeichnete, wurden als livrierte Lakaien ständige Diener seiner Kinder Wilhelmine und Fritz. Andere mussten als Trompeter und Trommler in der königlichen Militärkapelle mitmarschieren. Schließlich gab es aber auch noch Afrikaner, die dem König einen ganz besonderen Dienst erwiesen: Da er gern am Abend nach getaner Arbeit im Kreis seiner engsten Freunde und männlichen Familienmitglieder zur Entspannung Pfeife rauchte, hatten seine schwarzen Bedienten ihm und allen anderen Teilnehmern dieses sogenannten »Tabakskollegiums« hin und wieder den dazu benötigten Tabak anzureichen. Dieses exotische Genussmittel wiederum war – noch bevor es über London und Amsterdam den Weg nach Berlin gefunden hatte – von versklavten westafrikanischen Landsleuten der preußischen »Hof-Mohren« geerntet, getrocknet und verpackt worden, und zwar zu einem nicht unerheblichen Teil in den britischen Kolonien des nordamerikanischen Kontinents.

Die ersten afrikanischen Sklaven Nordamerikas waren zu Beginn des 17. Jahrhunderts auf holländischen Schiffen in die damals soeben zwischen den englischen und französischen Siedlungsgebieten gegründete Kolonie Nieuw Nederland verbracht worden, doch hatten sich zuvor auch schon andere europäische Seefahrernationen am atlantischen Sklavenhandel beteiligt. Dieser war bereits seit den frühesten portugiesischen Entdeckungsfahrten an die westafrikanische Küste ab Mitte des 15. Jahrhunderts in Gang gekommen. Es waren arabische Händler, die ihre europäischen Geschäftspartner von dem schon 1445 eingerichteten portugiesischen Stützpunkt Arguin aus mit Pfeffer, Gold und schwarzen Sklaven belieferten, wofür sie dann im direkten Austausch Pferde, Stoffe und Weizen erhielten. Durch diesen am 8. Januar 1455 von Papst Nikolaus V. in der Bulle »Romanus Pontifex« abgesegneten Handel mit »Sarazenen« und »Heiden«, die von den Christen nun ganz legal »in Besitz genommen« werden durften, gelangten Tausende Afrikaner nach Portugal und in den Süden der Iberischen Halbinsel. Um 1550 lebten bereits 10 000 Afrikaner in der portugiesischen Metropole Lissabon. Damit stellten Schwarze dort zehn Prozent der städtischen Gesamtbevölkerung. Auch im spanischen Sevilla, das zu Portugal enge Handelsbeziehungen unterhielt, wohnten und arbeiteten zur selben Zeit etwa 6000 schwarze Sklaven.

Mit der Ausweitung des portugiesischen und spanischen Kolonialbesitzes in Süd- und Mittelamerika und dem in diesem Zusammenhang stetig steigenden Bedarf an Arbeitskräften auf den dort neuangelegten Zuckerrohrplantagen gelangte bis zum 17. Jahrhundert auch eine rapide wachsende Anzahl von afrikanischen Sklaven in die Neue Welt. Immer häufiger mischten sich nun auch englische, dänische, schwedische und vor allem niederländische Zwischenhändler in den westafrikanischen Sklavenhandel ein. Als erbitterte Konkurrenten der Portugiesen und Spanier legten sie eigene Stützpunkte an der Goldküste an, wo sie mit verschiedenen afrikanischen Stämmen Freundschafts- und Handelsverträge schlossen. Vereinbart wurde in diesen Verträgen, dass die Häuptlinge der afrikanischen Küstenstaaten von ihnen regelmäßig Waffen, Eisen, Textilien und Likör erhalten sollten. Umgekehrt sicherten die afrikanischen Stammesfürsten ihren neuen europäischen Handelspartnern zu, eigene Krieger bis tief ins Innere des Kontinents auf Menschenfang zu schicken, um die aus Europa erhaltenen Waren nicht nur mit Gold und Elfenbein, sondern auch mit immer neuen gekidnappten Menschen, die sie als Sklaven anboten, vergüten zu können.

Viele der von den Niederländern erhandelten schwarzen Sklaven wurden seit den 1620er Jahren nach Nordamerika verschifft, so dass um 1640 in Nieuw Amsterdam, der Hauptstadt von Nieuw Nederland, annähernd 100 Afrikaner lebten. Diese Bevölkerungsgruppe stellte immerhin dreißig Prozent der Gesamteinwohnerzahl der noch jungen Stadt. Als die Engländer dann im Jahr 1664 Nieuw Nederland einnahmen und mit dem neuen Namen New York belegten, lebten in der aufstrebenden Siedlung am Hudson River bereits 300 Schwarze. Damit hatte New York die zu diesem Zeitpunkt größte städtische Sklavenpopulation Nordamerikas. Die meisten Schwarzen lebten zu diesem Zeitpunkt jedoch auf den ausgedehnten Pflanzungen der Kolonie Virginia: 1500 Afrikaner waren bis 1665 auf englischen und niederländischen Sklavenschiffen in diese älteste Besitzung der englischen Krone auf dem nordamerikanischen Festland gelangt.

Das Los der nach Nordamerika verbrachten Sklaven war zwar hart, ihre Lebensbedingungen oftmals bedrückend und erniedrigend, doch durften die unfreiwillig in New York oder Virginia siedelnden Afrikaner immerhin bis weit in die zweite Hälfte des 17. Jahrhunderts hinein hoffen, ihre Lebensumstände mit Fleiß und aus eigener Kraft entscheidend zu verbessern. Denn viele Schwarze wurden nach Ablauf einer bestimmten Frist, innerhalb derer sie besonders schwere Arbeiten verrichten mussten, in die Freiheit entlassen, konnten dann Land erwerben und sogar zu einigem Wohlstand gelangen. In mancherlei Hinsicht erging es den afrikanischen Sklaven somit wie den sogenannten *indentured servants*, jenen in nicht eben geringer Zahl aus Europa eingewanderten Kolonisten, die sich bei Plantagenbesitzern oder städtischen Handwerkern schon vor ihrer Ankunft in der Neuen Welt in eine Art mehrjährige Schuldknechtschaft verkauft hatten, um die Kosten für die Überfahrt nach Amerika, die sie nicht hatten aufbringen können, durch nachträgliche Schinderei abzuzahlen. Auch sie durften erst nach der Entlassung aus einem beklemmenden Dienstverhältnis völlig frei handeln und wirtschaften.

Erstaunlich viele Afrikaner gingen den beschwerlichen, doch letztlich lohnenden Weg, der über harte Plackerei in die Freiheit führte. Bis 1670 lebte in Virginia immerhin schon jeder dritte Schwarze in Freiheit. Als sich jedoch mit Beginn der 1680er Jahre immer weniger Weiße als *indentured servants* verpflichteten – obschon gerade zu diesem Zeitpunkt in den südlichen Kolonien Nordamerikas immer mehr und größere Tabakplantagen entstanden, die einen gewaltigen Bedarf an Arbeitskräften generierten –, wurden in den Kolonialparlamenten innerhalb kürzester Zeit zahlreiche Gesetze erlassen, die den afrikanischen Sklaven und ihren Nachkommen sämtliche Ausschlupfmöglichkeiten in die Freiheit konsequent versperrten. Von nun an waren die Kinder versklavter schwarzer Frauen unwiderruflich lebenslange Sklaven. Schwarze mussten jetzt in den Tabakanbaugebieten härter und länger arbeiten als jemals zuvor, noch dazu unter ständiger Aufsicht und einer äußerst schikanösen Reglementierung ihres Arbeitsalltags. Selbst der Sonntag war für die Sklaven fortan ein regulärer Arbeitstag. Ausruhen durften sie nur dreimal im Jahr: am Weihnachtstag, zu Ostern und zu Pfingsten.

Gleichzeitig nahm der transatlantische Sklavenhandel sprunghaft zu. Allein in die Kolonie Virginia wurden zwischen 1683 und 1720 über 20 000 Afrikaner importiert. Dies entsprach ziemlich genau jener Zahl von Sklaven, die im exakt gleichen Zeitraum von der brandenburgisch-preußischen Kolonie Groß Friedrichsburg aus ihre leidvolle Reise nach Übersee antreten mussten. Gänzlich unwidersprochen blieb der Aufschwung des Menschenhandels in den doch so sehr freiheitsliebenden nordamerikanischen Kolonien allerdings keinesfalls. Bezeichnenderweise waren es einige Bürger der Musterkolonie Pennsylvania, die schon acht Jahre nach Gründung Philadelphias öffentlich gegen die nunmehr ausweglose Versklavung der Afrikaner protestierten. In einem gemeinsam verfassten Flugblatt riefen Garret Hendricks, Francis Pastorius und die beiden Brüder Derick und Abraham op den Graef ihren Mitbürgern folgende schlichte Weisheiten in Erinnerung: »Hier in Pennsylvania gibt es die Gewissensfreiheit, was richtig und vernünftig ist; hier sollte deshalb auch gleichfalls jedem Menschen die Unversehrtheit und Freiheit des Körpers gewährt werden.«

Gehör geschenkt wurde diesen beherzt argumentierenden Philanthropen von den in der *Assembly* von Philadelphia tätigen Gesetzgebern aber vorerst nicht. Vielleicht lag dies daran, dass die gewählten Repräsentanten der pennsylvanischen Bürger – ungeachtet der von ihnen selbst beanspruchten politischen und religiösen Freiheiten – zu keinem Zeitpunkt im Sinn hatten, sämtliche in ihrer Kolonialgesellschaft bestehenden Hierarchien und Abhängigkeitsverhältnisse zu nivellieren oder aufzulösen. Niemand unter ihnen dachte beispielsweise daran, auch den Frauen, die von ihren Gatten wirtschaftlich und rechtlich vollkommen abhängig waren, jene politischen Rechte und Privilegien zuzubilligen, die von den Männern so sehr geschätzt wurden.

Zudem mussten ja auch die meisten jungen Männer eine Phase der umfassenden Abhängigkeit von älteren Autoritäten durchleben, bevor sie wahrhaft freie Bürger werden konnten. Schließlich hatte jeder Lehrling während seiner mitunter bis zu neun Jahre andauernden Lehrzeit dem Meister feierlich zu geloben, »dessen mit dem Gesetz übereinstimmende Befehle jederzeit freudig auszuführen«, »keine Ehe einzugehen« und sich »vom Dienst in dessen Haus weder bei Tag noch bei Nacht zu verabschieden«. Allerdings wurde all diesen fesselnden Konventionen und Vorschriften – die es in Europa übrigens ganz genauso gab – in Amerika immer wieder mit erheblichem Widerstand begegnet. So waren die Gazetten der amerikanischen Kolonien voll von Suchanzeigen, mittels welcher Ehemänner, Hausverwalter oder Lehrherren ihre entlaufenen Frauen, Schuldknechte, Lehrlinge oder eben auch afrikanischen Sklaven wieder aufzufinden hofften.

Vielleicht aber wurden Sklaverei und Sklavenhandel in Pennsylvania zu Beginn des 18. Jahrhunderts von der Mehrheit der dort lebenden weißen Bürger auch deswegen als ein nicht allzu großes Skandalon betrachtet, weil die wenigen hundert dort lebenden Schwarzen meist als Hausbediente Verwendung fanden und vielfach keine deutlich schlechtere Behandlung erfuhren als weiße Hilfsarbeiter. Ganz anders stellte sich demgegenüber die Lage der afrikanischen Sklaven in Virginia dar, wo um 1720 schon weit über 20000 Schwarze auf Feldern und Tabakplantagen zermürbende Schwerstarbeit verrichten mussten. Doch auch hier waren die Bürger nicht willens, auf ihren ja so bequemen Zugriff auf afrikanische Sklaven zu verzichten. Gerade weil die Sklavenarbeit in Virginia – anders als in Pennsylvania – zu einer unabdingbaren Voraussetzung für den wirtschaftlichen Erfolg der Kolonie geworden war, verboten sich die virginischen Plantagenbesitzer allein schon aus ökonomischen Erwägungen jeden Gedanken an eine Lockerung der harten Sklavengesetzgebung.

Zu den freien Bürgern Virginias, die Sklaven besaßen, gehörte auch Augustine Washington. Mit der gleichen Selbstverständlichkeit, mit der sich zur selben Zeit im fernen Berlin der preußische König Friedrich Wilhelm I. und seine Kinder Prinzessin Wilhelmine und Kronprinz Friedrich von ihren afrikanischen »Mohren« im Schloss bedienen ließen, schickte dieser stolze und selbstbewusste virginische Farmer seine schwarzen Sklaven zur Feldarbeit, um mit ihrer Hilfe möglichst viel Tabak zu ernten, der insbesondere in Europa gute Erlöse erzielte.

Schon sein Großvater John Washington, der als Sohn eines anglikanischen Geistlichen im Dezember 1656 aus schierer Lust am Abenteuer von England nach Amerika aufgebrochen war, hatte in Virginia geheiratet, im dortigen Westmoreland County die Bridges Creek Farm gekauft, auf seinen neuen Besitzungen Tabak angebaut und dabei – gemäß seiner eigenen Aussage – auch »gute Neger« auf seinen Feldern arbeiten lassen. John Washingtons ältester Sohn Lawrence, der 1659 geboren wurde, war dann als Erwachsener in die Fußstapfen seines Vaters getreten, wobei es ihm im Laufe seines Lebens gelang, die geerbten Ländereien durch Zukauf noch zu vergrößern. Dass dessen Sohn Augustine, der im Jahr 1694 zur Welt kam, nach dem Tod seines Vaters die im Westmoreland County übernommenen 1000 Morgen Ackerland ab 1715 wiederum in ganz ähnlicher Weise bewirtschaftete und dort zeitweise bis zu 64 Sklaven hatte, erregte also in Virginia überhaupt keinen Anstoß, war vielmehr gängige Praxis.

Was aber sowohl Augustine Washington als auch alle anderen mit Grundbesitz ausgestatteten virginischen Bürger sehr bewusst als einen ganz und gar außergewöhnlichen Aspekt ihres Lebens als Pflanzer wahrnahmen, war ihr verbrieftes Recht, sich gemeinsam mit den in London ernannten britischen Kronbeamten an der Verwaltung und Regierung der Kolonie zu beteiligen. Gerade weil es in den grundsätzlich hierarchisch organisierten Gesellschaften der europäischen Staaten und ihrer amerikanischen Kolonien noch immer zahlreiche Formen der Abhängigkeit gab, die gar nicht in Frage gestellt wurden, war die in Virginia praktizierte parlamentarische Selbstregierung der besitzenden Bürger – die es außer in den britischen Kolonien Nordamerikas so nur noch im englischen Mutterland gab – ein Meilenstein in der Freiheitsgeschichte der Menschheit. Und da in der nordamerikanischen Kolonie Virginia prozentual gesehen weit mehr Menschen wahlberechtigt waren als in Großbritannien, konnte ein Mann wie Augustine Washington sich auch nur mit Stolz und Dankbarkeit in seiner privilegierten Stellung sonnen. Größere Freiheiten, als ein Virginier sie genoss, hatten sonst nur noch die Bürger der Kolonie Pennsylvania.

Augustine Washington nutzte seine Freiheit, indem er politische Verantwortung übernahm. Darin eiferte er seinem Vater und Großvater nach. John Washington war schon 1665 als *Burgess* ins virginische Kolonialparlament gewählt worden. 1683, nicht einmal zwei Jahrzehnte später, wurde dann sein Sohn Lawrence parlamentarischer Repräsentant seiner Mitbürger. Auch Augustine wollte Abgeordneter der *Assembly* von Virginia werden, doch war das erste öffentliche Amt, das er ab 1721 bekleidete, das Ehrenamt des Friedensrichters. Anschließend wurde er im Jahr 1727 vom virginischen Gouverneur zum *Sheriff* seines Countys bestellt. In dieser Funktion musste er nicht nur Festnahmen von Straftätern vornehmen, sondern vor allem auch dafür sorgen, dass die Parlamentswahlen in seinem Zuständigkeitsbereich reibungslos und nach den genauen Vorschriften des Gesetzes durchgeführt werden konnten. Zudem erwarb er sich durch dieses Amt ein recht stattliches Zusatzeinkommen.

Über die Maßen reich war der fleißige Farmer und Sheriff Augustine Washington deswegen aber nicht. Sein Grund und Boden wies nicht im entferntesten den ungeheuren Umfang jener Ländereien auf, die sich manch ein Mitglied der britischen Hocharistokratie von seinem Monarchen hatte überschreiben lassen. So war der aus schottischem Hochadel stammende Thomas Fairfax, der sechste Lord Fairfax of Cameron, seit 1719 ein von der Krone anerkannter Besitzer von sagenhaften 5 282 000 Morgen Land, das sich zwischen den Flüssen Rappahannock und Potomac in der unmittelbaren Nachbarschaft von Washingtons Farm befand. Dieser wahrlich gigantische Landtransfer vollzog sich in der Regierungszeit König Georgs I., welcher als amtierender Kurfürst von Hannover der am 1. August 1714 verstorbenen Königin Anne – gemäß den Vereinbarungen des *Act of Settlement* – auf den britischen Thron nachgefolgt war.

Doch Augustine Washington, dessen Pflanzungen deutlich bescheidener bemessen waren als die Fairfax'schen Besitzungen, hatte ein durchaus gutes Auskommen. Daher leistete er sich auch einen komfortablen Lebensstil mit einem wohlorganisierten Haushalt, den seine Frau Jane Butler, die er 1715 geheiratet hatte, zu seiner großen Zufriedenheit führte. Rund um ihr zwischen 1722 und 1727 neu errichtetes Farmhaus bestellten die Washingtons inmitten von Apfel-, Pfirsich- und Kirschbäumen einen großen Gemüsegarten, bauten außer Tabak auch Mais und Weizen an und verarbeiteten das geerntete Getreide in einer eigenen Wassermühle, die sie an dem sich in den Potomac ergießenden Bach Pope's Creek errichtet hatten, zu gutem Mehl. Zu selbstgebackenem Maisbrot verzehrten sie nicht nur an Festtagen frisch gefangene Fische, Austern, knusprige Hähnchen und Gänse. Auch Wild, das Augustine auf den eigenen Besitzungen regelmäßig erlegte, wurde als Gesottenes und Gebratenes auf den Tisch gebracht. Vielfach tranken die Washingtons außer frischem Wasser oder selbstproduziertem Apfelcidre auch Wein aus Madeira oder Bordeaux.

Dieses Wohlleben teilten Augustine Washington und seine Frau Jane – deren erster Sohn Butler schon 1716 kurz nach der Geburt verstorben war – mit ihren zwischen 1718 und 1722 geborenen Kindern Lawrence, Augustine Jr. und Jane. Alle Kinder, ob Tochter oder Söhne, hatten schon frühzeitig in Haus und Hof diverse Pflichten zu übernehmen, mussten also, wie Jane, der Mutter zur Hand gehen oder, wie die beiden ältesten Söhne, dem Vater beim Fällen der Bäume helfen, um Brennholz einzuholen. Doch wurden den Geschwistern auch sehr viele Freiräume gewährt. Sie durften auf Pferden reiten, Kutschen lenken und den

Umgang mit dem Jagdgewehr einüben. Sie konnten sich auf Jahrmärkten tummeln, dort entweder Billard spielen oder sich am rhythmischen Spiel der Fiedeln erfreuen. Und sie konnten auf ihrer Farm barfüßig und frei zwischen den Hütten der Sklaven hindurch zum Fluss gehen, dort ins Ufergras sinken und zuschauen, wie die mit Tabak und anderen Gütern beladenen Schiffe, je nach der Stärke des Windes, leicht oder schwerfällig über den Potomac dahinsegelten. Was sie sich im Jahr 1727 – fünf Jahre nach der letzten Schwangerschaft ihrer Mutter – allerdings nicht vorstellen konnten, war die Geburt eines weiteren Brüderchens. Tatsächlich aber sollte sich dieser unerwartete Familienzuwachs in nicht allzu ferner Zukunft noch einstellen.

Während der Pflanzer, Hausbesitzer, mehrfache Vater und frischgekürte Sheriff Augustine Washington nun im Sommer 1727 sein privates Glück wie auch sein zusätzliches verwaltungspolitisches Amt in der Kolonie Virginia als Zuwachs bedeutsamer Aufgaben und Herausforderungen erlebte, wuchs jenseits des Atlantiks auch der preußische Kronprinz Friedrich in ein ganz neues Gefüge von veränderten Pflichten hinein. Mit seiner Konfirmation, die am 4. April 1727 nach einer feierlichen öffentlichen Prüfung in der Berliner Domkirche in großer Festlichkeit stattgefunden hatte, war er ein mündiges Glied der reformierten Gemeinde geworden. Er durfte nun am Abendmahl teilnehmen, weil er die Glaubenssätze der eigenen, calvinistischen Kirche mit Herz und Verstand bekennen und wiedergeben konnte. Ein bemerkenswerter und höchst ironischer Umstand bei der Vorbereitung auf Friedrichs Bekenntnisprüfung war allerdings die schon 1725 erfolgte Entlassung seines damaligen Religionserziehers, des Hofpredigers Andreä, weil dieser dem Kronprinzen entgegen den Weisungen des Königs die Prädestinationslehre nahegebracht hatte, jenes theologische Fundamentaldogma des orthodoxen Calvinismus, das der pietistisch geprägte Calvinist Friedrich Wilhelm I. zutiefst verabscheute und fürchtete.

Der Ausweis von Friedrichs mithin auf sehr eigenwilligen Pfaden erlangter religiöser Reife wurde als ein so bedeutsamer Schritt auf dem Weg zum Erwachsenenalter gewertet, dass die Lehrtätigkeit seines langjährigen Informators Duhan im Sommer 1727 zu einem Ende kam. Stattdessen hatte der Kronprinz, der fortan nur noch von dem altgedienten Major Johann Wilhelm Senning in den »Kriegswissenschaften« unterrichtet wurde, als Befehlshaber eines Potsdamer Grenadierbataillons verstärkt militärischen Anforderungen zu genügen, um von seinem Vater möglichst rasch zu einem auf kriegerischen Ruhm und soldatische Ehre erpichten preußischen Oberstleutnant befördert werden zu können. Damit er jedoch nicht allein zu einem couragierten Strategen, sondern auch zu einem »honetten Offizier« herangebildet werden würde, bestellte König Friedrich Wilhelm I. nicht lange nach Duhans Entlassung den bodenständigen märkischen Oberstleutnant Friedrich Wilhelm von Rochow und den weltläufigen – philosophisch wie mathematisch gebildeten – kurländischen Hauptmann Dietrich von Keyserlingk zu militärischen Gesellschaftern des Kronprinzen.

Friedrichs förmlich anerkannte Religionsmündigkeit und sein Aufstieg in die höheren Offiziersränge der preußischen Armee führten allerdings nicht dazu, dass sich der mittlerweile fünfzehnjährige Kronprinz nun plötzlich freier und selbständiger gefühlt hätte als in seiner Kindheit und frühen Jugend. Vor dem sächsischen Gesandten Ulrich Friedrich von Suhm, dem er sich in bemerkenswerter Offenheit anvertraute, klagte er jedenfalls auch nach seiner Konfirmation über die »unerträgliche Sklaverei«, in welcher er nach wie vor von seinem Vater gehalten werde, da dieser ihn immer noch zu nahezu allen Tageszeiten unter strikter Beobachtung halte und ihm alle seine Bewegungen und Tätigkeiten bis ins kleinste Detail vorschreibe. Mehr als jemals zuvor, so Friedrich, verlange es ihn nach größeren Handlungsspielräumen, nach nur »etwas Freiheit«.

Tatsächlich war Friedrich Wilhelm I. immer noch der absolute Herr über den Ausbildungs- und Stundenplan seines ältesten Sohnes. Ständig änderte, ergänzte und verbesserte er die Ordnung des penibel ausgearbeiteten Tagesablaufs, den der Kronprinz ohne jede Abweichung zu befolgen hatte. Hin und wieder korrigierte der König dabei auch willkürlich seine eigenen, älteren Anweisungen, wenn sie ihm plötzlich nicht mehr opportun zu sein schienen. So gestattete er Friedrich zunächst den Besuch des Musikunterrichts bei dem Violinisten und Domkantor Gottlieb Heyne, der seinen Zögling zunächst im rechten Gebrauch der Akkorde, dann im einfachen, melodiebegleitenden Generalbassspiel und schließlich sogar in ausgefeilter Kompositionslehre unterwies. Auch ließ der König es zu, dass Friedrich das Traversflötenspiel erlernte, das der musisch hochtalentierte Schüler schon bald mit hoher Virtuosität beherrschte. Wann immer der Kronprinz aber durch seine immer offenkundiger hervortretende Musikleidenschaft von allen anderen an ihn gestellten Anforderungen in ungebührlicher Weise abgelenkt zu werden schien, verbot Friedrich Wilhelm I. das Musizieren wieder rigoros.

Obschon der Kronprinz im Grunde über eine große Auffassungsgabe verfügte – und, wie ein Besucher am Berliner Hof feststellen konnte, im Grunde »alles, was man ihm vorlegt, mit der größten Leichtigkeit« lernte, so »dass man alles von ihm hoffen kann« –, zeigte er angesichts des von seinem Vater in allen Einzelheiten vorgegebenen Ausbildungspensums wenig Ehrgeiz, sich den vorgegebenen Stoff rasch und mit Lust anzueignen. Noch im Januar 1727, nur wenige Wochen vor der Konfirmation, hatte Oberst Kalckstein dem König mitteilen müssen, dass der Kronprinz leider schon »seit acht Monaten nicht viel« von der vom Hofprediger Noltenius erteilten »Information im Christenthum« profitiert habe. Daraufhin hatte der wütende Monarch umgehend angeordnet, die Wochenstundenzahl des Religionsunterrichts zu verdoppeln.

Friedrichs ältere Schwester Wilhelmine, die mit dem strengen Vater ähnlich niederschmetternde Erfahrungen gemacht hatte und ihren lernunwilligen Bruder nur allzu gut verstehen konnte, animierte den Kronprinzen trotz allem zur eigenständigen Weiterbildung. Sie, die ihren jüngeren Bruder Fritz nach eigener Aussage schon immer mit großer »Zärtlichkeit geliebt« hatte, fühlte sich dazu aufgerufen, ihn zumindest zum freiwilligen Lesen schöner Literatur zu bewegen. Und sie hatte Erfolg. Später gestand Friedrich ein, dass er »als Knabe« in der Tat im Unterricht »nichts tun« wollte. »Da«, so Friedrich, »sagte meine Schwester [Wilhelmine] zu mir: Schämst Du Dich nicht, Deine Talente so zu vernachlässigen?« So warf sich der von diesen Worten sichtlich betroffene Junge allein auf ihre Empfehlung hin auf die Lektüre. Vor allem las er mit wachsender Begeisterung Romane.

Eines seiner Lieblingsbücher war der utopische Entwicklungs- und Bildungsroman »Telemach«, den François de La Mothe-Fénelon, der Erzbischof von Cambrai, 1695 für den Enkel des französischen Königs Ludwig XIV. verfasst hatte. In diesem Roman wird Telemach, der Sohn des Odysseus, während der Abwesenheit seines Vaters von dem Lehrer Mentor auf einer langen Reise durch verschiedene Staaten geführt und dabei über deren jeweils gute und schlechte politische Verfassungen aufgeklärt. Unterwegs müssen die beiden Wanderer viele Abenteuer bestehen. Da sich hinter der Gestalt des Mentor in Wirklichkeit Minerva verbirgt, die Schutzgöttin der Dichter und Hüterin alles Wissens, überwindet Telemach letztlich mit Hilfe der von ihr verliehenen Fähigkeiten alle Gefahren. Während nun Ludwig XIV. Fénelon nicht verzieh, dass der »Telemach« zugleich auch eine verschlüsselte Kritik an seinem autoritären Regierungsstil enthielt – weshalb der Erzbischof nach Veröffentlichung des Buches sein ehrenvolles Amt als französischer Prinzenerzieher niederlegen musste –, war der preußische Kronprinz Friedrich von Gestus, Mut, Wissensdurst und Großherzigkeit des Romanhelden, mit dem er sich rückhaltlos identifizierte, restlos entzückt.

Überdies stimulierte ihn der »Telemach« zum Lesen immer weiterer Romane. Als nun sein Vater erfuhr, dass der Kronprinz mit der Lektüre von Büchern befasst war, die nicht Teil des von ihm entworfenen Lehrplans waren, untersagte er ihm seine unerlaubte neue Beschäftigung ausdrücklich. Doch weil Friedrich nicht von seiner liebgewonnenen Idealwelt der Dichtung lassen wollte, las er voller Trotz heimlich weiter. Noch viele Jahre später erinnerte er sich an die dabei angewandte List: »Wenn mein Hofmeister, der General Finck, und mein Kammerdiener schliefen, huschte ich in das Nebenzimmer, wo eine Lampe auf dem Kamin stand; dort kauerte ich mich nieder und las.«

Diskrete Unterstützung gewährte Friedrich zu seiner Genugtuung auch seine Mutter, die Königin Sophie Dorothea. Bei seinen regelmäßigen Besuchen ihres Schlosses Monbijou, das in Sichtweite des Stadtschlosses am nördlichen Spreeufer lag und der preußischen Königin seit 1712 als Sommerresidenz diente, durfte er freien und ausgiebigen Gebrauch von ihrer hervorragend bestückten Bibliothek machen. Sophie Dorothea, die ihrem Mann nach den Geburten der Prinzessin Wilhelmine und des Kronprinzen Friedrich zwar bis 1727 noch neun weitere Kinder geschenkt hatte, von denen sieben überlebten, kam den von Friedrich Wilhelm I. erwarteten ehelichen Pflichten wohl widerstandslos nach. Doch verband sie ansonsten eher wenig mit ihrem Ehegemahl, dessen betont derbe Lebensweise sie ablehnte. So lag ihr viel daran, ihren Kindern zumindest im Schloss Monbijou eine von Feinsinn und Kunstgenuss bestimmte Gegenwelt zur Hofhaltung des Königs zur Anschauung zu bringen.

Auch der seinem ehemaligen Schüler weiterhin verbundene Duhan förderte Friedrichs vor dem Vater verborgene Neigung zur schönen Literatur, indem er ihm in einem in Schlossnähe angemieteten Haus eine Privatbibliothek zusammenstellte, in der sich auch die wichtigsten Werke der antiken Meisterschriftsteller Homer, Herodot, Thukydides, Plutarch, Vergil, Ovid, Horaz und Cicero in französischer Übersetzung befanden. Mit außerordentlichem Geschick führte der Kronprinz nun ein Doppelleben. Am Tage genügte er den Anforderungen des Vaters so notdürftig wie möglich, damit er sich dann in den Abend- oder Nachtstunden, ohne irgendeinen Argwohn hervorzurufen, Zeit zum Lesen erübrigen konnte. Während er vor dem König den gehorsamen Thronfolger spielte, lebte er im Geheimen als musisch-literarisch ambitionierter Schöngeist. Unter Verweis auf diesen wesentlichen

Kern seiner so sehr zwiespältigen Existenz bezeichnete er sich nur wenige Monate nach seiner Konfirmation in einem Brief an die geliebte Schwester Wilhelmine als »Frédéric le philosophe«.

Doch so sehr Friedrich sich auch vor seinem Vater verstellte, so wenig gelang es ihm, den instinktiv misstrauischen König von seinem nicht immer gut vorgetäuschten Gehorsam zu überzeugen und in Sicherheit zu wiegen. Weil Friedrich Wilhelm I. im Gesicht seines ältesten Sohnes allezeit einen »aufgeblasenen Stolz« oder »Bauernstolz« zu erkennen glaubte, der ihn erzürnte und anwiderte, stellte er ihn einmal in Anwesenheit des Ministers von Grumbkow gewaltsam zur Rede. »Ich möchte wohl wissen, was in diesem kleinen Kopf vorgeht«, sagte der König, der Friedrich dabei mehrfach herausfordernd auf die Stirn tippte und dann in seiner Schelte fortfuhr: »Ich weiß, dass er nicht so denkt wie ich, und dass es Leute gibt, die ihm andere Gesinnungen beibringen und ihn veranlassen, alles zu tadeln; das sind aber Schufte.« Diese Worte begleitete der in Rage geratene König mit immer zahlreicheren Schlägen auf die Wange des Prinzen, die als Resultat seiner plötzlichen Aufwallung immer heftiger wurden, bis sie zuletzt brutalen Ohrfeigen glichen.

Diesen Handgreiflichkeiten und auch allen anderen öffentlichen Züchtigungen, zu denen es nun immer häufiger kam, begegnete der gedemütigte Friedrich mit äußerer Resignation und innerer, stiller Verachtung. Er verzichtete auf jede Art der Gegenwehr, was den Vater nur noch mehr schäumen ließ. Der König interpretierte die mangelnde Wehrhaftigkeit des Kronprinzen, die ja sicher auch als Zeichen moralischer Überlegenheit zu deuten gewesen wäre, als unverzeihliches militärisches Versagen. Er erblickte in dem verzerrten Antlitz des seltsame Grimassen schneidenden Sohnes weichlich-weibliche Weinerlichkeit. Deshalb beschimpfte er ihn auch in einem persönlichen Brief als einen »effeminirten Kerl«, machte ihm Vorwürfe, dass er nicht gut genug »reiten noch schießen kann«, dabei »seine Haare wie ein Narr sich frisieret« und »zu nichts Lust hat, als seinem eigenen Kopf folgen«.

Zwar fehlte es Friedrich, anders als von seinem Vater behauptet, keineswegs an Mut und Schneid. Sein überaus trotziges Verhalten zeugte von einem ganz erheblichen Maß an Standhaftigkeit. Doch zog er dem preußischen Soldatenrock, den er verächtlich »Sterbekittel« nannte, tatsächlich einen nach der neuesten Mode gearbeiteten goldbrokatenen Schlafrock vor. Dieses Lieblingsgewand Friedrichs – gleichsam seine zweite Haut – war dem König so sehr ein Dorn im Auge, dass er es eines Tages kurzerhand in den Kamin warf, wo es augenblicklich von den Flammen verzehrt wurde. Es war, als hätte der strafende Monarch in symbolischer Handlung Friedrich selbst vernichten oder zumindest das diesen störrischen Sohn kennzeichnende Wesen in einem Fegefeuer läutern wollen. Diese schreckliche und gespenstische Handlung deutete an, wozu der selbstherrliche Monarch dereinst noch fähig war.

Die Folge der vom König praktizierten väterlichen Demütigungen und des von Friedrich hartnäckig unter Beweis gestellten kindlichen Trotzes war fast zwangsläufig ein bohrender, gegenseitiger Hass. Er möge seinen »grausamen Hass« gegen den Kronprinzen doch endlich besänftigen oder unterdrücken, schrieb Friedrich in einem klagenden Bittbrief an den unbarmherzigen Vater. Umgekehrt berichtete der französische Gesandte Konrad Alexander Graf von Rothenbourg in einem Schreiben an den Hof von Versailles, dass der preußische Kronprinz seinerseits ebenfalls von einem unbändigen Hass auf seinen Vater befallen sei: »Il hait son père souverainement.« Einen Ausweg aus dieser sich immer drastischer und unheilvoller zuspitzenden Situation bot schließlich nur noch die größtmögliche räumliche Distanz von Vater und Sohn.

Friedrich wäre schon zufrieden gewesen, wenn er einmal mit einem seiner Hofmeister eine längere Tour ins europäische Ausland hätte unternehmen dürfen. Italien war eines seiner Sehnsuchtsziele. Selbst seinem strengen Vater war doch bereits als Zwölfjährigem vom damaligen König Friedrich I. mit großzügiger Geste gestattet worden, im Rahmen einer Bildungsreise mehrere

Monate in Holland zuzubringen. Doch derartige Fahrten verbot Friedrich Wilhelm I. dem Kronprinzen schon allein deswegen, weil er ihm nicht hinreichend vertraute. Lediglich auf Inspektionsreisen in die zwischen Rhein und Weser gelegenen brandenburgisch-preußischen Landesteile durfte sich der Sohn zusammen mit dem Vater und den hohen preußischen Offizieren begeben. Zu seinem Unwillen befand er sich dort aber immer unter der wachsamen Oberaufsicht des Königs. Kürzere Ausflüge vor die Tore Berlins ergaben sich hingegen sehr viel häufiger, zumeist in der heißen Jahreszeit, wenn er mit seinen Eltern und Geschwistern in das südöstlich von der königlichen Haupt- und Residenzstadt gelegene Schloss Königs Wusterhausen fuhr, das im Sommer einer der Lieblingsorte des Königs war. Doch auch in Königs Wusterhausen, in dessen Umland Friedrich Wilhelm I. in ausgedehnten Wäldern nach Herzenslust auf die Ansitz-, Pirsch- oder Parforcejagd gehen konnte, verbrachte der Kronprinz viele Stunden des Tages in der ihn beklemmenden Anwesenheit seines Vaters.

Als im Spätsommer des Jahres 1727 Gotthilf August Francke, der Sohn des kurz zuvor verstorbenen Hallenser Professors August Hermann Francke, zu Gast in Königs Wusterhausen war, brachte dieser sensible Besucher gegenüber dem König sofort das auffallend trübsinnige Temperament des Kronprinzen zur Sprache. Der wortkarge Friedrich, befand er, sei eines »sehr stillen Wesens«. Der König wiederum klagte vor Francke ganz offen, dass das Betragen des ältesten Sohnes überaus tadelnswert sei, ganz im Gegensatz zum einwandfreien Verhalten des zweiten Prinzen, des erst fünfjährigen, überaus folgsamen August Wilhelm. In einem Ende August 1727 verfassten Brief an einen in Potsdam zurückgebliebenen Offizier bestätigte Friedrich Franckes Beobachtungen. Er sehne sich in Königs Wusterhausen inbrünstig nach »Aufheiterungen«, schrieb er, »um meine Melancholie zu zerstreuen«. Zugleich brüstete er sich aber trotzig damit, dass er bei den ihn langweilenden Jagden immer gern den Hochstand aufsuche, weil er wenigstens an diesem entrückten Ort für längere Zeit unbeobachtet sei. Dort zog Friedrich dann stets ein Buch aus der Tasche und las, während sich die Jagdgesellschaft wunderte, dass er kein Wild zur Strecke brachte. Den abendlichen Tabaksgenuss seines Vaters verhöhnte er ebenfalls: »Meine Unterhaltung in der Tabagie ist«, so Friedrich, »Nüsse aufzuknacken«. Dies sei eine Beschäftigung, »die ihres Schauplatzes würdig ist«, zumal sie den König und seine Freunde zielsicher und mit großem Erfolg enerviere.

Eine einzige längere Fahrt stellte dann allerdings doch einen glänzenden Gegensatz zu Friedrichs ansonsten überwiegend deprimierenden Alltagserfahrungen dar, nämlich die auf Einladung des Königs von Polen im Januar und Februar 1728 unternommene Reise des Berliner Hofs in die kursächsische Residenzstadt Dresden. Der sächsische Kurfürst und polnische König August II., genannt der Starke, verschaffte seinen preußischen Gästen den seltenen Genuss eines formvollendeten Reigens von Festivitäten, Schauspielen und Konzerten. Dabei versäumte er nicht, ihnen auch die reizendsten Damen seines Hofes vorzustellen. Friedrich erwärmte sich bei dieser Gelegenheit für eine berückend schöne Tochter Augusts des Starken, die einundzwanzigjährige Anna Karolina, die aus einer außerehelichen Verbindung des Königs mit der französischen Weinwirtin Henriette Renard aus Warschau hervorgegangen war. Um Anna Karolina ein standesgemäßes Leben zu ermöglichen, hatte August ihr den Titel einer polnischen Gräfin Orzelska verliehen. Von dieser betörenden Gräfin erbat sich Friedrich ein Porträt, das auf Geheiß Augusts II. auch prompt angefertigt wurde. Schon im November 1728 traf das vom sächsischen Oberhofmaler Louis de Silvestre angefertigte Bild der Orzelska in Berlin ein.

Offizielle Empfängerin des Gemäldes war allerdings nicht Friedrich, sondern seine Mutter Sophie Dorothea. Die preußische Königin interessierte sich für die amourösen Schwärmereien ihres Sohnes, weil sie seit seiner Konfirmation sehr ernsthaft nach einer geeigneten Ehegattin für ihn Ausschau hielt. Ihr Sinn stand allerdings nicht nach einer sächsisch-preußischen Verbindung. Vielmehr versuchte sie eine preußisch-britische Doppelhochzeit zu arrangieren. Seit ihr älterer Bruder Georg August ihrem im Juni 1727 verstorbenen Vater, dem britischen König Georg I., als König Georg II. auf den Thron nachgefolgt war, hielt Sophie Dorothea den Moment für gekommen, die Verlobung des preußischen Kronprinzen mit der englischen Prinzessin Amalia sowie des Prinzen von Wales mit Prinzessin Wilhelmine fest zu vereinbaren. Sogar König Friedrich Wilhelm I. stand dieser Idee lange aufgeschlossen gegenüber. Die von ihren Eltern »Emily« genannte Amalia, die an der geplanten Eheschließung mit dem Berliner Cousin ebenfalls Gefallen fand, forderte ein Porträt Friedrichs an. Geplant war, der englischen Emily und dem preußischen Fritz nach ihrer Hochzeit eine eigene Hofhaltung in Hannover zu ermöglichen und bis zu Friedrichs Thronbesteigung die kurhannoversche Statthalterschaft zu übertragen.

Für Friedrich waren dies verlockende Aussichten. Eine Eheschließung mit Emily hätte bedeutet, der permanenten Bevormundung und den ständigen Misshandlungen seines Vaters endlich zu entkommen. Doch das ganze Jahr 1729 hindurch verliefen die preußisch-britischen Heiratsverhandlungen äußerst schleppend. Noch im Frühsommer 1730 hatten sich Georg II. und seine Berater zu keiner endgültigen Entscheidung durchringen können, obwohl Friedrich seinem Onkel Georg im Winter die schriftliche Zusage gegeben hatte, keine andere Frau zu ehelichen als Amalia. Am 10. Juli 1730 verlor der preußische König die Geduld. Er, der seinen Schwager aus dem Hause Hannover schon lange für »zu stolz« gehalten hatte, zitierte an diesem Tag die britischen Gesandten Sir Charles Hotham und Melchior Guy Dickens zu sich und ließ sie mit Blick auf die ins Auge gefasste Hochzeit wissen: »Meine Herren, ich habe genug von dem Zeug!« Mit der brüsken Abreise des düpierten Hotham war der Bruch vollzogen, die angestrebte Verbindung gescheitert.

Der entsetzte Friedrich, der nun jeder Hoffnung auf eine baldige Besserung seiner Situation beraubt war und von seinem Vater zu allem Unglück weiter geschlagen und öffentlich gezüchtigt wurde, vertraute seiner Schwester an, dass er der empörenden Gewalttätigkeiten und »abscheulichsten Auftritte« des Königs nunmehr »so müde« sei, dass er lieber in der Fremde »um mein Brot betteln möchte, als in diesem Zustand weiterzuleben«. So entschloss er sich dazu, aus Brandenburg-Preußen zu fliehen und über Frankreich nach England ins Exil zu gehen. Der englische Botschafter Dickens, dem er seine verwegenen Pläne mitteilte, warnte ihn vor übereilten Entschlüssen. Er versicherte dem Kronprinzen, dass man in Großbritannien durchaus Sympathien für ihn hege, aber eine Flucht unabsehbare politische Konsequenzen haben werde. Doch Friedrich ließ sich nicht beirren. Sein Entschluss stand unverrückbar fest. Es galt nun nur noch, den rechten Zeitpunkt zu finden, um den Plan in die Tat umzusetzen.

Ganz überraschend schien der geeignete Augenblick zur Flucht schon wenige Tage später gekommen, als Friedrich Wilhelm I. am 15. Juli eine Rundreise durch das deutsche Reich antrat. Der König wollte auf seiner ausgedehnten Tour die kurpfälzischen und kurkölnischen Höfe in Mannheim und Bonn besuchen. Dorthin sollte ihn auch – wie der Monarch spontan entschied – sein ältester Sohn begleiten. Kurz vor der Abreise besprach Friedrich seine Fluchtabsichten noch mit den jungen Offizieren Hans Hermann von Katte und Peter Christoph Carl von Keith, zu denen er im zurückliegenden Jahr großes Vertrauen gefasst hatte. Sie sollten ihn nach England begleiten und dabei behilflich sein, geeignete Reiserouten und Zwischenstationen auf dem Weg durch Frankreich ausfindig zu machen. Katte blieb zunächst in Berlin zurück, um von dort aus weiter konspirative Kontakte pflegen zu können. Keith hingegen wurde vom König völlig unerwartet nach Wesel versetzt, weshalb nun dessen jüngerer Bruder den Kronprinzen auf der Reise nach Südwestdeutschland begleiten musste. Notgedrungen wurde jetzt auch der jüngere Keith in die Fluchtpläne einbezogen.

Auf dem Weg nach Mannheim besichtigte die preußische Reisegesellschaft zunächst auf Wunsch Friedrich Wilhelms I. einige herausragende historische Sehenswürdigkeiten des Reiches, wie die Reichskleinodien in Nürnberg oder den Schauplatz der im Spanischen Erbfolgekrieg ausgetragenen Schlacht von Höchstädt. Erst danach war der preußische König und Kurfürst von Brandenburg willens und bereit, in Gespräche mit dem Kurfürsten von der Pfalz einzutreten. In der Nacht vor der letzten Etappe nach Mannheim übernachtete seine Entourage nach Überquerung des Neckars in dem Dorf Steinsfurt bei Sinsheim. Von hier aus war der Rhein – und damit die deutsch-französische Grenze – im schnellen Galopp in nur wenigen Stunden zu erreichen.

Friedrich musste nun handeln. Er befahl seinem Pagen Keith, am Morgen des 5. August um drei Uhr in der Frühe mit zwei gesattelten Pferden vor seinem Quartier zu erscheinen. Als sich der Kronprinz zur vereinbarten Zeit von seinem Nachtlager erhob und auf die Straße trat, stellte sich ihm jedoch plötzlich sein Gesellschafter Rochow in den Weg, dem nicht entgangen war, dass sich Friedrich angekleidet hatte. Mit Hilfe von geistesgegenwärtig vorgetragenen Ausflüchten gelang es Friedrich zwar, seinen misstrauisch gewordenen Aufpasser zu beruhigen, doch musste er den Ritt nach Frankreich verschieben. Beide Männer legten sich wieder schlafen. Zuvor allerdings wies der verhinderte Flüchtling den Pagen Keith noch an, Postpferde nach Mannheim zu bestellen.

Diesmal gehorchte der Page seinem jungen Herrn nicht. Nach der Ankunft in der kurpfälzischen Residenzstadt plagte den jungen Keith das Gewissen so schwer, dass er den König aufsuchte, ihm zu Füßen fiel, um Gnade bat und Friedrichs Fluchtpläne verriet. Sofort leitete der von Ingrimm überwältigte Friedrich Wilhelm I. eine akribische Untersuchung ein, die das Ansinnen des Kronprinzen und seiner Helfershelfer in allen Details ans Licht brachte. Der ältere Keith, dem noch rechtzeitig eine Warnung zuging, setzte sich in großer Hast von Wesel nach England ab. Friedrich und Katte wurden jedoch umgehend in festen Gewahrsam genommen. Seinem unbotmäßigen Sohn, den er nach der Verhaftung selbst verhörte, sagte der König ins Gesicht, dass der Fluchtversuch ganz ohne Frage einer »vorgehabten Desertion«

gleichkomme und entsprechend zu bestrafen sei. Auch der Königin Sophie Dorothea ließ Friedrich Wilhelm I. schriftlich mitteilen, dass der älteste Sohn habe »desertiren« wollen.

Für die Beurteilung des Geschehens von Steinsfurt war nun entscheidend, dass der König bereits die versuchte Fahnenflucht wie eine tatsächlich ausgeführte Desertion bewertete. Desertion aber war nach dem preußischen Kriegsrecht ein außerordentlich schwerwiegendes Verbrechen, das mit dem Tode bestraft werden konnte. Selbst jene Vertraute Friedrichs, denen der Fluchtplan zwar verborgen geblieben war, die dem Kronprinzen aber in den zurückliegenden Jahren bei seinen unerlaubten Tätigkeiten rege unterstützt hatten, traf nun der unbändige Zorn des preußischen Herrschers. Die Kontaktaufnahme Sophie Dorotheas zu ihrem Sohn wurde unmöglich gemacht, Prinzessin Wilhelmines Bewegungsfreiheit stark eingeschränkt, und Friedrichs ehemaliger Lehrer Duhan musste zusammen mit dem Berliner Buchhändler Ambrosius Haude – der die geheime Bibliothek des Kronprinzen bestückt hatte – ganz ohne Pension den Weg in die Verbannung nach Memel antreten. Friedrichs auf 3775 Bände angewachsene Bibliothek wurde über Hamburg nach Holland geschickt und dort versteigert.

Was mit Friedrich und Katte zu geschehen hatte, sollte ein Kriegsgericht unter Vorsitz des 71-jährigen Oberstleutnants Graf Achaz von der Schulenburg entscheiden. Dessen Urteilsspruch wollte Friedrich Wilhelm I. eigentlich nicht verschärfen, sondern eher noch abmildern. Als das Gericht aber zu seinem Erstaunen darauf insistierte, dass es ja »zu keiner Tat und wirklichen Flucht« gekommen war und somit ganz gewiss keine Todesstrafen zu verhängen seien, intervenierte der König doch. Als unumschränkt regierender Souverän, der nach seinem Selbstverständnis in Preußen die Quelle allen Rechts war, ignorierte er den Spruch des hohen Gerichts und verfügte stattdessen die Hinrichtung Kattes. Seinem Sohn Friedrich, den er unmittelbar nach den ersten Verhören, die noch am Rhein stattgefunden hatten, in die sechseckige, mit wuchtigen roten Ziegelmauern gesicherte Festung Küstrin an der Oder überführen ließ – wo der Kronprinz sich seither inmitten des modrigen Warthebruchs in Isolationshaft und stundenlanger Finsternis befand –, stellte der Vater ebenfalls den Tod in Aussicht. Als Friedrich, der noch nichts vom Urteilsspruch gegen Katte wusste, im Kerker deutlich spürte, dass sein eigenes Leben in Gefahr war, bat er, der bislang immer so überheblich und trotzig gewesen war, zerknirscht um die Gunst, ihm die etwaige Anordnung zu seiner Enthauptung »bei Zeiten zu verstehen« zu geben, damit er sich auf den Tod vorbereiten könne.

In England wurden diese Vorgänge mit Fassungslosigkeit zur Kenntnis genommen. Nicht allein die Schärfe des Urteils, sondern vor allem die anmaßende Willkür, mit der sich Friedrich Wilhelm I. über den Spruch des Gerichts hinwegsetzte, machte alle britischen Beobachter, deren Verfassungstradition einen ganz anderen Respekt vor den höchsten Urteilen einer unabhängigen Judikative kannte, nahezu sprachlos. Sie erkannten nun, was es in letzter Konsequenz bedeutete, wenn allein der Wille des Herrschers in seinem Staat Gesetz war. So erschauerten sie nicht nur vor dem engherzigen Charakter des preußischen Monarchen, sondern erblickten zugleich einen unheimlichen, zutiefst verstörenden Zug im Wesen des Königreichs Preußen und seiner Verfassung.

Kattes Hinrichtung wurde am 6. November 1730 in Küstrin vollzogen. Weil der König ein pädagogisch wirksames Exempel statuieren wollte, verlangte er von Friedrich, der wohlüberlegt inszenierten Exekution seines Freundes beizuwohnen, um dadurch endlich »zum ernsten und gründlichen Nachdenken« gebracht zu werden. Zum Nachdenken blieb dem überrumpelten Kronprinzen allerdings gar keine Zeit. Friedrich, der nur wenige Stunden vor Kattes Tötung von dem unerbittlichen Urteilsspruch in Kenntnis gesetzt wurde, erlitt vielmehr einen grausamen Schock. Er schrie, weinte, bat darum, Katte Gnade widerfahren zu lassen. Vergebens. Die Enthauptung des Freundes wurde vor Friedrichs Augen vollstreckt. Nach den körperlichen Torturen der entwürdigenden Haft und angesichts dieser weiteren seelischen Folter konnte der Kronprinz nun nur noch ohnmächtig zusammenbrechen. Wie man dem König mitteilte, litt Friedrich noch Tage nach der Hinrichtung Kattes unter schweren Alpträumen und Fieberphantasien. Der König hingegen war tief befriedigt. Endlich hatte er sich – wenn auch gewaltsam – den »Respekt« verschafft, den der Kronprinz ihm zuvor nie zollen wollte. Friedrichs hochfahrendes Wesen, gegen das der Vater jahrelang vergeblich angekämpft hatte, war tief verwundet, der verwerfliche Stolz des Kronprinzen, den der König besiegen wollte, womöglich dauerhaft gebrochen.

Bereits zwei Tage nach der Hinrichtung entließ der besänftigte Monarch seinen Sohn deshalb aus dem scharfen Arrest. Schon gegen Ende des Monats November durfte Friedrich ein Wohnhaus beziehen, in der Stadt Küstrin, die er vorerst noch nicht verlassen durfte. Das ganze Jahr 1731 hindurch sollte er in einer schlichten Schreibstube der Küstriner Kriegs- und Domänenkammer die Verwaltungsgeschäfte der preußischen Staatsbeamten eigenständig bewältigen lernen: Er musste das Trockenlegen von Sümpfen, das Eintreiben von Pachtgeldern oder auch Landvermessungsarbeiten als Rechnungsprüfer buchhalterisch erfassen und überwachen. Die Lektüre französischer Belletristik und das Traversflötenspiel blieben ihm strikt verboten. Auch reden und schreiben durfte er nur »auf teutsch«, nicht in der von ihm geliebten französischen Sprache. Der Kronprinz fügte sich allen Anordnungen und erstattete seinem Vater über seine Tätigkeiten als Verwaltungsbeamter regelmäßigen Bericht.

Am 15. August, an seinem 43. Geburtstag, begab sich Friedrich Wilhelm I. dann selbst nach Küstrin, um seinen Sohn endlich wieder in Augenschein zu nehmen, nachdem er ein Zusammentreffen mit dem Kronprinzen ein ganzes Jahr lang vermieden hatte. Erneut redete er Friedrich ins Gewissen. Er gab der Hoffnung Ausdruck, dem frechen »Eigensinne« des ältesten Sohnes durch dessen harte Bestrafung ein für alle Mal den Garaus gemacht zu haben. Diese Worte waren mehr, als der unter berstender Spannung stehende Friedrich in diesem Moment des Wiedersehens ertragen konnte. Schluchzend und zitternd fiel er seinem

Vater zu Füßen. Der König deutete diesen erneuten Zusammenbruch als freiwillige Demütigung des Sohnes, zog ihn deshalb zu sich heran, umarmte ihn und sicherte ihm feierlich seine »Vergebung« zu. Zum Beweis seiner gnädigen Milde erlaubte er ihm, Küstrin zumindest an den Wochenenden zu verlassen, um Ausflüge in die nähere Umgebung unternehmen zu können.

Eine vollkommene Rehabilitierung des Sohnes machte der Vater jedoch erst noch von Friedrichs bedingungsloser Einwilligung in eine vom König arrangierte Hochzeit abhängig. Nicht eine schöngeistige, wetterwendische Prinzessin aus England sollte der preußische Kronprinz nach dem Willen seines Vaters heiraten, sondern die biedere, lutherische Prinzessin Elisabeth Christine von Braunschweig-Bevern. Sie war eine Nichte der gleichnamigen Gemahlin des seit 1711 amtierenden römisch-deutschen Kaisers Karl VI. Diese vom Vater auserkorene Braut bürgte für eine dauerhafte Nähe zum Wiener Hof, die Friedrich Wilhelm I. offenkundig wichtiger war als eine enge verwandtschaftliche Beziehung zum britischen Königshaus. Als weiteren Vorzug der braunschweigischen Prinzessin aus dem Hause Bevern hob der preußische König gegenüber dem Kronprinzen hervor, dass sie »nit häßlich«, aber eben »auch nicht schön« sei.

Nach einem ausführlichen Briefwechsel mit seinem Vater wusste Friedrich spätestens zu Beginn des neuen Jahres, dass er sich dem König auch in der Ehefrage beugen musste. Er hatte keine andere Wahl. Die Eheschließung mit der ihm völlig unbekannten Elisabeth Christine war, wie er noch in Küstrin notierte, der hohe »Kaufpreis« für die ersehnte eigene Hofhaltung, für die weitgehende Freiheit von der Bevormundung durch den Vater. Am 22. Februar 1732, gegen Ende eines langen Winters, ließ er Friedrich Wilhelm I. wissen, dass sein Interesse dem des Königs nun auch in der Heiratsangelegenheit nicht länger widerspreche. Dieser Bescheid brachte das gewünschte Ergebnis. Friedrich durfte das frostige und verschneite Küstrin verlassen und nach Berlin zurückkehren. Es war für ihn eine Rückkehr ins Leben, ein grundstürzender Wandel und Neubeginn.

5.

BILDUNG UND MUSSE (1732 – 1740)

Als der preußische Kronprinz Friedrich seinem Vater am Nachmittag des 22. Februar 1732 die schriftliche Einwilligung in die vom König anbefohlene Hochzeit mit Elisabeth Christine von Braunschweig-Bevern gab – was für den Hohenzollernspross nach einem unglücklichen und entbehrungsreichen Jahr in Küstrin die unumgängliche Voraussetzung seines Wiedereintritts ins gesellschaftliche Leben war –, wurde dem Pflanzer und Sheriff Augustine Washington im viele tausend Meilen entfernten Virginia, wo in dieser Stunde erst die Sonne aufging, doch noch ein weiterer Sohn geboren. Acht Wochen später dann – am 16. April – wurde dieser gesunde und kräftige Junge, der immerhin erst zehn Jahre nach der Geburt von Augustines jüngster Tochter Jane das Licht der Welt erblickt hatte, im Haus seiner Eltern und im Beisein der nächsten Nachbarn getauft. Der Pfarrer war zur Haustaufe herbeigerufen worden, denn selbst die nächstgelegene Kirche lag für eine Reise mit einem Neugeborenen noch immer viel zu weit von der Pope's Creek Farm entfernt. Er nahm den Säugling in seine Arme und sprach feierlich die Worte des alten anglikanischen Rituals: »Gebt diesem Kind einen Namen.« Und die Taufpaten antworteten gemäß dem elterlichen Wunsch: »George«.

Auch diesem Beginn eines neuen Lebens, diesem Eintritt des kleinen George Washington in die anglikanische Kirchengemeinschaft, der von den Eltern eigenhändig und in fein säuberlicher Schrift mitsamt der genauen Geburtsstunde in der Familienbibel festgehalten wurde, war ein großes familiäres Unglück vorausgegangen. Mitte der 1720er Jahre war der Vater Augustine bei Grabungen in seinen Ländereien auf Eisenerz gestoßen, das er abbauen, in eigenen Schmelzöfen verarbeiten und nach Großbritannien verkaufen wollte. Um sich mit seinen dortigen Handelspartnern auf einen für beide Seiten erquicklichen Geschäftsabschluss einigen zu können, hatte er sich im Sommer 1729 sogar eigens auf eine Fahrt über den Atlantik nach England begeben. Auch Verwandte seines Vaters wollte er im Mutterland der Kolonie Virginia treffen und sich dabei einen Eindruck davon verschaffen, wie sich die Lebensbedingungen in Europa von denen in Amerika unterschieden. Er verlebte in Großbritannien viele erfüllte Monate. Doch als er dann nach fast einjährigem Aufenthalt in England am 26. Mai 1730 wieder auf seine Farm am Pope's Creek zurückkehrte, wurde ihm dort eine bittere Mitteilung gemacht: Bereits am 24. November des Vorjahres war seine geliebte Frau Jane verstorben.

Der Witwer war tief betrübt, ließ sich aber trotz seines Schmerzes nicht viel Zeit zum Trauern. Weil er seine drei Kinder nicht dauerhaft in der alleinigen Obhut seiner Sklaven aufwachsen lassen wollte, musste er erneut auf Brautschau gehen – wie so viele verwitwete Männer seines Alters, die nicht aus Herzenskälte, sondern aus schlichten ökonomischen Erwägungen heraus nur wenige Monate nach dem Tod ihrer Frau ernsthaft eine Wiederheirat anstrebten. Eine größere Farm konnte ohne einen weiblichen Haushaltsvorstand nicht erfolgreich bewirtschaftet werden, eine kinderreiche Familie nicht gut ohne die Fürsorge einer Mutter auskommen. So sah sich Augustine Washington schon gegen Ende des Jahres 1730 nach einer geeigneten Gattin um. Seine Wahl fiel auf die 23-jährige, kleine, rundliche und mit einer schönen Stimme gesegnete Nachbarin Mary Ball, die dem aufrichtigen Werben des Witwers gerne nachgab.

Mary war eine früh verwaiste Tochter des in den 1670er Jahren von England nach Virginia ausgewanderten Plantagenbesitzers Joseph Ball. Nachdem sie bereits im Alter von zwölf Jahren ohne

Vater und Mutter auskommen musste, wuchs sie ab 1721 auf dem Anwesen ihres fürsorglichen Erbschaftsverwalters und Vormundes George Eskridge auf. Eskridge, ein entfernter Verwandter ihrer Mutter, lebte in Sandy Point, einer nur zwanzig Meilen von Washingtons Pflanzungen gelegenen Ortschaft, ebenfalls dicht am Westufer des Potomac im Mündungsbereich des Yeocomico River. Seine Familienverhältnisse waren dem Sheriff Washington sehr gut bekannt. Eskridge war nicht nur ein erfolgreicher Landwirt, sondern zudem ein glänzender und gefragter Rechtsanwalt, der schon seit einigen Legislaturperioden als Repräsentant des Westmoreland County im *House of Burgesses* die virginische Gesetzgebung mitgeprägt hatte. Weil er seinerseits den Sheriff Washington schätzte, willigte Eskridge auch ohne jeden Vorbehalt in dessen Hochzeit mit seinem Mündel Mary Ball ein. Als dann aus dieser Ehe, die im März 1731 auf dem Anwesen von George Eskridge geschlossen wurde, im Februar 1732 der erste Sohn hervorging, war es für die junge Mutter Mary Ball Washington eine Selbstverständlichkeit, ihr Neugeborenes aus großer Dankbarkeit nach ihrem treuen und gewissenhaften Vormund zu benennen. So wurde George Washington bei seiner Taufe im väterlichen Haus der Vorname eines angesehenen virginischen Parlamentariers gegeben.

Noch ahnte der kleine George allerdings nichts von der großen Bedeutung des House of Burgesses für das Leben der in Virginia siedelnden freien Pflanzer und Bürger. Noch wusste er nichts von der mittlerweile einhundertjährigen parlamentarischen Tradition Britisch-Nordamerikas oder von Philadelphia, der am schnellsten wachsenden Stadt aller britischen Kolonien, die über 8000 Einwohner beherbergte und noch immer einen unaufhörlichen Zustrom an neuen Einwanderern aus Europa aufnahm. Wie schon seine älteren Geschwister wuchs George Washington zunächst in eine abgeschiedene, ländliche Welt hinein, die für das unbeschwerte, freie Spiel von kleinen Kindern wie gemacht schien. Er war umgeben von Hühnern, die er necken, und von Hunden, mit denen er herumtollen durfte. Täglich konnte er Schweine, Kälber und Kühe beobachten und sich dabei an ihrem Grunzen und Blöken ergötzen. Hin und wieder war es ihm sogar gestattet, auf einem Pferd zu reiten, mit seinem Vater, der stets in schützender Haltung hinter ihm im Sattel saß und ihn fest im Griff hatte.

Dieser Vater, der schon die Erziehung seiner jetzt fünfzehn und dreizehn Jahre alten Söhne Lawrence und Augustine Jr. mit Bedacht angeleitet hatte, sorgte nun mit einer Güte für George, die auch seinen Nachbarn nicht entging. Auch sie schätzten den sechs Fuß großen athletischen Pflanzer als einen redlichen Sheriff, der gelernt hatte, die bürgerschaftlich-parlamentarische Ordnung ihres Gemeinwesens aufrechtzuerhalten, weil er, wie man ihm attestierte, über »ein freundliches Temperament« verfügte, eine *kind nature*. Diese freundliche Haltung war in den Augen der Virginier offensichtlich eine wichtige Voraussetzung, um gesetzestreu und gerecht handeln zu können, ob in einem öffentlichen Amt oder als Haupt der Familie. Augustines bleibend freundliche Zuwendung genoss auch seine neue Frau Mary, die ihm nur etwas über ein Jahr nach der Geburt ihres Sohnes George ein weiteres Kind gebar, die Tochter Elizabeth, die von den Eltern schlicht »Betty« gerufen wurde. Als die kleine Betty Washington im Juni 1733 zur Welt kam, wurde sie somit, wie zuvor schon ihr Brüderchen George, in eine kinderreiche Familie hineingeboren, deren Rückhalt und Fundament die gute Ehe der Eltern war.

Im Geburtsmonat von Betty Washington wurde auch mitten im deutschen Reich, im Herzogtum Braunschweig-Wolfenbüttel, eine neue Ehe geschlossen, die jedoch nach der düsteren Einschätzung des Bräutigams, des preußischen Kronprinzen Friedrich, niemals gut werden würde. Wie von seinem Vater Friedrich Wilhelm I. vorab arrangiert, wurde er am 12. Juni 1733 mit der braunschweigischen Prinzessin Elisabeth Christine vermählt, die sich als Ort ihrer Eheschließung das nur wenige Meilen nördlich von ihrer Geburtsstadt Wolfenbüttel gelegene Lustschloss Salzdahlum gewählt hatte, ein prächtiges Barockbauwerk, das zwischen 1688 und 1694 in der Regierungszeit ihres Urgroßvaters, des Herzogs Anton Ulrich von Braunschweig-Wolfenbüttel, ganz im Stile eines kleinen Versailles errichtet worden war. Während die Braut nun den opulenten und feierlichen Rahmen ihrer festlichen Hochzeit freudig mitgestaltete, fügte sich Friedrich innerlich unfroh ins für ihn Unvermeidliche. Anders als Elisabeth Christine, die von ihrem Vater Ferdinand Albrecht II. von Braunschweig-Bevern schon zu Beginn des Jahres 1732 gefragt worden war, ob sie denn den Preußenprinz überhaupt heiraten wolle – worauf sie errötend mit einem »Ja« geantwortet hatte –, erinnerte Friedrich den preußischen Minister von Grumbkow mit Bitterkeit und Nachdruck daran, dass ihm diese Ehe erst vor Jahresfrist »*nolens volens* vorgeschlagen«, ja geradezu aufgezwungen worden war. Die Eheschließung mit Elisabeth Christine sei somit nichts weiter als der in Küstrin bei äußerst eingeschränktem Handlungsspielraum abgepresste »Kaufpreis für die Freiheit«. Wer dies vergesse und deshalb leichtfertig meine, es handele sich bei der Salzdahlumer Vermählung am Ende gar doch um eine Liebeshochzeit, dem sei die unerschütterlich feststehende Wahrheit nochmals ausdrücklich in Erinnerung gerufen, »dass sich Gewalt mit Liebe durchaus nicht verträgt, und dass Liebe sich nicht erzwingen lässt«.

Dabei hatte Friedrich nach eigener Aussage »keinerlei Aversionen gegen die Prinzessin«: »Ich will ihr nichts Böses«, beteuerte er gegenüber dem Grafen von Seckendorff, dem Gesandten des Wiener Hofes in Berlin. Schon kurz nach seiner Rückkehr aus Küstrin, als er Elisabeth Christine bei einem Besuch der Bevernschen Familie am Berliner Hof erstmals sah, hatte Friedrich sogar einräumen müssen, dass das ansehnliche Gesicht der braunschweigischen Prinzessin sehr »feine Züge« aufwies. Zudem hob er hervor, dass sie ein überaus »gutes Herz« habe, auch wenn sie bisweilen noch viel zu schüchtern sei, linkisch und verlegen agiere und auch manchmal albern lache. Man könne aus ihr ganz gewiss noch eine würdige, angenehme und gutaussehende Fürstin machen, betonte er. Dennoch hielt Friedrich an seiner einmal gefassten Überzeugung fest: »Ich werde diese [Elisabeth Christine] niemals lieben können.« Aber darauf kam es ihm auch nicht an; sondern die Ehe diente ihm in erster Linie dazu, von seinem Vater loszukommen und endlich einer eigenen Hof- und Haushaltung selbständig vorstehen zu können. Sein letztes Wort in dieser Angelegenheit war mithin klar und unumstößlich: »Ehe macht mündig«, schrieb Friedrich an Grumbkow, und »sobald ich es werde, bin ich Souverän in meinem Hause.« Am Schluss des Briefes ließ er dann noch einen Triumphruf ertönen: »Es lebe die Freiheit – vive la liberté.«

Weil er sich durchaus bemühte, gegenüber der geladenen Hochzeitsgesellschaft den schönen Schein zu wahren, obgleich er sich im Innern vom Akt der Eheschließung vollkommen distanzierte, nannte er seine von ihm selbst nicht besonders ernst genommene Heirat ironisch »die Braunschweiger Komödie«. Dazu passte, dass er am Vorabend der Hochzeit in einem von Mitgliedern der Hofgesellschaft eingeübten Schauspiel einen liebeskranken Schäfer spielte und dass er für dieses Rollenspiel von allen Seiten viel Lob erhielt. Im Übrigen wirkte das ganze Schloss Salzdahlum in den Augen des Verstellungskünstlers Friedrich wie eine einzige unwirkliche Kulisse für die von ihm als Farce betrachtete Hochzeit, weil es den mächtigen Bau eines barocken Steinwerkes nur vortäuschte. Tatsächlich war es aus geschlämmtem Fachwerk errichtet worden.

Immerhin nahm Friedrich an dem Festgelage, das auf die Vermählung folgte, mit einigem Appetit teil. Nachdem der 21-jährige Prinz die vier Jahre jüngere – doch deutlich größer als er selbst gewachsene – Elisabeth Christine zur Frau genommen hatte, aßen die beiden Brautleute und ihre Gäste von goldenen Tellern nach Herzenslust Kalbsbraten, Hirschragout, Hummer, Krebse, Forellen und Lachse. Da diese raffinierten Speisen nicht der sparsame und mit einem einfachen Geschmack ausgestattete preußische König bezahlen musste, sondern der generöse Brautvater Ferdinand Albrecht II., schwärmten die guten Esser an den Haupttafeln von dem mit freundlicher Großzügigkeit bereiteten, vollendeten Gaumenschmaus. Auch musikalische Genüsse bereiteten die Braunschweiger Gastgeber der tafelnden Festgesellschaft. So wurde Georg Friedrich Händels Oper »Partenope« aufgeführt, eine 1730 entstandene Komposition voller Klangschönheit, deren leicht frivole Handlung das leidenschaftliche Wetteifern der Prinzen von Rhodos und Korinth um die Gunst der Königin von Neapel zum Gegenstand hat. Den eher militärischen als musischen Vorlieben des preußischen Königs wurde dadurch entsprochen, dass Ferdinand Albrecht II. ihm die braunschweigische Garde vorexerzieren ließ. Am 16. Juni hörte sich die ganze Gesellschaft dann noch die Uraufführung der von dem braunschweigischen Hofsänger und Vizekapellmeister Carl Heinrich Graun komponierten Oper »*Lo specchio della fidelità* – Das Spiegelbild der Treue« an, eine »gesungene Komödie«, die den hochmusikalischen Friedrich sogar noch stärker als Händels »Partenope« beeindruckte. Erst danach begab sich der gesamte brandenburgisch-preußische Hof wieder auf die Rückreise nach Berlin.

Nach der Rückkehr in die Residenzstadt an der Spree bezog das frisch vermählte Paar zunächst das gegenüber dem Zeughaus Unter den Linden gelegene bisherige Gouvernementsgebäude, das erst kurz zuvor als Kronprinzenpalais hergerichtet und fertiggestellt worden war. Allerdings hatte Friedrich nicht vor, dauerhaft in diesem neuen Berliner Stadtpalais zu wohnen. Wie er ja schon häufig genug betont hatte, gewährte ihm die Ehe die lang ersehnte Möglichkeit, eine selbstbestimmte Hofhaltung am Ort seiner Wahl zu führen, der, wie sich nun herausstellte, ein Ort der Abgeschiedenheit sein sollte, möglichst weit weg vom Straßenlärm Berlins, weit genug entfernt auch von den Schlössern in Potsdam, Köpenick und Königs Wusterhausen und vor allem auch von der für ihn noch immer mit unguten Gefühlen behafteten physischen Präsenz des Vaters.

Schon im September 1732, nur wenige Monate nach seiner Einwilligung in die Ehe mit Elisabeth Christine, hatte er den König mit großer Bestimmtheit ersucht, das weit nördlich von Berlin in einem ausgedehnten Wald- und Seengebiet an der Grenze zum Herzogtum Mecklenburg-Strelitz gelegene Schloss

Rheinsberg für ihn als Hochzeitsgeschenk zu kaufen. Dort, zwei Tagesetappen vom brandenburgisch-preußischen Regierungssitz entfernt, am Südende des von Schilf geschmückten Grienericksees, unmittelbar am Ausfluss des Rhin, wollte er nach seiner Vermählung zusammen mit seiner Gattin und ihrer beider Hofstaat wohnen. Unter der Bedingung, dass dann aber zumindest ein Drittel der Kaufsumme, die 75 000 Taler betrug, von der Mitgift der braunschweigischen Prinzessin bezahlt werden sollte, ging der Vater auf den sehr entschieden vorgetragenen Vorschlag des Kronprinzen ein.

König Friedrich Wilhelm I. gestand sogar nach allem, was er seinem Sohn seit 1730 zugemutet hatte, unumwunden ein, dass eine räumlich sehr weit entfernte Hofhaltung des Kronprinzen – die noch dazu finanziell von seiner eigenen strikt getrennt blieb – ganz und gar unvermeidlich war, um die formell seit 1732 erreichte Aussöhnung mit ihm nicht wieder zu gefährden. Er versuchte Friedrichs geplantem Fortzug sogar positive Seiten abzugewinnen: »Es wird dann jedes Mal etwas Neues für uns sein, wenn wir uns sehen.« Nach längeren Verhandlungen mit dem hugenottischen Besitzer des Schlosses Rheinsberg, dem Obristen Benjamin Chevenix de Beville, erwarb der König diesen entlegenen Landsitz dann verbindlich und rechtskräftig im Herbst 1733. Zugleich beauftragte er seinen kurmärkischen Baudirektor Johann Gottfried Kemmeter, Friedrichs neuen Besitz mit größtmöglicher Sparsamkeit zu einem standesgemäßen Wohnsitz für das junge Kronprinzenpaar zu erweitern.

Solange Rheinsberg eine große Baustelle war, altersschwache Wände krachend eingerissen und neue Mauern mühselig hochgezogen wurden, war das Schloss für den Kronprinzen und seine Gemahlin allerdings als Wohnort noch untauglich. In Berlin, in unmittelbarer Nähe seines Vaters, auf unbestimmte Zeit ausharren wollte der Kronprinz jedoch unter keinen Umständen. So wich er schon zwei Wochen nach seiner Heirat in die unweit von Rheinsberg gelegene Garnisonsstadt Ruppin am Rhinsee aus – ins heutige Neuruppin also –, wo ein Infanterieregiment stationiert war, dessen Chef er bereits bei seiner Entlassung aus der Küstriner Kriegs- und Domänenkammer als vollständig rehabilitierter Oberstleutnant geworden war. Einzelne Truppenteile dieses Infanterieregiments waren vor 1732 kompanieweise in vielen kleineren Städten der Prignitz und des Havellandes stationiert gewesen, dann aber zum »Regiment Cronprintz« vereinigt und sukzessive nach Ruppin verlegt worden. Zugleich hatte der König für Friedrich als Befehlshaber des Regiments in zwei zu einer Art von prinzlichem Palais verbundenen Häusern am Ruppiner Stadtwall eine schlichte Wohnung schaffen lassen, die der Kronprinz beim regelmäßigen Truppenbesuch als Aufenthaltsort nutzen konnte. In dieser Ruppiner Stadtwohnung richtete sich Friedrich nun für längere Zeit häuslich ein.

Elisabeth Christine ließ er in Berlin zurück. Einerseits hätte er sie in der Ruppiner Offiziersbehausung selbst beim allerbesten Willen nicht bequem genug unterbringen können, schon gar nicht ihre Hofdamen oder auch nur das für sie unentbehrliche Mobiliar. Andererseits verspürte er überhaupt keine Neigung, die unfreiwillig geheiratete Frau jederzeit um sich zu haben. Elisabeth Christine fügte sich still seinen Wünschen, obschon sie über seinen Entschluss nicht eben glücklich war, weil sie eine ehrliche und tiefe Sympathie, ja wohl auch Liebe für jenen Mann empfand, der sie seinerseits nicht lieben wollte und konnte. Friedrich war sich durchaus bewusst, dass seine junge Frau unter der von ihm erzwungenen Trennung litt, wies aber jede Verantwortung für ihren Seelenzustand weit von sich. Es seien vielmehr der Vater und dessen engste Ratgeber gewesen, die zur Hochzeit mit der braunschweigischen Prinzessin gedrängt hätten. Deshalb müsse nicht ihm selbst »der größte Kummer entstehen«, sondern dem König und seinen Ministern, wenn sie sich nur einmal hinreichend klarmachten, dass seine Gattin nun »in der unglücklichsten Ehe der Welt« lebe.

Für Friedrich Wilhelm I. war die Quartiernahme seines Sohnes in Ruppin aber gar kein Anlass zur Sorge um das Wohl seiner Schwiegertochter. Vielmehr freute er sich darüber, dass der Kronprinz plötzlich allem Anschein nach seinen militärischen Pflichten als Kommandeur freiwillig und gerne nachkam. Tatsächlich beschrieb Friedrich auch in seinen ersten aus Ruppin nach Berlin geschickten Briefen ein scheinbar alle Tagesstunden ausfüllendes, kerniges und fröhliches Soldatenleben: »Ich komme vom Exerzieren, ich exerziere, ich werde exerzieren. Das sind alle Neuigkeiten, die es zu berichten gibt.« Und: »Ich ziehe vor, hier von der Morgendämmerung bis zur Abenddämmerung zu exerzieren, als zu Berlin als reicher Mann in den Tag hinein zu leben«. So sehr diese Berichte den König auch befriedigten, so wenig bildeten sie doch die gesamte Ruppiner Lebenswirklichkeit Friedrichs ab.

Selbstverständlich musste der Kronprinz seinen Pflichten als Oberstleutnant genügen, um seinen langen Aufenthalt in Ruppin vor dem König und seinem Hof zu rechtfertigen. Und selbstverständlich bedeutete dies, dass Friedrich einen Gutteil seines Tages damit zubrachte, Soldaten zu exerzieren. Er tat dies aber nicht aus Leidenschaft, sondern notgedrungen und keine Minute länger als nötig. Viel wichtiger war ihm in Ruppin die Zeit nach Dienstschluss, in der er sich, wie er an Grumbkow schrieb, »durch Lektüre und Musik« Zerstreuung gönnte. Auch setzte er sich allabendlich mit seinen ihm freundschaftlich zugetanen Offizieren zusammen, um sich an einer gut gedeckten Tafel, die häufig mit aus Hamburg angelieferten Steinbutten und Austern bestückt war, in heiteren, mußevollen Gesprächen möglichst geistreich zu unterhalten. Sein größter Ehrgeiz bestand aber darin, in Ruppin einen lauschigen Garten anzulegen, in dem er auch einmal ganz allein, »so zurückgezogen wie möglich«, lesen und sinnieren konnte.

So ließ er eine nur ihm zugängliche kleine Pforte in die Ruppiner Stadtmauer einbauen, die es ihm gestattete, von seiner Wohnung aus rasch und jederzeit, auch nachts, im Mondschein, in eine von alten Ulmen, Eichen, Buchen und Haseln umstandene Wallanlage zu gelangen. Zudem ließ Friedrich diesen abgeschiedenen Bereich des alten Schutzwalls, wie der Ruppiner Stadtschreiber Bernhard Feldmann beobachtete, »mit vielerlei Sorten Bäumen bepflanzen und an ihrem Ende (beim Berliner Thore) mit einem schönen Garten zieren, wodurch der Wall zum angenehmsten, beschatteten Spaziergang voller Nachtigallen geworden ist«. In diesem Garten zog Friedrich selbst Melonen, Wein und Kirschen, die er den Regimentskameraden dann abends stolz servierte. »Ich glaube kaum«, schrieb Friedrich aus seinem idyllischen Ruppiner Gartenreich nach Berlin, »dass man stiller leben kann.«

Ruhe, Stille und eine beinahe paradiesisch-oasenhafte, noch dazu selbstbestimmte Abgeschiedenheit, wie er sie in seinem Leben noch nicht kennengelernt hatte, ließen ihm in Ruppin aber auch viel Zeit zur Reflexion über die in Küstrin ausgestandenen Ängste und ihre Folgen. Der preußische Kronprinz war bleibend traumatisiert. Noch immer wurde er von schlechten Träumen heimgesucht, zwar nicht täglich, doch regelmäßig. Weil dies so war, ließ sein Vater auch vor Friedrichs Dienstbeginn beim »Regiment Cronprintz« den auf dem Ruppiner Marktplatz befindlichen Militärgalgen für Deserteure abräumen. »Der Galgen«, so des Königs Anordnung an die Ruppiner Behörden, solle schnellstmöglich »außer der Stadt herausgeschafft« werden, um Friedrich einen Anblick zu ersparen, der ihn in niederschmetternder Weise an seine und Kattes Verurteilung erinnert hätte. Doch auch wenn Friedrich Wilhelm I. mit dieser Geste – oder mit dem Rheinsberger Schlosskauf – mehr als deutlich zeigte, dass er, der die Hinrichtung Kattes ja angeordnet hatte, nun auf die Befindlichkeiten seines Sohnes dauerhaft Rücksicht zu nehmen gedachte, blieb der König in den Augen Friedrichs »ein schrecklicher Mann«, dem er aus Gründen des Selbstschutzes so konsequent wie möglich aus dem Weg gehen musste.

Andererseits aber hatte sich Friedrich zu der Überzeugung durchgerungen, dass sein Vater letztlich, in einem höheren Sinne, nicht für das Leid verantwortlich zu machen war, das er ihm zugefügt hatte. Der König war offenkundig selbst nur ein Getriebener. Noch in der Küstriner Haft hatte Friedrich dem lutherischen

Seelsorger Johann Ernst Müller gestanden, dass er noch immer, trotz aller gegenteiligen Anstrengungen des Königs, in der Gewissensfrage der göttlichen Gnadenwahl nicht nachgeben könne und der Prädestinationslehre anhänge. Um die Rechtmäßigkeit seiner Überzeugung zu belegen, hatte der belesene Friedrich in seiner theologischen Auseinandersetzung mit Müller auch Luther zitiert, der in seiner 1525 veröffentlichten Schrift über den unfreien Willen, »De servo arbitrio«, in der Tat nicht weniger strikt als Calvin behauptet hatte, dass der menschliche Wille als *servus et captus* zu betrachten sei, als »Sklave und Gefangener« des göttlichen Willens. Nichts ereigne sich ohne Wissen und Zutun des allmächtigen Gottes. Keine einzige Handlung eines Menschen werde aus freien Stücken getan, sondern immer nur aus einer von Gott verfügten »Zwangsnotwendigkeit« – *necessitas*. Durch seinen ewigen, unveränderlichen und unfehlbaren Ratschluss habe Gott alles verfügt, was sich im gesamten, von ihm geschaffenen Universum ereigne, einschließlich des menschlichen Tuns. Gemäß dieser Lehre Luthers war also auch König Friedrich Wilhelm I. ein innerlich unfreies Instrument des göttlichen Willens.

Diese von der Prädestinationslehre bestimmte Sichtweise auf das Handeln des Vaters beseitigte zwar nicht das Trauma von Küstrin, doch es veranlasste Friedrich, sich mit seinem Geschick abzufinden. Wenn alles so kommen musste, wie es gekommen war, war es zwecklos, zu lange mit dem Schicksal zu hadern. Vielmehr fühlte sich Friedrich nun berufen, das Beste aus seiner gegenwärtigen Lebenssituation zu machen. Wenn die Küstriner Geschehnisse einen vorbestimmten Sinn hatten, musste dies zwar keinesfalls bedeuten, dass er, Friedrich, diesen Sinn jemals würde erfassen können. Vieles an der dramatischen Ereigniskette des Jahres 1730 blieb geheimnisvoll und rätselhaft. Doch war er immerhin verschont worden, hatte überlebt, sich als verheirateter Kronprinz sogar Gestaltungsräume verschaffen können, von denen er lange nicht zu träumen wagte und durch die er nun schrittweise lernte, das Leben von Neuem zu genießen.

Der durch theologische Reflexionen gewonnene Blick auf das

große Ganze erlaubte es ihm sogar, die unbestreitbaren Leistungen des Vaters als Baumeister und Lenker des brandenburgisch-preußischen Staatswesens auch als solche anzuerkennen. Ganz unzweifelhaft war der derbe Monarch Friedrich Wilhelm I. ein fleißiger Mann. Unermüdlich rieb er sich für das Gemeinwohl auf und blieb dabei doch in seiner persönlichen Lebensführung bescheiden, genügsam und anspruchslos. Nur einen einzigen Schlossneubau hatte er sich in den zwanzig Jahren gegönnt, die seit seinem Regierungsantritt vergangen waren, nämlich das außerordentlich kleine, aus schlichtem roten Backstein errichtete »Jagdhaus am Stern«. Dieses südlich von Potsdam gelegene Jagdschlösschen, das sich mitten in einem durch sternförmige Schneisen markierten Waldgehege befand, ähnelte im Äußeren wie im Inneren auf frappierende Weise einem schlichten friesischen Seemannshaus, keinesfalls aber einem preußischen Königspalais. Man hätte das 1732 fertiggestellte Jagdhaus viel eher in den Straßen und Gassen der von Friedrich Wilhelm I. in seiner Jugend bereisten niederländischen Städte Leiden oder Haarlem vermuten können als im sandigen Gelände eines märkischen Kiefernwaldes.

Und selbst dieses einfache Jagdhaus diente nicht nur dem königlichen Hauptvergnügen, der Jagd, sondern war zugleich als nutzbringender Prototyp einer im holländischen Baustil geplanten größeren Siedlung gedacht, die der von Friedrich Wilhelm I. in Dienst genommene Amsterdamer Zimmermann und Schiffsbaumeister Jan Bouman ab 1733 im Herzen Potsdams anzulegen begann. Mit der Errichtung eines in sich geschlossenen Bauensembles im holländischen Stil wollte der König niederländische Handwerker nach Potsdam locken, um die Wirtschaftskraft des Landes durch die Ansiedlung gut ausgebildeter Fachkräfte weiter zu stärken. So entstanden in der königlichen Residenzstadt an der Havel innerhalb kürzester Zeit fast 150 neue Holländerhäuser, die dem Jagdschloss des Landesherrn bis ins Detail glichen.

Friedrich Wilhelm I. warb jedoch nicht nur aus ökonomischen Gründen um neue Untertanen, sondern er fühlte sich auch verpflichtet, allen redlichen Menschen in seinem Herrschaftsbereich Asyl anzubieten, die wegen ihres Glaubens verfolgt wurden. Als Ende des Jahres 1731 der Salzburger Erzbischof sämtliche noch in seinem Fürsterzbistum lebenden lutherischen Protestanten des Landes verwies, nahm der preußische König die Mehrzahl von ihnen auf: Nahezu 20 000 Salzburger Lutheraner fanden innerhalb weniger Monate den Weg nach Brandenburg-Preußen, was auch dem preußischen Kronprinzen größten Respekt abnötigte, weil die Flüchtlinge, wie Friedrich bewundernd feststellte, lieber ihre Heimat verließen, als dass sie ihre »Religion verleugnet hätten«. Ganz neue Konturen verlieh der calvinistische König Friedrich Wilhelm I. dann der brandenburgisch-preußischen Toleranzpolitik, als er noch im Jahr des Zuzugs der Salzburger direkt neben der Potsdamer Garnisonkirche eine Moschee einrichten ließ, das erste islamische Gotteshaus in Deutschland überhaupt. Der preußische König befand nämlich, dass auch die zwanzig türkischen Gardesoldaten, die ihm Ferdinand Kettler, der Herzog von Kurland, erst im Jahr zuvor geschenkt hatte, ihren Glauben ungestört praktizieren sollten.

Friedrich lernte in Anbetracht dieser Leistungen seines Vaters einzusehen, dass der König sich nicht nur in erschreckender Weise als brutal, roh, geizig und engherzig erweisen, sondern dass er auch immer wieder in durchaus bewunderungswürdigem Sinne fürsorglich, sparsam, genügsam und tolerant agieren konnte. Von sehr unterschiedlichen, mitunter geradezu unvereinbar erscheinenden Impulsen angetrieben – Impulsen, denen der Mensch ja nach Luther und Calvin als Kreatur eines allgewaltigen Gottes zwangsläufig ausgesetzt war –, hatte Friedrich Wilhelm I. sowohl Schlimmes als auch Gutes getan. Offenbar wurde er in seinem Leben von höchst verschiedenartigen und stets wechselnden Seelenkräften motiviert.

Doch Friedrich lernte noch mehr: Nicht lange nach seinem Dienstantritt in Ruppin musste er sich zu seinem großen Erstaunen eingestehen, dass ausgerechnet er selbst, der von seinem soldatisch-strengen Vater so vielfach Drangsalierte, womöglich von ähnlich unterschiedlichen Impulsen angetrieben wurde wie der König, da er nämlich gar nicht ausschließlich jener musisch-philosophisch interessierte Leser und Flötenspieler war, als den er sich bis dahin in erster Linie kennengelernt hatte. Entgegen allen früheren Erfahrungen entdeckte Friedrich plötzlich an sich selbst eine genuine Neigung zum Militärischen, eine ihn selbst verwundernde Leidenschaft für das Kriegshandwerk, die nun gleichberechtigt neben seine in langen Jahren kultivierten geistig-künstlerischen Interessen trat.

Äußerer Anlass für die Entdeckung des wider Erwarten doch zu ihm gehörenden soldatischen Temperaments war der Tod Augusts des Starken, des polnischen Königs und sächsischen Kurfürsten, der am 1. Februar 1733 aus dem Leben geschieden war, ohne in seinen letzten Regierungsjahren die heillos zerstrittenen Adelsfraktionen des Wahlkönigreichs Polen miteinander versöhnt zu haben. Als eine große Zahl von polnischen Magnaten seinen Sohn Friedrich August II. zum neuen König von Polen wählte, doch eine nicht unbedeutende Konföderation polnischer Adeliger für Stanisław I. Leszczyński stimmte, den Schwiegervater des französischen Königs Ludwig XV., kam es sehr bald zu kriegerischen Auseinandersetzungen zwischen kaiserlichen Reichstruppen, die den neuen sächsischen Kurfürsten unterstützten, und französischem Militär, das dem polnischen Kandidaten den Weg auf den Warschauer Thron freikämpfen wollte: Schon im Oktober 1733 überschritten die Franzosen den Rhein und nahmen nach einer zweiwöchigen Belagerung die badische Festung Kehl ein.

Dieser Beginn des Polnischen Thronfolgekrieges erinnerte die ernsthaft besorgten Beobachter des Geschehens in vielerlei Hinsicht an den Ausbruch des Spanischen Erbfolgekrieges, der dreißig Jahre zuvor das sorgfältig austarierte Gleichgewicht der europäischen Staatenwelt in einem langen Krisenjahrzehnt fast zum Einsturz gebracht hatte. Wieder fielen französische Truppen ins deutsche Reich ein, um dem vom französischen Monarchen bevorzugten Anwärter auf einen vakanten europäischen Königsthron mit Waffengewalt bei der Wahrnehmung seines Machtanspruches zu helfen. Erneut wandte sich der römisch-deutsche Kaiser mit seinem Heer gegen die französischen Eindringlinge. Ein weiteres Mal wurde der habsburgische Monarch dabei vom preußischen König unterstützt, der jetzt sogar bis zum Frühjahr 1734 annähernd 10 000 Soldaten an Rhein und Neckar entsandte. Und wieder stellte sich der legendenumwobene, mittlerweile 70-jährige Prinz Eugen an die Spitze der österreichisch-preußischen Verbände. Es hatte den Anschein, als würde sich die Geschichte wiederholen.

Gerade die offenkundigen historischen Parallelen aber riefen nun den noch immer blutjungen preußischen Kronprinzen Friedrich auf den Plan. Ihm bot sich die außergewöhnliche Gelegenheit, das, was man als verblüffende Reinszenierung eines bedeutenden Aktes der neueren europäischen Staatengeschichte begreifen konnte, mit eigenen Augen anzusehen. Als Friedrich Wilhelm I., der Oberbefehlshaber aller preußischen Truppen, den Oberstleutnant des Ruppiner Regiments »Cronprintz« im Frühjahr 1734 dazu aufforderte, zum preußischen Hilfskorps nach Baden zu stoßen, um sich dort so soldatisch-tapfer »aufzuführen, wie sich ein Brandenburger aufzuführen gewohnt ist«, ließ Friedrich sich das nicht zweimal sagen. Am 30. Juni ging er aus Berlin in das Hauptquartier am Neckar ab, wo er bereits kurz nach seiner Ankunft am 7. Juli den gesundheitlich stark beeinträchtigten Prinzen Eugen kennenlernte.

Wiewohl der greise österreichische Kriegsheld gerade an schlechten Tagen nur noch ein Schatten seines einstigen Selbst zu sein schien, fiel Friedrich doch sofort auf, dass »noch dieser Schatten des Prinzen Eugen« allen ihm nahe kommenden Fürsten, Generälen und Offizieren eine durch nichts zu überbietende »Ehrfurcht einflößte«. Denn im Angesicht dieses erfahrenen alten Mannes traten, wie Friedrich ein paar Jahre später schrieb, »alle diese berühmten Schlachten vor ihr Auge«, wo der Prinz seit der zweiten Türkenbelagerung Wiens im Jahr 1683 ein ums andere Mal »seine Tapferkeit, seine Kriegserfahrung und seine

Sieghaftigkeit« unter Beweis gestellt hatte. Nie zuvor hatte Friedrich einen Menschen erlebt und gesehen, der eine ähnlich respektheischende Aura verströmte. Besonders beeindruckte den preußischen Kronprinzen, dass in der Gegenwart des Kriegshelden nichts zu dessen Lob gesagt werden durfte. Prinz Eugens Ruhm, der in Friedrichs Worten wie ein »wunderkräftiges Feuer« wirkte, weil er echt war, sich auf stupende Verdienste gründete und keiner weiteren Schmeichelei mehr bedurfte, elektrisierte auch ihn: Es war ein unvergleichlicher, ein Schauer erregender Ruhm, wie man ihn offensichtlich nur im Krieg erwerben konnte.

Das Vorbild des Prinzen Eugen hatte eine ganz erstaunliche Wirkung auf Friedrich. »Das Schicksal hat es auf mich abgesehen«, bekannte der sichtlich ergriffene Kronprinz nach seiner Begegnung mit dem österreichischen Heerführer: Ausgerechnet er, der den Kriegsdienst doch über so viele Jahre hinweg verspottet hatte, war nun plötzlich einer geworden, »der vor Eifer für den Soldatenberuf brennt«. Diese Selbsteinschätzung war keineswegs übertrieben. Ja, es zeigte sich, dass Friedrich nun sogar verwegene soldatische Auftritte suchte und sich dabei wie ein Hasardeur aufspielte. Als er einmal bei einem Erkundungsritt durch einen in der Nähe von Philippsburg gelegenen Wald kam, geriet er mit seinen Begleitern unter Beschuss. Der Kugelhagel hielt ihn jedoch nicht davon ab, zu Pferde ruhig in seinem Gespräch fortzufahren, ohne sich von den um ihn herum zersplitternden Bäumen aus der Fassung bringen zu lassen. Der Bericht über seine erstaunliche Kaltblütigkeit machte in den nächsten Tagen in den österreichischen und brandenburgisch-preußischen Heerlagern gehörigen Eindruck.

Weitere Sporen im Nahkampf konnte er sich am Rhein allerdings nicht verdienen. Einerseits folgten die verbündeten Reichstruppen einer von militärischer Dramatik weitgehend freien Hinhaltetaktik, um die südwestdeutschen Reichsgebiete vor einem weiteren Ausgreifen der Franzosen zu schützen, ohne dabei große Menschenverluste zu riskieren. Zum andern wurde Friedrich schon Ende August 1734 nach Potsdam zurückgerufen, weil sein

Vater schwer erkrankt war. Die Ärzte des Königs signalisierten dem Kronprinzen, dass der erst 46-jährige Friedrich Wilhelm I. nur noch vierzehn Tage zu leben habe. So musste er schweren Herzens einen Landstrich verlassen, in dem er noch gern länger verweilt hätte, eine Gegend immerhin, von der aus er das deutsche Reich vor nicht einmal vier Jahren, bei seinem gescheiterten Fluchtversuch nach England, für immer hinter sich hatte lassen wollen. Jetzt lag ihm ein solches Ansinnen völlig fern, und er ritt fügsam nach Brandenburg zurück. Wie es nun mit seinem Vater und ihm selbst, dem preußischen Thronfolger, weitergehen würde, überließ er jenem »Gott«, wie er seiner Schwester Wilhelmine am 2. September schrieb, »der alles in der Welt lenkt und das erste Prinzip aller Ereignisse ist«. Der werde alles »nach seiner Weisheit fügen, wie es sein heiliger Wille beschlossen hat«.

Doch war Friedrich wirklich jetzt schon dazu bestimmt, preußischer König zu werden, weit schneller als jemals gedacht? War dies tatsächlich sein unabwendbares Los? Bei seiner Ankunft in Potsdam am 12. Oktober fand er den Vater in einem erbarmungswürdigen Zustand vor. Friedrich Wilhelm I., der völlig abgemagert war, kaum noch atmen konnte und sein nahes Ende fürchtete, übertrug seinem Sohn sofort die wichtigsten Regierungsgeschäfte und schickte sich anschließend still in sein Siechtum. So qualvoll verlief seine Krankheit, dass selbst Friedrich nun von Mitleid gepackt wurde. Gegenüber seiner Schwester Wilhelmine räumte er ein, er habe »nie geglaubt«, dass das schmerzvolle Befinden seines offenbar todgeweihten Vaters ihm jemals so zu Herzen gehen könne. Aber auch ganz andere ungewohnte Hochgefühle lernte der über Nacht mit den Vollmachten eines Königs ausgestattete Kronprinz in den ersten Wochen seiner stellvertretenden Regierungstätigkeit kennen: »Es ist doch eine Lust, Alleinherrscher in Preußen zu sein«, gestand der über seine Seelenregungen hochgradig verblüffte Friedrich dem Grafen Alexander von Wartensleben. Es war dies ein Geständnis von entwaffnender Offenheit.

Als sich der Gesundheitszustand seines Vaters zu Beginn des Jahres 1735 dann doch entgegen allen ärztlichen Prophezeiungen besserte, schlug die Stimmung des Kronprinzen jäh um: »Dies ist ein Wunder, wie selten eins geschehen ist«, äußerte er sich gegenüber seiner Schwester Wilhelmine erregt und erzürnt zugleich, weil er jetzt voller Argwohn mutmaßte, der Vater habe die Schwere der Krankheit nur simuliert: »Wenn er will, geht es ihm gut; er wird kränker, wenn es ihm so passt. Zu Anfang ließ ich mich dadurch irreführen; aber jetzt weiß ich Bescheid«. Angewidert von der »Bärennatur« des Königs sah sich Friedrich gezwungen, den Vater nun wieder alle Handlungen eines Monarchen selbst ausführen zu lassen. Mit spürbarer Resignation teilte er der Schwester mit, dass er ab sofort auf unabsehbare Zeit neben den fast vollständig auskurierten Friedrich Wilhelm I. »zur Seite treten« müsse.

Nicht einmal zurück an den Rhein konnte Friedrich gehen. Nach einem recht glimpflich verlaufenen Kurzkrieg und nach dem Erreichen des üblichen militärischen Patts hatten sich der französische König und der Kaiser nämlich im Verlauf des Jahres 1735 darauf geeinigt, dass der sächsische Kurfürst Friedrich August II. nun der von allen Seiten anerkannte polnische König August III. werden sollte; Leszczyński bekam dafür zum Ausgleich das Herzogtum Lothringen zugesprochen. Einen Konflikt in den Ausmaßen des Spanischen Erbfolgekrieges hatte man also abwenden können. Während die meisten Menschen in Europa frohlockten, murrte der preußische Kronprinz, der sich schon über die plötzliche Gesundung seines Vaters geärgert hatte, nun auch über diese unerwartete Besserung der politischen Lage laut und vernehmlich. Als er vom wieder genesenen Vater gefragt wurde, ob er nicht statt des abgeblasenen Kriegszuges eine »Lustreise« in die preußische Hauptstadt Königsberg unternehmen wolle, spottete er, dass eine Fahrt »nach Preußen« nur wenig verlockender sei »als eine Sendung nach Sibirien«. In Ermangelung von Alternativen und wohl auch, um das kleine Reich an der Ostsee, das seinem Großvater einst den Erwerb der Königskrone ermöglicht hatte, einmal gründlich kennenzulernen, nahm er das Angebot seines Vaters allerdings an.

Doch schon im November 1735 war Friedrich wieder in Ruppin. Da sich die Bauarbeiten in Rheinsberg nun endlich dem Abschluss näherten und der Bezug eines Teils des Schlosses bei hinreichend milder Witterung ab sofort möglich schien, befasste sich der Kronprinz jetzt mit allen nötigen Vorbereitungen, um mit Anbruch des Frühjahrs 1736 so rasch wie möglich in sein neues und frisch herausgeputztes herrschaftliches Domizil übersiedeln zu können. Bei seiner sorgfältigen Inspizierung der dort bislang durchgeführten architektonischen Veränderungsmaßnahmen zeigte sich jedoch, dass Friedrich nicht in allen Details mit der Arbeit des Baudirektors Kemmeter einverstanden war. Deshalb berief er den ehemaligen preußischen Hauptmann Georg Wenzeslaus von Knobelsdorff, der sich nach seinem gesundheitlich bedingten Ausscheiden aus dem Militärdienst zunächst als Autodidakt und dann als Protegé des Hofmalers Antoine Pesne zum Landschaftsmaler, Landschaftsgestalter und Architekten ausgebildet hatte, als künstlerischen Ratgeber nach Rheinsberg, um mit seiner Hilfe das Schloss noch eleganter und wohlproportionierter zu gestalten. Knobelsdorff, der den Kronprinzen schon beim Anlegen seines Ruppiner Wallgartens beraten hatte, nahm diese Berufung sogleich an, erhielt von Friedrich aber zunächst noch die Gelegenheit zu einer ausführlichen Studienreise nach Venedig, Florenz, Rom und Neapel, von wo aus er dann spätestens nach Ablauf eines Jahres mit vielen neuen architektonischen Skizzen im Gepäck wieder nach Brandenburg zurückkehren sollte.

Als sich Friedrich nun in den ersten Sommerwochen des Jahres 1736 in ausreichender Weise in Rheinsberg akklimatisiert hatte, ließ er aus Berlin seine Frau, ihre Hofdamen, etliche seiner eigenen Gefährten, den erweiterten Hofstaat und eine stattliche Anzahl weiterer Hofangestellter nachkommen. Bereits Ende August traf Elisabeth Christine in dem so sehr entlegenen märkischen Schloss ein, das ja nur unter Rückgriff auf die aus ihrer Mitgift stammenden braunschweigischen Gelder gekauft und renoviert werden konnte und von Friedrich Wilhelm I. allein unter der Bedingung angeschafft worden war, dass sein Sohn und Nachfolger dort mit seiner jungen Gemahlin auch wirklich eine gemeinsame Hofhaltung aufrechterhalten würde. Der Kronprinzessin folgten 130 Höflinge nach Rheinsberg, die zu einem großen Teil außerhalb der Schlossmauern, in der kleinen, nur 700 Einwohner zählenden Ackerbürgerstadt, untergebracht wurden.

Vielleicht lag es an der großen Freude über das nun fernab von Berlin anhebende gesellige Leben nach eigenem Zuschnitt, dass sich Friedrich jetzt sogar gegenüber Elisabeth Christine aufgeschlossener gab als jemals zuvor. Zwar betonte er kurz vor ihrer Ankunft in Rheinsberg noch einmal in einem Gespräch im Freundeskreis, dass er »niemals in sie verliebt« gewesen sei, dass er aber trotz dieses nicht zu behebenden Mangels »der niedrigste Mensch« sein müsste, wenn er sie nicht »aufrichtig schätzen« wollte. Denn sie habe »ein sehr sanftes Gemüt«, sei »gefällig bis zum Übermaß« und tue in jeder Hinsicht, »was sie mir nur an den Augen absehen kann, um mir Freude zu machen«. Auch wenn er mit Elisabeth Christine in Rheinsberg wohl nicht in höchster emotionaler Intensität das Nachtlager teilte, entzog er sich ihr doch nicht vollständig. Sie jedenfalls bekannte, dass sie nun endlich zusammen mit ihrem Mann »volle Befriedigung« empfinde, »freundlich aufgenommen von einem Gebieter, den ich zärtlich liebe«. Und einige wenige Male entfuhr es dann sogar Friedrich in persönlichen Billets an die Kronprinzessin, dass er sich sehr »auf das Vergnügen« freue, »Sie zu umfassen«, oder auch den Augenblick »mit großer Ungeduld« erwarte, »da ich Sie umarmen und versichern kann, dass ich ganz der Ihre bin«.

Im Briefverkehr mit den Ministern seines Vaters, die jetzt aus Sorge um den Fortbestand der Hohenzollerndynastie immer häufiger danach fragten, ob seine Gemahlin denn nicht bald schwanger sei, wählte Friedrich einen weit distanzierteren und weniger taktvollen, fast schon spöttischen Ton, um darauf hinzuweisen, dass er mit seiner Frau nun in Rheinsberg in der Tat regelmäßig zu Bett gehe. Fast schon aufschneiderisch-derb schrieb er im September 1736 an Grumbkow: »Wenn ich dieselbe Bestimmung habe wie die Hirsche, die gegenwärtig in der Brunst sind, dann könnte sich jetzt in neun Monaten das ereignen, was Sie mir wünschen«. Obwohl Elisabeth Christine nun wirklich des öfteren schwangerschaftsähnliche Symptome aufwies, erfüllten sich ihre Hoffnungen wie auch die an sie gerichteten Erwartungen des Berliner Hofes nicht. Friedrich, der außer dem bereits 1722 zur Welt gekommenen August Wilhelm im zurückliegenden Jahrzehnt mit den Prinzen Heinrich und Ferdinand noch zwei weitere Brüder bekommen hatte, die jetzt zehn und sechs Jahre alt waren, begegnete dem in seiner eigenen Ehe ausbleibenden Kindersegen jedoch mit Gelassenheit. Er wisse zwar nicht, warum seine Frau bislang noch nicht schwanger geworden sei, doch werde dereinst sicher einer seiner jüngeren Brüder für Nachwuchs sorgen, so dass dann nötigenfalls eben auch einer der »Neffen und Großneffen« als »Nachfolger« eingesetzt werden könne. Einen eigenen Sohn sehnte der von seinem Vater einst so drangsalierte Kronprinz ganz offenkundig nicht mit Dringlichkeit herbei.

Eine weit größere innere Anteilnahme legte er in Rheinsberg bei den für ihn noch immer unverzichtbaren musisch-philosophischen Vergnügungen an den Tag, denen er sich jetzt mit einer noch ausgeprägteren Leidenschaft hingab als zur Zeit seines Aufenthaltes in Ruppin. Er verfasste Gedichte, spielte täglich Flöte und komponierte für dieses hellklingende Blasinstrument auch selbst mehrere anspruchsvolle Soli und Konzerte, einfach nur »zum Zeitvertreib«, wie er seiner mittlerweile mit dem Markgrafen von Bayreuth verheirateten Schwester Wilhelmine in einem ausführlichen Brief über seine musikalischen Vorlieben stark untertreibend mitteilte. Überdies arrangierte er Theateraufführungen, Kammerkonzerte und scherzhafte Maskeraden. Alle diese spielerischen Divertissements genoss er im Kreis von Berufsmusikern, Laienschauspielern und engen Vertrauten, die er noch vor Ablauf des Jahres 1736 um sich geschart hatte.

Als professionelle Vertreter der hohen Klangkunst waren ihm der herausragende Flötist Johann Joachim Quantz nach Rheinsberg gefolgt wie auch der Komponist Graun, dessen Virtuosität Friedrich schon bei seiner Hochzeit in Salzdahlum so sehr bewundert hatte. Zu seinen geistreichsten und intimsten Gesprächspartnern zählten der lebhafte und sprachgewandte kurländische Freiherr Dietrich Graf Keyserlingk, dem er schon vor seiner Küstriner Haftzeit begegnet war; dann auch der stolze, witzige und leichtlebige französische Kavallerist Egmont von Chasot, der nach einem Duell im polnischen Erbfolgekrieg aus der Armee der Franzosen über den Rhein ins deutsche Lager geflohen war, wo Friedrich sofort an ihm Gefallen fand; des weiteren sein literarisch versierter und weitgereister hugenottischer Sekretär Charles Etienne Jordan; und schließlich der auf einem hohen Niveau dilettierende Schauspieler und anhaltische Kompanieführer Heinrich August Baron de la Motte Fouqué.

Weil Friedrich seine Tage mit den Freunden und Musikern nun völlig frei einteilen und seinen vielfältigen Interessen im geselligen Rahmen ganz ungehindert nachgehen konnte, schwärmte er in einem seiner ersten Rheinsberger Briefe an den alten Freund Suhm: »Ich habe noch nie so glückliche Tage verlebt, wie hier«. In ähnlichen Worten äußerte er sich auch zu Beginn des Jahres 1737: »Ich lebe jetzt wie ein Mensch, und ziehe dieses Leben der majestätischen Gewichtigkeit und dem tyrannischen Zwang der Höfe weitaus vor«. Friedrich war nun in Rheinsberg ganz bei sich, lebte seine Neigungen voll aus, ohne auf die höfische Etikette allzu große Rücksichten zu nehmen. So wurden bei weinseligen Bacchusfesten auch schon einmal von den Höflingen – und sogar von seiner sonst biederen Gemahlin – aus purem Übermut Gläser in tausend Stücke geschlagen, wobei der amüsierte Prinz dann, wie ein Beobachter der Szene voller Verwunderung schrieb, »mit heiterem, ruhigen Auge« auf »die Trümmer« herabsah und sich, als der allgemeine Jubel und Tumult den Höhepunkt erreichte, »in demselben Augenblick« mit der Prinzessin Elisabeth Christine »in sein Zimmer zurückzog«.

Wohl auf Anregung von Ernst Christoph Graf von Manteuffel, einem Vertrauten Friedrichs und ehemaligen sächsischen Gesandten am preußischen Hof, der seinem eigenen Landsitz in Hinterpommern erst vor kurzer Zeit den Namen »Kummerfrey« gegeben hatte, nannte der ausgelassene und aller drückenden Sorgen enthobene preußische Kronprinz sein Rheinsberg nun in manchen Briefen »Sanssouci«. Also gewissermaßen: Schloss Ohnesorge. Über die Eingangspforte seines abgeschiedenen Wohnsitzes ließ er deshalb auch nicht lange nach seinem Einzug einen klingenden lateinischen Satz als hehre Widmung an sich selbst anbringen: *Friderico tranquillitatem colenti* – »Friedrich zu eigen, der hier die Muße pflegt«. Allerdings war die Muße, der sich der preußische Kronprinz in Rheinsberg so ostentativ verschrieb, von ihm keineswegs nur als unentwegt tändelnder Müßiggang oder nicht enden wollendes musikalisches Scherzo angelegt, sondern in nicht minder leidenschaftlicher Weise als überaus ernsthaftes Studium der Philosophie und der schönen Literatur.

Friedrich verfügte jetzt über so viele selbstbestimmte Stunden, Tage, Wochen und Monate wie nie zuvor, über so kostbare Zeit, dass er jede einzelne Minute bei vollem Bewusstsein, wach und hochkonzentriert, auskosten wollte, um das Leben nicht nur in vollen Zügen zu genießen, sondern auch in seinem tiefsten Sinn und in allen seinen wesentlichen Zusammenhängen besser verstehen zu lernen. An jedem Morgen stand er schon um vier Uhr in der Frühe auf, las in seiner neuangelegten Bibliothek im Schlossturm, durch dessen Fenster er einen weiten Rundblick über die märkische Seen- und Waldlandschaft hatte, über sechs Stunden Bücher aller Genres, schrieb bis zum Mittag die wichtigsten der von ihm durchdrungenen Textpassagen in ein Notizbuch ab, aß und ergab sich erst danach wieder seinem mitunter wüsten geselligen Treiben. Beim Zubettgehen nahm er dann häufig noch ein weiteres Mal ein Buch zur Hand. Einmal versuchte er sogar, sich das Schlafen vollständig abzugewöhnen, hielt dieses eigenwillige Experiment aber nur vier Tage durch, bis er mit blutroten Augen und Magenkoliken akzeptieren lernte, dass ein regelmäßiger Erholungsschlaf auch für einen noch immer sehr jungen Mann überlebenswichtig war.

Als er endlich herausgefunden hatte, welches Arbeitspensum für ihn das bekömmlichste war und welches muntere Wechselspiel von höchster geistiger Anstrengung und vollkommener Entspannung ihm am wohlsten tat, suchte er sich noch einen Mentor, der seinen Geist, seine Einbildungskraft und seinen literarischen Geschmack zu größtmöglicher Vollkommenheit ausbilden sollte. Auch sollte dieser Lehrer ihn vor philosophischen Irrtümern und Irrwegen bewahren; er verspürte – so in einem Brief an Suhm – den innigen Wunsch, dass das beständige Lernen, das sorgfältige Studium und die wahre Philosophie »mich aufklärt«. Er suchte einen Fackelträger der modernen Wissenschaft, einen das Licht der Erkenntnis bringenden Aufklärer, der ihm mehr Weisheit und Kunstverstand vermitteln konnte als das Quartett seiner Freunde Keyserlingk, Chasot, Jordan und de la Motte Fouqué. Nach nur kurzem Abwägen fiel die Wahl des wenig bescheidenen Friedrich auf keinen Geringeren als den weltberühmten französischen Dichter und Philosophen Voltaire, der im Ruf stand, einer der größten Poeten und Aufklärer seiner Zeit zu sein.

Voltaire, der 1694 in eine angesehene Pariser Juristenfamilie hineingeboren und auf den Namen François-Marie Arouet getauft worden war, hatte nach einer gründlichen Ausbildung am Jesuitenkolleg Louis-Le-Grand zunächst die Rechtswissenschaften studiert, um in der Kanzlei seines Vaters als Advokat tätig zu werden. Neben seinen juristischen Studien hatte er jedoch immer schon Verse geschmiedet, oftmals auch sehr scharfzüngige Spottgedichte auf ungerechte Handlungen der französischen Regierung. Diese ließ sich die bissigen Satiren des dichtenden Anwalts im Jahr 1717 nicht mehr gefallen und verurteilte den jungen Poeten zu einer elfmonatigen Gefangenschaft in der Bastille. Während seiner Haft verfasste der Dichter, der sich nun mittels eines Anagramms Voltaire nannte – gebildet aus AROVET L*[e]* I*[eune]* (Arouet der Jüngere) –, eine in Verse gesetzte Tragödie über den antiken Ödipus-Mythos, die nach seiner Entlassung unter dem Titel *Œdipe* mit aufsehenerregendem Erfolg in Paris uraufgeführt wurde. Vom großen Zuspruch des literaturinteressierten Publikums beflügelt, veröffentlichte er 1723 in Genf das auf religiöse Toleranz zielende Geschichtsepos *La Ligue ou Henri Le Grand* über den französischen König Heinrich IV., dessen Klugheit und Friedensliebe im 16. Jahrhundert die Beendigung der Hugenottenkriege zu verdanken war. Die Makellosigkeit seiner Alexandrinerverse, die Raffinesse seines Stils und nicht zuletzt die ausgewogene, harmonische Komposition seiner Poesie begründeten spätestens jetzt den Dichterruhm des juristisch gebildeten Jesuitenzöglings.

Dieser literarische Ruhm bot ihm jedoch auch weiterhin keinen wirksamen Schutz vor der Willkür des französischen Staates. Nach einem Streit mit einem hochrangigen Mitglied der französischen Aristokratie konnte er sich einer drohenden Neuinhaftierung im Bastille-Gefängnis nur durch eine vorübergehende Ausreise nach England entziehen, wo er bis zum Ende des Jahres 1728 lebte. Die dort gewonnenen Eindrücke von den herausragenden philosophischen, naturwissenschaftlichen und politischen Leistungen der Briten verarbeitete Voltaire in seinen *Letters concerning the English Nation*, deren erste französische Ausgabe 1734 unter dem Titel *Lettres philosophiques* erschien. Weil er die auf parlamentarischer Mitbestimmung und sehr weitgehender religiöser Toleranz basierende freiheitliche Gesellschaftsordnung der Engländer als nachahmenswertes Gegenstück zum kraft staatlicher Autorität etablierten, dogmatischen Katholizismus Frankreichs beschrieb, verurteilte das oberste französische Gericht den Verfasser noch im Juni 1734 wegen staats- und religionsfeindlicher Aktivitäten zu einer erneuten Haftstrafe. Dieses Urteil wurde allein deswegen nicht vollstreckt, weil Voltaire ins lothringische Grenzgebiet nach Cirey fliehen konnte, wo ihm eine Verehrerin seiner Werke, die Marquise du Châtelet, in ihrem kleinen Chateau dauerhaft Asyl gewährte.

An diesem entlegenen Rückzugsort, wo er sich gemeinsam mit der Marquise eine mehrtausendbändige Bibliothek und ein physikalisches Labor einrichtete, erreichte ihn nun im Herbst des Jahres 1736 ein Brief aus Rheinsberg, in dem der preußische

Kronprinz den Dichter bat, ihm alle seine Werke zuzuschicken, da es sich bei diesen Schriften um derart mustergültige und »so geschmackvolle, feinsinnige und kunstreiche Arbeiten« handele, »dass ihre Schönheit beim Lesen stets von Neuem« hervortrete und begeistere. Auch wünschte Friedrich von Voltaire zusätzlich persönliche »Belehrung« in den »Künsten und Wissenschaften« zu erhalten, da der Verfasser der *Lettres philosophiques* nicht nur ein »hervorragender Dichter« sei, sondern eben auch über »eine unendliche Fülle von Kenntnissen« auf allen Gebieten der Philosophie und Wissenschaft verfüge.

Voltaire, der mehrfach aus Paris verjagte Poet, war überrascht und berührt. Verständlicherweise fühlte er sich von den Avancen eines lernbegierigen jungen Mannes, der dazu bestimmt war, preußischer König zu werden, auch sehr geschmeichelt. Schon im September 1736 antwortete er Friedrich und erklärte sich bereit, ihm dabei zu helfen, »die Wahrheit lieben« und jegliche Form von »Aberglauben verabscheuen« zu lernen, denn ein wahrhaft aufgeklärter Regent könne dem von ihm regierten Staat ein »Goldenes Zeitalter« bescheren. Als aber Friedrich nur wenige Monate später seinen Freund Keyserlingk nach Cirey schickte, um herauszufinden, unter welchen Umständen Voltaire wohl nach Rheinsberg übersiedeln würde, ließ der Dichter den Kronprinzen wissen, vorerst noch bei der Marquise bleiben zu wollen. Auch die von Keyserlingk mitgebrachten Geschenke – ein Porträt Friedrichs und guter ungarischer Tokajerwein – konnten Voltaire nicht umstimmen. Das Versprechen, Friedrichs Mentor zu werden, hielt er allerdings ein, indem er nun aus Cirey eine wahre Flut von Briefen nach Rheinsberg schickte, die den preußischen Kronprinzen kontinuierlich und fortschreitend über die wichtigsten Aspekte guter Poesie, Wissenschaft und politischer Philosophie aufklärten.

In diesen Briefen rief Voltaire den achtzehn Jahre jüngeren Friedrich dazu auf, sich umgehend, ausführlich und beständig mit den Oden des römischen Dichters Horaz zu befassen, da dieser größte Poet der Augusteischen Zeit sich in noch immer unübertroffener Manier mit der Frage des menschlichen Glücks auseinandergesetzt habe. Seine praktischen Weisheiten seien auch noch im 18. Jahrhundert eine wichtige Inspirationsquelle für alle aufklärerisch gesinnten Menschen, und es lohne sich daher, Verse im Stil des Horaz auch regelmäßig selbst zu verfassen. Ergänzen sollte Friedrich diese Studien dann durch das gründliche Eintauchen in die Philosophie des Engländers Locke. Denn nicht der in Deutschland über die Maßen verehrte Leibniz, der ja am Gründungsprozess des preußischen Staates so sehr Anteil genommen hatte, sei als das Musterbeispiel moderner aufgeklärter Philosophie zu verstehen, sondern der Theoretiker der englischen Revolution von 1688 und Ratgeber des pennsylvanischen Gründervaters William Penn.

Locke war für Voltaire deshalb ein »Genius«, weil er seine politische Philosophie konsequent auf der Grundlage eines Menschenbildes errichtet hatte, das die Forschungsergebnisse moderner Anatomie und Naturwissenschaft ernst nahm. Anders als Leibniz, der den menschlichen Geist – *intellectus* – als eine von den Sinnen unabhängige Instanz des Verstandes beschrieb, behauptete Locke, dass alle menschlichen Begriffe und Vorstellungen sich nur mittels der über die Nervenbahnen ins Gehirn weitergeleiteten Sinneswahrnehmung ausbilden konnten. Schon in den *Lettres philosophiques* hatte Voltaire den »Monsieur Locke« dafür gepriesen, in seinem 1690 veröffentlichten *Essay concerning Human Understanding* »auf der Basis höchst solider Prinzipien« gelehrt zu haben, dass »alle unsere Ideen nur durch die Sinne zu uns kommen«. Gemäß dieser sensualistischen Philosophie seien alle Menschen mit von ganz unterschiedlichen Sinneseindrücken geprägten Neigungen ausgestattet, die wiederum sehr unterschiedliche Vorlieben erzeugten.

Um nun diese vielschichtigen Vorlieben und Interessen der Menschen gerade auch bei der politischen Willensbildung weitgehend auf einen Nenner zu bringen, war – wie Locke in seinen *Two Treatises of Government* ausgeführt hatte – die parlamentarische Beteiligung der Bürger an der Regierung ihres Staates zwingend geboten. Dieses Politikverständnis teilte auch Voltaire, der das britische Regierungssystem seit seinem Englandaufenthalt kannte und schätzte. Wo ein von den Bürgern gewähltes Parlament an der politischen Entscheidungsfindung beteiligt sei, so der Verfasser der *Lettres Philosophiques*, werde »niemand tyrannisiert, und jeder fühlt sich frei und leicht«. So sei es unbedingt wünschenswert, Parlamente auch an anderen Orten der Welt einzurichten, um »das Volk an der Regierung teilhaben zu lassen« und willkürliche Fürstenmacht »zu zügeln«.

Den schönsten Beweis für die jederzeit gegebene Möglichkeit zur erfolgreichen Verpflanzung des englischen Parlamentarismus in einen anderen Weltteil habe William Penn in Amerika erbracht. Denn kurz nach seiner Gründung der Kolonie Pennsylvania habe er sämtliche Vorrechte eines Alleinherrschers an die dort eingewanderte und in einem Parlament repräsentierte Bevölkerung abgetreten. Dieser noble und »sehr weise« Grundsatz sei dort »seither nicht wieder abgeändert« worden. In Pennsylvania mit seiner wegen der fortgesetzten Zuwanderung aus Irland und Deutschland immer noch wachsenden Hauptstadt Philadelphia – die Voltaire als »die blühendste Stadt« aller amerikanischen Kolonien bezeichnete – lebe somit schon seit Jahrzehnten eine bunt gemischte »Körperschaft von Bürgern«, die »absolut ohne Unterschied« die exakt gleichen Rechte und Privilegien genießen durften.

In einer ganz bestimmten Hinsicht habe Penn die Gesellschaftsordnung des englischen Mutterlandes in Nordamerika sogar noch weiter fortentwickelt und optimiert, weil in Pennsylvania eine »universelle Toleranz« herrsche. Im Unterschied zu Großbritannien fänden die verschiedensten Religionsgemeinschaften in der amerikanischen Kolonie nämlich Raum zur freien und gleichberechtigten Ausübung des eigenen Glaubens. Keine Kirche werde dort ähnlich bevorzugt behandelt wie die *Church of England* im Mutterland. Wegen der in Pennsylvania garantierten, weltweit einzigartigen Kombination aus religiöser Toleranz und parlamentarischer Selbstregierung der Bürger sei diese amerikanische Kolonie »sehr wahrscheinlich« ein Ort, an dem das vielfach besungene mythische »Goldene Zeitalter« wirklich »existiert«. Für Voltaire war das amerikanische Umland von Philadelphia mithin die Musterprovinz der angewandten Aufklärung, und keiner seiner Leser konnte die Begeisterung des Franzosen für diese in seinen Augen auch für Europa vorbildliche englische Kolonie überhören.

Deshalb gab es auch Menschen, die glaubten, Friedrich vor einem zu unreflektierten Umgang mit Voltaire warnen zu müssen. Einer von denen, die den preußischen Kronprinzen in aller Deutlichkeit auf den umstürzlerischen Gehalt der *Lettres philosophiques* hinwiesen, war der Graf Manteuffel. Er hatte erkannt, dass Voltaires Idealbild der politischen Aufklärung, das ja an der britischen und amerikanischen Wirklichkeit geschult war, nicht nur das französische Gesellschaftssystem in Frage stellte, sondern in gleicher Weise die Verfassungsordnung des brandenburgisch-preußischen Staates anzweifelte, weil dieser eine geregelte parlamentarische Regierungsbeteiligung seiner Bürger nicht wünschte. Friedrich ließ sich aber durch diese Vorhaltungen nicht beeindrucken. Er bewunderte Voltaire für seinen Mut, seine innere Unabhängigkeit, sein Eintreten für Toleranz und vor allem für seine literarische und rhetorische Brillanz. Und Friedrich war urteilsfähig und selbstbewusst genug, die ihm am wichtigsten erscheinenden Lehren des Philosophen von Cirey von jenen zu unterscheiden, die er nach sorgfältigem Abwägen nicht übernehmen wollte.

Das meiste von dem, was Voltaire ihm in seinen Schriften und Briefen anzubieten hatte, empfand der preußische Kronprinz allerdings als köstliche Bereicherung seines geistigen Lebens. Einmal verglich er die gewitzten Belehrungen des Franzosen mit einem sehr besonderen Geschenk: Er fühle sich, schrieb er nach Cirey, wie ein in die Neue Welt ausgewanderter europäischer Habenichts, der als Kolonist in Amerika plötzlich auf Gold gestoßen sei. Kostbar wie amerikanische Bodenschätze waren beispielsweise die horazischen Oden. Genau wie Voltaire ihm angeraten hatte, las Friedrich Horaz und schrieb dann auch eigene Verse im Stil des römischen Dichters. Er dichtete nun so regelmäßig und so viel, dass er sich scherzhaft als ein von der *Métromanie*, von der »Reimsucht« befallener Musensohn bezeichnete. Als Hommage an den antiken Poeten und den französischen Lehrmeister ließ er nach der Rückkehr des Architekten Knobelsdorff ins von ihm nun noch großzügiger gestaltete Schloss Rheinsberg die Göttin Minerva an die Decke seines Arbeitszimmers malen: Zu sehen ist auf diesem Deckengemälde, wie der römischen Göttin der Weisheit von einem Schutzgeist ein Buch überreicht wird, auf dessen Blättern die Namen »Horace« und »Voltaire« zu lesen sind.

Aber auch für die Philosophie des John Locke, die ihm ganz neue Erkenntnisse über die Potentiale und Beschränkungen des menschlichen Verstandes bescherte, begeisterte sich Friedrich dank Voltaires einschlägiger Lektürehinweise. Die Beschäftigung mit Locke half dem preußischen Kronprinzen vor allem, die Bestimmung des Menschen noch besser zu verstehen. In gewisser Weise war Lockes sensualistische Philosophie für Friedrich sogar eine wissenschaftliche Bestätigung der Prädestinationslehre Luthers und Calvins. Da die von ihrer Sinneswahrnehmung geprägten und in ihrer Sinnlichkeit gefangenen Menschen letztlich nicht beeinflussen konnten, über welches »Temperament« sie verfügten und mit welchen »Geschmack« – *goût* – sie ausgestattet waren, mussten sie sich zwangsläufig so annehmen, wie sie gemacht waren. Und sie mussten ihre Stellung in der Geschichte der Menschheit und in der Gesellschaft, in der sie lebten, als ihr unverrückbares Schicksal sinnvoll ausfüllen und dabei auch darauf vertrauen lernen, dass Gott den Mechanismus der Welt vor aller Zeit mit der Präzision eines Uhrmachers in Gang gesetzt hatte. »Der Mensch«, schrieb Friedrich Voltaire jetzt nach Cirey, »hat die Freiheit eines Pendels; er hat seine gewissen Schwingungen, er kann Handlungen vornehmen«, aber diese seien sämtlich »seinem Temperament« unterworfen. Alles, was geschehe, sei »durch die Gottheit vorhergesehen«, doch der Mensch, »der die Zukunft nicht kennt«, bemerke nicht, dass, »während er scheinbar frei handelt, alle seine Handlungen darauf abzielen, die Beschlüsse der Vorsehung zu erfüllen«.

Friedrich, der sich – abgesehen von regelmäßigen Inspektionen seines Regiments in Ruppin und einer 1738 unternommenen Reise nach Holland – beständig in Rheinsberg am »Licht der Vernunft« wärmte, hatte spätestens seit 1739 mit Voltaires Hilfe eine feste Vorstellung davon gewonnen, dass sein eigenes Temperament ihn dazu antrieb, sich im unaufhörlichen Bücherstudium und in höchster Konzentration auf das Herrscheramt vorzubereiten, das sein persönliches, von der Vorsehung bestimmtes Schicksal war. Er musste Tag und Nacht studieren, solange ihm noch Zeit für einen fast ausschließlich der Bildung und Muße gewidmeten Alltag blieb. Denn sein Vater, der nun immer häufiger krank war, konnte gewiss nicht mehr sehr lange leben.

Friedrich blickte von jetzt an fest dem Moment ins Auge, an dem er den körperlich zusehends geschwächten Monarchen als König ablösen würde. Fast schon übermütig ließ er in dem von Knobelsdorff entworfenen neuen Marmor- und Spiegelsaal des Schlosses Rheinsberg ein Deckengemälde ausführen, das Preußens Zukunft nach dem Thronwechsel vorstellte. Am 30. Oktober 1739 beschrieb der Freiherr von Bielfeld in einem Brief aus Rheinsberg, was er da zu sehen bekam: »Der berühmte Pesne arbeitet an dem Gemälde der Decke. Solches stellt den Aufgang der Sonne dar. Auf der einen Seite erblickt man die Nacht, verhüllt in ihrem Schleier, umringt von ihren traurigen Vögeln.« Die Nacht entferne sich aber gerade, um »der Morgenröte Platz zu machen«. Zweifellos war dieses Gemälde eine Allegorie: Mit Friedrich als König würde sich der Sonnenschein der Aufklärung in Brandenburg-Preußen herrlicher denn je ausbreiten.

Allerdings zeigte sich noch im selben Jahr, dass sich Friedrichs Begriff der politischen Aufklärung durchaus von jenem Idealbild einer aufgeklärten Verfassungsordnung unterschied, das Voltaire gezeichnet hatte. Anders, als Manteuffel befürchtet hatte, folgte der preußische Kronprinz eben nicht in jeder Hinsicht den Ratschlägen seines französischen Lehrmeisters. Ja, Friedrich schrieb jetzt selbst an einem staatsphilosophischen Text, der als direkte Antwort auf Voltaires *Lettres philosophiques* gelesen werden konnte. Der Text war zwar seiner Anlage nach eine Widerlegung der 1532 veröffentlichten Schrift *Il principe* des florentinischen Staatsdieners Niccolò Machiavelli und dessen berüchtigter Lehre, dass Fürsten in erster Linie am eigenen Machtzuwachs interessiert sein müssten, notfalls auch auf Kosten des Glücks der eigenen Bevölkerung. Doch nahm Friedrich in seinem *Antimachiavel* auffällig oft auf Voltaire Bezug, sowohl inhaltlich wie auch stilistisch. Beispielsweise hatte Voltaire in seinen *Lettres philosophiques* voller Pathos verkündet, dass er mit seinem Eintreten für politische Aufklärung »wage, die Partei der Menschheit zu ergreifen«. Bei Friedrich klang es im *Antimachiavel* ganz ähnlich: »Ich wage es zur Verteidigung der Menschheit gegen ein Ungeheuer anzutreten, das sie zerstören will.«

Das Ungeheuer, das Friedrich besiegen wollte, war der tyrannische Staat, das Gegenbild einer aufgeklärten Verfassungsordnung. Doch hatte der preußische Thronfolger ganz andere Vorstellungen von der Natur einer Tyrannis als sein französischer Mentor. Beide waren sich zwar einig, dass ein aufgeklärter Staat nur auf dem Fundament religiöser Toleranz errichtet werden konnte und dass die Regierung dieses Staates völlig uneigennützig »die Künste und die Wissenschaften« und »das Wohl der Menschen« befördern musste. Während Voltaire aber ausschließlich in der Existenz von frei gewählten Parlamenten die beste Gewähr gegen Willkürherrschaft erblickte, glaubte Friedrich im Gegensatz dazu, dass in Staaten mit einer parlamentarischen Verfassungsordnung immer ein heilloser »Wettstreit einer endlosen Vielfalt an Willensäußerungen« tobe, der ein Land über kurz oder lang ins Chaos stürzen und »früher oder später zugrunde richten« müsse. Deshalb sollten »die Herren eines Landes« auch niemals »durch Wahl der Völker« autorisiert werden.

Stattdessen sei es am besten, so Friedrich, wenn ein Herrscher »durch Erbfolge« bestimmt werde, denn ein solcher Erbmonarch könne immer »leichter regieren« als ein vom Vertrauen oder gar der Wahl eines Parlamentes abhängiger Regent. Nur ein unbeschränkt regierender Fürst, vor allem ein aufgeklärter Fürst, könne als »erster Diener« seiner Völker die schwierige Aufgabe vollbringen, durch sein kluges Handeln »all die verschiedenen Interessen« seiner Untertanen »zu einem einzigen gemeinsamen Interesse zusammenzufügen«, solange »sein Wille und seine Macht« wirklich »seine Güte zur Wirkung« bringe. Nichts trage also mehr zur Stärke einer Monarchie bei als »die innige und unzertrennliche Einheit all ihrer Teile. Diese herzustellen müsse daher »das Ziel eines weisen Fürsten sein«. Die »aufgeklärten und weisen« Fürsten könnten ein Staatswesen demnach besser führen als »das gemeine Volk«, das sich immer »leicht verführen« lasse.

Mit der Forderung, dass ein Staat am besten von einem Monarchen gelenkt werde, der »alles mit eigenen Augen sieht« und sein Land »selbständig regiert«, der »die inneren und die äußeren Angelegenheiten, alle Verordnungen, alle Gesetze, alle Erlasse«, dazu auch »das Amt des obersten Richters, das des obersten Feldherren und das des Oberschatzmeisters« und überhaupt »alles, was mit der Regierungspolitik zusammenhängt«, selbst erledigt, berief er sich ganz unverkennbar auf das preußische Ideal des gütigen Alleinherrschers. An diesem Modell einer mit äußerster Konsequenz gehandhabten königlichen Alleinherrschaft im Dienste des Volkswohls hatten sowohl sein Großvater Friedrich I. als auch sein Vater Friedrich Wilhelm I. ihr Regierungshandeln ausgerichtet. Ihrem mustergültigen Vorbild wollte auch Friedrich als König folgen, zumal er ja schon 1734 vorübergehend erfahren hatte, wie befriedigend es sein konnte, Alleinherrscher in Preußen zu sein. Deswegen erteilte er auch dem parlamentarischen Regierungssystem Englands, wo der König »seine Völker fürchten« müsse, eine Absage. Und aus genau demselben Grund konnte er auch nicht viel mit Voltaires Lob der amerikanischen Kolonie Pennsylvania anfangen.

Zum von Voltaire hochgepriesenen Koloniegründer William Penn fiel ihm nur ein, dass dieser merkwürdige Quäker zuallererst »ein Sektengründer« gewesen sei, ein Schwärmer und kein

Aufklärer. Sehr »viele Sekten« aber hätten unverkennbar eine große Nähe zum »Fanatismus«, der noch niemals eine gute Grundlage für ein mit Vernunft einzurichtendes, aufgeklärtes Staatswesen gewesen sei. Mit diesem doch sehr geringschätzigen Urteil über Penns Leistungen in Amerika und dem Plädoyer für ein als Alleinherrschaft interpretiertes Königtum fühlte sich Friedrich aber bestens gerüstet, um in Kürze das Herrscheramt in Preußen anzutreten. Auf dem Zenit seines ohnehin großen Selbstbewusstseins beendete er die Niederschrift des *Antimachiavel* im Februar 1740. Noch im selben Monat schickte er das Manuskript, auf das er sehr stolz war, nach Cirey und wartete gespannt auf Voltaires Urteil.

Unweit der vom preußischen Kronprinzen mit nur wenig ausgeprägtem Interesse zur Kenntnis genommenen Kolonie Pennsylvania wuchs unterdessen der Farmerssohn George Washington zu einem Jungen heran, der sich seine amerikanische Lebenswirklichkeit immer selbständiger zu erschließen begann. Da sein Vater in den Jahren nach der Wiederverheiratung in nur kurzem zeitlichen Abstand zweimal mit Frau und Kindern innerhalb Virginias umgezogen war, hatte der Knabe schon in frühester Kindheit seinen Alltagshorizont stetig erweitern können: 1735 kaufte Augustine Washington ein vierzig Meilen nördlich vom Pope's Creek gelegenes, anderthalbstöckiges Farmhaus in Epsewasson, das ihm noch besser gefiel als das selbsterbaute Anwesen, in dem George zur Welt gekommen war; drei Jahre später verbesserten die Washingtons ihre Wohnsituation erneut, als sie eine noch geräumigere Farm bezogen, die in Sichtweite der Stadt Fredericksburg gelegen war, der Hauptstadt des neugebildeten virginischen County Spotsylvania am Rappahannock River. Dieses neue Anwesen hieß zunächst schlicht Washington Farm, wurde aber recht bald wegen einer in der Nähe befindlichen Flussfähre Ferry Farm genannt.

Zum Zeitpunkt der Übersiedelung auf die Ferry Farm war George das älteste Kind im Haushalt seiner Eltern, weil seine

Schwester Jane kurz zuvor im Alter von nur dreizehn Jahren gestorben war und seine beiden Brüder Lawrence und Augustine jr. schon seit dem Beginn der 1730er Jahre in Großbritannien die Schule besuchten. In der nordwestenglischen Grafschaft Cumbria erlernten diese beiden fast schon erwachsenen Washingtons in der Appleby Grammar School die lateinische Sprache. Schon seit den frühen Tagen der Kolonie war es unter den einkommensstärkeren Farmern Brauch, die ältesten Söhne zur Vervollständigung ihrer Bildung ins Mutterland zu schicken. Auch George durfte hoffen, zu gegebener Zeit über den Ozean zu segeln, um in England in die schulischen Fußstapfen seiner älteren Brüder zu treten. Vorerst war er aber in Virginia gefordert, seinen Eltern bei der Betreuung der jüngeren Geschwister zur Hand zu gehen: Nach der Schwester Betty wurden 1734, 1736 und 1737 noch die Brüder Samuel, John Augustine und Charles geboren.

Seine eigene Unterweisung leitete ab 1738 ein Hauslehrer, der ihm auf der Ferry Farm regelmäßig Privatstunden erteilte, weil in der erst wenige Jahre zuvor gegründeten Stadt Fredericksburg noch keine gute öffentliche Schule existierte. Dieser Lehrer brachte George zunächst in aller Sorgfalt das Lesen, Schreiben und Rechnen bei, weil an einen späteren Schulaufenthalt in England überhaupt nur nach erfolgreichem Abschluss eines gründlichen Elementarschulunterrichts zu denken war. Die ersten Texte, die der Junge unter Anleitung seines Privatlehrers buchstabieren lernte, waren Geschichten aus der Bibel und kleinere Artikel aus der erst am 6. August 1736 gegründeten *Virginia Gazette*. Dieses Blatt erschien in der virginischen Hauptstadt Williamsburg, einer Stadt, die schon 1633 unter dem Namen »Middle Plantation« in unmittelbarer Nachbarschaft von Jamestown angelegt worden war, aber erst nach ihrer Umbenennung zu Ehren Wilhelms III. ab 1699 als neuer Sitz des Kolonialparlamentes fungierte. Die *Virginia Gazette*, das erste regelmäßig erscheinende Periodikum Virginias, war nach der *South Carolina Gazette* erst die zweite Zeitung, die südlich des Potomac veröffentlicht wurde. Die jeder Ausgabe der *Virginia Gazette* vorangestellte Maxime lautete: »Enthält die neuesten Nachrichten, aus der Heimat und aus dem Ausland«.

Georges kontinuierlich gepflegte Konversation mit seinem Lehrer über die in Bibel und Zeitung gelesenen kleinen Texte diente nun nicht nur dazu, sein durch die Lektüre erworbenes Wissen abzufragen. Sie war auch ein wichtiges Mittel zur Sicherstellung einer gehobenen Ausdrucksweise. Da die Kinder der virginischen Farmer täglich mit den Kindern der schwarzen Sklaven Umgang hatten, argwöhnten viele bildungsbeflissene Einwohner der Kolonie, dass der nachlässige Sprachgebrauch der Schwarzen auf den Nachwuchs der Weißen in unstatthafter Weise abfärbe. Ein Kolonist unterstellte ganz ausdrücklich, dass sich die »Kinder der Virginier«, »wenn sie sich zu lange mit den jungen Negern herumtreiben«, eine »radebrechende Sprache« angewöhnten. Einer elaborierten Rhetorik, die sich vom umgangssprachlichen Jargon der Straße deutlich unterschied, konnte der junge George Washington aber auch lauschen, wenn er Sonntags mit seinen Eltern die Kirche besuchte. Allerdings entnahm er den Predigten der anglikanischen Pfarrer nichts, was bei ihm Anstoß an der als selbstverständlich erachteten Praxis der Sklaverei hätte erregen können.

Über eigene Bücher verfügte George zu Beginn seines Elementarschulunterrichts nicht, doch war ihm in seinem Elternhaus neben der Bibel auch das *Book of Common Prayer* frei zugänglich, die seit 1662 verbindlich festgelegte Agende der Anglikanischen Kirche, mit den Ordnungen und Anleitungen zu Morgen- und Abendgebet, Taufe, Abendmahl, Konfirmation, Trauung und Bestattung. Außerdem konnte er auch noch den für den Laien zum Hausgebrauch geschriebenen medizinischen Ratgeber *Every Man His Own Doctor: or, The Poor Planter's Physician* studieren, ein 1734 in Williamsburg anonym publiziertes und zur ärztlichen Selbst- und Nothilfe anregendes Buch, das um 1740 in der Pioniergesellschaft der Siedler nach der Bibel und dem *Prayer Book* die am weitesten verbreitete gedruckte Schrift war. Laut seinem zum Schmunzeln anregenden Vorwort war es vor allem zum Gebrauch der ärmeren Farmer gedacht, »die es sich nicht leisten konnten, durch die Hand eines Doktors zu Tode zu kommen«. Es wies ihnen, falls sie einmal »so unglücklich waren, krank zu sein«, den leicht gangbaren Weg zur »schnellen und möglichst kostengünstigen Gesundung«, ob nach einem Klapperschlangenbiss oder bei einem hartnäckigen Husten.

Das Weltbild, das George Washington sich in seinen ersten Unterrichtsjahren erschloss, war also von ganz pragmatischen, alltäglichen Verrichtungen geprägt, doch lernte er durch die Lektüre der *Virginia Gazette* auch die einzigartigen Vorzüge Virginias und der anderen amerikanischen Kolonien kennen, in denen Voltaire ja sogar die Voraussetzungen für den Anbruch eines neuen Goldenen Zeitalters erblickt hatte. Obwohl die Zeitung in einem anglikanisch geprägten Umfeld herausgegeben wurde, war dort zu lesen, dass nicht nur in Pennsylvania, sondern auch in Virginia die von den Lehren der *Church of England* abweichenden Menschen eine »weitreichende Toleranz« genießen sollten, solange sie »gute Bürger« waren. Und ein solcher guter Bürger, der Abgeordnete in das *House of Burgesses* von Williamsburg wählen konnte, wo sie dann bei der Gesetzgebung der Kolonie mitwirken durften, war jeder Mann, der entweder 100 Morgen Ackerland oder ein Haus in der Stadt besaß. Freigelassene Sklaven oder Indianer verfügten allerdings auch bei Land- oder Hausbesitz nicht über das Wahlrecht. Schließlich verstand George Washington auch schon frühzeitig, dass die ärmeren oder nur mäßig wohlhabenden Farmer die Mehrheit der weißen Bevölkerung stellten. Der unfassbar reiche Lord Fairfax of Cameron blieb mit seinen über 5 Millionen Morgen Landbesitz in Virginia eine Ausnahmeerscheinung. Somit war die Lebensweise der Familie Washington also der virginische Normalfall.

George Washington war demnach ein ganz gewöhnlicher amerikanischer Junge, der nicht nur im Rahmen seiner ersten Unterweisung, sondern auch in seinen Mußestunden genau die Erfahrungen sammelte, die etliche andere Virginier seines Alters auch machten. Wie schon seine älteren Brüder spielte auch er gern

Billard und besuchte die Jahrmärkte in Fredericksburg und Williamsburg. Weil er schon früh ein leidenschaftlicher Reiter war, interessierten ihn auch bald die Pferderennen, die sich um 1740 zunehmender Beliebtheit erfreuten. Viele Farmer verfügten über ihre eigenen Rennbahnen, auf denen mitunter hohe Wetteinsätze auf die favorisierten Sprinter oder auch auf vielversprechende Außenseiter getätigt wurden. Georges Begeisterung für elegante, ausdauernde und schnelle Pferde konnte sich allenfalls noch mit seiner Vorliebe für Hunde messen, die nicht nur treue Gefährten im Alltag waren, sondern auch unentbehrliche Begleiter auf der Jagd, einer Lieblingsbeschäftigung der amerikanischen Farmer, weil sie zugleich Nahrungsbeschaffung und Sport war.

Im März 1739 führte ein Virginier in einem Brief an einen Freund sorgfältig die Vielzahl von Tierarten auf, die man in seiner Kolonie jagen konnte: »Hirsche in großer Menge, Bären, Büffel, Wölfe, Füchse, Panther, Wildkatzen, Elche, Hasen«, dazu auch »Waschbären, Opossums, Biber, Otter« und die »sehr zahlreichen Truthähne und Rebhühner«, oder auch die »sehr schmackhaften«, auf den zahllosen Gewässern Virginias lebenden »Wildgänse, Schwäne, Kormorane und Enten«. Es war besonders die Jagd auf diese Wasservögel, die Washington nun über alles lieben lernte, weil er bei dieser »ducking« genannten Hatz schon auch regelmäßig selbst Stockenten erlegen durfte. Bei der Entenjagd lernte er mit der Waffe umzugehen, deren Gebrauch in Amerika das verbriefte Recht jedes Bürgers war. Das Gewehr war sicherlich das Symbol von Macht und Verwegenheit, aber auch das Attribut des freien und wehrhaften Mannes. So kam es, dass George Washington schon frühzeitig bekannte: »Meine Neigungen gelten in sehr starker Weise den Waffen.« Welch überragende Rolle er dereinst in Amerika mit dem Gewehr in der Hand spielen sollte, konnte er jedoch jetzt, im Frühjahr 1740, nicht einmal im Ansatz ermessen.

6.

RUHM UND BEWÄHRUNG (1740 – 1754)

Während nun der junge Farmerssohn George Washington an den schilfbestandenen Ufern der heimatlichen amerikanischen Gewässer die Freuden der Jagd für sich entdeckte, neigte sich in Berlin das Leben des wohl passioniertesten und privilegiertesten Waidmannes von Brandenburg-Preußen unwiderruflich dem Ende zu: Der sieche Monarch Friedrich Wilhelm I. spürte den Tod nahen, der ihn nun endlich, wie er selbst sehr gefasst einsah, von seinen mittlerweile unerträglich gewordenen Schmerzen beim Atmen erlösen würde. Deshalb ergab sich der preußische König auch still in sein Schicksal und ließ sich aus Berlin ins ruhigere Potsdam fahren. Als man ihn am 27. April 1740 vor dem großen grauen Stadtschloss an der Spree in seine Kutsche hob, rief er wehmütig: »Leb wohl Berlin, in Potsdam will ich sterben.«

Wie ernst es ihm mit seinem bewusst zelebrierten Abschied von seinem Erdendasein war, konnte jedermann leicht daran erkennen, dass der König nun auch seine geliebten, »schönen Parforcehunde« dem Fürsten Leopold I. von Anhalt-Dessau schenkte, »weil ich«, wie er dem Freund gestand, »in dieser Welt ausgejagt habe« und »mein ältester Sohn doch kein Liebhaber der Jagd ist noch jemals werden wird«. Am 26. Mai schickte er diesem Sohn Friedrich dann einen Brief nach Rheinsberg, in welchem er ankündigte, dass er jetzt gewiss in nur wenigen Tagen in Potsdam dahinscheiden werde, doch inständig hoffe, den Thronfolger dort zuvor noch einmal in die Arme schließen zu können. Gleich nachdem Friedrich diese herzliche Bitte seines Vaters empfangen hatte, unternahm er einen Gewaltritt nach Potsdam, wo ihn der im Rollstuhl sitzende König am Nachmittag des 28. Mai schon von weitem erblickte. Mit ausgebreiteten Armen empfing der Vater den Sohn, der vor Erschütterung weinend an seiner Seite niederkniete.

Vor einem schlichten Sarg aus Eichenholz, in dem der König bestattet werden wollte, erläuterte der Monarch seinem Nachfolger am nächsten Tag, »wie ich will, dass Ihr es mit meinem Leibe halten sollt, wenn der Allerhöchste mich aus dieser Zeitlichkeit wird zu sich nehmen«. Aber nicht nur das Ritual seiner Beerdigung besprach Friedrich Wilhelm I. mit seinem Sohn. Er ließ sich von diesem auch das Versprechen geben, für den brandenburgisch-preußischen Länderverbund so gewissenhaft und treu zu sorgen, wie er es selbst seit 1713 getan hatte. Insbesondere die Stärke der Armee, deren Zahl sich während seiner Regierungszeit verdoppelt hatte, sollte weiter wachsen, weil sie eine lebenswichtige Säule des Staates sei. Dies konnte der früher so unsoldatische Friedrich dem Vater nun, nach seinen einschneidenden Erfahrungen aus den Tagen des Polnischen Thronfolgekrieges, sehr leicht und glaubwürdig zusagen. Über das seinem innigsten Wunsch entsprechende Gelöbnis des Sohnes äußerte sich der König denn auch hochzufrieden: »Er hat mir versprochen, dass er die Armee beibehalten wird, und ich bin sicher, dass er mir sein Wort halten wird. Ich weiß jetzt, dass er die Truppen liebt.«

Am 31. Mai 1740 um drei Uhr nachmittags entschlief der gottergebene Friedrich Wilhelm I. sanft und ruhig, nachdem er sich eine gute Stunde zuvor noch einmal mit letzter Kraft einen Spiegel gegriffen hatte, um darin die Züge des Todes zu erblicken, die sich nun auf seinem Gesicht abzuzeichnen begannen. Einen Tag später wurde sein Leichnam im Potsdamer Stadtschloss aufgebahrt, wo sein Hofstaat, seine Frau und seine Kinder sich nun mit sehr unterschiedlichen Gefühlen von der sterblichen Hülle jenes Mannes verabschieden konnten, der ihnen allen – wie auch dem von ihm geführten Staat – in seinen nur etwas über fünfzig Lebensjahren seinen persönlichen Stempel unauslöschlich aufgedrückt hatte. Besonders aufgewühlt war sein Nachfolger Friedrich, in dessen Innerem, wie er an Voltaire schon am 6. Juni schrieb, ein »Wirbel« von Emotionen toste.

Friedrich war nun König. Schon am Nachmittag des 31. Mai hatte er die Amtsgeschäfte des preußischen Herrschers übernommen. Auf eine aufwendige Krönungszeremonie verzichtete er so entschlossen wie sein verstorbener Vorgänger. Doch obwohl er schon seit Jahren auf diesen Augenblick gewartet hatte, musste er nun erfahren, dass man sich auf einen solchen Moment nur sehr bedingt vorbereiten kann. Mit der Regierungsübernahme und der damit verbundenen Verantwortung lastete auf einmal eine schwere Bürde auf ihm. Plötzlich war alles anders. Jedoch tröstete er sich in seinem Brief an Voltaire mit dem ebenso »einzigartigen Gedanken«, fortan »meinen Mitbürgern zu dienen«, und zwar so, wie er es im *Antimachiavel* gerade erst beschrieben hatte.

Die Einwohner Brandenburg-Preußens schienen sich in der Tat viel von dem neuen Herrscher zu erhoffen, denn das Volk der Hauptstadt Berlin bereitete dem neuen König, der nun Friedrich II. hieß, einen begeisterten Empfang. Unter großem Jubel nahmen die Berliner schon Anfang Juni den ersten königlichen Erlass zu Kenntnis, in dem Friedrich seinen »Unterthanen« in Aussicht stellte, sie »vergnügt und glücklich zu machen«, weil er zwischen ihren und seinen eigenen Interessen grundsätzlich »keinen Unterschied setzen« wollte. Er wollte aufgeklärt herrschen, mit Milde, und seinen Untergebenen zu jeder Zeit Gerechtigkeit widerfahren lassen. So verfügte er bis Ende Juni in drei aufsehenerregenden Reformschritten den weiteren Ausbau der brandenburgisch-preußischen Toleranzpolitik, den sehr weitgehenden Verzicht auf die Zensur der Presse und die Abschaffung der Folter bei Vernehmungen in Kriminalsachen.

Auch weil er in seinen Jugendjahren die eigenen religiösen Überzeugungen vor dem Vater hatte verheimlichen müssen, nicht alles hatte lesen dürfen, wonach ihn gelüstete, und weil die Gefangenschaft in Küstrin eine traumatisierende Seelenpein gewesen war, wollte er seinen Untertanen eben jene Freiheiten und Rechte garantieren, die ihm der dahingegangene König nicht in vollem Umfang gewährt hatte. »Die Religionen müssen alle tolleriert werden«, proklamierte Friedrich«, denn »hier mus ein jeder nach seiner Faßon selich werden«. Da nach seiner Einschätzung »alle Religionen gleich und gut« waren, solange sich nur »die Leute, so sie professieren«, als ehrliche und gute Menschen aufführten, sagte er sogar ausdrücklich zu, »Mosqueen« zu bauen, falls einmal »Türken« dauerhaft nach Berlin kommen sollten. Weiter hob er hervor, »dass Gazetten, wenn sie intereßant seyn sollten, nicht geniret werden müsten«. Die Abschaffung der »Tortur« wurde allerdings nicht öffentlich bekannt gemacht, sondern dem Justizminister Samuel von Cocceji in einem heimlichen Dekret mitgeteilt, um potentielle Gesetzesübertreter nicht etwa zu schlimmen Untaten zu ermutigen.

Auch in sehr persönlichen Gesten stellte der erst 28-jährige preußische König große Milde und Versöhnlichkeit gegenüber jenen Menschen unter Beweis, die von seinem Vater schlimm geschädigt worden waren. Sein ehemaliger Lehrer Duhan, der nach dem gescheiterten Fluchtversuch des Kronprinzen nach Memel verbannt worden war und Brandenburg seit 1730 nicht mehr betreten hatte, durfte nun zurückkehren. Schon drei Tage nach Aufnahme der Regierungsgeschäfte schrieb ihm der neue König einen bewegenden Brief: »Mein Schicksal hat sich geändert, mein Lieber, ich erwarte Sie mit Ungeduld, lassen Sie mich nicht zu lange warten.« Auch den Philosophieprofessor Christian Wolff, der im Jahr 1723 von Friedrich Wilhelm I. den Befehl erhalten hatte, Halle binnen 48 Stunden zu verlassen, berief Friedrich zurück an die Universitätsstadt an der Saale. Die Sorge seines pietistischen Vaters, dass Wolffs unverhohlene Begeisterung für die altchinesische Philosophie des Konfuzius zur Ausbreitung des Atheismus in Brandenburg-Preußen führen würde, hielt der neue König für vollkommen unbegründet. Schließlich erhob er auch noch den Vater des noch immer unvergessenen Freundes

Katte, Hans Heinrich von Katte, in den Grafenstand und schenkte ihm ein von Pesne gemaltes Porträt, auf dem der König den Betrachter als strahlender, junger Herrscher mit klaren Augen anblickt.

Am schönsten kam Friedrichs Ansinnen, möglichst vielen seiner Untertanen ein Höchstmaß an Glück und Vergnügen zu bescheren, in den von ihm selbst angeleiteten städtebaulichen Veränderungen in Berlin zum Ausdruck. So gab er Knobelsdorff den Auftrag, das vor den westlichen Toren der Stadt gelegene königliche Jagdrevier, den sogenannten »Tiergarten«, von seiner Umzäunung zu befreien und zu einem Park zu gestalten, um dieses große Gehölz nun allen Einwohnern der Hauptstadt als zur Erholung gedachtes Promeniergebiet zugänglich zu machen. Da er selbst die Jagd nicht schätzte, war es ihm ein Leichtes, mit dieser Maßnahme zur Anlage eines Lustparks die Berliner Bevölkerung zu erfreuen.

Mit dem Bau der neuen königlichen Hofoper Unter den Linden, den er ebenfalls Knobelsdorff ausführen ließ, vereinigte er dann sein eigenes musisches Interesse mit dem Verlangen der Berliner Bürger nach gehobener Unterhaltung. Das geplante Opernhaus sollte über 3000 Zuschauern Platz bieten und damit eines der größten Musiktheater der Welt werden. Von Anfang an war klar, dass es als freistehender Musentempel im Herzen der Stadt auch einer nichthöfischen, bürgerlichen Öffentlichkeit die Teilhabe am höchsten Musikgenuss des Königs gewähren sollte. Schon Anfang August 1740 begannen die von Knobelsdorff angeleiteten Untersuchungen des für die Oper vorgesehenen Baugrundes und auch die ersten Erdarbeiten.

Von dem mit so viel heiterem und großzügigem Elan begonnenen Regierungsantritt des jungen Monarchen zeigte sich auch Voltaire beeindruckt. Zwar hatte sich der Preußenkönig im *Antimachiavel* für ein sehr viel eingeschränkteres Verständnis von politischer Aufklärung ausgesprochen, als es dem französischen Dichter lieb sein konnte, der sich ja am Ideal des englischen und amerikanischen Parlamentarismus orientierte; aber offenbar war das von Friedrich verfasste politische Manifest doch von eben jenem Willen zur Beförderung der »Menschlichkeit« und des »Glücks« der Untertanen gekennzeichnet, den der König jetzt ganz ernsthaft in seinem Herrschaftsbereich zu verwirklichen begann. Als Voltaire daher im August 1740 von Friedrich den Auftrag erhielt, das Manuskript des *Antimachiavel* für den Druck vorzubereiten, willigte der Franzose auch sofort ein. Schon im September erschien eine von Voltaire bearbeitete Fassung des Textes.

Noch im selben Monat kam es zur ersten persönlichen Begegnung zwischen dem König und seinem philosophischen Lehrmeister. Im Verlauf einer langen Huldigungsreise begab sich Friedrich auch in die im rheinisch-westfälischen Raum gelegenen brandenburgischen Besitzungen Kleve, Mark und Ravensberg – von wo aus er Ende August unter dem Aliasnamen »Graf Dufour« noch einen kurzen Abstecher nach Straßburg unternahm – und verbrachte vor der Rückreise nach Berlin einige Tage im Schloss Moyland bei Kleve. In diesem mittelalterlichen Wasserschloss, das schon sein Großvater Friedrich I. Ende des 17. Jahrhunderts erworben hatte, empfing er in der zweiten Septemberwoche jenen Mann, mit dem er nun schon seit vier Jahren überaus vertrauensvolle Briefe austauschte. Eigentlich hatten Friedrich und Voltaire sich auf halbem Wege zwischen Lothringen und Westfalen treffen wollen, in Brüssel oder Antwerpen, doch zwang ein starkes Fieber den Monarchen ausgerechnet zur verabredeten Zeit zu strikter Bettruhe. So suchte der französische Dichter den unpässlichen preußischen König kurzerhand am 11. September an seinem Krankenlager auf.

Als Voltaire im Schloss Moyland in Friedrichs Gemächer geführt wurde, entdeckte er in einem kleinen, von vier nackten Wänden umgebenen Kabinett im Schein einer Kerze ein kleines Feldbett. Darauf lag in einem Schlafrock aus blauem Tuch der König, der viel kleiner war, als der Dichter erwartet hatte. Unter einer groben Decke schwitzend und zitternd, ließ er sich von dem französischen Besucher so selbstverständlich seinen Puls fühlen, als ob der Philosoph aus Cirey schon seit Jahren sein Leibarzt gewesen sei. Der geschwächte Friedrich war zunächst etwas gehemmt; dann kam aber doch ein längeres Gespräch zustande, über das beide Männer noch im Herbst 1740 in begeisterten Briefen an ihre Freunde berichteten.

Friedrich schrieb seinem engen Vertrauten Jordan nach Rheinsberg, er habe jetzt endlich »diesen Voltaire gesehen, auf dessen Bekanntschaft ich so neugierig war«. Wie erwartet habe ihn der Franzose »hingerissen«, da »sein Geist ständig arbeitet«. Fast schon im Minutentakt produziere er »Geistesblitze«. Noch Wochen nach dem Treffen gestand Friedrich: »Ich konnte nur – ihn bewundern und schweigen.« Und seufzend fügte er hinzu: »Die du Châtelet kann sich glücklich preisen, ihn zu haben.« Aber auch Voltaire war von Friedrich angetan. Schon die Stimme des Königs, die auch viele andere Zeitzeugen als wunderbar weich, klangvoll und »wohltönend« bezeichneten, nahm ihn für den preußischen Monarchen ein, zumal dieser ihm damit durchweg schmeichelnde Worte sagte.

An seinen ehemaligen Mitschüler und Freund Pierre-Robert Le Corneille de Cideville schrieb Voltaire am 18. Oktober, dass er mit Friedrich »einen der liebenswürdigsten Männer von der Welt« kennengelernt habe, der sogar dann »das Entzücken der Gesellschaft« sein könne, »wenn er nicht König wäre«. Denn er sei »ein Philosoph ohne Strenge, voller Milde, Freundlichkeit und angenehmen Wesens, der vergisst, dass er König ist, sobald er unter seinen Freunden weilt«. Bisweilen machte er seinen königlichen Rang sogar derart vergessen, dass Voltaire sich nur »mit Mühe ins Gedächtnis zurückrufen« konnte, wen er da im Bett eigentlich vor sich sah, nämlich »einen Souverän«, der den Oberbefehl über »eine Armee von hunderttausend Mann« hatte.

Nur zwei Tage nach dieser Bemerkung Voltaires ereignete sich ein prominenter Todesfall, der dazu führte, dass die hochgerüstete preußische Armee tatsächlich binnen weniger Wochen mobil gemacht wurde und zum Einsatz kam. Nach dem Verzehr sautierter Champignons, unter die sich einige giftige Knollenblätterpilze gemischt hatten, verstarb der erst 55-jährige römisch-deutsche

Kaiser Karl VI. plötzlich und unerwartet, ohne einen männlichen Erben seiner österreichischen Besitzungen hinterlassen zu haben. Friedrich erreichte diese Nachricht, die ihn zutiefst bestürzte, am 26. Oktober. Schon am 28. Oktober ließ er Voltaire in einem Brief wissen: »Der Tod des Kaisers bringt alle meine friedlichen Gedanken durcheinander.«

Unter Anspielung auf den gerade erst begonnenen Bau der Berliner Oper erklärte der König seinem französischen Vertrauten, dass es für ihn schon sehr bald nicht mehr in erster Linie »um Schauspielerinnen, Balletts und Theater« gehen werde, sondern »um Schießpulver, Soldaten und Gräben«. Denn des Kaisers Tod führte im Reich ein Machtvakuum herbei, und Friedrich gedachte so rasch wie möglich österreichisches Territorium zu besetzen, um vitale preußische Interessen zu wahren. Tatsächlich erteilte er seinen Truppen den nötigen Stellungsbefehl, um dieses Vorhaben noch im November oder Dezember in die Tat umzusetzen. Wegen dieser einsamen Entscheidung Friedrichs kommentierte Voltaire den tragischen Tod des Kaisers Karl VI. später mit den lakonischen Worten: »Ein Pilzgericht änderte das Geschick Europas.«

Doch was motivierte den brandenburgischen Kurfürsten und preußischen König Friedrich, einen überfallartigen Vormarsch auf österreichisches Gebiet zu wagen, nur weil das Reichsoberhaupt aus dem Hause Habsburg früher als erwartet gestorben war? Wie konnte es ihm nur in den Sinn kommen, durch diesen verwegenen und mit hohen Risiken behafteten Einfall den Frieden in Europa nachhaltig zu erschüttern? Die schlüssigste Antwort auf diese Fragen fällt dreigeteilt aus. Beim Erhalt der Nachricht vom Tod des Kaisers wurde Friedrich zunächst einmal von panischer Furcht vor den für Preußen bedrohlichen Konsequenzen eines zerbrechenden Habsburgerreiches gepackt. Diese Furcht verschmolz dann, zweitens, mit dem übermächtigen Wunsch, alte hohenzollernsche Rechtsansprüche auf das von den Habsburgern regierte Herzogtum Schlesien notfalls auch mit militärischen Mitteln einzulösen, was dann schließlich seiner durch den Prinzen Eugen geweckten soldatischen Ruhmbegierde ganz neuen Auftrieb gab.

Schon drei Jahre vor dem Ableben des letzten männlichen Habsburgers hatte Friedrich in einem Brief an Grumbkow besorgt geäußert: »Wenn der Kaiser heute oder morgen stirbt, welche Umwälzungen wird man nicht in der Welt erleben! Jeder würde von seiner Verlassenschaft mitgenießen wollen, und man würde ebensoviele Parteien wie verschiedene Souveräne erstehen sehen.« Obwohl Karl VI. schon in einem am 19. April 1713 veröffentlichten habsburgischen Hausgesetz, der »Pragmatischen Sanktion«, ganz explizit die Möglichkeit zu einer zukünftigen weiblichen Erbfolge in Österreich eröffnet hatte, glaubte Friedrich nicht, dass Maria Theresia, die älteste Tochter des Kaisers, als Universalerbin der habsburgischen Erblande anerkannt würde. Er unterstellte, dass sämtliche Hauptländer, die das Haus Österreich innerhalb der Grenzen des deutschen Reiches besaß – also die österreichischen Niederlande, das Erzherzogtum Österreich sowie das Königreich Böhmen mitsamt den ihm seit dem Mittelalter verbundenen Anhängseln Mähren und Schlesien – schon bald bei einigen deutschen Fürsten heftige Begehrlichkeiten wecken würden.

Und in der Tat bestritten die Kurfürsten von Bayern und Sachsen der Habsburgerin Maria Theresia ihr alleiniges Erbrecht. Im Namen ihrer Ehefrauen Maria Amalia und Maria Josepha, die beide Nichten des verstorbenen Kaisers waren, erhoben sie einen gleichberechtigten Anspruch auf die österreichischen Territorien. Friedrich trieb nun die Sorge um, dass sich Sachsen mit seinen Wünschen entweder auf dem Rechtswege oder durch eigenmächtige und gewaltsame Entscheidungen durchsetzen und sich zusätzlich zur Krone Polen auch noch Böhmen mit Mähren und Schlesien aneignen würde. Von der Vision eines entstehenden polnisch-böhmisch-sächsischen Großreiches an der unmittelbaren Grenze zu Brandenburg-Preußen fühlte er sich derart bedroht, dass er nun seinerseits glaubte, Schlesien so schnell wie möglich in seinen Besitz bringen zu müssen.

Als Begründungsmuster für seine hektischen Schlussfolgerungen dienten ihm Ausführungen, die er erst wenige Wochen vor dem Tod des Kaisers in seinem *Antimachiavel* veröffentlicht hatte. Im 26. Kapitel dieser Schrift hatte er der Welt klar und deutlich mitgeteilt: »Es gibt Kriege aus Vorsicht, die zu unternehmen ein kluger Schachzug der Fürsten ist; in Wahrheit sind es Angriffskriege, die aber nicht weniger gerecht sind«. Denn wenn die »übermäßige Größe einer Macht den Eindruck erweckt, alsbald über die Ufer zu treten«, gebiete es dem dadurch bedrohten Nachbarn allein schon die Klugheit, dieser anschwellenden Gefahr »Dämme entgegenzusetzen«, um dadurch »den stürmischen Lauf eines Stroms aufzuhalten, solange man seiner noch Herr ist«. Ein wachsamer Fürst tue also besser daran, »solange er noch in der Lage ist, zwischen dem Ölzweig und dem Lorbeerkranz zu wählen, einen Angriffskrieg zu unternehmen, statt auf hoffnungslose Zeiten zu warten«. Um den Frieden im eigenen Herrschaftsbereich zu wahren und das Glück der Untertanen zu befördern, so Friedrich, musste ein König bisweilen zu einem Präventivschlag ausholen.

Nach diesen Prämissen handelte er nun. Einen Monat nur benötigte der König, um seine Regimenter in ausreichender Stärke aufzustellen. Am 13. Dezember brach er zunächst Richtung Frankfurt an der Oder auf, dann nach Crossen, dem in südlicher Flussrichtung gelegenen brandenburgischen Grenzort zu Schlesien. Von dort marschierte er am 16. Dezember an der Spitze einer Armee von 20 000 Mann in das wehrlos vor ihm liegende Herzogtum ein. Beim Vorrücken erteilte er alle entscheidenden militärischen Befehle selbst, weil es nun einmal in Brandenburg-Preußen, wie er dem Fürsten Leopold I. von Anhalt-Dessau erklärte, »die Natur und Art der Regierung zu erfordern« schien, »dass alle Regimenter Mir allein angewiesen sind«. Der für alle Welt überraschende Vormarsch erfolgte nahezu unbehindert. Schon Anfang des Jahres 1741 hatte der junge preußische König nahezu ganz Schlesien in seiner Hand.

Friedrich selbst mochte diesen hastigen Zugriff auf Schlesien allen Ernstes aus Gründen der Selbstverteidigung für unausweichlich erachtet haben, doch meinte er eben auch, dass er das von der Oder durchflossene Herzogtum nur dann würde dauerhaft halten können, wenn es ihm gelang, auch noch ältere Rechtsansprüche auf dieses österreichische Land geltend zu machen. Immerhin ging er wie selbstverständlich davon aus, dass er über solche Ansprüche verfügte, weil ihm Rechtszusagen aus dem Jahr 1537 bekannt waren, wonach die schlesischen Fürstentümer Liegnitz, Wohlau und Brieg nach dem Aussterben der schlesischen Herrscherdynastie an die Hohenzollern fallen sollten. Die Rechtmäßigkeit dieses Erbversprechens wurde zwar schon im 16. Jahrhundert von Kaiser Ferdinand I. bestritten, doch schickte der davon gänzlich unbeeindruckte König den preußischen Oberhofmarschall Gustav Adolf von Gotter nach Wien, um Maria Theresia seinen Standpunkt eindringlich zu erläutern.

Wer glaubte, dass sich die Tochter Karls VI. dem dreisten militärischen Auftreten und der kasuistischen Argumentationsführung Friedrichs widerstandslos ergeben würde, sah sich getäuscht. Auch wenn andere deutsche Regenten wie Wilhelm von Hessen-Kassel oder der Alte Dessauer ganz ausdrücklich Verständnis dafür hatten, dass der König sein Land und seine Rechte durch die Einnahme Schlesiens »zu schützen« gedachte, wollte sich die erst 23-jährige österreichische Erzherzogin von niemandem um ihr Erbe bringen lassen. Sie ließ sich auf keinerlei Diskussionen mit Friedrich und seinen Ministern ein, sondern entsandte nun ihrerseits Truppen in das besetzte Land, um den Kampf mit dem König aufzunehmen.

Friedrich war von der grimmigen Entschlossenheit der jungen Habsburgerin überrascht, doch bot ihm Maria Theresias Unnachgiebigkeit andererseits endlich die Möglichkeit, in offen ausgetragenen Schlachten als Feldherr glorreiches Prestige zu erlangen. Er hatte zwar Voltaire noch während des Einmarsches nach Schlesien leise gestanden, dass die Sucht nach kriegerischem Ruhm eigentlich »ein großer Wahnsinn« sei, doch eben »einer, von dem man nur schwer loskommt, wenn man einmal davon gepackt ist«. Und Friedrich war jetzt wahrhaftig vom Drang nach

Ruhm besessen. So schrieb er im Februar 1741 an Jordan, dass er den sich anbahnenden »Krieg« mit den Österreichern wegen der in Aussicht stehenden *gloire* geradezu »liebe«. Überdies zweifelte er nicht im mindesten am glücklichen Ausgang des militärischen Schlagabtauschs mit der Armee der Erzherzogin, weshalb er dem Rheinsberger Freund auch freimütig gestand, eine innere »Genugtuung« bei der Vorstellung zu empfinden, seinen Namen dereinst »in den Zeitungen« und »in der Historie« hell funkeln zu sehen.

Als es dann aber am 10. April bei der Ortschaft Mollwitz zur ersten Schlacht zwischen den Preußen und Österreichern kam – die doch bislang immer Seite an Seite gekämpft hatten – zogen die Truppen Maria Theresias gegen die zahlenmäßig stärkeren Regimenter des Königs zwar, wie von Friedrich prophezeit, den Kürzeren, doch war nicht er es, der im gleißenden Schnee als Feldherr glänzte. Den preußischen Sieg erfocht der tapfere Feldmarschall Kurt Christoph Graf von Schwerin. Friedrich selbst hatte sich im unübersichtlichen Kampfgetümmel vom Schlachtfeld zurückgezogen, um sein Leben zu retten. Er empfand seine erste Feldschlacht daher als persönliches Debakel. Mit derartigen Taten, das wusste er, kam man nicht in die Gazetten.

Dennoch hatte der preußische Triumph von Mollwitz im Reich gewaltiges Aufsehen erregt. Die Kurfürsten von Bayern und Sachsen verzichteten nun ihrerseits auf umständliche Gespräche mit Österreich und schufen stattdessen mit ihren Armeen nach dem Vorbild von Friedrichs Truppen gleichfalls militärische Fakten. Mit Unterstützung Frankreichs, dem sehr an der Schwächung des traditionellen Gegners Österreich gelegen war, marschierten bayerische Verbände im September in Linz ein, während sich die Herrscher von Sachsen-Polen und Bayern zugleich in aller Ruhe in einem »Partagetrakt« über die von ihnen vorzunehmende Zerteilung des noch unbesetzten österreichischen Erbes verständigten. Im November rückte Kurfürst Karl Albrecht von Bayern dann in Böhmen ein, um sich aus der neu gewonnenen Machtposition heraus am 24. Januar 1742 zum römisch-deutschen Kaiser wählen zu lassen. Als Karl VII. war der Bayer der erste nichthabsburgische Kaiser seit 1437. Auch Friedrich, der am Tag der Kaiserwahl seinen dreißigsten Geburtstag feierte, gab dem ambitionierten Wittelsbacher als brandenburgischer Kurfürst seine Stimme.

Trotz dieser für sie deprimierenden Vorgänge kämpften die Österreicher immer weiter. Am 17. Mai 1742 lieferten sie dem preußischen König eine weitere Schlacht im böhmischen Chotusitz, wohin Friedrich sich zur Unterstützung der bayerischen Armee begeben hatte. Diesmal allerdings bewies der König Heldenmut, da es ihm gelang, den allmählich vorrückenden Gegner durch eine rasante Attacke der von ihm persönlich angeführten Infanterie zum fluchtartigen Rückzug zu bewegen. Damit hatte er sich endlich ruhmreich im Gefecht bewährt. Umso leichter fiel es ihm, Maria Theresia einen sofortigen Frieden anzubieten, der zur Bedingung hatte, dass Österreich Schlesien dauerhaft preisgab und als preußische Provinz anerkannte. Die Habsburgerin hatte keine Wahl: Um Kraft zu schöpfen und weiter gegen Bayern und Sachsen vorgehen zu können, stimmte sie einem von Großbritannien ausgehandelten Präliminarfrieden mit Friedrich zu, der im Juni 1742 in Breslau unterzeichnet wurde.

Mit dem einseitigen Rückzug aus dem Kampfgeschehen verprellte Friedrich nun nicht nur den neuen Kaiser, sondern auch den Kurfürsten von Sachsen, was ihm aber keineswegs leid tat, da er den zugleich als König von Polen amtierenden Wettiner ja ursprünglich als ärgsten Konkurrenten um Macht und Einfluss in Schlesien wahrgenommen hatte. Nachdem er bekommen hatte, was er wollte, sehnte sich der preußische König ungeachtet des fortdauernden Konflikts zwischen Sachsen, Bayern und Österreich nun in erster Linie wieder nach den »schönen und friedlichen Buchen« von Rheinsberg zurück, wie er Jordan in blumigen Worten mitteilte. Er musste aber die ernüchternde Erfahrung machen, dass derjenige, der leichtfertig einen Krieg anzettelt und danach seine Verbündeten überraschend im Stich lässt, sich gar nicht so leicht von den Schlachtfeldern zurückziehen kann wie gewünscht.

Denn Österreich nutzte die durch den Frieden mit Preußen bewirkte Entlastung der eigenen Armee höchst geschickt zur erstaunlich raschen Stärkung seiner Position, indem es nun mit Hilfe der Briten – die das Haus Habsburg weiterhin als zentraleuropäischen Verbündeten im weltweit ausgetragenen Konkurrenzkampf mit Frankreich benötigten – im Laufe des Jahres 1743 gezielt das Kurfürstentum Bayern eroberte. Der wittelsbachische Kaiser wurde vom österreichischen Heer aus seinem Stammland bis nach Frankfurt am Main vertrieben. Seine französischen Helfer mussten sich wieder bis hinter den Rhein zurückziehen. 1744 war die Schlagkraft Maria Theresias dank der Unterstützung des britischen Königs Georg II. wieder so weit hergestellt, dass der König von Preußen nun ganz ernsthaft die glühende Rache der Erzherzogin zu fürchten begann. Und wieder reagierte er auf eine gefühlte Bedrohung mit einem Präventivkrieg.

Unter krasser Missachtung der Breslauer Friedensbestimmungen marschierte Friedrich am 16. September 1744 mit einem gewaltigen Heer von über 60 000 Mann in das von Truppen entblößte österreichische Erbland Böhmen ein und besetzte die Hauptstadt Prag, ohne recht zu wissen, was er nun genau mit diesem leicht erworbenen Faustpfand anfangen sollte. Als der sächsisch-polnische König daraufhin den preußischen Truppen ihre Nachschubwege abschnitt, weil er Friedrichs ständigen Sinneswandel und Frontenwechsel nicht länger dulden mochte, musste sich der preußische König sogar in den Wintermonaten notgedrungen bis ganz nach Schlesien zurückziehen, ohne während des Vormarsches nach Böhmen irgendetwas gewonnen zu haben. Ganz im Gegenteil: Er hatte mit dem Bruch des von ihm unterzeichneten Friedensvertrages einen großen Teil seiner Glaubwürdigkeit verloren, da er jetzt bei Freund und Feind als völlig unberechenbar galt. Als dann am 20. Januar 1745 auch noch Kaiser Karl VII. starb, änderte sich Friedrichs noch vor Jahresfrist so komfortable Lage auf dramatische Weise.

Am 22. April trat der neue bayerische Kurfürst Maximilian III. Joseph ganz offiziell an die Seite Maria Theresias und versprach, bei der nun erneut anstehenden Kaiserwahl für ihren Gemahl Franz Stephan von Lothringen zu stimmen. Damit sah sich der preußische König einer ihm feindlich gesonnenen Allianz der Mächte Österreich, Bayern, Sachsen und Großbritannien-Hannover gegenüber, die schon im Mai ihre Absicht bekundete, die Erzherzogin bei der Rückeroberung Schlesiens zu unterstützen. Nun ging es für Friedrich wirklich ums Ganze. Hatte er sich bislang oftmals nur eingebildet, dass er in den Schlachten gegen Österreich ums Überleben kämpfte, war dieser Fall nun wirklich eingetreten. Und weil der preußische Staat in seinen Augen seit seiner Gründung im Jahr 1701 ganz auf die alles entscheidende Person des allein regierenden König zugeschnitten war, war das Schicksal Preußens mit seinem eigenen Geschick untrennbar verbunden. So war es nur folgerichtig, wenn er am 27. April seinem Außenminister Heinrich von Podewils schrieb, dass er im Kampf gegen Österreich und seine Verbündeten entweder seine Stellung behaupten werde oder aber wolle, »dass alles zugrunde gehe und der preußische Name mit mir begraben werde«.

Womöglich war es das von ihm beschworene Alles-oder-nichts-Prinzip, das ihn – neben seinem in dieser Zeit ebenfalls wiederholt zum Ausdruck gebrachten Glauben an die »Vorsehung« – erstaunlicherweise zu militärischen Bestleistungen anstachelte, die ihm am Ende zum Sieg verhalfen. Als eine 72 000 Mann starke Armee von Österreichern und Sachsen unter der Führung von Maria Theresias Schwager Karl von Lothringen in mehreren Tagesetappen auf Schlesien vorrückte, entschloss sich der preußische König am 4. Juni 1745 bei Hohenfriedberg zu einem nächtlichen Überraschungsangriff auf den lagernden Feind. Noch vor dem ersten Morgengrauen griff Friedrich die zahlenmäßig überlegenen Truppen des Lothringers an. Im Verlauf des erbitterten Gefechts gab er dann selbst den Befehl zum schlachtentscheidenden, von seinem Freund Chasot angeführten Reiterangriff der Preußen, der die Reihen der sächsisch-österreichischen Regimenter sprengte und ihren sofortigen Rückzug einleitete.

Im Überschwang seines durch beispiellose Kühnheit erfochtenen Sieges verfolgte er die feindlichen Truppen in den nächsten Wochen sogar bis nach Böhmen, wo er sie am 30. September in der Schlacht bei Soor ein weiteres Mal schlagen konnte. Auch einen letzten verzweifelten Abwehrriegel der nun schon deutlich geschwächten österreichisch-sächsischen Armee konnten die Preußen am 15. Dezember in der Nähe von Kesselsdorf bei Dresden brechen. Drei Tage später zog ihr Monarch in der sächsischen Hauptstadt ein. Schon am ersten Weihnachtstag wurde dort ein neuer Friedensvertrag zwischen Preußen, Österreich und Sachsen unterzeichnet, dessen Bedingungen der König diktierte: Friedrich gab der schon im September vollzogenen Wahl des Großherzogs Franz von Lothringen zum römisch-deutschen Kaiser im Nachhinein seine Zustimmung und erkannte damit an, dass nun auch dessen Gemahlin Maria Theresia Titularkaiserin des deutschen Reiches war; der König selbst aber behielt Schlesien, das er jetzt sogar als preußische Provinz vom deutschen Reich abtrennte. Er »entzog« Schlesien, wie ein zeitgenössischer Reichsjurist betonte, »des deutschen Reiches Herrschaft«.

Dadurch verdoppelte Friedrich das zwischen Deutschland und Polen gelegene Gebiet seines noch immer jungen, ja geradezu parvenühaften Königreichs Preußen, das er nun mehr denn je nach eigenem Gutdünken und ohne Rücksichten auf deutsche Reichsgesetze oder Lehensverpflichtungen gegenüber Polen und Böhmen regieren konnte. Sachsen musste Preußen überdies eine Kriegsentschädigung von einer Million Taler zahlen und hinnehmen, dass Friedrich seine Armee, die in den durchweg siegreichen Schlachten der zurückliegenden fünf Jahre auch sehr viele Todesopfer zu beklagen hatte, mit gewaltsam geworbenen sächsischen Männern wieder auffrischte.

Als Friedrich am 28. Dezember 1745 wieder aus Sachsen nach Berlin zurückkehrte, wurde er von der Bevölkerung seiner Haupt- und Residenzstadt an der Spree begeistert empfangen. Viele Häuser und Straßen waren ihm zu Ehren festlich illuminiert, und es erschollen Hochrufe, in denen der König nun erstmals als »Fridericus Magnus« oder »Friedrich der Große« bejubelt wurde. Das Berliner Volk empfand die bemerkenswerte Tatsache, dass er in fünf Jahren nicht besiegt werden konnte, obwohl er doch zuletzt gegen eine übermächtig erscheinende Allianz kämpfen musste, als höchst erstaunlich. Als Feldherr hatte ihr König wahrhaftig Großes geleistet. Aber auch Friedrich war nicht wenig überrascht darüber, dass ein so musisch-philosophisch veranlagter König wie er zu einem der beeindruckendsten Schlachtenlenker Europas aufgestiegen war. »Wer hätte gedacht«, wunderte er sich selbst sehr freimütig, »dass die Vorsehung sich einen Poeten erwählen würde, um das politische System Europas umzustürzen und die Berechnungen seiner Könige vollständig auf den Kopf zu stellen?«

Der kriegstüchtige Poet Friedrich musste sich aber auch kritischen Fragen zum blutigen Preis der im Feld erfochtenen Größe stellen, die keiner so scharf und kämpferisch formulierte wie der Dichter Voltaire, der noch immer sein geschätzter philosophischer Mentor war. Immerhin waren im Österreichischen Erbfolgekrieg, den Friedrich mit seinem Einmarsch in Schlesien eigenhändig begonnen hatte, in fünf Schlachten allein auf preußischer Seite 25 000 Männer getötet oder verwundet worden. Die Menge der gefallenen, verstümmelten oder verletzten Soldaten entsprach einem Viertel der Einwohnerzahl Berlins. Wie konnte ein König, der doch angetreten war, seinem Volk Glück und Vergnügen zu bescheren, ein derartiges Blutvergießen vor seinem Gewissen rechtfertigen?

Friedrich antwortete Voltaire mit einem Gleichnis: »Jeder Mensch, der sich einen Zahn ziehen lässt, weil dieser angefault ist«, werde auch einem bedrohlich wirkenden Nachbarn prophylaktisch Schlachten liefern, um diesem nicht die Möglichkeit zu geben, die eigene Stärke und Gesundheit vollständig zu ruinieren. »In einer solchen Lage Blut zu vergießen« heiße also, »wahrlich es zu sparen«. Und habe er sich nicht selbst immer wieder todesmutig in die Schlachten geworfen und sein Leben genau wie der einfachste Soldat in höchster Gefahr für Preußens Fortbestand eingesetzt? Sei durch diesen Einsatz nicht erst die Existenz jenes noch immer jungen Staates gesichert worden, der seinen Einwohnern wie kaum ein zweites politisches Gemeinwesen dieser Erde eine aufgeklärte Lebensführung ermöglichte?

Zum Beweis der Aufrichtigkeit seiner Worte widmete er sich unmittelbar nach dem Friedensschluss von Dresden mit verdoppelter Anstrengung dem weiteren Ausbau seines brandenburgisch-preußischen Staates, den er jetzt erst recht zu einem Königreich der Aufklärung machen wollte. Die Berliner Oper hatte er sogar schon während der kurzen militärischen Atempause nach dem Breslauer Präliminarfrieden von 1742 fertigstellen und eröffnen lassen. Vis-à-vis diesem prestigeträchtigen Opernhaus ließ er nun im Januar 1746 einen kleinen »Friedens Tempel« errichten, mit dem er seine Dankbarkeit über das Ende des Krieges und die nun wieder mögliche Erneuerung des friedlichen Kulturlebens zum Ausdruck brachte. Im Folgejahr wurde dann das alte Gebäude der einst unter Leibniz' Federführung gegründeten Akademie der Wissenschaften, das 1743 einem verheerenden Brand zum Opfer gefallen war, wiederhergestellt, erweitert und in neuen Flor gebracht. Unter der Leitung des Berliner Oberbaudirektors Jan Bouman entstand auf dem Prachtboulevard Unter den Linden ein eleganter Akademietrakt, der auch eine Sternwarte sowie einen medizinischen Hörsaal für anatomische Vorlesungen und Übungen beherbergte.

Unter Friedrichs umsichtiger Ägide nahm die wieder instand gesetzte Akademie einen raschen Aufschwung. Während sich andere wissenschaftliche Sozietäten in Europa – wie die Royal Society in London oder die Académie des Sciences in Paris – auf die Erforschung weniger spezialisierter Wissensgebiete beschränkten, wurden in der Berliner Akademie Natur- und Geisteswissenschaften gleichermaßen gefördert. Der König betrachtete die Forschungsfelder der Astronomie, Physik, Anatomie, Medizin, Rhetorik, Dichtkunst, Geschichtsschreibung, Philosophie und Theologie als unbedingt zusammengehörige und aufeinander bezogene Betätigungsbereiche des menschlichen Geistes. Weil einer Akademie mit einem derartig breit gefächerten Forschungsprogramm nur ein universell gebildeter Geist vorstehen konnte, bat Friedrich zunächst Voltaire, die Leitung der reorganisierten Institution zu übernehmen.

Als der Philosoph aus Cirey ihm jedoch eine Absage erteilte, ernannte Friedrich im Mai 1746 den Mathematiker Pierre-Louis Moreau de Maupertuis zum Präsidenten der Akademie. Dieser war durch eine Lapplandexpedition berühmt geworden, auf der er die Abplattung der Erde längs der Achse festgestellt hatte. Dadurch war es ihm gelungen, eine entsprechende Hypothese Newtons empirisch zu bestätigen. Maupertuis setzte sofort ganz neue Akzente, führte das Französische als Arbeitssprache ein und erhob das Gebot der Debattierfreiheit in allen moralischen und theologischen Fragen zum letztgültigen Maßstab wissenschaftlicher Erörterungen. Durch sein großes Engagement und Interesse an den drängendsten Fragen moderner Wissenschaft verschaffte er der Akademie neuen Glanz.

Doch nicht nur den Wissenschaften und Künsten, sondern auch der religiösen Toleranz fühlte sich Friedrich nach dem Dresdener Frieden stärker denn je verpflichtet, zumal er nun mit Schlesien eine Provinz in seinen Herrschaftsbereich eingliedern musste, deren Bevölkerung überwiegend katholischen Glaubens war. Die Geste, mit der er die katholischen Schlesier als neue Untertanen willkommen hieß, war eindrucksvoll: Am 22. November 1746 erteilte er allen brandenburgisch-preußischen Katholiken die großzügige Erlaubnis zum Bau einer Kathedrale in Berlin, »so groß, als sie solche immer haben wollen oder können«. Der Bauplatz, den er ihnen zur Verfügung stellte, befand sich direkt neben der Oper und somit an einem repräsentativen Ort im Herzen der Stadt. Schon am 13. Juli 1747 erfolgte dort die Grundsteinlegung zur Errichtung eines herrlichen Sakralbaus im Stil des säulenbewehrten und mit einer mächtigen Kuppel versehenen Pantheons in Rom. Namenspatronin der neuen Berliner Kathedrale wurde Sankt Hedwig von Andechs, die Schutzherrin Schlesiens, dessen Herzogin die Heilige bis zu ihrem Tod im Jahr 1243 gewesen war.

Auch sich selbst gönnte der ruhebedürftige Friedrich nach dem mühevollen Erwerb der Provinz Schlesien einen großartigen und doch intimen Palastneubau, den er westlich von Potsdam in entrückter Lage errichten ließ. Entdeckt hatte er den Bauplatz für sein neues Schloss, das er als ein von Nutz- und Ziergärten umgebenes »Lust-Haus« ausschließlich in der warmen Jahreszeit bewohnen wollte, während eines Ausritts auf den »Wüsten Berg« südlich des Dorfes Bornstedt. Die weite Aussicht über das Havelland, die man von dieser vollständig gerodeten Erhebung genießen konnte, fand der König so berückend schön, dass er am 10. August 1744 den Befehl erteilte, an ihrem Südhang einen Weinberg anzulegen. Der von Friedrich auserkorene Hügel wurde erst planiert, dann angehoben und schließlich noch mit sechs nach innen gewölbten Terrassen versehen, um die warmen Sonnenstrahlen, die für das Wachstum und Gedeihen der Weinstöcke unentbehrlich waren, optimal auffangen und speichern zu können. Außer den aus allen Gegenden Europas beschafften klimaverträglichen Trauben ließ Friedrich auch Feigen-, Pflaumen-, Pfirsich-, Aprikosen- und Kirschbäume in über 150 halbrunden Nischen des Terrassenhanges anpflanzen.

Ab 1745 entstand dann auf dem nun nicht mehr »wüsten«, sondern urbar gemachten Obsthügel ein eingeschossiges »Weinberghäuschen«, wie der König sein neuestes Schloss nun zwar sehr zärtlich, doch zugleich in maßloser Untertreibung zu nennen beliebte. Denn der von ihm einmal mehr als Bauleiter engagierte Freund Knobelsdorff schuf hier – auch nach Skizzen und präzisen Vorgaben Friedrichs – ein architektonisches Meisterwerk des Rokoko, das Intimität und Erhabenheit, einfach geschnittene Wohnräume und einen von marmornen Säulen umstandenen, kuppelbekrönten Festsaal in höchster Vollendung vereinte. Im Sommer 1747 war das Schloss dann so weit hergerichtet, dass der König die ersten Räume beziehen konnte. Und weil es so viel Heiterkeit und Leichtigkeit atmete, taufte Friedrich es nun auf einen Namen, mit dem er hin und wieder auch schon spielerisch Schloss Rheinsberg bezeichnet hatte. In güldenen Lettern prangte er über der südlichen Terrassenfront des Sommerpalastes: »Sanssouci«.

Die sorgenfreie Lebenslust, der er sich im neuen Schloss Sanssouci erfreuen wollte, war dort auch auf etlichen Gemälden des Hofmalers Pesne dargestellt, die unter anderem priapische Szenen mit schnäbelnden Tauben, Satyr und Nymphe, Schafe bespringenden Böcken und Frauen umarmenden Männern zeigten, die allesamt vor Wonne vergingen. Seine eigene Frau Elisabeth Christine lud Friedrich allerdings nicht nach Sanssouci ein. Nach der vorübergehenden Annäherung der Ehegatten in Rheinsberg hatten die Jahre des Krieges – und die damit verbundenen langen Zeiten der Trennung – eine nun nicht mehr zu überbrückende Distanz zwischen den beiden Majestäten geschaffen. Die Geburt eines Thronfolgers erwartete er von seiner Frau ohnehin nicht mehr, weshalb er seinem nächstjüngeren Bruder August Wilhelm bereits 1744 in dürren Worten mitgeteilt hatte: »Ich bin kinderlos, kann sterben und betrachte Dich als meinen Erben.« Elisabeth Christine musste fortan allein im nördlich von Berlin gelegenen Schloss Schönhausen wohnen. Die Frauen, von denen Friedrich sich stattdessen angezogen und verzaubert fühlte, waren italienische und französische Tänzerinnen der Berliner Oper. Anmutige Porträts dieser reizenden Schönheiten zierten auch die Wände von Sanssouci.

Überall zu sehen war im herrlichen Palast auf dem Weinberg auch die strahlende Sonne der Aufklärung. Mit besonders hoher Symbolkraft schien sie als vergoldete Stuckarbeit von der Decke der kreisrunden Schlossbibliothek auf den lesenden oder schreibenden König hernieder. Nach dem Waffenlärm der blutigen Schlachten in Schlesien und Böhmen war Friedrich in dem stillen Büchersaal von Sanssouci, den er der Turmbibliothek von Rheinsberg nachempfunden hatte, wieder ganz Philosoph und Poet. Er verfasste mit Vorliebe Oden und Episteln, in denen er die Erlebnisse der letzten Jahre literarisch verarbeitete und philosophisch deutete. Konsequent unterzeichnete der König seine schriftlichen Arbeiten jetzt mit dem Beinamen »Philosophe de Sanssouci«.

Wieder und wieder betonte Friedrich in seinen zahlreichen Gedichten – von denen er auch eine Auswahl für seine engsten Freunde zusammenstellte und unter dem Titel *Œuvres du Philosophe de Sans-Souci* zum Druck beförderte –, dass die Menschen trotz der mitunter nicht zu vermeidenden Kriege doch mittlerweile in einem »Jahrhundert der Aufklärung« lebten, *dans le siècle des lumières*. Denn die philosophischen Ideen Lockes, Newtons und Voltaires, die neuesten Erkenntnisse der Wissenschaften wie auch das Verständnis für die Bedeutung der Toleranz verbreiteten sich doch täglich mehr, was nicht zuletzt seinen Bemühungen als König in Preußen zu danken sei. Er pries in seiner Dichtung folglich die Wiederherstellung der Berliner Akademie der Wissenschaften, den Bau der Berliner Oper sowie die in Brandenburg-Preußen geltende Freiheit des Gewissens und des Geschmacks als die wichtigsten Kulturleistungen, die er seinen Ländern im Frieden beschert hatte.

Doch immer noch hielt er daran fest, dass ein wahrhaft aufgeklärtes Königreich nur von einem verständigen König regiert werden durfte, der über jedes Detail des Regierungs- und Verwaltungshandelns, über die Gültigkeit von Gerichtsurteilen oder auch das Eintreten in einen Krieg, allein und ohne parlamentarische Beschränkung entscheiden konnte. Wie er in einer Epistel an seinen General Asmus Ehrenreich von Bredow ausführte, liefen »eifrige Republikaner«, die für die vollständige Selbstbestimmung und die »Freiheit« eines Volkes eintraten, beständig Gefahr, ihr Gemeinwesen durch unentwegte Debatten, permanente Wahlen, ewigen Streit und innere Zerrissenheit ins Chaos zu stürzen. Der überwiegende Teil der Bevölkerung, so Friedrich, sei nämlich voller »Vorurteile«, »dumm«, »idiotisch«, wisse »bei seiner Wahl nicht, warum es das macht«, urteile und räsonniere »ohne Verstand«, sei »wankelmütig« und »verführbar«. Die Prinzipien der Aufklärung konnten deshalb auch nur von einer avantgardistischen Elite unter der Schirmherrschaft eines monarchisch verfassten Staates verwirklicht werden. Wie rasch ein aufgeklärter Alleinherrscher seinen Staat voranbringen konnte, war jedem leicht ersichtlich, der nach Brandenburg-Preußen schaute.

So selbstgefällig war Friedrich nun, dass er sich in der im Frühjahr 1748 entstandenen Ode »Über den gegenwärtigen Krieg« als König stilisierte, der sich redlich und friedlich um das Wohl seines Landes sorgte, während andere europäische Monarchen den schrecklichen Krieg, aus dem er schon im Dezember 1745 ausgeschieden war, scheinbar endlos fortführten. Voltaire, dem Friedrich die Ode zuschickte, lobte ihn zwar für seine in Sanssouci entfaltete dichterische Produktivität, trug aber auch eine sehr eindeutige Kritik an dem preußischen Monarchen vor. Seine Selbstinszenierung als Friedensfürst könne niemanden überzeugen. Schließlich sei er doch derjenige, »der den ganzen gegenwärtigen Schlachtenlärm« im Jahr 1740 »im Kampf um eine Provinz« ganz allein begonnen« habe. »Sire«, mahnte Voltaire deshalb vorwurfsvoll, »Eure Majestät macht schöne Verse, aber Sie verspottet zugleich die ganze Welt.«

Friedrich hatte allerdings vollkommen recht, wenn er in seiner Dichtung darauf verwies, dass die Könige von Großbritannien und Frankreich nun endlich auch Frieden schließen mussten, um den Österreichischen Erbfolgekrieg an sämtlichen Fronten zum Abschluss zu bringen. Denn der britische Monarch Georg II. führte seinen an Österreichs Seite begonnenen Kampf gegen den weltweiten Konkurrenten Frankreich nicht nur in Europa, sondern jetzt fast noch entschlossener in Amerika weiter, wo der Krieg aus gutem Grund *King George's War* genannt wurde. Seit sich auch Spanien im Mai 1741 als Bündnispartner Frankreichs im bewaffneten Konflikt der europäischen Mächte in aller Eindeutigkeit positioniert hatte, fochten die Briten in Nordamerika sogar auf einem noch ausgedehnteren Kriegsschauplatz als in Europa. Dieser gigantische amerikanische Raum erstreckte sich von der spanisch dominierten Karibik bis in den hohen Norden des kanadischen Neufrankreichs.

Von den Auswirkungen des Krieges, den König Georg II. in Amerika mit besonders großer Entschiedenheit führen ließ – weil er die nördlichen und südlichen Siedlungsgrenzen der Briten dort in jedem Fall schützen und nach Möglichkeit noch weiter ausdehnen wollte –, war auch die Familie Washington direkt betroffen. George Washingtons ältester Bruder Lawrence, der kurz vor Ausbruch des Österreichischen Erbfolgekrieges von seinem langjährigen Schulaufenthalt in England nach Virginia zurückgekehrt war, wurde als *Captain* eines virginischen Freiwilligenregiments sofort in die Karibik entsandt, wo das amerikanische Expeditionskorps unter seiner Führung die regulären britischen Truppen im Kampf gegen die mit Frankreich verbündeten Spanier unterstützen sollte.

Schon im Sommer 1741 schrieb er als Teilnehmer der von Admiral Edward Vernon angeführten britischen Kriegsflotte aus Jamaika einen Brief an seinen Vater, in dem er markig und mannhaft betonte, dass er sich bereits an den Kriegslärm gewöhnt habe und inzwischen sogar in der Lage sei, selbst in höchster Gefahr »den Kanonendonner nicht weiter zu beachten«. Nur schwer ertragen konnte der kaltblütige und stolze Lawrence Washington hingegen die herablassende Art der britischen Seeoffiziere mittleren Ranges, die den amerikanischen Regimentern nicht den Respekt und »die Behandlung« zollten, »die wir verdienten«, obwohl die Virginier doch nach Kräften die gemeinsame britische Sache unterstützten. Den charismatischen Admiral Vernon allerdings bewunderte er.

Als sich im Herbst 1742 herausstellte, dass Edward Vernons Flotte trotz aller erdenklichen Anstrengungen nicht stark genug war, um den angestrebten Angriff auf die spanische Insel Kuba mit hinreichender Schlagkraft auszuführen, änderten die Briten ihre Kriegsstrategie, verlagerten das Einsatzgebiet ihrer Seestreitkräfte nach Norden und schickten die virginischen Freiwilligen vorerst wieder nach Hause. So kehrte auch Lawrence Washington heim, zwar nicht im Triumph, doch als kriegserfahrener junger Mann, der seinem kleinen Bruder George wie ein kühner Held erschien. Immerhin hatte Lawrence in Zeiten der Not doch die virginische Miliz kommandiert und war freiwillig in den Krieg gezogen, ohne sich vom Kanonenlärm einschüchtern zu lassen.

Selbst dem Gouverneur von Virginia, Sir William Gooch, imponierte der militärische Schneid, den der älteste Sohn Augustine Washingtons in der Karibik an den Tag gelegt hatte. Deshalb ernannte Gooch diesen vielversprechenden jungen Mann zu Beginn des Jahres 1743 auch zum Kommandeur der virginischen Reserve, diesmal allerdings im erhöhten Rang eines Majors.

Lawrence konnte seine ehrenvolle Beförderung zum virginischen Major aber nicht lange in Freuden genießen, weil sein Vater Augustine noch im selben Frühjahr schwer erkrankte und in Vorahnung seines baldigen Todes zur Bestürzung der ganzen Familie sein Testament machte. Unter dem Dach der erst unlängst von ihm selbst erbauten Ferry Farm verschied er dann am 12. April 1743 nach nur kurzer Bettlägerigkeit mit den gottergebenen Worten: »Ich sterbe in Frieden.« Lawrence war erschüttert, doch für seinen erst elfjährigen Bruder George war der plötzliche Verlust des geliebten Vaters ein sehr viel herberer Schlag. Gewiss würde seine Mutter Mary weiter für ihn sorgen, doch wer sollte ihm nun jene väterlichen Ratschläge erteilen, die für einen heranwachsenden amerikanischen Kolonisten, der entweder Farmer oder Soldat werden wollte, geradezu unentbehrlich waren? Es war Lawrence, der dem jüngeren Bruder fortan den Weg ins Mannesalter wies.

Lawrence agierte als umsichtiger und immer verlässlicher Mentor seines neuen Schützlings. Vom verstorbenen Vater hatte er einen nördlich der Ferry Farm gelegenen sanften Hügel am Potomac River geerbt, auf dem er sich nun ein stattliches Wohnhaus errichtete. Nach dem von ihm verehrten Oberkommandanten seiner Karibikexpedition taufte er sein neues Anwesen auf den klingenden Namen »Mount Vernon«. Schon am 19. Juli 1743 ehelichte der aufstrebende junge Major und Pflanzer, der den wohlhabenden virginischen Plantagenbesitzern nun eine gute Partie für ihre heiratsfähigen Töchter zu sein schien, eine erst fünfzehnjährige Nachbarin, die ihrerseits als Mitgift 4000 Morgen Land mit in die Ehe brachte. Die blutjunge Braut war Anne Fairfax, eine Tochter des Colonel William Fairfax, der den 2 Millionen Hektar Land umfassenden virginischen Grundbesitz seines in Großbritannien lebenden Cousins Lord Thomas Fairfax of Cameron verwaltete und in dem eleganten Herrensitz Belvoir Manor am Westufer des Potomac residierte.

Durch seinen eigenen Landbesitz und die Verbindung zur Aristokratenfamilie Fairfax verfügte Lawrence Washington über die finanziellen Ressourcen, seinen jüngeren Bruder noch einige Jahre lang auf eigene Kosten zur Schule zu schicken, wenn auch nicht nach England. George besuchte vielmehr, mit Zustimmung seiner Mutter, den Unterricht eines gewissen Mr. Williams, der seine Schule am Pope's Creek in der Nähe der alten Washington Farm abhielt, wo jetzt der kurz vor dem Ableben des Vaters aus England zurückgekehrte zweitälteste Bruder Augustine Washington Jr. wohnte. Der beflissene Schüler George stellte eine große Begabung für die Mathematik unter Beweis, vor allem für deren mit zwei- und dreidimensionalen Messungen befassten Teilbereich der Geometrie. Aber er las auch mit Begeisterung aufklärerische Literatur. Einer seiner Lieblingsautoren war der bereits 1719 verstorbene britische Unterhausabgeordnete und Journalist Joseph Addison. Die von diesem brillanten Parlamentarier herausgegebene Zeitung *The Spectator*, die es in ihrem ursprünglichen Erscheinungszeitraum zwischen 1711 und 1712 auf 555 Nummern gebracht hatte, durchkämmte er in einer jener unzähligen Neuausgaben, die in der englischsprachigen Welt in hoher Auflage kursierten, bis zur Nummer 143.

Vermittelt durch Addison, der in seiner Zeitschrift keinen politischen Denker so häufig zitierte wie Locke, lernte der junge George Washington auch immer besser die Argumente kennen, mit denen die Briten seit 1688 den Parlamentarismus als Garanten ihrer Freiheit priesen, ob nun im Mutterland oder in den amerikanischen Kolonien. Noch weiter geschärft wurde sein Bewusstsein für die Bedeutung der parlamentarischen Selbstregierung eines Volkes dann durch die 1744 erfolgte Wahl seines smarten Bruders Lawrence ins virginische *House of Burgesses*. Da ja bereits ihr Urgroßvater John im Jahr 1665 virginischer Abgeordneter geworden war, stellten die Washingtons nun schon in der vierten Generation kontinuierlich Mitglieder des Kolonialparlaments.

Doch so beeindruckt sich George auch von der neuen politischen Verantwortung seines Bruders zeigte, so sehr war der Major Lawrence Washington für ihn noch immer vornehmlich als Soldat ein Vorbild. Als er sich daher im Alter von vierzehn Jahren erstmals ernsthaft fragte, welche berufliche Laufbahn er nun eigentlich einschlagen sollte, ließ er sich von Lawrence nur zu gern überzeugen, sein Glück bei der britischen Marine zu versuchen. Noch war der Österreichische Erbfolgekrieg für die Briten ja nicht zum Ende gekommen, und die eigenen Seestreitkräfte hatten vor der Küste Kanadas gegen die Franzosen jüngst auch wieder aufsehenerregende Erfolge errungen. So hatte die britische Flotte die auf einer Insel in der Sankt-Lorenz-Mündung gelegene französische Festung Louisbourg im Juni 1745 erst erfolgreich belagert und dann zur Kapitulation gezwungen. Damit war eine mächtige kanadische Befestigungsanlange, die für die Halbinsel Neuschottland und die daran angrenzenden Neuenglandkolonien seit ihrem Bau im Jahr 1719 eine massive Bedrohung dargestellt hatte, nunmehr fest in britischer Hand.

Als George Washingtons Mutter gegen Ende des Jahres 1746 von seinen Plänen erfuhr, die sie missbilligte, wusste sie die Seemannslaufbahn ihres ältesten Sohnes jedoch durch große Unnachgiebigkeit zu verhindern. Die resolute Witwe, die nach dem Tod ihres Mannes kein weiteres Mal geheiratet hatte und die Ferry Farm seither mehr schlecht als recht allein führte, schenkte den Worten ihres Stiefsohns Lawrence, der Georges Berufswunsch ja guthieß, keinerlei Gehör. Stattdessen bat sie ihren in England lebenden Bruder Joseph Ball, der seiner verwitweten Schwester immer wieder gern männlichen Rat erteilte, um einen nüchtern wägenden Brief, der George die Unsinnigkeit seines Strebens nach einer Karriere auf hoher See mit hinreichender Klarheit vor Augen führen sollte.

Joseph Ball antwortete am 19. Mai 1747. Er prophezeite, dass der Krieg, aus dem der preußische König sich ja immerhin schon im Dezember 1745 verabschiedet hatte, nun wohl auch in Amerika bald zu einem Ende kommen werde: »Der Friede kommt, hoffe ich, binnen eines Jahres.« Da bleibe bei weitem nicht genug Zeit, sich als »gemeiner Matrose« in höhere Offiziersränge hochzuarbeiten. Ohnehin benötige man für eine »erstrebenswerte Beförderung« die Unterstützung und Fürsprache hochmögender Männer, über die George zurzeit wohl schwerlich verfüge. Hingegen werde der Junge selbst als weniger wohlhabender Pflanzer in Virginia schon in wenigen Jahren die ehrenvolle »Freiheit des Bürgers« genießen dürfen, die viel erstrebenswerter sei als die harte Arbeit an Bord eines Kriegsschiffs, wo er zunächst einmal schuften müsse »wie ein Neger, oder eher noch wie ein Hund«.

Diese mit Bedacht scharf formulierten Worte ihres Bruders bestärkten Mary Ball Washington in dem Vorsatz, ihren ältesten Sohn von seinem Drang nach soldatischem Ruhm auf See möglichst rasch zu kurieren, um ihn stattdessen für ein friedliches Gewerbe zu Lande zu interessieren, das ihm auch als Farmer nützlich sein würde. Da sich der auf dem Gebiet der Geometrie so begabte George im Frühjahr 1747 schon mehrfach mit einigem Geschick an Landvermessungsarbeiten seiner Nachbarn beteiligt hatte, riet sie ihm, sich in diesem Metier vorerst weiter zu vervollkommnen. Tatsächlich verstand er sich mit großer Selbstverständlichkeit darauf, mit einem Vermessungskompass und einem als »Jakobsstab« bezeichneten Gradmesser, der den in der Seefahrt gebräuchlichen Sextanten ähnelte, auch auf große Entfernung Winkel und Strecken selbst in hügeliger oder waldreicher Landschaft akkurat zu berechnen. Die von ihm in so vorzüglicher Weise beherrschte Vermessungskunst war in den amerikanischen Kolonien sehr bedeutsam, weil nur mit ihrer Hilfe die Landkarten angefertigt werden konnten, in denen neuankommenden Siedlern die zum Kauf feilgebotenen Grundstücke mit großer Präzision und entsprechender Rechtssicherheit beschrieben wurden.

George fügte sich den Wünschen seiner Mutter, zumal ihr Wille letztlich auch von Lawrence akzeptiert werden musste.

Schließlich war sie der Vormund ihres Sohnes, nicht der ältere Bruder. Allerdings ging ihr von der See ferngehaltener Junge bei den von ihm nun immer zahlreicher ausgeübten Vermessungsarbeiten in den virginischen Feldern und Wäldern durchaus mit Freude ans Werk, vor allem weil diese Verrichtungen ihm gutes Geld einbrachten. Am 8. August 1747 hielt er eine von ihm durchgeführte »Vermessung eines Landstücks« am »Schulhaus von Oldfield« in seinem Notizbuch fest. Zwei Monate später notierte er dann den Erhalt seines üppigen Lohnes, der ihm in barer Münze ausgezahlt wurde und dem Preis von 400 Pfund Tabak entsprach. Bis zum Februar 1748 wurde er von öffentlichen Auftraggebern zu so vielen Arbeiten herbeizitiert, dass sich nicht nur der Inhalt seines Geldbeutels, sondern auch sein guter Ruf als Landvermesser stetig mehrte.

Als er im Februar 1748 dann auch von der Familie Fairfax gebeten wurde, den für sie schon seit langen Jahren tätigen Vermesser James Genn auf einer Exkursion ins zwischen den Appalachen und den Blue Ridge Mountains gelegene Shenandoah-Tal zu begleiten – das zu ihren im westlichen Virginia gelegenen riesigen Besitztümern gehörte –, hatte er diesen lukrativen Auftrag nicht nur seinen seit der Hochzeit von Lawrence gegebenen verwandtschaftlichen Beziehungen zum Belvoir Manor zu verdanken. So brach er von diesem Herrensitz Mitte März 1748 zu seiner ersten langen Reise als Mitglied einer Vermessungsgesellschaft auf, die auch von Colonel Williams Sohn George Fairfax begleitet wurde, der nur sechs Jahre älter war als der mittlerweile sechzehnjährige, zu einem fast 1 Meter 90 großen und athletischen jungen Mann herangewachsene George Washington.

In seinem Reisetagebuch notierte Washington an jedem einzelnen Tag der einmonatigen Tour vor dem Schlafengehen wie ein sorgfältiger Chronist, was er in den vorausgegangenen Stunden erlebt hatte. Nur selten schrieb er am Abend: »Es ist nichts Bemerkenswertes passiert.« Meist trugen sich Dinge zu, die neu für ihn waren. Am aufregendsten war eine unvermutete Begegnung mit dreißig Indianern, die auf dem Kriegspfad waren und

Der Sonnenaufgang war ein allgemein verständliches, allegorisches Zeichen der Aufklärung. (D.N.Chodowiecki, 1791)

TAFEL I

Vordenker der Aufklärung:
Thomas Hobbes (1588–1679)

Anwalt des Volkes:
John Locke (1632–1704)

Anwalt der Fürsten:
Gottfried Wilhelm Leibniz (1646–1716)

Gründer Philadelphias:
William Penn (1644–1718)

Friedrichs Gattin: Königin Elisabeth Christine (1715–1797)

Washingtons Ehefrau: Martha D. Custis (1731–1802)

Preußischer Offizier der US-Armee: Friedrich Wilhelm von Steuben (1730–1794)

Französischer Adjutant Washingtons: Marquis de Lafayette (1757–1834)

Friedliche Gartenlandschaft: Washingtons Landsitz Mount Vernon

Sorgenfreie Idylle im Grünen: Friedrichs Sommerschloss Sanssouci (Carl Blechen, ca.1830)

Schlacht im Schnee: Friedrich der Große mit seinen Generälen vor der Schlacht bei Leuthen (Adolph Menzel, 1861)

Entscheidung im Eis: Washington überquert den Delaware (Emanuel Gottlieb Leutze, 1851)

Graue Masse: Das Berliner Stadtschloss, die landesherrliche Residenz Friedrichs des Großen

Roter Backstein: Der schlichte Amtssitz des Präsidenten George Washington in Philadelphia (teilrekonstruiert im Jahr 2010)

Philadelphia bei Berlin im Land Brandenburg

King of Prussia bei Philadelphia, USA

Keimzelle der amerikanischen Ortschaft King of Prussia war ein im 18. Jh. nach Friedrich dem Großen benanntes Gasthaus, das noch heute erhalten ist.

Washington als Römer gekleidet
(Jean-Antoine Houdon, 1786)

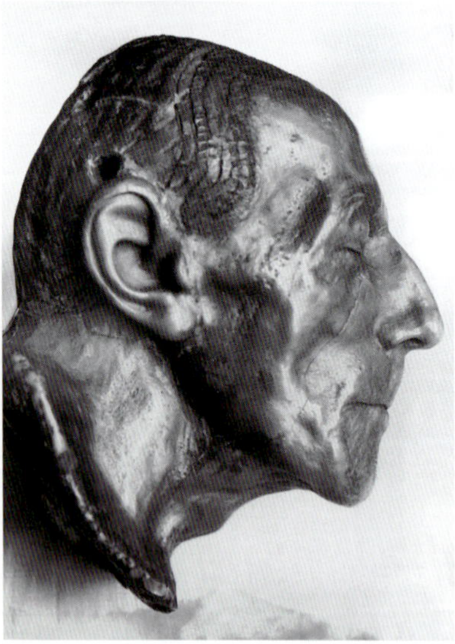

Totenmaske Friedrichs des Großen
(1786)

einen frisch geschnittenen Skalp bei sich trugen. »Wir hatten Likör bei uns, den wir mit ihnen teilten, um ihr Gemüt zu beruhigen«, notierte Washington, der sich darüber wunderte, dass sich die Indianer zum Dank für diese Geste des Friedens und der Freundschaft mit einem Kriegstanz revanchierten, den er dann auch ausführlich beschrieb: »Ihre Art zu tanzen lässt sich wie folgt schildern: Sie bilden einen großen Kreis, in dessen Mitte sie ein Feuer anzünden, um das sie sich sitzend gruppieren. Ein Sprecher hält dann eine große Rede, in der er ihnen darlegt, in welcher Weise sie tanzen sollen. Nachdem er seine Rede beendet hat, springt der beste ihrer Tänzer auf, als sei er plötzlich aus einem tiefen Schlaf erwacht, rennt und springt in dem Kreis herum, in den ihm nun auch alle anderen in einer höchst komischen Art folgen.« Klangvoll untermalt wurde das seltsam anzuschauende Spektakel der Indianer überdies »von ihren Musikern«, die, wie Washington schrieb, »auf zur Hälfte mit Wasser gefüllten und mit Hirschleder überspannten Töpfen« unentwegt »trommeln, während die anderen tanzen«.

Fast so exotisch wie die Indianer muteten einige europäische Siedler an, auf die er mit seinen Reisegefährten wenige Tage später im Grenzgebiet zur noch völlig unbewohnten Wildnis stieß. Diese Europäer, »Männer, Frauen und Kinder«, scherten sich nicht im Geringsten darum, eine Genehmigung zum Kauf von Grundstücken zu erlangen. Sie gehörten zu jener wachsenden Zahl von Kolonisten, die *Squatter* genannt wurden – also, frei übersetzt, »Hinkauernde« –, weil sie sich auf unbebautem, noch nicht vermessenem Land niederließen, in der Hoffnung, es nach langjähriger Bearbeitung nachträglich von den Kronbehörden oder Privateigentümern zu einem nur noch geringen Kaufpreis erwerben zu können. Die wild siedelnden *Squatter*, die Washington zu Gesicht bekam, stammten offenbar aus der Schweiz oder aus Deutschland, denn wenn sie von ihm oder seinen Gefährten angesprochen wurden, antworteten sie niemals auf Englisch, »sondern sprachen ausschließlich Deutsch«. Sie erschienen ihm daher »so unwissend wie die Indianer«.

Natürlich waren seine Tage im virginischen Hinterland aber vor allem mit schweißtreibenden Arbeiten angefüllt. Er vermaß mehrere hundert Morgen Land und unterteilte diese dann in Parzellen, die zur Besiedelung besonders geeignet waren. Immer wieder schwärmte er dabei von der »Fruchtbarkeit des Landes«, das sich in den Weiten des Shenandoah-Tales vor ihm auftat, und von der Schönheit der Ahornbäume, die er *sugar trees* nannte, weil man aus ihnen einen zuckrigen Sirup gewinnen konnte. Auch waren die Wälder voller »wilder Truthähne«, die der passionierte Jäger Washington mit seiner geliebten Jagdflinte beinahe täglich in größerer Zahl erlegte. Das gerupfte Geflügel wurde dann abends am Lagerfeuer gebraten, wobei die Männer zeigen konnten, wie unterschiedlich gut sie einen Gaumenschmaus zuzubereiten wussten, denn »jeder war sein eigener Koch«. Nach dem Abendessen schliefen sie gesättigt und vom Tagwerk erschöpft »im Zelt« und »im freien Feld« sehr schnell ein.

Der Rückweg war beschwerlich, da es jetzt im April sehr häufig regnete. Die Pfade waren stark aufgeweicht. Manchmal erwies es sich als einfacher, die Pferde durch Flüsse schwimmen zu lassen und im Kanu neben den Tieren zu paddeln, um größere Streckenabschnitte bequemer zu überwinden. Ein besonders schlammiger Reitweg schien Washington »die schlechteste Straße« zu sein, »die jemals von einem Menschen oder einem Tier betreten wurde«. Zwei Tage vor der Ankunft kreuzte dann auch noch eine bedrohliche Giftotter den Weg der Reisegruppe, eine Klapperschlange, der sie vorsichtig ausweichen mussten. So waren die Vermesser am Ende ihrer Reise froh, bei ihren Familien zu sein. Washington verbrachte die ersten Tage nach seiner Rückkehr aus der Wildnis bei seinem Bruder Lawrence auf Mount Vernon, während der Schwager des Bruders, George Fairfax – mit dem sich Washington auf der Vermessungstour eng angefreundet hatte –, wieder wohlbehalten in Belvoir eintraf.

Genau an dem Tag, als die Fairfaxsche Vermessungsexpedition zu einem glücklichen Abschluss kam, begann in der freien deutschen Reichsstadt Aachen der Friedenskongress, mit dem nun auch der Österreichische Erbfolgekrieg zu dem schon lange ersehnten Ende gebracht wurde. Die im Mai 1747 von Washingtons Onkel Joseph Ball geäußerte Vermutung, dass der Frieden binnen Jahresfrist geschlossen werden würde, hatte sich also als zutreffend erwiesen. Nach nur fünfmonatigen Verhandlungen wurde im Oktober 1748 der Friedensvertrag unterzeichnet. Da die österreichisch-britische Armee gerade in den letzten Kriegsmonaten gegen die französischen Truppen in den Österreichischen Niederlanden mehrfach unterlegen gewesen war, einigten sich die Kriegsparteien Österreich, Großbritannien und Frankreich darauf, die von den Briten in Kanada eroberte Festung Louisbourg an die Franzosen zurückzugeben, um dafür im Austausch Flandern wieder unter österreichische Verwaltung stellen zu können. Maria Theresia wurde zudem endlich von allen europäischen Mächten als Alleinerbin der habsburgischen Länder anerkannt. Nur Schlesien musste die Österreicherin im Aachener Frieden noch einmal in aller Form Friedrich dem Großen überlassen, der damit der eigentliche Gewinner des Krieges war.

Während die Abmachungen des Aachener Friedens in Europa überwiegend mit Zustimmung aufgenommen wurden, waren die britischen Kolonisten in Amerika verärgert, weil die erst drei Jahre zuvor unter großen Mühen eroberte Festung Louisbourg wieder an das kanadische Neufrankreich abgetreten werden musste. Das änderte aber nichts daran, dass der Friedensschluss, der ja immerhin zur Einstellung aller Kampfhandlungen auf dem nordamerikanischen Kontinent führte, auch in den britischen Kolonien ganz offiziell gefeiert wurde, ob im neuenglischen Boston, im pennsylvanischen Philadelphia oder in der virginischen Hauptstadt Williamsburg. Die glanzvollste Feier des Aachener Friedens fand im Londoner Green Park statt. Dort erklang vor über 10 000 Zuhörern die von einem großartigen Feuerwerk auf der Themse begleitete und von Pauken und Trompeten dominierte *Music for the Royal Fireworks*, die König Georg II. bei Georg Friedrich Händel in Auftrag gegeben hatte.

In dieser Zeit der allgemeinen öffentlichen Feststimmung fand auch in Washingtons Freundeskreis eine private Feier statt, die dem dazu eingeladenen jungen Vermesser statt des erwarteten Vergnügens jedoch einen ganz unerwarteten Schock bescherte. Am 17. Dezember 1748 heiratete sein neuer Gefährte George Fairfax eine erst achtzehnjährige junge Frau, Sally Cary, die er wenige Monate zuvor in Williamsburg kennengelernt hatte. Als der Bräutigam neben seinen Verwandten und Freunden auch Washington zu sich nach Hause einlud, um diesem seine neue Ehegattin vorzustellen, musste der sonst kaum einmal ins Wanken zu bringende junge Vermesser zu seiner eigenen Verwunderung feststellen, dass er beim Anblick der Braut vollständig die Fassung verlor. Er verliebte sich auf der Stelle in diese Frau, die ihm die schönste zu sein schien, die er je gesehen hatte – und die nun zu seinem großen Leidwesen ausgerechnet an einen seiner besten Freunde vergeben war.

Die zahlreichen Besuche in Belvoir, zu denen er sich 1749 von Mount Vernon aus aufmachte, gerieten für ihn zu einer Mixtur aus Glück und Schmerz. Einerseits genoss er jede Minute, in der er sich in der Nähe der attraktiven Sally Fairfax aufhalten durfte, die, wie er später schrieb, »Frohsinn, feinen Humor und geistige Leichtigkeit« versprühte. Sie war die Enkelin eines Rektors des seit 1693 in Williamsburg bestehenden *College of William and Mary* – neben den in Neuengland angesiedelten Hochschulen Harvard und Yale das wichtigste College der amerikanischen Kolonien – und die Tochter eines Vaters, der seine akademische Ausbildung am Trinity College der Universität Cambridge in England erhalten hatte. Diese beiden Männer hatten auch Sally eine gute Bildung zukommen lassen. Sie las anspruchsvolle Literatur, sprach fließend Französisch, war musikalisch und wusste sich mit Anmut zu bewegen. Ihre ausdrucksvollen Augen konnten voller Übermut glänzen. Doch eine erfüllte Liebesbeziehung zu dieser lebenslustigen brünetten Frau war Washington nicht vergönnt. Sie verbot sich ihm aus Gründen der Vernunft, der Verantwortung und vor allem auch der herrschenden Moral.

Dennoch bewirkte seine Nähe zur ihr – und sein häufiger Aufenthalt in den gediegenen, herrschaftlichen Wohnräumen von Belvoir – eine bemerkenswerte Veränderung in seinem Gebaren. Er achtete verstärkt auf gute Manieren und Kleidung, entwarf sich sogar selbst den Schnitt für einen eleganten, »bis kurz über die Beuge der Knie reichenden« Mantel und nahm regelmäßig an einem Lesezirkel teil, in dem er unter Anleitung des älteren Fairfax, Georges und Sallys weitere Schriften von Addison kennenlernte. Besonders begeisterte er sich für Addisons 1713 uraufgeführtes Theaterstück *Cato*, eine Tragödie, die den Republikanismus der klassischen römischen Antike als Vorläufer des britischen Parlamentarismus feiert. Addisons *Cato* hatte in Europa viele Bewunderer. Für Voltaire war das Stück nicht zuletzt wegen des darin gepriesenen Freiheitsideals die beste englische Tragödie aller Zeiten. Auch Washington sympathisierte mit dem tragischen Helden des Stücks, dem Senator Marcus Porcius Cato, der im Jahr 46 v. Chr. im Kampf gegen den Usurpator Cäsar sein Leben ließ, weil er die bedrohte Freiheit der römischen Republik bis aufs Blut verteidigen wollte. Dass ein weiterer Handlungsstrang der Tragödie die heimliche Liebe des numidischen Prinzen Juba zu Catos Tochter Marcia war, machte das Theaterstück für Washington nur noch anziehender.

Die romantische Saite seines Wesens, die Sally zum Klingen gebracht hatte, übertäubte jedoch nicht völlig den immer noch stark ausgeprägten rationalen, nüchtern kalkulierenden Part seines Charakters. Auch wenn er einem Bekannten in einem 1749 verfassten Brief gestand, dass es sehr schwer sei, die »Leidenschaft« zu zügeln oder ganz »zu begraben«, bändigte er sein Verlangen, um seinen guten Kontakt zur Familie Fairfax nicht leichtfertig aufs Spiel zu setzen. Nach wie vor erhielt er von Colonel William Fairfax gut bezahlte Aufträge zur Vermessung von weitläufigen Landstrichen in Virginia. Sogar das Kolonialparlament in Williamsburg verhalf Washington zu einer mehrmonatigen Anstellung als Landvermesser, die noch dazu besonders einträglich war. Als die Parlamentarier nämlich im Mai 1749 beschlossen, am

Oberlauf des Potomac auf einer Fläche von sechzig Morgen Land eine neue Hafenstadt zu errichten, weil die vorhandenen Umschlagplätze für die Tabakfrachten nach England nicht mehr ausreichten, wurde Washington mit der Vermessung eines Teils der Stadtparzellen und der Zeichnung des Stadtplans beauftragt. Nach John Alexander, dem Vorbesitzer des zu vermessenden Baugrundes, wurde die neu entstehende virginische Stadt Alexandria genannt.

Washington verdiente als Vermesser nun so gut, dass er sich immer bessere Kleidung, edle Pferde und hochwertiges Zaumzeug leisten konnte. Im Oktober 1750 kaufte er sich dann auch seine ersten eigenen Grundstücke. Eines davon, das 550 Morgen Land umfasste, hatte er im Jahr zuvor im Shenandoah-Tal selbst vermessen. Auf seinen längeren und kürzeren Arbeitsreisen lernte er zudem die Kolonie Virginia immer besser kennen. Mal lebte er bei seiner Mutter auf der Ferry Farm, noch lieber aber wohnte er bei seinem Bruder Lawrence auf Mount Vernon. Die Periode des ungetrübten wirtschaftlichen Erfolgs als routinierter Vermesser hielt bis zum Sommer 1751 an. Dann aber änderte eine ernsthafte Krankheit seines ältesten Bruders seinen bislang eingeschlagenen Lebensweg plötzlich und einschneidend.

Lawrence litt seit dem Herbst des Jahres 1748 an einem chronischen Husten, der in der kalten Jahreszeit stets besonders schlimm und kräfteraubend war. Weil der junge Abgeordnete, Major und Farmer sich im Frühjahr 1751 in einem besonders bedenklichen Gesundheitszustand befand, fasste er den Entschluss, die nächsten Wintermonate nicht wieder im eisigen Virginia zu verbringen, sondern im warmen Klima der Karibik, das er ja auf seinen Fahrten mit Admiral Vernon kennen und schätzen gelernt hatte. Als seinen Kurort wählte er die Insel Barbados aus, die in dem Ruf stand, Lungenkranken ein besonders günstiges Heilklima zu bieten. Da er die Reise in die Karibik allerdings nur ungern ohne Begleitung antreten wollte, fragte er seinen jüngeren Bruder George, ob er nicht vielleicht mit ihm fahren wolle. Teils aus Abenteuerlust, aber auch aus echter Sorge um das Wohlergehen seines Lieblingsbruders, willigte er ein, zumal auch seine Mutter keine Einwände gegen das Vorhaben vorbrachte. Sie konnte sicher sein, dass George kein Interesse mehr an einer Seemannskarriere verspürte.

Das Schiff, das Lawrence und George Washington in die Karibik brachte, fuhr am 28. September 1751 vom Potomac aus ins offene Meer und erreichte fünf Wochen später den Hafen von Bridgetown, der Hauptstadt von Barbados. Schon am Tag nach der Ankunft begab sich Lawrence zu einem versierten Lungenarzt, der ihm auch Hoffnung auf Besserung seines Zustandes machte. Am 6. November bezogen die beiden Brüder dann eine schöne Unterkunft in einem Kapitänshaus mit Blick aufs Meer. Washington war von der Aussicht auf die Hafenbucht, die er von seinem Zimmer aus genießen konnte, restlos begeistert. Am Anblick der tropischen Flora und der Farbenpracht ihrer Blüten und Früchte konnte er sich kaum sattsehen. Immer wieder notierte er in seinem Tagebuch, dass die Landschaft von Barbados »zu Lande und zu Wasser« in höchstem Maße gefällig und »angenehm« sei. Sogar seinen musisch-literarischen Neigungen konnte er auf Barbados frönen, weil es in Bridgetown auch ein Theater gab, wo er sich am 15. November eine Tragödie anschaute.

Zwei Tage später wurde er jedoch jäh von einem hohen Fieber befallen. Dazu gesellten sich schwere Kopf- und Rückenschmerzen und ein unangenehmer Schüttelfrost. Als sich ab dem 20. November auf seinem ganzen Gesicht Flecke zeigten und Eiterbläschen herausbildeten, war die ärztliche Diagnose schnell gestellt: Washington hatte die Pocken. Offenbar hatte er sich gleich auf seinem ersten Landgang auf der Karibikinsel angesteckt. Eine Woche lang kämpfte er mit der lebensbedrohlichen Krankheit. Dann erst ließ das Fieber wieder nach und die Bläschen begannen auszutrocknen. Washington war erleichtert und dankbar. Mit Geduld und großer Leidensfähigkeit hatte er die Pocken, die ihn, wie er in seinem Tagebuch festhielt, »heftig attackiert« hatten, ein für alle Mal besiegt, da er nun über eine lebenslange Immunität gegen diese tückische Krankheit verfügte. An den unter

Schmerzen errungenen Sieg erinnerten nur seine Pockennarben, die er nun auf Stirn und Wangen für alle sichtbar trug.

Mitte Dezember konnte Washington wieder als vollständig geheilter Mann durch Bridgetown promenieren, doch hatte sich der Gesundheitszustand seines Bruders seit ihrer Ankunft auf Barbados noch nicht merklich verbessert. Kurz vor Weihnachten, als die beiden Washingtons eigentlich wieder gemeinsam zurück nach Virginia segeln wollten, entschied sich Lawrence daher ganz kurzfristig für eine mehrmonatige Verlängerung seines Kuraufenthalts. Er bat George, allein in die Heimat vorauszufahren, um schon einmal die dringendsten Angelegenheiten auf Mount Vernon für ihn zu regeln. Nach einer ungewöhnlich stürmischen Seereise ging Washington am 28. Januar 1752 in Virginia an Land. Vor seinem Besuch auf dem Landsitz des Bruders ritt er allerdings erst noch nach Williamsburg, wo er dem gerade neu in sein Amt eingeführten virginischen Gouverneur Robert Dinwiddie einige wichtige behördliche Briefe aus Barbados aushändigte. Die beiden Männer verstanden sich auf Anhieb prächtig, was den Gouverneur bewog, sich den Namen des durchsetzungsfähigen jungen Briefzustellers für alle Fälle vorzumerken.

Bis zur Rückkehr seines Bruders widmete sich Washington dann seinen gewohnten Vermessungsarbeiten, tätigte weitere Landkäufe und feierte im kleinen Kreis seinen zwanzigsten Geburtstag. Nach der langen Karibikfahrt, die seinen Horizont deutlich erweitert hatte, und nach der glücklich überstandenen Krankheit war er von einem selten großen Tatendrang und einem nicht minder ausgeprägten Selbstbewusstsein beseelt. Er fühlte sich jung, mutig und stark. Solange Lawrence abwesend war, führte er auch gewissenhaft dessen Geschäfte auf Mount Vernon weiter und fuhr von dort aus regelmäßig nach Belvoir hinüber, um möglichst viel Zeit mit George und Sally Fairfax zu verbringen.

Im Sommer 1752 kehrte Lawrence endlich zurück. Seine Briefe, in denen er schon Wochen vorher sein Kommen angekündigt hatte, lasen sich jedoch wie deprimierende Hiobsbotschaften. Sein Husten war schlimmer denn je, der Kuraufenthalt war völlig vergebens gewesen. Im letzten pessimistischen Schreiben vor seiner Rückreise nach Virginia hatte er bereits angekündigt, nun nur noch »nach Hause in mein Grab zu eilen«. Als George seinen abgemagerten Bruder auf Mount Vernon wieder in die Arme schloss, wusste er, dass Lawrence nicht übertrieben hatte. Am 20. Juni machte der unglückliche junge Mann sein Testament. Schon am 26. Juli taten seine verbrauchten Lungen ihren letzten Atemzug. Lawrence hinterließ seine trauernde Frau Anne und ihre einzige, nicht einmal zweijährige Tochter Sarah, um die sich nun George zu kümmern hatte, weil er nach seiner kleinen Nichte der nächste Erbberechtigte des verstorbenen Bruders war.

Mit Lawrence' Ableben war dessen Titel eines Majors der virginischen Miliz vakant geworden, und Washington bewarb sich auf der Stelle. Es erschien ihm angemessen, den militärischen Rang seines Bruders nun durch einen entsprechenden Antrag beim Gouverneur von Virginia für sich selbst zu reklamieren. Ihn trieb zwar nichts mehr zur Marine, doch die Leidenschaft für das Waffenhandwerk war in ihm deswegen noch längst nicht erloschen. Schon zu Beginn des neuen Jahres entsprach der ihm gewogene Gouverneur Dinwiddie seinem Wunsch nach militärischer Auszeichnung. So wurde er am 1. Februar 1753 als jüngerer Bruder des verstorbenen Lawrence nun seinerseits zum »Major Washington« ernannt. Sogleich erhielt er auch ein festes Jahresgehalt von 100 Pfund, was ein beträchtliches Zusatzeinkommen zu seinen Einnahmen als Vermesser darstellte.

Die erste Bewährungsprobe für den frisch bestallten Major George Washington ließ nicht lange auf sich warten. Im Frühjahr 1753 rückten französische Truppeneinheiten von Kanada aus in das westlich von Pennsylvania gelegene Ohiotal vor, wo sie begannen, zwischen dem Südufer des Eriesees und dem Ohio River eine Kette von gut befestigten Forts zu errichten. Mit Hilfe dieser militärischen Stützpunkte wollten sie diese Region noch vor den Briten unter ihre Kontrolle bringen. Bis dahin hatte es im dicht bewaldeten Ohiotal keinen Siedlungsversuch der Europäer gegeben. Nur Indianer und Pelzhändler waren hier zum Zweck des

Warenaustauschs zusammengekommen. Sollte es den Franzosen gelingen, sich dauerhaft in diesem Landstrich festzusetzen und damit die schon seit Beginn des Jahrhunderts angestrebte Landverbindung zwischen ihren weit voneinander entfernt gelegenen Siedlungsgebieten in Kanada und Louisiana herzustellen, waren alle Pläne der Briten zur weiteren Ausdehnung ihrer Kolonien nach Westen zum Scheitern verurteilt.

Während die Franzosen mit der Konstruktion ihrer Forts nicht gegen die Abmachungen des Aachener Friedens zu verstoßen glaubten – und die im Ohiotal jagenden Indianerstämme den fortschreitenden Festungsbau zunächst auch duldeten –, reagierten nahezu alle Regierungen der britischen Kolonien auf den französischen Vorstoß mit Bestürzung. Der virginische Gouverneur Dinwiddie nahm sogar direkten Kontakt mit den Kronbehörden in London auf, um sich mit ihnen zu beraten. Das von König Georg II. persönlich unterzeichnete Antwortschreiben an Dinwiddie traf im Oktober 1753 in Williamsburg ein. Darin plädierte der Monarch für ein schnelles, entschlossenes Eingreifen und bat um Entsendung eines geeigneten Emissionärs ins Ohiotal, der die Franzosen dort zum sofortigen Rückzug auffordern sollte.

Als Washington durch George Fairfax erfuhr, dass der Gouverneur nach einem verlässlichen und nervenstarken Boten Ausschau hielt, der den Franzosen den königlichen Unwillen über ihre Besetzung des Ohiotals kundtun sollte, ritt er sofort nach Williamsburg, um sich als Freiwilliger für diese delikate Mission zur Verfügung zu stellen. Und tatsächlich erteilte Dinwiddie dem erst 21-jährigen und militärisch noch völlig ungeübten Major Washington am 30. Oktober 1753 den ehrenvollen Auftrag, den Oberkommandierenden der französischen Soldaten im Ohiogebiet – Capitaine Jacques Legardeur de Saint-Pierre – durch die Überbringung einer geharnischten Protestnote zur Aufgabe des Fortbaus zu bewegen. Jahre später erinnerte sich Washington, es sei ein »außergewöhnlicher Umstand gewesen«, einen so jungen und unerfahrenen Mann wie ihn mit einem derart brisanten diplomatischen Geschäft zu betrauen.

Am 15. November brach Washington mit sechs Begleitern ins Ohiotal auf. Unter ihnen befand sich auch ein sprachgewandter Holländer, Jacob van Braam, der Washington die nötigen Übersetzerdienste leisten sollte, weil der Virginier der französischen Sprache nicht mächtig war. Außerdem war als Scout der Landvermesser Christopher Gist mit von der Partie. Er kannte sich als einer der wenigen Briten in den Wäldern des Ohiogebietes so gut aus, dass er Washington den Weg zu dem wenige Meilen südlich des Eriesees gelegenen Forts LeBoeuf weisen konnte, wo Legardeur residierte. Auf dem Weg zum französischen Kommandanten berieten sich die Virginier dann noch mit einigen Indianerhäuptlingen der Shawnee, Mingos und Delawaren, die im Ohiotal jagten und mit den Briten befreundet oder ihnen zumindest nicht feindlich gesonnen waren. Der Mingohäuptling Tanacharison schalt die Franzosen in einem vertrauensvollen Gespräch mit Washington in bitteren Worten, sie hätten »mit Gewalt« Forts errichtet und zu Unrecht »große Häuser auf unser Land gebaut«. So fasste der zürnende Tanacharison den Entschluss, die Briten zu begleiten, um Legardeur den Festungsbau auch aus indianischer Sicht auszureden.

Als Washington, Gist, van Braam, Tanacharison und ihre Begleiter am 11. Dezember inmitten eines schweren Schneegestöbers am Fort LeBoeuf eintrafen, wurden die ausgekühlten Männer vom Kommandanten formvollendet begrüßt und ins Warme gebeten. Er bewirtete sie, so gut er konnte. Doch zugleich machte er ihnen allen unmissverständlich klar, dass er nicht daran dachte, den französischen Posten im Ohiotal zu räumen. Legardeur händigte Washington deshalb sofort einen Brief für Dinwiddie aus, in dem der französische Kommandant dem britischen Gouverneur seine Weigerung noch einmal schriftlich bestätigte. Der virginische Major sah schnell ein, dass alle weiteren Verhandlungen mit Legardeur pure Zeitverschwendung sein würden. Während Tanacharison noch länger im Fort LeBoeuf verweilte, um den Kommandanten durch hartnäckige Gespräche vielleicht umzustimmen, brach Washington am 16. Dezember auf, um Dinwiddie den Brief des französischen Kommandanten zu überbringen.

Da der Winter jetzt mit seiner ganzen Härte Einzug gehalten hatte, wurden Washington, seine Begleiter und ihre Pferde auf der Rückreise im immer tieferen Schnee an den Rand ihrer Kräfte gebracht. Washington notierte zum Jahreswechsel in seinem Reisetagebuch, dass »Mr. Gist alle seine Finger und einige seiner Zehen eingefroren« waren. Noch gefährlicher war ein hinterhältiger Angriff von Indianern, die mit den Franzosen befreundet waren. Diese »französischen Indianer«, wie Washington schrieb, die wohl zu den Chippewa oder Ottawa gehörten, verfehlten den Major bei einem aus »nicht einmal fünfzehn Schritt« Entfernung abgefeuerten Schuss um Haaresbreite. Nur mit Mühe und heftiger Gegenwehr konnten Gist und Washington die Indianer in die Flucht schlagen und den Schützen in ihren »Gewahrsam nehmen«. Weil er ihnen aber bei der beschwerlichen Rückreise ein lästiger Ballast war, ließen sie ihn nach einigen Stunden im Schutz der Dunkelheit ohne Waffen wieder laufen.

Am 11. Januar 1754 erreichte Washington Belvoir, wo er sich zunächst einen ganzen Tag lang von den Strapazen der Reise erholen musste. Erst am 16. Januar konnte er in Williamsburg dem Gouverneur Legardeurs Schreiben aushändigen. Als Dinwiddie im Brief des Kommandanten las, dass »das am Ohio gelegene Land« ganz »unbestreitbar« dem König von Frankreich gehöre, war er nicht überrascht. Er hatte mit einer solchen Antwort gerechnet. Doch mit diesem unzweideutigen Dokument in der Hand konnte er die britische Regierung wie auch die eigene Bevölkerung zum fortgesetzten militärischen Widerstand gegen die Franzosen aufrufen, denen er nach dem Aachener Frieden genauso wenig traute wie zu den Zeiten des Österreichischen Erbfolgekrieges. Weil der junge Major Washington den Gouverneur als zäher Botengänger außerordentlich beeindruckt hatte, gestattete Dinwiddie ihm, einen Bericht über sein schwieriges Unternehmen in allen Zeitungen der Kolonien zu veröffentlichen. Dieser Bericht erschien dann auch kurze Zeit später in vielen europäischen Zeitschriften. Erstmals konnte die Welt nun zur Kenntnis nehmen, dass ein gewisser Major George Washington sich in den Weiten des nordamerikanischen Kontinents ruhmreich bewährt hatte.

7.

MACHT UND RECHT (1754 – 1762)

Die Franzosen widersetzten sich der von König Georg II. im fernen London angeordneten und von Washington persönlich überbrachten Aufforderung zum unverzüglichen Rückzug aus dem Ohiotal. Damit war eine Situation eingetreten, die für den Gouverneur Dinwiddie nicht leicht zu meistern war. Was sollte er jetzt tun? Sollte er noch einmal den Kronbehörden in England schreiben, um neue Instruktionen zu erlangen, deren Übermittlung Monate dauern würde, während derer die Franzosen zahlreiche weitere Forts bauen konnten? Oder sollte er den von den französischen Soldaten bislang noch nicht besetzten Bereich des Ohiogebietes ohne Rücksprache mit dem König auf eigene Faust für die Briten zu sichern suchen? Nach intensiven Beratungen mit dem Gouverneursrat entsandte er eine zweihundert Mann starke Freiwilligenarmee unter Führung Washingtons an den einhundert Meilen südlich von Fort LeBoeuf gelegenen Zusammenfluss der Flüsse Allegheny und Monongahela (die dort den Ohio bildeten), um an dieser Stelle den Bau eines britischen Forts zu beaufsichtigen.

Weil aber die Expedition aus Steuermitteln finanziert werden musste, bedurfte sie zuvor der Zustimmung des virginischen Kolonialparlaments. Dinwiddie berief das *House of Burgesses* zu einer Sondersitzung ein. Zwar bewilligten die Parlamentarier dem Gouverneur am 14. Februar 1754 die von ihm bezifferte Summe, behielten sich jedoch das Recht vor, jederzeit von allen Truppenbewegungen und weiteren Militärausgaben unterrichtet zu werden, um Dinwiddie nicht etwa Gelegenheit zu geben, ohne ihr Wissen einen Angriff auf die Franzosen durchzuführen. Unter keinen Umständen wollten sie gegen den Friedensvertrag von Aachen verstoßen.

Während der jetzt in den Rang eines Oberstleutnants beförderte Washington die zum Schutz des britischen Forts erforderliche Anzahl von Milizionären erst einmal umständlich rekrutieren musste, machte sich schon Ende Februar ein kleinerer Voraustrupp von versierten Zimmerleuten an der 180 Meilen nordwestlich von Alexandria befindlichen Flussgabelung des Ohio an die Arbeit. Der Bau des neuen britischen Militärstützpunktes ging ihnen schnell von der Hand. Sogar der Mingohäuptling Tanacharison half den Virginiern. Auch er hatte den französischen Kommandanten Legardeur im vorausgegangenen Jahr nicht zum Abzug aus dem nördlichen Ohiotal bewegen können. Symbolisch setzte Tanacharison den ersten Pfahl der hölzernen Einfriedung und verkündete, dass diese hinfort gemeinsamer Besitz der Engländer und seines Stammes sei. Bereits Mitte April war das palisadenbewehrte Fort errichtet.

Doch gerade als die Briten das Tor ihrer soeben fertiggestellten Wehranlage eingehängt hatten, erschienen vor ihnen auf dem Fluss Kanus mit 500 französischen Soldaten, die achtzehn Kanonen mit sich führten. Als die Franzosen angelegt hatten, verlangte ihr Befehlshaber, der Capitaine de Contrecœur, Legardeurs Nachfolger, ein Gespräch mit den Bauleuten. Er erklärte ihnen, dass ihm der Generalgouverneur von Kanada, der Marquis Duquesne, schon vor etlichen Wochen den Auftrag erteilt habe, an eben dieser Stelle ein französisches Fort zu bauen. Würden die Briten die Palisaden nicht freiwillig räumen, müsse er wohl oder übel Gewalt anwenden. Angesichts der französischen Übermacht blieb den Männern aus Virginia keine Wahl. Sie mussten das Fort den Franzosen überlassen. Diese nannten es zu Ehren ihres Generalgouverneurs »Fort Duquesne« und bauten es zu einer steinernen Bastion aus.

Washington, der erst Anfang April mit nur 160 Freiwilligen – statt der ursprünglich vorgesehenen 200 Milizionäre – von Alexandria ins Ohiotal aufgebrochen war, empfing die deprimierende Nachricht von der Übernahme des britischen Forts durch die Franzosen am 20. April, als er gerade die Appalachen überquert hatte. Nur kurz überlegte er, ob er nun nicht besser wieder nach Alexandria oder Williamsburg zurückkehren sollte, um den Gouverneur von der plötzlich veränderten Lage zu unterrichten. Dann entschloss er sich, mit seinen Männern doch weiter vorzurücken. Wenn schon kein britisches Fort an der von Dinwiddie vorgesehenen Stelle errichtet werden konnte, ließ sich das Vorhaben doch sicher auch an einem nicht weit davon entfernten anderen Ort verwirklichen. Schließlich musste der britische Rechtsanspruch auf die Ohioregion ja in irgendeiner Form, am besten durch den Bau einer Befestigungsanlage, zum Ausdruck gebracht werden. So erteilte Washington seinen Virginiern die Anweisung, am Nordrand der Appalachen, nur vierzig Meilen südlich vom aufgegebenen Fort Duquesne, ein neues britisches Fort zu bauen.

Die Arbeiten an diesem Festungsbau hatten gerade begonnen, als Washington am Abend des 27. Mai von Kriegern der Mingos aufgesucht wurde, die ihm im Auftrag von Tanacharison ausrichteten, dass der Häuptling soeben nur wenige Meilen vom neuen Bauplatz entfernt eine Gruppe von mehr als dreißig kampierenden französischen Soldaten beobachtet habe. Washington solle sich daher am besten sofort zu Tanacharison und dann gemeinsam mit ihm zu diesem Rastplatz der Franzosen begeben, um die Lage zu sondieren. Der alarmierte Oberstleutnant zögerte nicht. Noch in der Nacht ritt er mit 47 bewaffneten Milizionären im strömenden Regen zum nahegelegenen Aufenthaltsort der Mingos, besprach sich mit Tanacharison und ließ sich anschließend von ihm und seinen tapfersten Kriegern zum französischen Lagerplatz führen. Washington und der Mingohäuptling erspähten die Franzosen in den frühen Morgenstunden des 28. Mai und sahen, dass diese eben im Begriff waren, ihr Frühstück zuzubereiten.

Als ein vom knackenden Geäst aufgeschreckter französischer Soldat zu seinem Entsetzen bemerkte, dass sein Lager zu beiden

Seiten von virginischen Milizionären und indianischen Kriegern umzingelt war, griff er instinktiv zu seinem Gewehr und rief seinen Kameraden zu, sie sollten sich ebenfalls so schnell wie möglich bewaffnen. Ein Schuss fiel. Washington reagierte sofort. Er befahl seinen Männern, ihre Gewehre anzulegen, und schrie: »Feuer!«. Und noch einmal: »Feuer!« Die beiden Salven der Engländer streckten sofort einige Franzosen zu Boden. Dann kam es zu einem heftigen Scharmützel, das etwa zehn Minuten andauerte, bis Washington seinen Milizionären Einhalt gebot, da er sah, dass der verwundete Befehlshaber des französischen Trupps, Jumonville, seinen Leuten gerade eine Feuerpause verordnet hatte, nun den Briten winkte und um friedliche Verhandlungen bat.

Als der Holländer van Braam, der Washington wieder einmal als Übersetzer begleitete, auf Jumonville zutrat, um mit ihm in einen ausführlichen Dialog einzutreten, sprangen die Indianer auf Befehl ihres Häuptlings aus der Deckung hervor, warfen sich auf die verwundeten Franzosen und töteten diese augenblicklich. Tanacharison hatte keinen Sinn für Friedensgespräche. Er wollte den Kampf. Auf Französisch rief er dem wehrlos vor ihm liegenden Jumonville zu: »Du bist noch nicht tot«, hieb ihm das Kriegsbeil so lange in den Schädel, bis dieser zerbarst, und legte das Gehirn unter Strömen von Blut frei. Dann zog er die graue Masse aus ihrer Höhle und badete seine Hände darin. Anschließend skalpierte er mit seinen Kriegern alle getöteten Franzosen und verschwand mit der Beute dahin, woher er gekommen war.

Washington verfolgte diesen völlig überraschenden Überfall der Indianer mit in den Adern gefrorenem Blut. Bei diesem greulichen Anblick befand er sich vorübergehend in einer Art Schockstarre, während der er nur vermochte, sich mit seinen Milizionären schützend vor die noch unverletzten Franzosen zu stellen, um wenigstens diese vor den Übergriffen der Mingos zu bewahren. Als er sich wieder gefasst hatte, war das Massaker schon geschehen. Es blieb dem verstörten Oberstleutnant nur noch übrig, den Rückweg zur Baustelle des Forts anzutreten, zu dessen rascher

Vollendung er nun drängte, weil er damit rechnete, dass es über kurz oder lang zu einer massiven französischen Vergeltungsaktion kommen werde. Die gefangengenommenen Franzosen schickte er zu Dinwiddie, dem er in einem Brief vom 29. Mai alles Geschehene schilderte und dringend um Übersendung weiterer Truppen bat. Schon fünf Tage später war das Fort fertiggestellt. Washington nannte es »Fort Necessity«, weil es in einem Moment höchster Not und mit zwingender Notwendigkeit errichtet worden war. Um Errettung aus der von ihm als bedrückend eingeschätzten Notlage bat er auch in inbrünstigen Gebeten, die er am 2. Juni im Fort Necessity verlesen ließ.

Während der Brief an Dinwiddie unterwegs war, sprach sich in den gesamten britischen Kolonien Nordamerikas herum, dass die Franzosen im April das an der Gabelung des Ohio angelegte Fort Duquesne erobert hatten. Der kühne virginische Offizier Washington, der den Kolonisten nach seinem Zeitungsartikel vom Januar 1754 noch in guter Erinnerung war, hatte also wieder einen Rückschlag hinnehmen müssen. In Philadelphia nahm jetzt ein prominenter Abgeordneter des pennsylvanischen Kolonialparlaments in der von ihm selbst herausgegebenen *Pennsylvania Gazette* zu Washingtons Missgeschick Stellung: Der Verleger Benjamin Franklin – der zwei Jahre zuvor in seinen Mußestunden als Autodidakt und Amateurwissenschaftler den Blitzableiter erfunden hatte und seither weltweit als genialer Naturforscher und erfindungsreicher Wegbereiter der Aufklärung gefeiert wurde – machte in seinem in den gesamten Kolonien gelesenen Blatt nicht Washington für sein Zurückweichen vor den Franzosen verantwortlich. Er beklagte sich über die untätigen Regierungen aller anderen britischen Kolonien, die noch immer nicht begriffen hätten, dass jetzt ein energisches gemeinsames Handeln das Gebot der Stunde war, wollte man gegen die Franzosen dauerhaft bestehen können.

Das fast schon arrogante Selbstvertrauen, das die Franzosen gegenüber Washington und seinem königlichen Auftraggeber an den Tag gelegt hätten, sei nur allzu verständlich, weil die britischen Kolonisten einfach nicht geschlossen genug agierten. Schuld am ungehinderten französischen Vormarsch ins Hinterland von Virginia und Pennsylvania sei »die außerordentliche Schwierigkeit«, so viele verschiedene amerikanische »Kolonialparlamente dazu zu bringen, übereinstimmend schnelle und wirksame Maßnahmen zur Verteidigung und Sicherheit zu ergreifen«, während »unsere Feinde den sehr großen Vorteil« hätten, dank der zentralistischen politischen Verfassung des kanadischen Neufrankreichs »unter einem einzigen Oberkommando« des Generalgouverneurs Duquesne zu stehen. Wenn die britischen Kolonien nicht endlich eine echte politische Union bildeten, würden die Franzosen unweigerlich »die britischen Interessen, Geschäfte und Pflanzungen in Amerika zerstören«.

Franklin stand mit seiner düsteren Lagebeschreibung nicht allein da. Auch in den Londoner Regierungsbehörden von Whitehall befürchtete man, dass die mangelhafte Zusammenarbeit der britischen Kolonialregierungen die Franzosen bald zu noch dreisteren Vorstößen einladen werde. Der *Board of Trade*, das für die Kolonialpolitik zuständige britische Handelsministerium, forderte daher den Gouverneur von New York James De Lancey auf, eine Konferenz anzuberaumen, an der Repräsentanten aller britischen Kolonien teilnehmen sollten, um eine längst überfällige gemeinsame Sicherheitspolitik zu organisieren. De Lancey handelte sofort. Schon am 19. Juni 1754 konnte er die von ihm eingeladenen Delegierten der einzelnen Kolonien in der Stadt Albany am Oberlauf des Hudson River begrüßen und die Verhandlungen förmlich eröffnen.

Wortführer des Kongresses von Albany wurde Franklin, der als pennsylvanischer Gesandter an diesem ersten bedeutenden Repräsentantentreffen aller Kolonien teilnahm. Er suchte die Delegierten davon zu überzeugen, dass der wirksamste Weg zu ihrer »wechselseitigen Verteidigung und Sicherheit« nur die möglichst rasche Bildung einer »Union der verschiedenen Kolonien« sein konnte. Franklin, der gerade erst mit Begeisterung eine englische Übersetzung der 1748 veröffentlichten Schrift *De l'esprit des lois* des französischen Rechtsphilosophen Montesquieu gelesen hatte, strebte jedoch keine zentralistisch organisierte Union der Kolonien an. Analog zu den verfassungsrechtlichen Ideen Montesquieus, der in seinem Werk eine bundesstaatliche Ordnung als politische Organisationsform der Zukunft pries – und sich dabei ausdrücklich an der föderalen Verfassung des deutschen Reiches orientierte, das ja in der Tat ein aus verschiedenen Kurfürstentümern, Herzogtümern, Grafschaften und Stadtrepubliken bestehender Staat war –, skizzierte er die zu bildende Union der amerikanischen Kolonien als einen aus Staaten zusammengesetzten Staat, der seinerseits Teil des britischen Weltreiches bleiben sollte.

Franklins »Unionsplan« sah vor, dass ein von der Krone eingesetzter amerikanischer »Präsident« die Politik der neuen amerikanischen Union in Abstimmung mit einem von den »Repräsentanten der Bevölkerung der verschiedenen Kolonien gewählten Großen Rat« mit bis zu »48 Abgeordneten« zu koordinieren hatte. Zugleich aber sollten sämtliche Kolonien, die der Union beitreten würden – also Massachusetts, New Hampshire, Connecticut, Rhode Island, New York, New Jersey, Pennsylvania, Maryland, Virginia, North Carolina und South Carolina – »ihre gegenwärtigen Verfassungen« und auch ihre jeweils eigenen Kolonialparlamente »beibehalten«. Amerikanische Politik sollte somit auch nach einem Zusammenschluss der Kolonien auf Unionsebene wie auch auf der Ebene der einzelnen Kolonien letztlich immer durch Wahlen und die Arbeit von Parlamenten legitimiert werden. Da nun die pennsylvanische Hauptstadt Philadelphia in Franklins Augen das kulturelle, politische und geographische »Zentrum der Kolonien« war, schlug er vor, die Stadt am Delaware River zugleich zur Unionshauptstadt und zum Tagungsort des Großen Rates zu bestimmen.

Franklins Konzept zur Vereinigung aller britischen Kolonien fand die begeisterte Zustimmung aller Delegierten, weshalb diese seinen Verfassungsentwurf dann auch umgehend den Kolonialparlamenten und dem Londoner *Board of Trade* zuleiteten, mit der Bitte um zügige Ratifizierung. Doch zu einer ernsthaften und gründlichen Befassung der Kolonial- und Kronbehörden mit dem weitblickenden Plan – dessen Umsetzung, wie Franklin später mutmaßte, »sehr wahrscheinlich« den Lauf der amerikanischen Geschichte geändert hätte – kam es nicht. Parallel zu den Beratungen in Albany hatten sich im südlichen Ohiotal nämlich Szenen abgespielt, die der britischen Krone kaum mehr gestatteten, den langwierigen parlamentarischen Ratifizierungsprozess zur Annahme des Unionsplanes in aller Ruhe abzuwarten.

Mitte Juni, als die Delegierten von Albany gerade ihre Verfassungsdebatte eröffnet hatten, waren in Fort Necessity zwar die angeforderten Hilfstruppen – zweihundert Milizionäre aus Virginia und ungefähr einhundert reguläre britische Soldaten aus Carolina – endlich eingetroffen, so dass der virginische Oberstleutnant Washington jetzt mehr als vierhundert Männer zur Verteidigung des neuen Stützpunktes aufbieten konnte. Mit den Neuankömmlingen erreichte ihn auch seine Beförderung zum Oberst, mit der Gouverneur Dinwiddie offenbar Washingtons Kampfesmut und Durchhaltevermögen stärken wollte. Doch am 28. Juni überbrachten ihm indianische Späher die bedrückende Botschaft, dass ein weit über 1000 Mann starker Verband französischer Soldaten aus dem Fort Duquesne aufgebrochen sei, um Vergeltung zu üben und ihn mit seinen Milizionären wieder über die Appalachen zurück nach Virginia zu treiben. Anführer der revanchelüsternen Franzosen war Captain Louis Coulon de Villiers, der ältere Bruder des von Tanacharison ermordeten Jumonville.

Washington blieb nichts anderes übrig, als sich mit seinen Kämpfern im Fort Necessity zu verschanzen und auf das Heranrücken der Franzosen zu warten. Schon am späten Vormittag des 3. Juli trafen die angekündigten französischen Einheiten an der neuen britischen Befestigungsanlage ein, marschierten unverzüglich auf das Fort zu und eröffneten das Feuer. Der Beschuss und die Durchlöcherung der nicht sonderlich soliden Palisadenwände dauerte bis zum Abend an und kostete fast ein Drittel der britischen Milizionäre und Soldaten das Leben. Erst bei Anbruch der

Dämmerung ließ de Villiers die Waffen seiner Männer schweigen und bot Washington freien Abzug an. Als Gegenleistung verlangte er allerdings die Unterzeichnung einer bedingungslosen Kapitulation. In Ermangelung einer echten Alternative gab Washington nach, unterschrieb das Dokument seiner Demütigung und verließ mit den völlig ausgelaugten Überlebenden und Verwundeten das Fort Necessity, das von den Franzosen sofort in Brand gesteckt wurde. Erst Anfang August traf Washington wieder im westlichen Virginia ein, von wo aus er Dinwiddie einen Brief schickte, in dem er von seinem erneuten Unglück berichtete; in drastischen Worten schilderte er den Zustand seiner Milizionäre, die »fast nackt«, »ohne Schuhe und Strümpfe« und ganz und gar niedergeschlagen aus der Ohioregion zurückgekehrt waren.

Washingtons Bericht konsternierte nicht nur den Gouverneur Dinwiddie in der Kolonie Virginia, sondern auch die britische Regierung im Mutterland. Als die Nachricht von der Zerstörung des Fort Necessity Anfang September in London eintraf, rief der britische Premierminister Thomas Pelham-Holles entsetzt und erbost aus, dass bald »ganz Nordamerika« für Großbritannien »verloren gehen« werde, wenn man die aggressiven französischen »Praktiken« weiter ungestraft »toleriere«. Um gegen die Franzosen nicht vollständig ins Hintertreffen zu geraten, sah man sich in London genötigt, dem Festungsbau des Gegners auf dem nordamerikanischen Kontinent mit äußerster Härte zu begegnen. Was im November 1753 mit der Überbringung der Protestnote Dinwiddies an den französischen Kommandanten Legardeur als verbal geführter Rechtsstreit begonnen hatte, konnte offenbar nicht mit friedlichen Mitteln gelöst werden. Weil es keinen neutralen und durchsetzungsfähigen Schiedsrichter gab, der entweder den Franzosen oder aber den Briten mit der nötigen Autorität hätte recht geben können, musste nun mit den Mitteln militärischer Macht entschieden werden, wer die dauerhafte Zugangsberechtigung zum Ohiotal erhalten würde.

Auf Betreiben des Herzogs von Cumberland, der als zweitältester Sohn des britischen Monarchen der mächtigste General

Großbritanniens war, wurde im Januar 1755 der Generalmajor Edward Braddock mit zwei Regimentern der irischen Infanterie nach Virginia geschickt. Er sollte den Franzosen durch gezielte Angriffe auf ihre wichtigsten Forts in der Ohioregion endgültig den Garaus machen. Ausgestattet mit dem Oberkommando über alle britischen Soldaten und Milizionäre Amerikas fiel Braddock zudem die Aufgabe zu, die Kolonien auch ohne Begründung der auf dem Kongress von Albany anvisierten föderativen Union zumindest vorübergehend auf militärischem Gebiet zu einer echten Einheit zusammenzuschweißen.

Braddock traf bereits im Februar 1755 in Virginia ein, seine beiden Regimenter folgten einen Monat später. Von Anfang an suchte er das Gespräch mit den Männern, die mit ihm kooperieren wollten. Er traf sich in Maryland mit Franklin, der dem Generalmajor anbot, gegen eine angemessene Vergütung 150 vierspännige Wagen mitsamt den dazugehörigen Zugtieren und Fuhrleuten für einen verbesserten Truppen- und Munitionstransport bereitzustellen. Braddock gab Franklin 800 Pfund, die dieser noch aus eigener Tasche auf 1000 Pfund aufstockte, so dass sich schließlich in Pennsylvania genügend Farmer bereitfanden, ihre Wagen und Pferde an den Generalmajor zu vermieten. Franklin beurteilte den englischen General jedoch trotz seines großen Engagements mit Skepsis. Seinen besorgten Hinweis, dass ein Vorrücken durch dichte amerikanische Wälder sich von einem Vorstoß durch europäische Wiesen und Felder deutlich unterscheide, bedachte Braddock nur mit einem geringschätzigen Lächeln.

Auch die Vertreter der Indianerstämme, die sich mit Braddock trafen, um einen gemeinsamen Schlachtplan gegen die Franzosen zu entwerfen, wies er arrogant ab, weil er meinte, dass »Wilde« im Kampf gegen einen europäischen Gegner »unmöglich Eindruck schinden« konnten. Brüskiert entzogen die Häuptlinge der Shawnee und Delaware dem Briten daraufhin jegliche Unterstützung. Nur wenige Mingos blieben an Braddocks Seite, allerdings ohne Tanacharison, der im vorausgegangenen Herbst im pennsylvanischen Hinterland einer tödlichen Lungenentzündung erlegen war. Als der britische Generalmajor jedoch im März einen Brief von Washington erhielt, in dem der virginische Oberst anbot, ihm beim bevorstehenden Zug gegen die Franzosen als persönlicher Adjutant zu Diensten zu sein, ging Braddock auf diesen Vorschlag gerne ein. Schließlich kannte Washington das schwierige Terrain auf dem Weg zum Ohiotal besser als jeder andere amerikanische Milizionär.

Entgegen allen in London, Williamsburg und Philadelphia genährten Erwartungen endete Braddocks und Washingtons gemeinsamer Vorstoß auf das Fort Duquesne im Desaster. Franklin hatte sich mit seiner ungünstigen Einschätzung des besserwisserischen britischen Generalmajors nicht geirrt. Dessen viel zu plump angelegter und durch eine eigens geschlagene Waldschneise führender Vormarsch über die Appalachen wurde Anfang Juli von vorgewarnten und gut vorbereiteten französischen Truppen aus dem Hinterhalt abgefangen: Braddock erlitt einen Lungendurchschuss und starb an den Folgen; Washington, der im wilden Kugelhagel gerade noch seine Haut retten konnte, entschied sich für einen hastigen Rückzug; von 1100 britischen Soldaten wurden über 700 getötet, der Rest wich fluchtartig bis nach Philadelphia zurück.

Unterwegs wurde Braddocks Leichnam in der Mitte der Straße verscharrt, damit die nachfolgenden Wagen, die über das Grab hinwegrollten, die verräterischen Spatenspuren für die Verfolger unkenntlich machten. Dadurch sollte verhindert werden, dass die mit den Franzosen alliierten Indianer Braddocks sterbliche Überreste entdeckten und schändeten. Da auch der virginische Feldprediger schwere Verwundungen erlitten hatte, fiel es Washington zu, die Beerdigungszeremonie zu leiten. Von Dinwiddie wurde der Oberst zwar trotz seines neuerlichen Fiaskos einmal mehr als Held gefeiert, weil er die Überlebenden sicher nach Pennsylvania und Virginia zurückgeführt hatte. Washington selbst aber vergaß nie mehr, wie er später schrieb, »die schockierenden Szenen« der Niederlage, »die Toten – die Sterbenden – das Stöhnen – das Klagen – und die Schreie«, die »selbst ein Herz aus Stahl durchbohrt« hätten.

Auch 3000 Meilen vom Ohio entfernt hinterließ das von Washington erlittene Debakel tiefe Spuren: Der britische Premier, seine leitenden Minister und auch der König reagierten mit Entsetzen auf die verheerenden Nachrichten aus Amerika. Auch wuchs die Sorge, dass die Gefechte in der Ohioregion trotz des Friedens von Aachen – der ohnehin nur noch als äußerst fragiler Waffenstillstand betrachtet wurde – die Dimension eines auch in Europa ausgefochtenen Weltkriegs um Amerika annehmen konnten. In jedem Fall sah Georg II., der ja auch Kurfürst von Hannover war, schon jetzt sein deutsches Stammland durch die überlegene Kontinentalmacht Frankreich unmittelbar bedroht. Wer konnte seinem Kurfürstentum im Kriegsfall Beistand leisten?

Auf Österreich mochte der König nicht mehr setzen, nachdem er als Alliierter Maria Theresias am Ende des Österreichischen Erbfolgekrieges mit leeren Händen dagestanden hatte. Jetzt, wo der Preußenkönig, der seit 1745 als Friedrich der Große verehrt wurde, Schlesien mit Billigung aller europäischen Mächte in seinem Besitz und seine Armee schon wieder auf annähernd 150 000 Mann hochgerüstet hatte, war es vielmehr ratsam, mit diesem ein Neutralitäts- und Garantieabkommen zu Hannovers Sicherung zu schließen; im Sommer 1755 begannen die Verhandlungen. Als der britische König sich im Hochsommer 1755 in sein hannoversches Schloss Herrenhausen begab, empfing er dort Friedrichs General-Adjutant Hans Karl von Winterfeldt, um mit diesem engen Vertrauten des preußischen Königs in ausführlichen Gesprächen zu erörtern, inwieweit Brandenburg-Preußen sich auf eine Verständigung mit Großbritannien einlassen würde.

Friedrich war über die Avancen des britischen Monarchen hocherfreut. Ja, sie befriedigten ihn zutiefst, zeigten sie doch, wie sich Preußens Ansehen und sein persönliches Prestige seit dem Aachener Frieden in Europa noch weiter gesteigert hatten. Sicher gründete sein gegenwärtiger Ruhm aber nicht nur auf seinen Kriegstaten, sondern auch auf seinem Ruf als geistreicher, aufgeklärter Herrscher, der es sogar vermocht hatte, den größten Aufklärer Europas zumindest vorübergehend an seinen Hof zu ziehen. Denn tatsächlich hatte Voltaire nach dem Tod seiner geliebten Freundin Émilie du Châtelet, die im Herbst 1749 im Kindbett gestorben war, die von Friedrich immer wieder einmal erneuerte Einladung nach Potsdam im Juli 1750 endlich angenommen.

Als Voltaire in Sanssouci eintraf, fand er dort in der Tafelrunde des Königs einige der radikalsten und provokantesten Aufklärer Europas vor, die wegen ihrer zum Teil heftig umstrittenen Thesen in den meisten anderen Nachbarstaaten einstweilen ihr Aufenthaltsrecht verwirkt hatten, jedoch bei dem außerordentlich toleranten preußischen Monarchen, der sie als anregende Gesprächspartner schätzte, wohlgelitten waren. Zu ihnen gehörte Friedrichs Leibarzt Julien Offray de La Mettrie – in dessen 1747 in Holland veröffentlichter Schrift *L'homme machine* zu lesen stand, dass der Begriff Seele nur eine leere Worthülse sei – und der Schriftsteller und Philosoph Jean-Baptiste de Boyer, Marquis d'Argens, der in seinem 1748 erschienenen Skandalroman *Thérèse philosophe* mit offensichtlicher Wonne pornographische Szenen geschildert hatte.

Friedrich teilte nicht jede These und Vorliebe seiner Gesprächspartner. Doch es gehörte zu seinem Verständnis von Meinungsfreiheit, auch materialistisch-mechanistische oder erotisch-wollüstige Gedanken ungeschützt äußern zu dürfen. Er selbst lotete in seinem Gedicht »Die Lust« die Freuden des Orgasmus aus. Tief empfindend beschrieb er in wohlgesetzten Versen »die Ekstase der Sinne« eines jungen Mannes und seiner wunderschönen, mit einem herrlichen Körper gesegneten Braut, deren »glückliches Schicksal« es in der Hochzeitsnacht gewesen sei, »zu küssen, zu genießen, zu fühlen, zu seufzen und zu sterben«, um sich dann nach erfolgter Auferstehung »erneut zu umschlingen und wieder in den Genuß zu werfen«, bis sie dann beide nur noch »erschöpft, außer Atem« in einen süßen Schlummer sinken konnten. In einem Brief an Voltaire bekannte Friedrich, dass er die Schilderung dieses Liebesaktes auf der zuverlässigen Grundlage eigener Erfahrungen geleistet habe. Auch der Berliner Akademiepräsident Maupertuis beteiligte sich regelmäßig an den sehr freizügigen Gesprächen von Sanssouci. Nicht mehr zum Kreis der königlichen Gesellschafter und Gesprächspartner gehörten dagegen die noch zu Rheinsberger Zeiten tonangebenden Freunde Jordan und Keyserlingk. Sie waren zu Friedrichs großem Kummer beide schon 1745 gestorben.

Voltaire war von dem ungezwungenen Miteinander am Hofe des preußischen Königs sehr angetan. Die offene Gesprächsführung behagte ihm: »Nirgends auf der Welt wurde mit so viel Freiheit über den Aberglauben der Menschen gesprochen«, erinnerte er sich später, »und nie mit so viel Spott und Verachtung. Nur Gott war ausgenommen.« Dass dieser Libertinismus, wie Voltaire vermutete, hin und wieder auch zu einem homoerotischen Geplänkel zwischen dem sexuell experimentierfreudigen Friedrich und einigen seiner »jungen Kadetten« führte, irritierte den französischen Philosophen nicht sonderlich. Auch dass der preußische König einen jungen Mann begnadigte, der von einem brandenburgischen Provinzgericht zum Tode verurteilt worden war, weil man ihn »eines galanten Abenteuers« mit einer Eselin überführt hatte, fand Voltaire richtig und »sehr human«, obwohl der Tatbestand der »Sodomie« zu dieser Zeit fast überall in Europa mit der Todesstrafe belegt wurde. Der preußische König, so Voltaire, hob den Spruch der Richter persönlich auf, indem er unter das Urteil schrieb, er gewähre in seinen Staaten »die Freiheit des Gewissens und die des Penis«.

Wiewohl Voltaire es guthieß, dass Friedrich sich hier in ein laufendes Gerichtsverfahren als großmütiger Herrscher eingemischt hatte, der Gnade vor Recht ergehen ließ, hielt er den Wunsch des Königs, das preußische Gerichtswesen immer stärker vom Wohlwollen des Monarchen abhängig zu machen, doch für höchst problematisch. Obwohl auch Friedrich Montesquieus *De l'esprit des lois* gelesen hatte und auch die im elften Buch des

Werks verfochtene Lehre von der Gewaltenteilung kannte, hielt er sich nicht mit letzter Konsequenz an diese wohl wichtigste rechtsphilosophische Einsicht des Zeitalters der Aufklärung. Wenn Montesquieu forderte, dass in einem freiheitlichen Staat »die Macht der Macht Schranken setzen« müsse, »um den Missbrauch von Macht zu verhindern«, vermochte Friedrich diesem Grundsatz als unumschränkt regierender König nicht zu folgen.

In seiner am 22. Januar 1750 in der Berliner Akademie der Wissenschaften verlesenen *Abhandlung über die Gründe, Gesetze einzuführen oder abzuschaffen* hielt er die britische Gepflogenheit, »die Macht des Königs« durch »die Macht des Parlaments« in Schach zu halten, für einen eklatanten »Fehler in der Regierungsform«, weshalb er dann auch mit einem überheblichen Unterton lapidar feststellte, »dass England mehr als irgendein anderes Königreich eine Reform seines Justizwesens nötig hat«. Ihm fehlte jegliches Verständnis dafür, dass in Großbritannien und den britischen Kolonien Nordamerikas die »ungestümen« Regierungen ihre Gesetze immer wieder »durch Parlamentsakte« abänderten, »gerade so, wie die Umstände und Ereignisse es erfordern«.

So stellte der König in seinem zwei Jahre darauf verfassten *Testament Politique* fest, dass in seinen Landen »in den Gerichten« nur »die Gesetze sprechen« sollten und der »Herrscher zu schweigen« habe. Doch behielt er sich eben auch vor, persönlich »über die Amtsausübung der Richter zu wachen«. Schließlich sollten in Preußen alle Bereiche des Staates von einer einzigen verständigen Hand gelenkt werden, »wie die Pferde vor dem Wagen bei den Olympischen Spielen«, um dem Fürsten ungehindert zu erlauben, »alles zu dem Ende zu führen, das er sich vorgenommen hat«. Friedrich konnte sich also – wie schon sein Vater Friedrich Wilhelm I. im Prozess gegen Katte – über das Urteil seiner Gerichte hinwegsetzen, wenn er es für richtig und nützlich hielt. Verfassungsorgane, die ihn daran hätten hindern können, gab es in Preußen nicht.

Sie sollte es auch weiterhin nicht geben. Stattdessen beauftragte Friedrich seinen Justizminister und Großkanzler von Cocceji, in seinen Landen eine Justizreform durchzuführen, die das Gerichtswesen und die Rechtsprechung in den unterschiedlichen preußischen Territorien – zu denen im Österreichischen Erbfolgekrieg auch das Herzogtum Ostfriesland mit dem wichtigen Nordseehafen Emden hinzugekommen war – weiter rationalisieren und vor allem auch vereinheitlichen sollte. Das Oberappellationsgericht aller territorialen Einheiten der brandenburgisch-preußischen Gesamtmonarchie hatte seinen Sitz in Berlin. Vom König nicht beaufsichtigte, unabhängig arbeitende Provinzgerichte gab es nach Vollzug der Rechtsreform faktisch nicht mehr.

Montesquieu, der schon während seiner Deutschlandreise im Jahr 1729 König Friedrich Wilhelm I. als groben, unentwegt Bier trinkenden, Tabak rauchenden und »eine fürchterliche Tyrannenherrschaft« ausübenden Autokraten beschrieben hatte, war die ganz und gar auf den Willen des Herrschers zugeschnittene preußische Monarchie nicht geheuer. Anders als der englische Parlamentarismus, den er im Unterschied zu Friedrich schätzte, unterschied sich die preußische Variante des aufgeklärten Absolutismus in seinen Augen nicht wesentlich von der starren, zentralistischen und oftmals von Willkür geprägten Regierungsform des absolutistischen Frankreichs, die er verabscheute. Friedrich den Großen, der sich in Krieg und Frieden mehrfach über geltendes Recht hinweggesetzt hatte, nannte Montesquieu daher in einem vertraulichen Schreiben an einen französischen Freund »den größten Verrückten, den es jemals gab«.

Voltaire, dessen Vorstellungen von politischer Aufklärung viel stärker den Ideen Montesquieus ähnelten als den Visionen des preußischen Königs, hielt Friedrich zwar nicht für verrückt, doch begann auch er sich ab 1752 von ihm abzuwenden. Der König hielt zwar viel von der freien Rede, dominierte die Gespräche in Sanssouci aber letztlich doch in oft nur schwer erträglicher Weise durch seine spöttischen Kommentare, die niemanden verschonten. Mitunter kolportierten seine Höflinge einander auch ungefragt, was er hinter deren Rücken über sie gesagt hatte. Voltaire schmerzte es zutiefst, als er von La Mettrie erfahren musste, dass der König ihn angeblich nur wie eine »Orange« betrachte, die man wegwirft, »wenn man den Saft getrunken« und genug französische Verse und philosophische Kenntnisse »aus ihr herausgepresst hat«. Als Maupertuis dann dem König zutrug, Voltaire habe, als er wieder einmal dessen französische Gedichte korrigieren sollte, seufzend geäußert: »Wird er denn nie müde, mir seine schmutzige Wäsche zum Waschen zu schicken!«, fühlte der französische Philosoph sich bemüßigt, eine bösartige Schmähschrift gegen den Präsidenten der Berliner Akademie der Wissenschaften zu verfassen. Darüber war nun wieder Friedrich so erbost, dass er Voltaires Tirade gegen Maupertuis zu Weihnachten 1752 öffentlich verbrennen ließ. Dazu herrschte er Voltaire an: »Ihr Verhalten verdient es, dass man Sie in Ketten legt.«

Diese Drohung machte der König dann im Folgejahr wahr. Kurz nachdem er im März 1753 dem völlig entnervten Voltaire gestattet hatte, Potsdam zu verlassen und wieder nach Frankreich zurückzureisen, musste er feststellen, dass dieser einen Privatdruck seines Gedichtbandes *Œuvres du philosophe de Sanssouci* mitgenommen hatte. Friedrich pflegte das Buch zwar seinen engsten Vertrauten zu schenken, forderte es aber von jedem, der Sanssouci verließ, wieder zurück. Da die Gedichte auch heftige Invektiven gegen europäische Monarchen und deren Minister enthielten, fürchtete er eine unangenehme Indiskretion Voltaires, den er deshalb im April bei dessen Aufenthalt in Frankfurt am Main von zwei dort residierenden preußischen Räten festnehmen ließ. Obwohl Voltaire sogar in einem Brief an Maria Theresias Gemahl, Kaiser Franz, gegen seine Verhaftung protestierte, weil Frankfurt keine preußische Landstadt, sondern eine freie, kaiserliche Reichsstadt war, eilte ihm niemand zur Hilfe. Die Frankfurter Bürger wollten sich nicht mit Friedrich dem Großen überwerfen. Erst als Voltaire sich von dem Gedichtband trennte, wurde er am 6. Juli 1753 aus der Haft entlassen.

Danach kam der Briefwechsel zwischen Friedrich und Voltaire für mehr als ein Jahr zum Erliegen. Und selbst als er dann wieder aufgenommen wurde, dauerte es eine ganze Weile, bis die Korrespondenz der beiden Männer, die nicht voneinander loskommen konnten, einen freundlichen Ton annahm – auch weil Voltaire dem König gestand, dass er sich von ihm zwar kurzfristig »gekränkt«, doch auch dauerhaft »verzaubert« fühle und insofern weder »mit ihm« noch ganz »ohne ihn leben« könne. So war Friedrich 1755 wieder ganz mit sich im Reinen, versprühte sogar einen noch größeren Übermut als jemals zuvor. Im Juni, als Washington gerade mit Braddock seinen unheilvollen Marsch ins Ohiotal angetreten hatte, befand sich der preußische König inkognito auf einer Vergnügungsreise in Holland. In schwarzer Perücke und mit einem zimtfarbenen Gewand gab er sich dort als Kapellmeister des Königs von Polen aus und genoss an Bord eines Hausboots die geruhsam an ihm vorüberziehende sommerliche Landschaft zwischen Utrecht und Amsterdam.

Es waren dann die Monate nach der Rückkehr von dieser erquickenden Reise, in denen Friedrichs Adjutant Winterfeldt mit König Georg II. über einen möglichen Pakt zwischen Briten und Preußen verhandelte. Die intensiven diplomatischen Gespräche führten zum Erfolg. Schon im August 1755 wurde das britische Bündnis mit Österreich aufgelöst. Stattdessen unterzeichnete Großbritannien am 16. Januar 1756 mit Preußen die Konvention von Westminster, ein Abkommen, in dem beide Mächte gelobten, sich nicht gegenseitig anzugreifen und ihre jeweiligen Verbündeten ebenfalls von einem Angriff auf den Vertragspartner abzuhalten. Friedrich glaubte, dass diese Übereinkunft mit Großbritannien seine Position in Europa noch weiter stärken würde, doch sah er sich in dieser allzu optimistischen Annahme schon wenige Monate später zutiefst getäuscht.

Wenzel Anton Graf von Kaunitz-Rietberg, der Leiter der österreichischen Staatskanzlei, schaute der sich abzeichnenden Neuordnung des europäischen Bündnissystems nämlich nicht tatenlos zu, sondern vollendete sie durch äußert geschickte diplomatische Schachzüge zu Österreichs Gunsten. Schon im Vorjahr hatte er Kaiser Franz in einem Vortrag erklärt: »Preußen muss übern Haufen geworfen werden.« In seinen Augen war das preußische Königreich ein durch und durch künstliches Gebilde, überflüssig und zudem ein steter Unruheherd, der die Balance der föderativen deutschen Reichsverfassung empfindlich störte. So erblickte Kaunitz in dem britisch-preußischen Pakt die günstige Gelegenheit, in Europa eine vollständige Umkehrung der Allianzen herbeizuführen. Tatsächlich konnte er Frankreich, Russland und Schweden bis zum Sommer überzeugen, mit Österreich ein gemeinsames Verteidigungsbündnis gegen Großbritannien und Preußen zu schmieden. Da sich nun Österreich und Frankreich, die sich seit 250 Jahren in allen Konflikten und Kriegen als Gegner gegenübergestanden hatten, plötzlich in einem gemeinsamen Lager befanden, erblickten die Zeitgenossen in der rasanten Verschiebung der europäischen Allianzen nichts Geringeres als eine diplomatische Revolution.

Von dieser Entwicklung zeigte sich niemand stärker überrascht und erschüttert als der preußische König. Unversehens war er nun von einem übermächtigen Bündnis umstellt, das über Armeen verfügte, die Preußens Truppenstärke um das Zweifache überragten: Mindestens 80 000 Franzosen, 80 000 Österreicher, 80 000 Russen, 20 000 Schweden und auch 20 000 Sachsen – alles in allem 280 000 Mann – standen 150 000 Preußen gegenüber, denen das militärisch in Amerika engagierte Großbritannien vorerst eher mit finanziellen Zuwendungen als mit Hilfstruppen zur Seite stehen konnte. Wie schon im Herbst 1740 steigerte sich Friedrich erneut in fast schon panikartige Angstzustände hinein, weil er glaubte, dass eine für Preußen existenzbedrohende Attacke der gegnerischen Allianz unmittelbar bevorstand. Maria Theresia ließ zwar den König wissen, dass ihre neue Bündnispolitik keinesfalls bezwecke, »irgendjemandem zum Schaden zu gereichen«; aber das beruhigte ihn nicht. An den Herzog Karl II. Wilhelm Ferdinand von Braunschweig schrieb er nach Empfang der Nachricht aus Wien kurz und trocken: »Die Antwort ist gekommen und ist nichts wert.«

Um der befürchteten Verschwörung seiner Gegner zuvorzukommen, ordnete Friedrich am 2. August die Mobilmachung seiner Truppen an. Am 26. August gab der preußische König dann den Befehl zum Angriff auf das Kurfürstentum Sachsen, das er für das wichtigste Aufmarschgebiet der feindlichen Allianz vor den Toren seines Kurfürstentums Brandenburg hielt. Sich erklärend schrieb er dem braunschweigischen Herzog an diesem Tag: »Da ich keine Sicherheit mehr habe, weder für die Gegenwart noch für die Zukunft, so bleibt mir nur der Weg der Waffen übrig, um die Anschläge meiner Feinde zu vereiteln.« Dieses Begründungsmuster entsprach exakt jener Logik des Präventivschlags, die er schon 1740 bei seinem Einmarsch in Schlesien geltend gemacht hatte, um sein Handeln zu rechtfertigen. Und wieder traf er entsprechend den autokratischen Traditionen des preußischen Verfassungssystems eine einsame Entscheidung, übrigens gegen den Rat seiner jüngeren Brüder August Wilhelm – des designierten Thronfolgers – und Heinrich, der mit seinen gerade erst 31 Jahren schon zu einem erfahrenen Offizier herangereift war.

Am 29. August marschierte Friedrich mit drei Kolonnen in Sachsen ein. Bei Pirna an der Elbe gelang es ihm, das erst kurz zuvor gewarnte und in Stellung gebrachte sächsische Heer einzuschließen und zu belagern. Um einem österreichischen Entsatzheer zuvorzukommen, das die sächsischen Truppen aus ihrer Umklammerung befreien sollte, rückte der König mit 28 000 Mann weiter nach Böhmen vor, wo er am 1. Oktober bei Lobositz den Angriff auf 35 000 Österreicher wagte. Aufgeregte Warnungen seiner Offiziere vor Gewehrkugeln, die in seiner Nähe einschlugen, wies er mit den Worten zurück: »Ich bin nicht hier, um sie zu vermeiden.« Im dichten Nebel und Pulverdampf und unter großen Verlusten auf beiden Seiten wurde die Schlacht bei Lobositz schließlich zu Preußens Gunsten entschieden. Der österreichische Vormarsch war erfolgreich gestoppt worden. Friedrich konnte sich wieder nach Kursachsen zurückziehen, wo er nun 18 000 sächsische Soldaten, die sich inzwischen in Pirna ergeben hatten, in seine Armee presste. So wurde das bei Lobositz dezimierte preußische Heer von ihm wieder gewaltsam aufgefrischt.

Ab November begaben sich die verfeindeten Armeen dann ins Winterlager, wo sie Pläne für das kommende Frühjahr schmiedeten. Unterdessen berieten die deutschen Reichsstände im Regensburger Reichstag über das dreiste Vorgehen des preußischen Königs. Wenn die preußische Besetzung Schlesiens 1740 noch als Konflikt zwischen souveränen Staaten gelten konnte, war der Überfall des brandenburgischen Kurfürsten auf den Kurfürsten von Sachsen nun gemäß den Satzungen des Reichsrechts eine eklatante Verletzung der Reichsverfassung. Statt am geltenden Recht, so die Mehrheitsmeinung der Reichstagsgesandten, hatte sich der preußische König diesmal an Erwägungen der Macht orientiert, die völkerrechtlich nicht gedeckt waren. Der kaiserliche Staatskanzler Kaunitz bezeichnete Friedrichs Vormarsch daher als einen perfiden Überfall, durch welchen »die Kaiserliche Allerhöchste Auctorität und die Hoheit des Reiches beleidiget und anbey der Verfassung des Reiches der gänzliche Umsturz« und allen Mitreichsständen »gleichgeartete Vergewaltigung« drohe. So kam es am 18. Januar 1757 zu dem Beschluss des deutschen Reiches, gemeinsam gegen den Aggressor Friedrich einen Reichskrieg zu führen. Im Fürstenrat votierten 60 (gegen 26) deutsche Fürsten für den folgenschweren Reichsbeschluss. Im Kurfürstenrat erhielt Friedrich nur die Stimme des britischen Königs Georgs II., des Kurfürsten von Hannover, der sich über das unabgestimmte Vorgehen des Preußenkönigs in Sachsen zwar ärgerte, aber diesem nun einmal vertraglich verbunden war.

Während im Frühjahr 1757 erst ganz allmählich eine Reichsarmee aufgebaut wurde, ging der gut gerüstete Friedrich mit seinem Heer schon im April wieder mit 64 000 Soldaten zum Angriff auf das österreichische Böhmen über. Seine frühe Offensive überraschte die Österreicher einmal mehr. Noch war ihr Aufmarsch nicht abgeschlossen, und auch ihre Verbündeten ließen auf sich warten. So erlitt die österreichische Hauptarmee am 6. Mai bei Prag eine verheerende Niederlage, konnte sich nur mit Mühe in die Stadt retten, wurde dort eingeschlossen und belagert. Manche Österreicher gaben ihre Sache schon verloren. Auch der Wiener Hof gestand den Ernst der Lage ein, indem er nach den ersten erschreckenden Nachrichten aus Prag die am 13. Mai zu begehende Geburtstagsfeier der Kaiserin Maria Theresia kurzerhand absagte.

Friedrich allerdings befürchtete, dass der Krieg noch lange dauern würde, und so nahm er sich jetzt die Zeit, seinen Einmarsch in Sachsen und Böhmen gegenüber seinen Kritikern im deutschen Reich zu verteidigen. In seiner im Frühsommer 1757 veröffentlichten *Rechtfertigung meines politischen Verhaltens* wies er die Verantwortung für den Krieg den Briten und Franzosen zu, die sich in ihren amerikanischen Kolonien bis aufs Blut gereizt und dann gegenseitig zum Bündniswechsel getrieben hätten, der nun in Europa schlimme Folgen zeitige. Jedermann wisse doch, schrieb Friedrich, »dass die Wirren, die Europa aufwühlen, ihren Anfang in Amerika genommen haben, dass der zwischen Engländern und Franzosen ausgebrochene Streit« um »einige unbekannte Gebiete in Kanada den Anstoß zu dem blutigen Kriege gegeben hat, der unseren Erdteil in Trauer versetzt«. Nordamerika und Europa seien eben trotz des zwischen ihnen liegenden Atlantischen Ozeans nicht weit genug voneinander entfernt, um zu verhindern, dass ein politischer »Brand von einem Weltteil« auch einmal »zu dem anderen übergreift«.

Die transatlantischen Verbindungswege waren so gut, dass die ersten Nachrichten über Friedrichs Sieg bei Prag bereits Anfang August in den amerikanischen Kolonien eintrafen, wo sie sofort in allen Zeitungen publik gemacht wurden. Einen besonders ausführlichen Bericht veröffentlichte am 4. August die *South-Carolina Gazette* in Charleston. Ein dort lebender Bekannter Washingtons, George Mercer, der diesen Artikel las, schrieb dem virginischen Oberst umgehend einen enthusiastischen Brief, in dem er sich über Friedrichs großartigen Sieg in Böhmen freute. Als Washington Mercers Schreiben Ende August 1757 in seinen Händen hielt, konnte er darin lesen: »Wir haben hier Nachrichten – die verlässlich bezeugt sind –, dass die österreichische Armee eine vollständige Niederlage hinnehmen musste«. »200 Kanonen und ihr gesamtes Feldzeug«, so Mercer weiter, seien »in die Hände der Preußen gelangt«, die daraufhin »sofort Prag eingenommen« hätten. Weil diese verwegene Attacke Friedrichs von geradezu sensationeller Kühnheit zeuge, gehe er, Mercer, davon aus, dass Washington bereits über andere Nachrichtenkanäle, »noch bevor Du diese Zeilen siehst«, vom Sieg des preußischen Königs erfahren habe.

Dass die Bewohner der britischen Kolonien Nordamerikas so vorbehaltlos die militärischen Erfolge Friedrichs des Großen bejubelten, lag an ihrer eigenen misslichen Situation im Kampf gegen die Franzosen. Denn Braddocks desaströse Niederlage war keinesfalls der Endpunkt jener Serie unerwarteter Misserfolge gewesen, die mit Washingtons gescheiterter Mission ins Ohiotal ihren Anfang genommen hatte. Als eines der »wundersamen Werke der Vorsehung«, das er nicht zu fassen vermochte, hatte Washington schon 1755 die überraschend deutliche Überlegenheit der Franzosen beschrieben, an der sich bis 1757 nichts änderte. So wurde Friedrichs Schlachtenglück gegen Österreich – den wichtigsten Bündnispartner der Franzosen – von den britischen Kolonisten wie Balsam auf ihr geschundenes Selbstwertgefühl empfunden.

Tatsächlich hatten vor allem die Bewohner des virginischen und pennsylvanischen Hinterlandes seit dem Herbst des Jahres 1755 schlimme Attacken über sich ergehen lassen müssen: Immer wieder waren die mit den Franzosen verbündeten Indianerstämme nach Braddocks Tod in die westlichen Grenzgebiete der britischen Kolonien eingefallen und hatten dort grausame Gemetzel verübt. Auch radikalpazifistische Siedlungen wie die von deutschen Pietisten gegründete Kommunität Gnadenhütten in Pennsylvania waren nicht verschont geblieben. Angesichts dieser schlimmen Verhältnisse bewilligten selbst die friedliebenden Quäker im pennsylvanischen Kolonialparlament einen neuen Verteidigungsetat von 60 000 Pfund, der zum Aufbau einer von Franklin organisierten Miliz genutzt wurde. Die virginischen Abgeordneten erhöhten den Militärhaushalt ihrer Kolonie ebenfalls und gaben sofort 40 000 Pfund frei, um ein Freiwilligenregiment von 1000 Milizionären finanzieren zu können. Zum Obersten dieses Regiments wurde Washington ernannt, der fortan einen etwas umständlichen Ehrentitel führte: »Oberbefehlshaber aller Streitkräfte, die nun zur Verteidigung der Kolonie Seiner Majestät aufgeboten werden«.

Der erst 23-jährige *Commander in Chief* zeigte sich sichtlich geschmeichelt, dass ihm »dieser Oberbefehl durch die Stimme des Volkes der Kolonie« gleichsam »aufgenötigt« worden war, obwohl er sich diesmal nicht aufgedrängt hatte. Dass er sogar vom Gouverneur Dinwiddie für würdig befunden wurde, alle erforderlichen Maßnahmen zum Schutz Virginias allein und nach eigenem Gutdünken zu treffen, ganz gleich »ob defensiv oder offensiv«, stellte eindrucksvoll unter Beweis, wie viel Vertrauen er in seiner Heimatkolonie genoss und wie viel Respekt man ihm dort zollte. Die Reputation, über die er verfügte, machte ihn jedoch nicht selbstverliebt, sondern schärfte sein militärisches Verantwortungsbewusstsein für seine Untergebenen nur noch weiter. Sein gewachsenes Renommee war ihm ein Ansporn, allen an ihn gestellten Erwartungen besonders gut zu genügen.

Nachdem die Rekrutierung seines Regiments erfolgt war, machte sich Washington zu Beginn des Jahres 1756 als Erstes daran, den durchaus gesunden Stolz der Milizionäre mit der im Militärdienst doch unbedingt nötigen Disziplin in Einklang zu bringen. Anders als die europäischen Heere, in denen vielfach Soldaten dienten, die gewaltsam in die Armee gepresst worden waren, bestanden die amerikanischen Milizen überwiegend aus Freiwilligen, die sich nicht gegen ihren Willen herumkommandieren ließen. »Jedes gewöhnliche Individuum« einer durchschnittlichen amerikanischen Einheit, so Washington, hatte »seine eigene rohe Vorstellung« von der zu befolgenden Taktik und nahm sich deshalb häufig heraus, eigenständig »die Richtung vorzugeben«. Doch um einen harten Kampf bestehen zu können, mussten auch selbstbewusste Männer lernen, sich den sachkundigen Kommandos eines erprobten Oberbefehlshabers zu fügen. »Disziplin«, ließ er sein Regiment wissen, »ist die Seele einer Armee. Sie macht aus einer kleinen Anzahl eine furchteinflößende Truppe, sichert den Schwachen Erfolg und allen gemeinsam Wertschätzung«.

Grundlose Widerborstigkeiten seiner Milizionäre bestrafte Washington daher streng. Unverbesserliche Trunkenbolde ließ er auspeitschen. Die Todesstrafe für Fahnenflüchtige schaffte er nicht ab. Er hielt sie für ein äußerst wirksames Mittel der Abschreckung. Doch im Grunde versorgte er sein Regiment wie ein wohlmeinender Vater. Sogar die eleganten Uniformen, die seine Virginier trugen, entwarf er selbst. So sollten sie unter einem »blauen Rock« eine »scharlachrote Weste« mit prächtigen »silbernen Ziergeflechten« tragen. Außerdem bat er den ihm gewogenen Dinwiddie regelmäßig darum, als Gouverneur darauf einzuwirken, dass die Milizionäre für ihren Dienst grundsätzlich den gleichen Sold erhielten wie die regulären Berufssoldaten der britischen Armee. Seine Offiziere dankten ihm diese beständige Fürsprache, indem sie ihn öffentlich als »ausgezeichneten Kommandeur«, ja sogar als »aufrichtigen Freund« und »liebenswürdigen Gefährten« seines Regiments priesen.

Und Washington kümmerte sich nicht nur um die Milizionäre. Er tat auch alles, was in seiner Macht stand, um den Zivilisten und Farmern durch die Sicherung der offenen virginischen Westgrenze wieder mehr Schutz zu bieten. Denn die meisten Siedler des Grenzgebietes waren den zahllosen Überraschungsangriffen der mit den Franzosen paktierenden Indianer wehrlos ausgesetzt, und viele von ihnen waren in den vergangenen Monaten wieder ins Landesinnere zurückgewandert. Bedrückt schrieb Washington an den Sprecher des *House of Burgesses*, dass es sich mittlerweile schon um eine »riesige Menge an Land« handele, »die wir in den letzten zwölf Monaten aufgegeben haben«.

Der fatalen Landflucht der Virginier suchte Washington entschlossen entgegenzuwirken, indem er im virginischen Hinterland eine Kette von Forts errichten ließ, die diese von Indianerattacken geplagte Region endlich befrieden sollte. Dem Massenexodus der Kolonisten aus dem Grenzland musste unbedingt Einhalt geboten werden. Damit der Oberst die neuen palisadenbewehrten Stützpunkte auch mit einer genügend großen Anzahl von Milizionären bestücken konnte – die bei einem Indianerüberfall schnell ausschwärmen und eine effektive Gegenwehr leisten sollten –, bewilligte ihm das Kolonialparlament im Sommer 1756 noch einmal die Mittel zur Finanzierung und Rekrutierung von weiteren 1500 Mann.

Den Bau des größten virginischen Forts leitete Washington selbst an. Diese stattliche Befestigungsanlage ließ er in der Nähe der Stadt Winchester errichten, mitten im Shenandoah-Tal, ungefähr 50 Meilen nordwestlich von Alexandria. Weil er in Winchester auch ab sofort sein Hauptquartier nahm, mietete er dort ein geräumiges Haus an, das er sich wie ein hochrangiger Würdenträger mit gediegenen Möbeln und eleganten Dekorationsstücken stilsicher einzurichten wusste. Washington war jetzt eine mit solider parlamentarischer Unterstützung handelnde militärische Respektsperson und wollte als solche auch in einem entsprechenden Ambiente wohnen. Allerdings kannte und beachtete er sehr genau die Grenzen seines Ranges und Standes. So taufte er die neue Wehranlage von Winchester unmittelbar nach ihrer Fertigstellung auf den Namen »Fort Loudoun«, widmete sie also in untertänigem Gehorsam dem neuen Oberbefehlshaber aller Truppen der britischen Kolonien Nordamerikas, John Campbell, Earl of Loudoun, der soeben aus England eingetroffen war.

Washington blieb auch weiterhin sehr ehrgeizig. Als er durch die bloße Präsenz des von ihm rekrutierten, disziplinierten und befehligten Regiments bis zum Jahreswechsel dafür gesorgt hatte, dass mittlerweile weniger Menschen aus der Grenzregion abwanderten als noch vor Jahresfrist, erhoffte er sich einen weiteren Karrieresprung. Er strebte nun ein reguläres Offizierspatent der britischen Armee an, zu dem ihm Lord Loudoun verhelfen sollte. Selbstbewusst wie er war, wollte er dem Lord in einem persönlichen Gespräch von seinen Erfolgen berichten. Als dieser im

Februar 1757 erstmals alle Gouverneure der britischen Kolonien zu einer Lagebesprechung nach Philadelphia einlud, bat Washington seinen Gouverneur Dinwiddie, ihn begleiten zu dürfen, was dieser ihm auch gestattete: »Da Sie nun unbedingt mitkommen wollen«, schrieb er dem obersten Militär Virginias, »gebe ich Ihnen jetzt die Erlaubnis dazu.«

Die Begegnung mit Lord Loudoun geriet für Washington jedoch zu einer einzigen großen Enttäuschung. Trotz der unbestreitbaren Erfolge Washingtons, trotz der gelungenen Disziplinierung seiner irregulären Truppen kam es für den britischen Oberkommandierenden überhaupt nicht in Frage, die amerikanischen Milizionäre in den Rang eines regulären britischen Regiments zu erheben. Weder wollte er den virginischen Regimentssoldaten den gleichen Sold zugestehen wie den Angehörigen der regulären britischen Truppen, noch stellte er Washington das von ihm gewünschte Offizierspatent in Aussicht. Loudoun behandelte den virginischen Oberst vielmehr mit abweisender Geringschätzung und gab ihm zu verstehen, dass die Leistungen, die Washington erbracht hatte, für ihn überhaupt kein Kriterium darstellten, um ihn in die vorderen Befehlsränge der britischen Armee aufsteigen zu lassen.

Loudouns Haltung überraschte Washington nicht nur, sie verbitterte ihn. Um sich Luft zu machen, schrieb er Dinwiddie am 10. März 1757 einen langen Brief, in dem er Loudoun als einen arroganten Befehlshaber denunzierte, der alle leistungsbereiten Milizionäre enttäusche und entmutige, weil er »Knospen aufblühender Hoffnungen« achtlos abschneide. Die herablassende Art des neuen Oberkommandierenden sei daher »im höchsten Grade deprimierend«, insbesondere für ihn, der sich doch aus seinem üblichen Betätigungsfeld als Vermesser geradezu selbst »herausgerissen« habe, um eine Karriere als Militär ohne jegliche Ablenkung, professionell und pflichtbewusst angehen zu können. Jetzt müsse er sich leider eingestehen, dass er wohl »die Blütezeit meiner Jugend in einem höchst unsicheren und gefährlichen Dienst« fahrlässig »vergeudet« habe. Diese traurige Erkenntnis sei für ihn der Gegenstand vieler weiterer »melancholischer Reflexionen«. So könne er beim besten Willen nicht verstehen, »dass uns, nur weil wir Amerikaner sind, die Wohltaten der gewöhnlichen britischen Untertanen versagt bleiben und unser Anspruch auf Beförderung gemindert ist«.

Der Gouverneur Dinwiddie, dem Washington viel zu danken hatte, da er ihn innerhalb des virginischen Milizsystems mit Billigung des Kolonialparlaments insgesamt vier Mal bis hin zur höchsten Befehlsstufe beförderte hatte, konnte diesmal aber nicht weiterhelfen. Ihm fehlte dazu die Befugnis. Auch ansonsten rückte Dinwiddie von Washington ab. Nur mit einem Achselzucken quittierte er Washingtons Lamento, dass die Amerikaner allzu oft von den aus dem Mutterland entsandten Vorgesetzten als Briten zweiter Klasse behandelt würden. Auch als Loudoun im Sommer 1757 400 Milizionäre des virginischen Regiments nach South Carolina abkommandierte, ohne Washington vorab konsultiert zu haben, intervenierte Dinwiddie nicht.

Für Washington war dieser Eingriff in seine Befehlsgewalt ein weiterer herber Schlag, der ihn vollkommen desillusionierte. Einst hatte er auf Anraten seines Onkels auf eine Karriere bei der britischen Marine verzichtet, weil er sich dort als Amerikaner keinen Aufstieg in die höchsten Offiziersränge erhoffen durfte. Jetzt musste er feststellen, dass ihm auch in der Hierarchie der britischen Armee kein vorderer Platz vergönnt war. Er, der die Milizionäre seines eigenen Regiments stets streng nach ihrer Leistung beurteilte, wurde nun gewahr, dass das Leistungsprinzip in der regulären britischen Armee nicht das alleinige Kriterium für eine Beförderung war. Eine seinen Talenten entsprechende Stellung im britischen Offizierscorps würde ihm also dauerhaft vorenthalten bleiben.

Diese Einsicht, die seinem tiefsten Sehnen widersprach, beschädigte nicht nur seine Würde und sein Ehrgefühl, sondern kränkte ihn im wahrsten Wortsinne. Denn im August zog Washington sich eine gefährliche bakterielle Darminfektion zu, die über mehrere Wochen nicht abklingen wollte. Als ihn dann im November noch ein heftiges Fieber packte, verordnete ihm der Armeearzt strikte Bettruhe. Im Januar konnte Washington zwar wieder laufen, doch hielt er seine Gesundheit noch immer für »stark beeinträchtigt«, zumal er seit dem Jahreswechsel unter einem kräftezehrenden Husten litt. Schon befürchtete er, das Schicksal seines zu früh verstorbenen Bruders Lawrence erleiden zu müssen. Dann jedoch traf er eine mannhafte Entscheidung, die ihm sofort eine spürbare Erleichterung verschaffte. Er schrieb dem britischen Brigadegeneral John Stanwix, einem engen Vertrauten Lord Loudouns, dass er nun ernsthaft »mit dem Gedanken spiele«, auch bei vollständiger Genesung seinen »Dienst als Kommandant zu quittieren«, denn »eine militärische Beförderung« stehe ihm ja selbst bei bester Gesundheit »nicht in Aussicht«.

Mit diesem Schreiben hatte Washington das Heft des Handelns wieder in die Hand genommen. Es war sicherlich besser, aus freien Stücken seinen Abschied vom Militärdienst anzukündigen, als sich weiter von bornierten und hochnäsigen Vorgesetzten demütigen zu lassen. Zwar schmerzte auch der freiwillige Verzicht auf das begehrte Offizierspatent, doch eröffnete er zumindest den Blick auf neue, andere, vielleicht sogar ehrenwertere Betätigungen im Dienst der amerikanischen Kolonialgesellschaft, auf deren freiheitliche Lebensweise er ja sehr stolz war. Monatelang war er nicht nur krank, sondern auch voll Selbstmitleid und larmoyant gewesen; nun hatte er sich selbst überwunden und regeneriert. Er hatte gelernt, sich den unabänderlichen Realitäten zu stellen, und wollte einen neuen Anfang wagen. Im März 1758 war er wieder vollständig genesen.

Bevor er jedoch den Abschied vom Militärdienst endgültig vollzog, bewarb er sich als Kandidat der Stadt Winchester um den Einzug ins *House of Burgesses*. Es wollte gewissenhaft prüfen, ob der große Respekt, den ihm die Kolonisten als Oberbefehlshaber des virginischen Regiments entgegenbrachten, auch ausreichte, um ihm eine zivile Karriere als Parlamentarier zu ermöglichen. Am 24. Juli, dem Wahltag, wurde ihm dann ein überwältigender Vertrauensbeweis ausgesprochen: Er erhielt 309 von 396 abgegebenen Stimmen. Einer seiner enthusiastischen Anhänger schrieb diesen deutlichen Wahlsieg vor allem Washingtons »menschlicher und gerechter Behandlung eines jeden einzelnen« der ihm anvertrauten Milizionäre zu – sowie seinem nie nachlassenden, »brennenden Eifer für das Gemeinwohl«.

Der Vorsatz, auf eine Militärkarriere zu verzichten, hatte für Washington also nicht ins gesellschaftliche Abseits geführt, sondern mitten hinein in einen neuen zivilpolitischen Aufgabenbereich, in dem er nun aus Überzeugung als Gesetzgeber tätig wurde. Er hatte somit die bedeutsame Erfahrung gemacht, dass freiwillige Entsagung mitunter unverhofften Reichtum gebar, weil auf einem neuen Betätigungsfeld viele bislang übersehene Schätze geborgen werden konnten. Da sein Verzicht auf eine Offizierslaufbahn ihm nun in überraschend kurzer Zeit neue, vielversprechende Lebensperspektiven eröffnet hatte, trug er im Herbst 1758 gleich noch einen zweiten unerfüllbaren Lebenstraum zu Grabe – die Liebe zu Sally Fairfax –, um eine Frau heiraten zu können, die noch zu haben war.

In den Tagen seiner Genesung hatte Washington in Williamsburg die freundliche Witwe Martha Dandridge Custis kennengelernt, die ein Jahr älter war als er und 1000 Morgen fruchtbares Ackerland besaß. Sie war von ganz anderer Gestalt als Sally Fairfax, nicht schlank und elegant, sondern klein und rundlich. Auch hatte sie in den vergangenen vier Jahren die beiden Kinder John und Martha zur Welt gebracht, denen sie eine gute Mutter war. Auf Washington strahlte sie eine wohltuende Wärme aus, die ihm Geborgenheit verhieß. Er ließ diese unvermittelt in sein Leben getretene Frau deshalb schon bald seine ehrliche Zuneigung spüren. Auch sie fand Gefallen an dem sehr viel größeren, ansehnlichen Mann, der in ganz Virginia so wohlgelitten war. Als er ihr einen Heiratsantrag machte, nahm sie ihn ohne zu zögern an.

Für Washington bedeutete die Aussicht auf ein baldiges Eheglück auch das Ende der im Innern seines Herzens beständig genährten Romanze mit Sally. So schrieb er der ersten großen Liebe seines Lebens im September 1758 zwei herzergreifende Briefe, in denen er dieser Freundin und Nachbarin gestand, noch immer die betörende »Wirkkraft ihrer liebenswerten Schönheit« zu verspüren. Auch werde er trotz der durchaus »erhebenden Aussicht, Mrs Custis zu besitzen«, zu keinem zukünftigen Zeitpunkt »die Erinnerung an tausend zärtliche Begebenheiten« mit ihr in Belvoir tilgen können. Auf Addisons rührendes Drama *Cato* anspielend, verglich er sich mit dem numidischen Prinzen Juba, der seine heimliche Liebe zu Catos Tochter Marcia – alias Sally – leider niemals öffentlich ausleben durfte. Doch gebe es für jedes Individuum ein unverrückbares »Schicksal«, das man als reifer Mensch zwangsläufig mit Standhaftigkeit annehmen müsse, da einer solchen Vorbestimmung »die stärksten Bemühungen der menschlichen Natur nicht widerstehen« könnten. Deswegen werde er seine Gefühle für Sally von nun an für immer »zu verbergen suchen«.

Doch bevor Washington die Ehe mit Martha Custis einging und das Abschiedsgesuch vom Militär offiziell einreichte, nahm er im November noch ein letztes Mal an einer bewaffneten Auseinandersetzung mit den Franzosen teil. Zu diesem Zeitpunkt hatte das Kriegsgeschehen auf dem nordamerikanischen Kontinent eine für die Briten günstige Wendung genommen. Ursache der nun grundlegend veränderten Lage war ein kühner Strategiewechsel, den der neue britische Premierminister William Pitt gegen den Widerstand hoher Militärs durchgesetzt hatte. Nachdem auch Lord Loudoun als Oberbefehlshaber der britischen Streitkräfte in Nordamerika gescheitert war, hatte Pitt dessen Befehlsgewalt im Sommer 1758 gleichmäßig auf die drei jüngeren und weitaus talentierteren Offiziere John Forbes, James Wolfe und Jeffrey Amherst verteilt, die seither die britischen Regimenter und Milizen gemeinsam und in enger Absprache miteinander anführten. Zudem hatte Pitt das Truppenkontingent unter größten finanziellen Anstrengungen auf insgesamt 50 000 Mann aufgestockt, deren vereinter Kampfkraft die 16 000 französischen Soldaten in Kanada schließlich nicht mehr gewachsen waren.

Von hoher Symbolkraft für das nun entscheidend veränderte Kräfteverhältnis war die Eroberung des Fort Duquesne (das die Briten anschließend nach ihrem Premierminister erst auf den Namen »Fort Pitt«, dann auf »Pittsburgh« umtauften). Sie glückte dem Brigadegeneral Forbes mit 7000 Soldaten und unter Beteiligung Washingtons am 12. November 1758. Viele Jahre später behauptete Washington, dass sein Leben bei der Einnahme des Forts in größerer Gefahr gewesen sei als jemals zuvor oder danach, weil er einen Moment lang irrtümlich zwischen zwei Abteilungen seiner eigenen Soldaten geraten war, die versehentlich aufeinander gezielt und ihn nur um Haaresbreite verfehlt hatten. Doch sein von ihm vielbeschworenes Schicksal war es offenbar, weiterzuleben, zu heiraten, als virginischer Abgeordneter zu wirken und auch als Gutsherr zu reüssieren.

Das Anwesen, das Washington nach seinem im Dezember eingereichten Abschied aus dem Militärdienst und seiner am 6. Januar 1759 erfolgten Eheschließung mit Martha Custis bezog, war der Landsitz seines verstorbenen Bruders Lawrence – Mount Vernon –, den er nun von seiner Schwägerin Anne dauerhaft pachtete. Nach dem Tod ihrer einzigen Tochter Sarah, die nicht einmal fünf Jahre alt geworden war, verband Anne mit Mount Vernon so viele traurige Erinnerungen, dass sie dort nicht länger wohnen wollte. Stattdessen ließ sie sich mit ihrem neuen Ehemann George Lee viele Meilen weiter südlich auf dessen Familiensitz Coles Point nieder. So hatte Washington alle Freiheiten, Mount Vernon nach seinen eigenen Vorstellungen auszubauen und umzugestalten.

Washington nahm sein neues Leben als jungvermählter Ehemann, erstmals gewählter Abgeordneter und stolzer Gutsbesitzer mit Freude an. Doch gestand er am 10. Januar 1759 in einem Abschiedsgruß an sein zurückgelassenes virginisches Regiment eben auch in sehr freimütigen Worten, dass er nur »mit Traurigkeit« an seine Zeit als Regimentschef zurückdenken könne und sich daher »anstrengen müsse«, diese so sehr erfüllte Periode seines Lebens »zu vergessen«. Trotz der Wehmut, die ihn befiel, wenn er an seine eigenen brachliegenden Talente als militärischer Befehlshaber dachte, begeisterte er sich aber auch weiterhin ehrlich für die vielen Siege, die nun die Briten unter Führung ihrer neuen Generäle in Nordamerika gegen die Franzosen erringen konnten. Höhepunkt einer langen Serie von Erfolgen und der entscheidende Schlag gegen die französischen Truppen war die am 13. September 1759 erfolgte Einnahme der kanadischen Hauptstadt Quebec durch den Generalmajor James Wolfe, der allerdings in dieser Schlacht sein Leben ließ.

Sieben Tage später, als diese Nachricht Washington erreichte, schrieb er: »Die Glückswaage in Amerika hat sich in großartiger Weise zu unseren Gunsten geneigt.« Und weil er vom britischen Triumph so beeindruckt war, bestellte er sich noch am 20. September beim Londoner Handelshaus Cary & Company eine kleine Büste des Herzogs von Marlborough, eines der größten englischen Kriegshelden aller Zeiten, der ja im Spanischen Erbfolgekrieg vor einem halben Jahrhundert ruhmreiche und entscheidende Schlachten für Großbritannien geschlagenen hatte. Doch gleichzeitig bestellte er auch noch eine deutlich raumgreifendere Bronzebüste – »45 Zentimeter in der Höhe, und 10 in der Breite« – des in seinen Augen größten zeitgenössischen Feldherrn, »des Königs von Preußen«. Dessen Büste wollte er in Mount Vernon an einem von ihm viel frequentierten Ort aufstellen, um beim Vorübergehen stets an die großartigen strategischen Fähigkeiten Friedrichs des Großen erinnert zu werden.

Immer wieder hatte Washington in den zurückliegenden Monaten von seinen Freunden und Bekannten Briefe erhalten, in denen die kühnen Taten des preußischen Monarchen in leuchtenden Farben ausgemalt wurden. George William Fairfax, der sich zu Beginn des Krieges nach London aufgemacht hatte, berichtete Washington von dort, dass das britische Parlament »den festen Entschluss gefasst« habe, den im Kampf gegen Frankreich und Österreich so wunderbar »siegreichen König von Preußen« mittels finanzieller Zuwendungen weiter »zu unterstützen«. Als Verbündeter habe Friedrich »alle auf ihn gerichteten Erwartungen übertroffen«. Von einem Bekannten aus New York erhielt Washington diverse Zeitungsartikel mit ausführlichen Berichten über »den mutigen König von Preußen«, der die Truppen der feindlichen Allianz oft auch in Unterzahl angegriffen und besiegt hatte.

Washington und die amerikanischen Kolonisten erwärmten sich deshalb so sehr für Friedrich den Großen, weil er die Franzosen durch seine verblüffenden Siege mehr und mehr gezwungen hatte, den Fokus ihrer militärischen Anstrengungen von Kanada wegzulenken und auf den europäischen Kriegsschauplatz zu richten. Dadurch hielt er den Briten, die sich ihrerseits seit Pitts Amtsantritt immer stärker in Amerika engagierten, in Europa den Rücken frei. Obwohl Friedrich sein Königreich Preußen ganz ohne parlamentarische Beteiligung seiner Untertanen als unumschränkter Alleinherrscher regierte, trug er nun einmal als verwegener Feldherr mit seinen Siegen entscheidend dazu bei, die Existenz der auf der Grundlage parlamentarischer Verfassungsprinzipien organisierten britischen Kolonien gegen die bedrohlichen Übergriffe der Franzosen dauerhaft zu schützen. Für dieses Resultat der von Friedrich erfochtenen Siege waren ihm insbesondere die amerikanischen Kolonisten – trotz ihres vom preußischen Staatsbegriff deutlich abweichenden Freiheitsideals – überaus dankbar. Washington konnte also nur zustimmen, als der britische Premierminister Pitt nach der Einnahme Quebecs voller Überzeugung äußerte, »Amerika« sei dank Friedrichs Schützenhilfe »in Deutschland erobert worden«. Umso bestürzter war Washington, als sich in den amerikanischen Kolonien die Nachricht verbreitete, dass der preußische König ganz unvermutet in große Bedrängnis geraten war. »Wir leiden hier Schmerzen wegen des Königs von Preußen«, schrieb er in einem Brief vom August 1760. Denn dessen Leben und auch die Existenz Preußens waren jetzt offenbar in höchster Gefahr.

Was war geschehen? Wider Erwarten war es einem österreichischen Entsatzheer unter Führung des Grafen Daun doch noch gelungen, nach dem Beginn der Belagerung Prags immer näher an den eisernen Ring der preußischen Truppen heranzurücken. Der bedächtige Daun griff die rings um die böhmische Hauptstadt lagernden Preußen jedoch nicht an, sondern verschanzte sich nur wenige Meilen östlich von Prag auf den Höhen von Kolin. Er wollte nicht voreilig zuschlagen, sondern abwarten und die Lage sondieren. Friedrich hingegen, der seine Gegner schon häufig durch überraschende Attacken überrumpelt und in waghalsiger Eile bezwungen hatte, suchte auch diesmal eine schnelle Entscheidung. Am 18. Juni 1757 griff er Dauns Armee bei Kolin mit zahlenmäßig deutlich unterlegenen Truppen an. Doch weil der rechte Flügel der vorstoßenden Preußen durch ein Missverständnis zu früh in den Kampf eingriff, löste sich die von Friedrich kunstvoll komponierte Schlachtordnung unversehens auf. Der preußische Vormarsch geriet ins Stocken, dann in Verwirrung und brach schließlich unter dem österreichischen Artilleriebeschuss ganz in sich zusammen.

Beim nun notwendigen Rückzug wurden etliche preußische Einheiten in verlustreiche Gefechte verwickelt. Sogar der Zugriff auf Prag musste wieder aufgegeben werden. Friedrichs fast schon mythischer Nimbus als unbesiegbarer Feldherr war mit einem Schlag dahin. Auch seine zu Beginn des Krieges genährte Hoffnung, die Österreicher niederzuringen, bevor die Franzosen und Russen mit ganzer Wucht in den Konflikt eingreifen konnten, war dahin. Statt den Krieg – wie von ihm ausdrücklich gewünscht – »kurz und lebhaft« zu führen, hatte er sich durch einen einzigen missglückten Angriff sämtlicher bis dahin errungener Vorteile beraubt.

Friedrichs Bruder Heinrich machte für die in Böhmen erlittene Niederlage die unsinnige Hast des Königs verantwortlich. Statt Daun bis zur absehbaren Kapitulation Prags erst einmal in Kolin hinzuhalten, sei Friedrich viel zu früh aufs Ganze gegangen. Später merkte Heinrich dazu kritisch an: »Mein Bruder wollte immer bataillieren, das war seine ganze Kriegskunst.« Doch der preußische König war nicht nur ein risikofreudiger Feldherr, der im Angriff die beste Verteidigung erblickte, sondern zugleich ein trotziger und zäher Krieger, der niemals aufgab. Selbst als die Russen nach der Schlacht von Kolin vorübergehend Ostpreußen besetzten und es einem dreisten Streiftrupp von 3400 Österreichern im Herbst 1757 gelang, bei einem Überraschungsangriff auf Berlin über 200 000 Taler zu erbeuten, blieb sein Widerstandsgeist ungebrochen.

Tatsächlich trumpfte Friedrich noch einmal stark auf. So konnte er Ende des Jahres 1757 in Sachsen und Schlesien in den Schlachten bei Roßbach und Leuthen nicht nur die Reichsarmee schlagen, sondern auch ein gewaltiges französisches Heer zur Flucht zwingen, das doppelt so groß war wie die preußische Armee. Im August 1758 zeigte Friedrich dann östlich von Frankfurt an der Oder bei Zorndorf den Russen ihre Grenzen auf. Auch wenn der dort erfochtene Sieg ein blutig bezahlter Erfolg war, bei dem ein Drittel der preußischen Truppen fiel oder verwundet wurde, gelang es Friedrich doch in erstaunlicher Weise, sich mit 36 000 Mann gegen die aus 45 000 Soldaten bestehende feindliche Armee der Zarin Elisabeth im Feld zu behaupten. Es waren diese ganz unerwarteten Erfolge, die von den amerikanischen Kolonisten besonders bejubelt wurden.

Dann aber wendete sich das Blatt. Als Friedrich nach dem Coup gegen die russische Armee nun wieder den Österreichern nachsetzte, die sich nach Sachsen zurückgezogen hatten, wurde er am 14. Oktober 1758 bei Hochkirch in der Oberlausitz am Ende einer Tagesetappe von einem nächtlichen Überfall der österreichischen Truppen überrascht, die das preußische Lager beim fünften Glockenschlag der Dorfkirche umfassend angriffen. In heftigen Nahkämpfen verloren die Preußen bei Dunkelheit und Nebel fast 9000 Soldaten und 102 Geschütze. Die nur mit Mühe aus dem Kampfgetümmel geretteten preußischen Einheiten schöpften zwar in den folgenden schneereichen Monaten in einem langen Winterlager neue Kraft. Doch konnte der König 1759 nur noch 100 000 Mann Feldtruppen aufstellen, die den vereint agierenden Österreichern und Russen nicht mehr gewachsen waren.

Der gemeinsame österreichisch-russische Angriff auf die dezimierte preußische Armee erfolgte am 12. August 1759 in der Nähe von Frankfurt an der Oder bei der Ortschaft Kunersdorf, wo Friedrichs Armee von der heranstürmenden Kavallerie des Gegners schier überrannt wurde. Diese Schlacht geriet für Friedrich zu einer Katastrophe. Zwei Pferde wurden ihm unter dem Leib weggeschossen, Flintenkugeln trafen auch ihn, eine davon bohrte sich durch die Uniform in seine Schnupftabaksdose. Nach wilder Flucht seiner Truppen hatte er in der Abenddämmerung nur noch etwa 3000 Mann um sich versammelt. Eine Reservearmee gab es nicht mehr. Die preußische Hauptstadt an der Spree war dem Feind wehrlos preisgegeben. Es grenzte in dieser ausweglosen Situation an ein Wunder, dass sich der von Friedrich nunmehr befürchtete »Untergang meines Vaterlandes« nicht einstellte, weil die Feinde zum Erstaunen der Preußen nicht auf Berlin vorrückten, sondern nach Süden abbogen, um zunächst Schlesien zu besetzen. Am 1. September schrieb der völlig verblüffte König an seinen Bruder Heinrich: »Ich verkündige Ihnen das Mirakel des Hauses Brandenburg.« Denn just »in der Zeit, als der Feind die Oder überschritten hatte und eine zweite Schlacht hätte wagen und den Krieg beenden können«, sei er wieder »abmarschiert«.

Dem König war durch das unfassbare Versäumnis seiner Gegner noch einmal eine Gnadenfrist eingeräumt worden. Allerdings blieb seine Lage auch weiterhin trübe und nahezu aussichtslos. Bis zum Frühjahr 1760 wertete er allein schon das Verharren in der ungesicherten Warteposition als Erfolg. Einmal schrieb er dem Marquis d'Argens, dass selbst in dieser misslichen Klemme seine »alte gute Laune« dann und wann »aufblitze«, doch auch jedes Mal wieder schnell verglimme, »weil die nährende Glut fehlt«. Trotz seiner erst 48 Lebensjahre fühlte er sich vorzeitig gealtert. »Sähen Sie mich«, klagte er d'Argens, »erkennten Sie keine Spuren dessen mehr, der ich früher war. Sie sähen einen ergrauenden Greis, der Hälfte seiner Zähne beraubt, ohne Heiterkeit, ohne Feuer, ohne Einbildungskraft.« Und er empfand eine zunehmende Einsamkeit, da im Laufe der letzten drei Jahre seine Mutter Sophie Dorothea, seine Lieblingsschwester Wilhelmine sowie seine besten und treuesten Generäle Schwerin und Winterfeldt entweder friedlich im Bett gestorben oder auf dem Schlachtfeld gefallen waren.

Nicht nur Washington und die britische Regierung – die jetzt ernsthaft darüber nachdachte, Friedrich einen »Ruhesitz am Ohio« anzuweisen – litten mit dem preußischen König. Auch im deutschen Reich bangten viele seiner Verehrer um den Mann, der gleichsam über Nacht zum gebeugten »Alten Fritz« geworden war. Obwohl ihm 1757 in Regensburg der Reichskrieg erklärt worden war, weil er das Kurfürstentum Sachsen besetzt und drangsaliert hatte, genoss der Preußenkönig in weiten Teilen der deutschen Bevölkerung wegen seiner Unerschrockenheit im Kampf gegen die Russen und Franzosen große Sympathien. Einer seiner glühendsten Bewunderer war der erst zehnjährige Frankfurter Bürgersohn Johann Wolfgang Goethe, der später in seinen Memoiren anschaulich beschrieb, wie »fritzisch gesinnt« er als Junge gewesen war und wie sehr er sich »mit großem Jubel« der »preußischen Siege« erfreute. Schon seit Kriegsbeginn hatte ihn »die Persönlichkeit des großen Königs« in ihren Bann geschlagen.

Der große Widerhall, den die preußischen Siege in der deutschen Öffentlichkeit erzeugten, kam besonders eindrücklich in den 1758 publizierten »Preußischen Kriegsliedern« des Halberstädter Domsekretärs und Lyrikers Johann Wilhelm Ludwig Gleim zum Ausdruck. So forderte der Dichter die Kaiserin Maria Theresia unter Verweis auf Friedrich den Großen mit folgenden Worten zum Einlenken auf:

> Heldin, den bezwingst Du nicht:
> Gott kann Wunder thun!
> Schenk ihm Freundesangesicht,
> Bitte Frieden nun!

Gleims pathetische Reime erlangten im Reich schnell große Popularität. Auch der junge Goethe übertrug sie in sein Notizheft.

»Ich schrieb sehr gerne die Siegeslieder ab, und fast noch lieber die Spottlieder auf die Gegenpartei, so platt die Reime auch sein mochten«, bekannte er später. Allerdings verschwieg Goethe auch nicht, dass dem preußischen König neben dem ungebrochenen »Enthusiasmus seiner Verehrer« ein immer bitterer werdender »Hass seiner Feinde« entgegenschlug. Während die einen in der »Gestalt Friedrichs« den kühnen Machtpolitiker erblickten, dem sie huldigten, verachteten ihn die anderen als unverantwortlichen Rechtsbrecher.

Sich selbst bezeichnete Friedrich 1760 als »Landstreicher«, der augenblicklich »weder Haus noch Hof« habe und stets dort verweile, »wo es meinen Feinden gefällt«. Doch noch immer blieben eben diese Feinde mit Blick auf Friedrichs und Preußens Zukunft eigenartig entschlusslos und uneinig. Schon zwei Jahre zuvor hatte der König hellsichtig konstatiert: »Ihre große Zahl ist ihnen zum Verhängnis geworden. Sie haben sich einer auf den anderen verlassen, der Führer der Reichstruppen auf den österreichischen General, dieser auf den russischen.« Von »schmeichelnden Hoffnungen« und vom »festen Vertrauen auf ihre künftigen Pläne eingeschläfert«, hätten sie sich »für Herren über die Zeit« gehalten und »viele gute Gelegenheiten verpasst«. So war es auch jetzt noch. Weil sie ihm nicht den erwarteten Todesstoß versetzt hatten, versammelte er noch einmal ein letztes Aufgebot um sich, mit dem er im Juli Dresden, im August Liegnitz und im November Torgau gezielt attackierte, um dem Gegner zu zeigen, dass er noch nicht kapituliert hatte.

Im Jahr 1761 schien sein Ende aber trotz seines unentwegten Aufbäumens ausgemacht, denn die Österreicher hatten seit Oktober ganz Oberschlesien fest im Griff. Zudem eroberten die Russen im Dezember Kolberg und brachten damit neben Ostpreußen auch noch ganz Hinterpommern in ihren Besitz. Der König verfügte im Wesentlichen nur noch über die Mittelmark mit Magdeburg und die Altmark. Seine Zukunft sah düster aus. Das Jahr 1762 musste die Entscheidung bringen. Es war kaum vorstellbar, dass sie anders als gegen ihn ausfallen konnte. Doch in dieser

Annahme sah sich die Welt getäuscht. Denn am 5. Januar 1762 starb die russische Zarin Elisabeth an den Folgen eines Schlaganfalls. Ihr Neffe und Nachfolger, Zar Peter III., schlug sich sofort und bedingungslos auf die Seite des preußischen Königs, den er schon lange verehrt hatte.

Dieser jähe und unvorhersehbare Bündniswechsel, den Friedrich wie ein erneutes Wunder empfand, zumal er ihm neue und ungeahnte militärische Möglichkeiten bescherte, rettete ihn und den preußischen Staat auf der Stelle. Peter III. gab umgehend alle russisch besetzten Gebiete an Friedrich zurück und unterzeichnete einen preußisch-russischen Friedensvertrag. Nacheinander traten nun im Sommer 1762 auch die Schweden und die in Kanada geschlagenen Franzosen aus dem Bündnis mit Österreich aus, das nun isoliert und ohne finanzielle Reserven dastand. Damit war das Ende eines weltumfassenden Krieges besiegelt, der sieben Jahre gedauert und allein in Preußen 400 000 Menschen das Leben gekostet hatte. Der Friedensschluss zwischen Preußen und Österreich musste allerdings erst noch in aller Form ausgehandelt werden.

8.

AUFKLÄRUNG UND MÜNDIGKEIT (1763 – 1770)

Nachdem Preußen und Österreich schon wenige Monate nach dem Zerbrechen der antipreußischen Koalition einen Waffenstillstand vereinbart hatten, begannen die eigentlichen Friedensverhandlungen zwischen diesen beiden langjährigen Antagonisten in aller Ernsthaftigkeit im Januar 1763 im sächsischen Jagdschloss Hubertusburg bei Wermsdorf in der Nähe von Grimma und Riesa. Auch wenn Kaiserin Maria Theresia und König Friedrich der Große ihre jeweiligen Verhandlungsführer, den Hofrat Heinrich Gabriel von Collenbach und den preußischen Legationsrat Ewald Friedrich von Hertzberg, mit großen Vollmachten ausgestattet hatten, erwarteten sie von ihnen doch in jedem Fall die Ausarbeitung eines Vertragsentwurfes auf der Grundlage der Beschlüsse des Aachener Friedens von 1748. Angestrebt wurde von beiden Seiten die vollständige und vertraglich abgesicherte Rückkehr zur Vorkriegsordnung. Tatsächlich verzichtete Österreich in den 21 minuziös ausgefeilten Artikeln des Friedensvertrages auf alle preußischen Gebiete, die es in den zurückliegenden sieben Jahren entweder erobert oder besetzt hatte. Zum dritten Mal nach 1742 und 1745 wurde Schlesien damit in einem völkerrechtlich verbindlichen Friedensvertrag dem Königreich Preußen zugesprochen. Selbst die im schlesisch-böhmischen Grenzgebiet gelegene Grafschaft und Festung Glatz, die Maria Theresia gern in ihrem Länderverbund gehalten hätte, wurde an Friedrich den Großen abgetreten und musste umgehend von der österreichischen Armee geräumt werden. Im Gegenzug verpflichtete sich Preußen, keine Entschädigungsforderungen für die während des Krieges erlittenen Verluste geltend zu machen. Zudem garantierte der preußische Monarch der Habsburgerin in einem geheimen Zusatzartikel, bei der am 27. März 1764 in Frankfurt am Main anstehenden Wahl des Römischen Königs – der ja zu Lebzeiten des Kaisers als dessen designierter Nachfolger betrachtet wurde – ihren ältesten Sohn Joseph zu unterstützen.

Überdies wurden auch Österreichs treuestem Bündnispartner Sachsen wichtige Zugeständnisse gemacht. Preußen versprach dem südlichen Nachbarn, sämtliche Truppen aus dem seit 1756 erst überrannten, dann besetzten und schließlich hemmungslos ausgebeuteten Kurfürstentum unverzüglich abzuziehen. Sodann sollten alle sächsischen Kriegsgefangenen, Geiseln und zwangsrekrutierten Männer mit sofortiger Wirkung aus dem preußischen Heeresdienst entlassen werden. Insbesondere wegen der durch diese Regelungen erreichten Restitution Sachsens erklärte sich dann auch der Regensburger Reichstag in Absprache mit dem Kaiserhof am 11. Februar 1763 bereit, den *de facto* bereits ausgesetzten Reichskrieg gegen Brandenburg-Preußen nun auch förmlich und vertraglich zu beenden. Mit dieser generellen Neutralitätserklärung nahm das Reich an den preußisch-österreichischen Friedensgesprächen einen wichtigen und gebührenden Anteil.

Als der Friedensvertrag dann am 15. Februar von den Verhandlungsführern unterzeichnet wurde, war im gesamten Reich und auch in Europa wirklich wieder jene Friedensordnung etabliert, die bereits vor Friedrichs überraschendem Einfall ins Kurfürstentum Sachsen gegolten hatte. Denn nur in Amerika hatte Großbritannien dem Erzgegner Frankreich mit dem Erwerb von Kanada ein neues Territorium abjagen können – das dann im parallel zum Hubertusburger Frieden ausgehandelten Frieden von Paris am 10. Februar 1763 auch rechtskräftig von den Franzosen an die Briten abgetreten wurde. In Europa dagegen war trotz eines unsäglich blutigen und leidvollen Ringens, das jetzt von jedermann als Siebenjähriger Krieg bezeichnet wurde, im Grunde alles beim

Alten geblieben. Dieser Krieg hatte über eine Million Menschen das Leben gekostet, und etliche Zeitgenossen fragten sich kopfschüttelnd, wofür diese unfassbar großen Opfer eigentlich erbracht worden waren. Eine überzeugende Antwort gab es kaum. Ernst Ahasverus Heinrich Graf von Lehndorff, der Kammerherr der preußischen Königin Elisabeth Christine, sprach in seinem Tagebuch vom »Wahnwitz der Menschheit« angesichts der ungeheuren Verluste, »und das alles, um die Herrscher in dem *status quo ante* zu sehen«.

Eines allerdings hatte sich trotz der nun wieder unverändert in Geltung stehenden Vorkriegsgrenzen in Deutschland und in Europa dann doch geändert, und zwar dramatisch: das Ansehen und die Aura des preußischen Königs. Wiewohl Friedrich zwar schon 1745 als »der Große« gefeiert worden war, weil er sich in den Schlesischen Kriegen keine einzige Niederlage eingehandelt hatte, nahm sein Ruf jetzt eine fast mythische Dimension an; entgegen jeder Wahrscheinlichkeit, ja auf geradezu geheimnisvolle Weise hatte er im Siebenjährigen Krieg politisch und physisch überlebt, obgleich er doch schon zweimal – in den Jahren 1759 und 1761 – unrettbar verloren schien.

Das europäische und deutsche Publikum konnte nur staunen, dass die drei großen Kontinentalmächte Österreich, Frankreich und Russland, die jeweils 20 Millionen und mehr Einwohner hatten, alle zusammen nicht imstande waren, das noch nicht einmal 5 Millionen Einwohner zählende und nur auf die englische Finanzhilfe gestützte Brandenburg-Preußen zu Boden zu drücken. Sicherlich war die Einheit der politischen und militärischen Gewalt in der Person des nur sich selbst verantwortlichen Königs einer der wesentlichen Gründe dafür gewesen, dass dieser Ausnahmeherrscher ein offensives Risiko- oder Vabanquespiel wagen durfte, das ihn für seine Gegner bis zum Schluss unkalkulierbar machte. Doch abgesehen davon waren es wohl vor allem »Wert, Würde und Starrsinn«, wie Goethe es nannte, also die für Friedrich typische Mischung aus Stolz, Standhaftigkeit und Trotz, die es dem verwegenen Monarchen überhaupt erst erlaubte, die extremen seelischen Anspannungen der Kriegsjahre auch in Zeiten großer Hoffnungslosigkeit auszuhalten.

Daher waren die Bürger Berlins auch begeisterter als jemals zuvor, als sie ihre Stadt nach der Unterzeichnung des Hubertusburger Friedensvertrags gegen Ende des Monats März mit Ehrenpforten und Lichtern schmückten, um ihrem so außergewöhnlichen Herrscher einen triumphalen Empfang zu bereiten. Friedrich jedoch verweigerte sich am Tag seiner Ankunft in Berlin den geplanten Feierlichkeiten, weil er sich in einer gedrückten Stimmung befand, die es ihm offenbar nicht gestattete, sich den Jubelrufen seiner Untertanen zu stellen. Die Melancholie hatte einen durchaus nachvollziehbaren Grund. Denn nachdem der König den Hubertusburger Friedensvertrag am 21. Februar im sächsischen Schloss Dahlen ratifiziert hatte, war er mit seinem Reisewagen zunächst Richtung Schlesien und dann entlang der Oder nach Kunersdorf gefahren, wo er sich am 30. März, einem grauen und verregneten Tag, das Schlachtfeld ansah, auf dem er am 12. August 1759 seine verheerendste Niederlage erlebt hatte. Über 35 000 Tote und Verwundete hatte allein dieser eine schreckliche Sommertag des Siebenjährigen Krieges gefordert.

Drangen nun noch einmal der Kanonendonner, der Lärm der galoppierenden Pferde und die Schreie der Sterbenden wie ein Echo aus ferner Zeit an sein Ohr? War er jetzt empfindsamer, als er es damals im Getümmel der Schlacht sein konnte? Erblickte er jetzt vor seinem geistigen Auge das wahre Ausmaß des Gemetzels, das er zu verantworten hatte? Als der sinnierende Friedrich noch am selben Tag in Berlin eintraf, lehnte er es jedenfalls ab, die Menschenmenge, die stundenlang auf ihn gewartet hatte, zu begrüßen. Statt den für ihn bereitgestellten Prunkwagen zu besteigen, fuhr er nach einer flüchtigen Begrüßung des Berliner Magistrats am Frankfurter Tor mit seiner Reisekalesche durch die einsamsten, unbeleuchteten Straßenzüge der Residenzstadt zum Schloss, wo er mit seiner Frau speiste, die ihn seit langer Zeit zum ersten Mal wiedersah. Elisabeth Christines Kammerherr Lehndorff wurde dort Zeuge eines bitteren Sarkasmus, der aus

Friedrich sprach, als der König die Königin nach siebenjähriger Abwesenheit mit den knappen Worten begrüßte: »Madame sind korpulenter geworden«. Dann wandte sich der Gemahl dauerhaft den Hofdamen zu.

Doch wie war Friedrich eigentlich selbst geworden, wie hatte er sich nach den mitunter katastrophalen Erfahrungen des Siebenjährigen Krieges an Leib und Seele verändert? Gewiss hatte er seine gefühlvolle Seite nicht ganz verloren. Nach wie vor schrieb er passioniert Gedichte, philosophierte, musizierte und wechselte anmutige Briefe mit Voltaire. Seine Spottlust glitt jedoch immer häufiger ins Bissige, Kränkende und Verletzende ab, was daran liegen mochte, dass er infolge der permanenten nervlichen Anspannung, die der Krieg ihm abgenötigt hatte, selbst über die Maßen reizbar geworden war. Rein äußerlich war er ein vor der Zeit gealterter Mann geworden, mit ausgeprägten Runzeln auf der Stirn, tiefen Falten um die Augen und einem schmallippigen Mund.

Wie um sich selbst wiederzufinden oder neu zu entdecken, fasste Friedrich im Sommer 1763 den überraschenden Entschluss, sich von dem hannoverschen Hofmaler Johann Georg Ziesenis im braunschweigischen Schloss Salzdahlum, dem Schauplatz seiner Hochzeit, porträtieren zu lassen. Seit einem Vierteljahrhundert hatte es der König keinem Porträtisten mehr gestattet, ihn nach dem Leben zu zeichnen oder zu malen. Nun machte er eine bemerkenswerte Ausnahme. Das Bildnis, das während dieser ungewöhnlichen Salzdahlumer Sitzung entstand, zeigt Friedrich nicht in der Pose des imperialen Herrschers, sondern in der viel bescheideneren Haltung des sensiblen, zerbrechlichen Menschen. Keine königlichen Insignien zieren sein Haupt oder den Bildhintergrund. Nur mit einem schlichten blauen Rock bekleidet, blickt er den Betrachter fast schon ein wenig scheu an, doch eben auch nicht ohne einen leicht spöttischen Blick, der in seinen klaren, großen und durchdringenden blauen Augen aufblitzt. Als die ersten Kopien dieses Porträts in Deutschland bekannt wurden und auch nach England gelangten, wurde es allgemein als eine Sensation wahrgenommen, dass sich der Held des Siebenjährigen Krieges so menschlich-anrührend hatte abbilden lassen. Aus einem Brief seiner jüngeren Schwester Philippine, den sie ihm nur wenige Monate nach dem Entstehen des Gemäldes zuschickte, erfuhr Friedrich: »Alle Welt giert nach einer Kopie Eures Bildes.«

Wer er war, das sollte die Welt aber vor allem auch anhand seiner nun wieder einsetzenden Bautätigkeit in Berlin und Potsdam erkennen. Vis-à-vis der Oper Unter den Linden ließ er einen Palast vollenden, der viele Jahre vor dem Krieg einmal als neue Berliner Königsresidenz geplant gewesen war, nun aber als geräumiges, mit sechs mächtigen korinthischen Säulen bewehrtes und zwei Seitenflügeln flankiertes Palais für seinen Bruder Heinrich hergerichtet wurde. Die neue Stadtresidenz des Prinzen Heinrich, der nach Friedrichs Thronbesteigung zunächst überwiegend im Schloss Rheinsberg gewohnt hatte, bildete den nördlichen Abschluss eines großzügigen und eleganten Architekturensembles, das nach seinem Bauherrn »Forum Fridericianum« genannt wurde.

Der in Berlin nicht verwirklichte neue Königspalast entstand stattdessen in Potsdam. Ab Mai 1763, dem ersten warmen Monat des Nachkriegsjahres, ließ Friedrich dort unter Anleitung des Architekten Karl Philipp von Gontard am westlichen Ende des Schlossparks von Sanssouci innerhalb von nur sechs Jahren einen kolossalen Baukörper errichten, der in seiner gesamten Länge stattliche 220 Meter maß und dessen Fassade mit über 400 Sandsteinfiguren geschmückt war. Diese gewaltige, mit einer hohen Kuppel versehene Dreiflügelanlage, die durch zwei geschwungene Kolonnaden mit nicht minder repräsentativen Wirtschaftsgebäuden verbunden war, bestach auch durch ihre prunkvollen Innenräume. Vier Festsäle befanden sich im Zentrum des Baus, zwei im Erdgeschoss und zwei in der ersten Etage. Hinter dem Vestibül wurde zur Gartenseite hin ein Muschelsaal eingerichtet, in dessen Kühle man sich an heißen Sommertagen zurückziehen konnte. Die Wände dieses Grottensaales schmückten Muscheln, Mineralien und Fossilien.

Einer der schönsten Räume war das Schlosstheater. Seine Sitzreihen waren wie in einem antiken Amphitheater im Halbrund angeordnet. Eine Königsloge, die sonst in keinem Hoftheater fehlen durfte, suchte man in diesem den Künsten geweihten Saal vergebens. Friedrich bestand darauf, den Aufführungen stets inmitten des geladenen Publikums beizuwohnen, von dem er sich als Theaterbesucher nicht absondern wollte. Sein Platz befand sich in der dritten Reihe des Parketts. Dass die Theaterstücke, Opern und Oratorien, die in der intimen Atmosphäre dieses neuen Hoftheaters inszeniert wurden, den Zuschauern neben dem erwarteten Vergnügen immer auch ein neues Wissen um die Stellung des Menschen im Universum bescheren sollten, wurde durch eine aus Stuck gearbeitete Sonne der Aufklärung zum Ausdruck gebracht, die sich direkt über dem festlichen Kronleuchter an der Decke des Theatersaales befand.

Weil aber der voluminöse Schlossneubau von Sanssouci, das sogenannte Neue Palais, den Zeitgenossen in seinen absichtsvoll übertriebenen Proportionen vorführen sollte, dass die Vitalität des brandenburgisch-preußischen Staates auch nach dem kräfteraubenden Siebenjährigen Krieg ungebrochen war, geriet es insgesamt zu einem sehr großspurigen Schauobjekt. Selbst Friedrich wusste dies. Er bezeichnete das Neue Palais, in dem er sich dann doch eher selten aufhielt, als »Fanfaronade«, als Prahlerei. Doch rechtfertigte er die Errichtung dieses überdimensionierten Bauwerks auch damit, dass dessen Planung und Ausführung den heimischen Fabriken und Manufakturen nach Jahren des Stillstandes immerhin Arbeit und Aufträge vermittelt habe.

Friedrich griff jedoch noch sehr viel direkter ins Wirtschaftsleben seines Staates ein. So regte er nach 1763 die Gründungen von Baumwoll-, Tuch- und Samtfabriken an, baute die bereits existierenden Zuckersiedereien weiter aus und gab sogar per »Octroy« die Order zur Gründung einer »Compagnie zum Herings-Fang«, die vom ostfriesischen Emden aus den Wettbewerb mit den holländischen, dänischen und schwedischen Fangflotten aufnehmen sollte. Anders als in den Vereinigten Niederlanden, in

Großbritannien oder in den amerikanischen Städten Philadelphia, Boston und New York, wo sich ein auf freien Warenaustausch ausgerichtetes Wirtschaftsbürgertum etabliert hatte, bekannte sich in Brandenburg-Preußen der König noch immer zu den Grundsätzen des Merkantilismus, also zur sorgfältigen Planung und Koordinierung sämtlicher ökonomischer Aktivitäten des Landes durch den Fürsten und seine Regierung. Dabei scheute er auch nicht davor zurück, private Betriebe, die nicht leistungsfähig genug waren, aber unentbehrliche und prestigeträchtige Waren herstellten, unter staatlicher Schirmherrschaft selbst zu betreiben.

Prominentestes Beispiel einer solchen staatlich kontrollierten Wirtschaftspolitik war Friedrichs Übernahme der von dem umtriebigen Unternehmer Johann Ernst Gotzkowsky geleiteten Berliner Porzellanfabrik, die der Monarch im Jahr 1763 erwarb und seither als Königliche Porzellan-Manufaktur fortführte. Sowohl auf die Auswahl der Motive als auch auf die Bemalung des Porzellans nahm der König fortan großen Einfluss. Auch erließ Friedrich ein »Königlich Preußisches Edict wegen verbothener Einfuhre« des in den »Chur-Sächsischen und denenselben incorporirten Landen verfertigten Manufactur- und Fabriquen-Waaren«, besonders »alles Sächsischen sowohl ächten als unächten Porcelains«. Dieses Edikt sollte vor allem das begehrte Meißener Porzellan vom preußischen Markt fernhalten, um die eigenen Untertanen zum Kauf der in der Berliner Manufaktur hergestellten Waren anzuregen. Ähnliche Einfuhrverbote wurden auch für andere Wirtschaftszweige erlassen; sie waren typisch für die staatliche Lenkung des gesamten preußischen Handels.

Auch Ackerbau und Viehzucht unterlagen der Oberaufsicht des Königs. Wie schon sein Vater ließ er viele neue landwirtschaftliche Anbauflächen durch die Melioration von Sümpfen und Mooren erschließen. So erfolgte unmittelbar nach Abschluss des Hubertusburger Friedens die großangelegte Vermessung des Netzebruchs, einer morastigen, nur sporadisch besiedelten und an vielen Tagen im Jahr überfluteten Landschaft zwischen Landsberg und Driesen im neumärkischen Grenzland zu Polen. Eine Vielzahl von Deichen und Gräben, die unter Leitung des preußischen Domänenrates Franz Balthasar Schönberg von Brenckenhoff angelegt wurden, sorgte im Netzebruch allmählich für die Trockenlegung der Böden. Die Mehrzahl der von Friedrich eingeladenen Neusiedler waren Sachsen und deutschsprachige Einwanderer aus Polen. Schon bald siedelten im Umland von Driesen weit über 2000 Neuankömmlinge in 38 Kolonien, deren Namen wie Brenckenhoffswalde, Schönberg, Franzthal oder Friedrichshorst entweder auf den Leiter der Meliorationsmaßnahmen oder auf den König verwiesen, dem sie ihre Gründung ja zu verdanken hatten.

Friedrichs nach dem Siebenjährigen Krieg inaugurierte Agrarpolitik zeigte sehr schnell die gewünschten Ergebnisse. Als Benjamin Franklin drei Jahre nach den Friedensschlüssen von Hubertusburg und Paris als diplomatischer Agent der Kolonie Pennsylvania das deutsche Reich und auch einige der zu Brandenburg-Preußen gehörenden Landschaften bereiste, konnte er über deren Zustand nur staunen; sie seien, wie er fand, »nicht so sehr vom letzten Krieg geschädigt worden, wie man vielleicht erwartet hätte, da die Äcker überall gut bestellt sind«. Und in einem Schreiben an das Kolonialparlament von Pennsylvania gab Franklin die Einschätzung ab, dass »der König von Preußen« momentan eher darauf bedacht schien, »die Schäden des letzten Krieges zu beheben, als neue Zerstörungen vorzubereiten, so dass wir aus gutem Grund eine Ruhezeit von einiger Dauer erwarten dürfen«.

Zu den schwerwiegendsten Folgen des Siebenjährigen Krieges, die Friedrich zu kurieren suchte, gehörte die ruinierte Gesundheit vieler Soldaten, die ihre körperliche Unversehrtheit im Kampf um den Erhalt des brandenburgisch-preußischen Staates geopfert hatten. Jedem Kriegsinvaliden, der, »altersschwach und verstümmelt an seinen Gliedern«, nicht mehr für sich selbst sorgen konnte, versprach der König eine Entschädigung. So richtete er einen Fonds ein, aus dem monatlich kleinere Pensionen an Bedürftige ausgezahlt wurden. Außerdem wurde in Berlin eine Invalidenanstalt gegründet, in der bis zu 600 Kriegsversehrte aufgenommen und gepflegt werden konnten. Schließlich versorgte Friedrich all jene ehemaligen Soldaten, die trotz körperlicher Behinderungen noch immer in der Lage waren, kleinere Arbeiten weitgehend selbständig zu versehen, mit entsprechenden Posten beim Zoll oder anderen staatlichen Verwaltungsstellen.

Wiewohl sich der König also sehr gewissenhaft um die Kriegsgeschädigten kümmerte, die sich nicht mehr oder nur noch im geringen Umfang selber helfen konnten, war er nach dem Hubertusburger Frieden doch in erster Linie darauf aus, möglichst viele der im Vollbesitz ihrer Kräfte stehenden Untertanen zur fleißigen Selbsttätigkeit zu erziehen. Ganz im Sinne der Aufklärung sollten die Einwohner Brandenburg-Preußens vor allem lernen, ihre geistigen Talente und Reserven zu mobilisieren. Sie sollten befähigt werden, kluge Entscheidungen zu treffen, um ihre alltäglichen und beruflichen Verrichtungen stets nach den Maßgaben der Vernunft und im Dienste des Gemeinwohls zu bewältigen. So versuchte Friedrich zunächst, die Bildungsmöglichkeiten von Kindern und Jugendlichen zu verbessern. Zwar hatte sein Vater Friedrich Wilhelm I. bereits 1717 in ganz Brandenburg-Preußen die Allgemeine Schulpflicht deklariert, doch waren die ländlichen Schulverhältnisse in der Mark Brandenburg noch immer denkbar schlecht. Längst nicht alle Kinder der dortigen Landbevölkerung kamen in den Genuss eines regelmäßigen Unterrichts. Am 12. August 1763 erließ Friedrich daher ein neues General-Landschulreglement. Dieses sollte nach seinem Willen »in allen Landen Sr. Königlichen Majestät von Preussen durchgehends zu beobachten« sein.

Das neue Reglement schrieb den Kindern der Bauern und Landarbeiter nicht nur den Schulbesuch vor, sondern ordnete auch die präzise Einteilung der Schulstunden und Stundenpläne an. Lehrer sollten in den Landschulen erst nach einer gründlichen Ausbildung und Prüfung an pädagogischen Seminaren, wie sie an der Universität Halle in vorbildlicher Weise eingerichtet waren, eine dauerhafte und ausreichend bezahlte Anstellung finden. Schon nach wenigen Jahren ließen Schulvisitationen, die von zumeist geistlichen Schulaufsehern durchgeführt wurden, einen zwar langsamen, doch stetigen Fortschritt im brandenburgisch-preußischen Schulwesen erkennen.

Friedrichs eindrucksvolles Bemühen um die Verbreitung eines fundierten Schulwissens, das sozial randständigen Bevölkerungsschichten dabei helfen sollte, die Fesseln des Aberglaubens und der Ignoranz abzustreifen, hatte allerdings auch Grenzen. Zwar wollte der König das aufgeklärte Denken und Handeln des Einzelnen durchaus befördern, doch eben nur in einem von ihm selbst definierten und kontrollierten Bereich. Wenn sich jemand allzu selbständig und noch dazu auf ganz eigenen Bildungswegen der Aufklärung verschrieb – und unverhohlen die Stellung jener preußischen Untertanen zu verbessern trachtete, die von der Gesetzgebung in eklatanter Weise benachteiligt waren –, konnte sich der König ihm gegenüber als äußerst engherziger und pedantischer Herrscher erweisen. Ja, er trat dann mit einer unnachgiebigen, autoritären und kalten Härte auf, die selbst seine engsten Freunde und philosophischen Weggefährten erschütterte. Kein Einwohner Berlins erfuhr dies in schmerzlicherer Weise als der jüdische Gelehrte Moses Mendelssohn.

Mendelssohn war genau zwanzig Jahre vor dem Hubertusburger Friedensschluss als erst vierzehnjähriger Knabe barfüßig von seiner Geburtsstadt Dessau nach Berlin gewandert, weil er dort bei dem Oberrabiner David Fränkel religiöse Studien treiben wollte. Bei seiner Ankunft am Halleschen Tor – nur dort war Juden der Eingang gestattet – hatte er denn auch auf die Frage nach dem Zweck seines Aufenthaltes in aller Schlichtheit geantwortet: »Lernen«. Und Mendelssohn lernte tatsächlich so umfassend, dass er schon bald zu den größten Geistern Berlins zählte. Während er tagsüber in der Fabrik des jüdischen Seidenhändlers Isaak Bernhard als Buchhalter arbeitete, befasste er sich in seinen Mußestunden nicht nur mit dem Talmud, sondern brachte sich als Autodidakt auch umfassende Kenntnisse auf dem Gebiet der modernen Philosophie bei, wobei sein unangefochtener Lieblingsautor John Locke war. In der von Mendelssohn ab 1758 herausgegebenen hebräischsprachigen Wochenschrift *Qohelet Musar* (Moralprediger), die Addisons moralischer Wochenschrift *The Spectator* nachempfunden war, regte er auch andere jüdische Talmudstudenten zum Erwerb profanen Wissens an, damit sie lernen konnten, durch einen Zuwachs an Bildung ihre Lebenssituation zu verbessern.

Die Juden in Berlin waren zwar unter der vergleichsweise toleranten Regierung Friedrichs in vielerlei Hinsicht besser gestellt als an den meisten anderen Orten des Reiches. So durften die Juden in Frankfurt am Main nur in einer einzigen engen Gasse in einem abgeschlossenen Ghetto wohnen. Eine von ihnen nach Ende des Siebenjährigen Krieges verfasste Petition, in der sie den Frankfurter Rat baten, ihre Gasse auch einmal am Sonntagnachmittag verlassen zu dürfen, wurde brüsk zurückgewiesen, weil die lutherischen Stadtväter allein schon das bloße Gesuch der Juden als »Beweis für den grenzenlosen Hochmut dieses Volkes« betrachteten, »das alle Mühe anwendet, um sich bei jeder Gelegenheit den christlichen Einwohnern gleich zu setzen«. Im bemerkenswerten Unterschied dazu war es den mehr als 2000 Mitgliedern der Berliner jüdischen Gemeinde nun gestattet, mitten unter den insgesamt 120 000 Einwohnern der Spreemetropole in allen Quartieren der Stadt zu siedeln.

In der Heidereutergasse, im zentralen Marienviertel, besaßen die Berliner Juden sogar schon seit 1714 eine freistehende große Synagoge, die weitaus prächtiger war als die in Deutschland sonst üblichen jüdischen Beträume, die sich zumeist in privaten Wohnhäusern von frommen Gemeindemitgliedern befanden. Dennoch gab es auch für die preußischen Juden erhebliche Einschränkungen. Die meisten von ihnen hatten kein gesichertes Aufenthaltsrecht. Sie konnten nur bleiben, solange die wenigen vom König privilegierten »Schutzjuden«, die nur ein Zehntel der Berliner Judenheit ausmachten, für sie bürgten. Überdies mussten sie für alle möglichen Anlässe wie Trauscheine, Ehedispense oder Verheiratung der Kinder Sonderabgaben an den Staat abführen, die den Christen aller Konfessionen erspart blieben.

Als besonders schikanös wurde von ihnen ein Dekret Friedrichs des Großen empfunden, das jedem Juden, der Hochzeit halten wollte, die Verpflichtung auferlegte, einen größeren Posten Porzellan aus der neuen Königlichen Porzellan-Manufaktur zu kaufen. Auch Mendelssohn, der gegen Ende des Siebenjährigen Krieges die Hamburgerin Fromet Gugenheim heiratete, musste auf Friedrichs Geheiß anlässlich seiner Hochzeit zwanzig Porzellanaffen kaufen. Um nun wenigstens sein Bleiberecht in Berlin zu sichern, hielt er beim Kabinett des Königs darum an, für sich und seine junge Frau ein permanentes Niederlassungsrecht zu erwerben.

Als der Marquis d'Argens, der als philosophischer Gesellschafter Friedrichs noch immer im Schloss Sanssouci verkehrte, zu seinem großen Erstaunen erfuhr, dass der ihm bekannte Mendelssohn kein festes Aufenthaltsrecht hatte, erkundigte er sich in seinem Freundeskreis, ob dies denn tatsächlich wahr sei. Und er erfuhr von einem Bekannten, Mendelssohn werde vom König nur deshalb geduldet, weil er im Dienste des reichen Seidenhändlers Bernhard stehe. Wenn dieser ihn entlasse und Mendelssohn dann keinen anderen Schutzjuden finde, der ihn in Dienst nehmen wolle, »so würde die Polizei ihn zwingen, noch heute die Stadt zu verlassen«.

Erst als der Marquis sich persönlich für Mendelssohn einsetzte, gewährte Friedrich dem Gelehrten im Oktober 1763 das Privilegium eines Schutzjuden. Vielleicht waren es die überaus geistreichen Worte des französischen Literaten, die den König zum Einlenken bewegten, denn d'Argens hatte Friedrich folgenden edelmütigen und zugleich beißend ironischen Antrag zugesandt: »Ein schlechter katholischer Philosoph bittet einen schlechten protestantischen Philosophen, einem schlechten jüdischen Philosophen den Schutzbrief zu erteilen. Es steckt zu viel Philosophie in dem allen, als dass das Recht nicht auf die Seite der Bitte treten sollte.«

Aber Friedrich dehnte das nun doch gewährte Privileg trotz weiteren wiederholten Bittens nicht auf Mendelssohns Nachkommen aus. Und obwohl dem jüdischen Gelehrten, der eben kein schlechter, sondern ein sehr guter Philosoph war, noch im Jahr 1763 der erste Preis der Berliner Akademie der Wissenschaften für seine *Abhandlung über die Evidenz in Metaphysischen Wissenschaften* zuerkannt wurde, erhob Friedrich sofort und unüberhörbar Einspruch, als Mendelssohn danach auch zum ordentlichen Mitglied der Akademie gewählt wurde. Brach sich hier ein antijüdisches Ressentiment des Preußenkönigs Bahn? Mendelssohn verspürte wenig Lust, dieser unangenehmen Frage nachzugehen. Seinem jüdischen Freund Naftali Herz Homberg, der sich seinerseits vergeblich auf den Posten eines Korrepetitors des Kaisers beworben hatte, schrieb er zu diesem Vorfall: »Ich habe, wie Sie wissen, ein ähnliches Schicksal gehabt. Die Akademie hat mich zum Mitgliede gewählt, des Königs Majestät aber die Wahl nicht bestätigt. Warum? Das weiß ich eben so wenig, als Sie jetzt wissen, warum Sie der Kaiser nicht zum Correpetitor haben will.«

Welche Beweggründe der König hatte, den philosophisch hochbegabten Juden Mendelssohn auf Distanz und im Abseits zu halten, konnten auch die Zeitgenossen nur vermuten. Eines jedoch zeigte Friedrichs Verhalten einmal mehr in aller Klarheit: Wenn ihm Entscheidungen von Institutionen, die eigentlich selbständig und mündig freie Beschlüsse fassen sollten, nicht genehm waren, scheute er vor einem Eingriff in deren Befugnisse nicht zurück. So hatte er es schon im Falle von Gerichtsurteilen gehalten, die ihm nicht behagten. Und so hielt er es auch jetzt, als er das Wahlverfahren der Berliner Akademie der Wissenschaften ignorierte und damit dem Willen jener Sozietät zuwiderhandelte, die doch wie keine zweite Institution in Brandenburg-Preußen dazu beitragen sollte, das Licht der Aufklärung erstrahlen zu lassen.

Auch die Steuern, die seine Untertanen zu zahlen hatten, legte Friedrich ganz allein fest. Da der Siebenjährige Krieg trotz der reichlich geflossenen Subventionen aus Großbritannien enorme Gelder verschlungen hatte, war der preußische König sehr bald nach dem Friedensschluss daran interessiert, durch die Erhebung neuer Zölle und Akzisen die staatlichen Kassen möglichst rasch wieder anzufüllen. Am 14. April 1766 trat ein neues Deklarationspatent in Kraft, in dem Friedrich verfügte, die Akzisesätze für Bier, Branntwein, Wein, Likör, Kaffee und Schlachtfleisch deutlich anzuheben. Noch im selben Jahr wurde von ihm per Edikt die »Administration générale des accises et des péages« ins Leben gerufen, eine nicht selten auch nur »Regie« genannte Finanzbehörde, die unter der Leitung des aus Frankreich nach Preußen berufenen Sachverständigen La Haye de Launay stand und nach französischem Vorbild mit der Erhebung aller indirekten Steuern beauftragt war.

Abgesehen von den Besteuerungsmaßnahmen der »Regie« erfolgten die regelmäßigen Steuereinkünfte in Brandenburg-Preußen aber zum großen Teil aus der sogenannten ländlichen »Contribution«, die als Grundsteuer von Bauern und als Kopf- und Gewerbesteuer von den nicht grundbesitzenden Landbewohnern eingezogen wurde. Friedrich hatte dieses Steuersystem von seinem Vater übernommen, achtete jedoch darauf, die Lasten durch eine beständige Neuvermessung der landwirtschaftlichen Flächen auch unter Berücksichtigung der Bodenqualität möglichst gerecht zu verteilen. In seinem *Politischen Testament* von 1768 bestätigte er diese Prinzipien seiner Steuerpolitik mit großem Nachdruck, auch wenn er einräumte, dass die Festsetzung und Erhebung von Steuern stets »sehr schwierig« sei, weil es nur selten gelinge, »ein so kompliziertes Verfahren mit aller Genauigkeit, die es erfordert«, konsequent durchzuführen.

Ebenfalls bekräftigte er in diesem *Politischen Testament* das Verständnis seiner Rolle als König, in der er sich nach wie vor als aufgeklärter Alleinherrscher gefiel. Er unterstrich, dass in einem politischen Gemeinwesen »niemals etwas Großes und Nützliches geschehen« könne, wenn »der Fürst nicht selbst regiert«, weil »nur in einem einzigen Kopf ein Plan aufgestellt werden«

könne, der »Politik, Heerwesen und Finanzen alle zum gleichen Ziel« führe. Nur dann, »wenn der Fürst etwas will«, füge sich »alles«. Und so lag Friedrich alles daran, dass auch seine »Nachfolger sich diesen Grundsatz einprägen«, damit das Glück des preußischen Staates »unabänderlich sei«.

Der König sprach von seinen Nachfolgern ausgesprochen hoffnungsvoll im Plural, obwohl der Thronfolger Friedrich Wilhelm – der Sohn seines verstorbenen Bruders August Wilhelm – noch nicht für Nachwuchs gesorgt hatte, wohl auch gar nicht sorgen konnte, weil seine schöne und selbstbewusste Frau Elisabeth von Braunschweig-Wolfenbüttel nicht ihm zu Gefallen war, sondern sich viel lieber mit den stattlichen jungen Offizieren der Potsdamer Garde amüsierte. Als Friedrich über den Lebenswandel der Prinzessin aufgeklärt wurde, drang er auf eine Scheidung der Ehe seines Neffen, die dann auch am 18. April 1769 vollzogen wurde. Schon am 14. Juli desselben Jahres heiratete Friedrich Wilhelm in der Charlottenburger Schlosskapelle die erst siebzehnjährige Prinzessin Friederike von Hessen-Darmstadt. Bereits am 3. August 1770 gebar diese zukünftige Königin von Preußen zu Friedrichs vollständiger Zufriedenheit einen Sohn, der wie sein Vater auf den Namen Friedrich Wilhelm getauft wurde. Nun war der Bestand der preußischen Königtums und der Hohenzollerndynastie auch über Friedrichs Tod hinaus gesichert.

Vielleicht war es die Aussicht auf eine lange Fortdauer des von seinem Großvater Friedrich I. nur durch einen einsamen Willensakt gegründeten preußischen Staates, die den König im Jahr 1770 dazu animierte, noch einmal und in aller Form über die preußische Variante jenes Gesellschaftsvertrags zu philosophieren, den Hobbes im 17. Jahrhundert als vielversprechendstes Mittel zur Bewahrung des gesellschaftlichen Friedens und zur Beförderung des Lichts in der Welt empfohlen hatte. Hobbes hatte gelehrt, dass ein tragfähiger Gesellschaftsvertrag entweder eine demokratische oder eine monarchische Struktur aufweisen konnte. Preußen war seit seinen Anfangstagen den Weg der auch von Leibniz favorisierten monarchischen Variante gegangen, und da

Friedrich auf dieser vorgegebenen Bahn erstaunliche Erfolge erzielt hatte, sah er weniger denn je einen Grund, am preußischen Kurs der politischen Aufklärung zu zweifeln.

In seinem philosophischen *Versuch über die Eigenliebe, als Grundsatz der Moral betrachtet*, den er zu Beginn des Jahres 1770 vor der Berliner Akademie der Wissenschaften verlesen ließ, hob Friedrich einerseits hervor, dass alle Menschen stets nur der Triebfeder der »Eigenliebe« oder ihrem »Eigeninteresse« gehorchten, da sie nun einmal von Natur aus »generell mehr sinnlich als vernünftig veranlagt« seien. Diese Einsicht solle nun aber andererseits nicht zu der falschen Annahme verleiten, dass man sich den Anordnungen eines Monarchen immer dann widersetzen dürfe, wenn diese den eigenen subjektiven Interessen zuwiderliefen. Wer so denke, »sündigt durch eine schlechte Logik«. Die Folge eines solchen fehlerhaften Schlussfolgerns sei zwangsläufig der »Bürgerkrieg«. Um in einer Gesellschaft in Frieden miteinander leben zu können, müssten die Menschen vielmehr erkennen, dass sie nur dann wie »gute Staatsbürger« handelten, wenn sie dem Willen des Alleinherrschers folgten. Bei rechter Betrachtung der Natur der Dinge entspreche es also im höchsten Maße dem vornehmsten Interesse der Untertanen, ihrem König allezeit und überallhin zu folgen. Nur »der Ungerechte« breche »diesen Gesellschaftsvertrag« und zerstöre damit in Preußen »die Gesetze, unter deren Schutz er lebt«.

Offenbar war es das Erfolgsgeheimnis Preußens, dass Friedrich mit seiner politischen Philosophie bei dem Volk, dessen erster Diener er sein wollte, auf breite Zustimmung stieß, denn es regte sich in seinen Landen kein spürbarer Widerstand gegen das Verfassungsideal des Königs. Vielmehr blieb die übergroße Mehrheit der Einwohner Brandenburg-Preußens dem Monarchen in stillschweigender und dankbarer Untertänigkeit verbunden. Der Siebenjährige Krieg schien einen echten preußischen Patriotismus eher noch befördert zu haben; wie ihr König, so hielten die meisten Preußen seinen Ausbruch auch noch im Rückblick für unvermeidlich. Und innenpolitisch hatte Friedrich in den Augen vieler Untertanen ja tatsächlich als treusorgender, den Wissenschaften und der Bildung zugewandter Landesvater und Aufklärer gewirkt. So nimmt es nicht wunder, dass die Bevölkerung ihrem »Alten Fritz« mit ehrerbietiger Bewunderung begegnete, wenn er bei seinen Ausritten in Berlin und Potsdam im schlichten blauen Rock, der mit einer abgenutzten Schärpe umgürtet war, den mit weißen Federn geschmückten dreispitzigen Hut vor ihr zog. Zweifellos befand sich Friedrich sieben Jahre nach Abschluss des Hubertusburger Friedens auf dem Gipfel seines Ansehens und seiner Macht.

Einen neuen Höhepunkt seiner Weltgeltung hatte nach dem Ende des Siebenjährigen Krieges auch das Britische Empire erreicht, das sich jetzt von Kanada bis zur mittelamerikanischen Miskitoküste Nicaraguas, von der Karibik bis nach Westafrika und vom südostindischen Madras bis nach Bengalen erstreckte. Wie Washington an einen in England lebenden entfernten Verwandten schrieb, waren die Briten in Nordamerika sogar nach dem Sieg über die Franzosen die einzigen noch verbliebenen europäischen Herrscher »dieses großen Kontinents«, den sie bereits zu einem Drittel seiner Fläche besiedelten und dessen »Ruhe« deshalb für lange Zeit »ohne Störungen« gesichert schien. »Wir leben hier unsererseits in einem Zustand der friedlichen Beschaulichkeit«, bekräftigte Washington noch einmal, um demselben Verwandten dann in einem anderen Schreiben noch etwas ausführlicher zu erklären, was neben der allgemeinen politischen Lage in besonderer Weise zu seiner gegenwärtigen Seelenruhe in Mount Vernon beitrug: »Ich bin nun, glaube ich, an diesen Landsitz mit einer angenehmen Gemahlin für ein ganzes Leben gebunden, und ich hoffe in dieser Zurückgezogenheit ein größeres Glück zu finden, als ich es jemals in der weiten und betriebsamen Welt erfahren habe.«

Die »häuslichen Vergnügungen«, die der nunmehr ausgediente Offizier Washington auch in vielen anderen Briefen dieser Zeit beschwor, bestanden zunächst einmal im Um- und Ausbau des stattlichen Hauptgebäudes von Mount Vernon, das er nun nicht mehr nur als Pächter verwaltete, sondern als Eigentümer, weil das gesamte Anwesen nach dem Tod seiner Schwägerin Anne am 14. März 1761 vollständig und für immer in seinen Besitz übergegangen war. Er ließ das Haus um ein Stockwerk erhöhen und erweiterte es zudem um zwei kleinere Seitentrakte. Der ehemalige Grundstücksvermesser ließ alle Baumaßnahmen auf der Grundlage eigener Skizzen durchführen; sie sollten ein harmonisches Gleichgewicht von Architektur und Landschaft herstellen. Ein englischer Reisender, der nach dem Ende der nordamerikanischen Kriegshandlungen auch Mount Vernon einen Besuch abstattete, hielt denn auch in einem Brief an dessen stolzen Besitzer fest: »Das Haus ist auffallend schön auf einem sehr hohen Hügel an den Gestaden des Potomac gelegen und bietet eine hervorragende Aussicht auf das Wasser, auf Felsen, Wälder und Pflanzungen.«

Zu Washingtons häuslicher Idylle trug auch bei, dass er nun die beiden Kinder, die Martha mit in die Ehe gebracht hatte, stets um sich hatte. Weil er mit seiner Gattin keinen eigenen Nachwuchs zeugen konnte – höchstwahrscheinlich war er unfruchtbar –, kümmerte er sich umso hingebungsvoller um John und Martha Parke Custis, die erst fünf und drei Jahre alt waren, als er ihre Mutter heiratete. Gut möglich, dass er noch rührender um sie besorgt war, als es ihr verstorbener Vater hätte sein können. Washington empfand nämlich, dass angenommene Kinder von ihrem Stiefvater mit »viel größerer Umsicht« behandelt werden müssten als von ihrem »natürlichen Elternteil«, da »irgendein von dem Vormund begangener *faux pas*, wie gut auch immer er seine Handlung gemeint haben mag«, vor dessen Gewissen erfahrungsgemäß sehr schwer wiege.

Sein Anteil an der Sorge um Marthas Kinder, die er Jacky und Patsy nannte, bestand vor allem darin, sie zu verwöhnen und reich zu beschenken. Wie europäischen Fürstenkindern wurde ihnen ein eigener afrikanischer Diener zur Seite gestellt. Sie erhielten überdies auf Wunsch Washingtons feine Kleidung, die eigens für sie aus England nach Virginia geschickt wurde. Als Jacky sieben Jahre alt war, überreichte ihm sein Stiefvater einen mit silbernen Kordeln verzierten Hut. Die sechsjährige Patsy durfte sich an einem »Mantel aus modischer Seide« erfreuen. Beiden Kindern wurde edles Schreibpapier zur Verfügung gestellt, und sie besaßen schon früh eine eigene »hübsche kleine gebundene Bibel« samt einem kleinen anglikanischen *Book of Common Prayer*.

Auch an ausgesuchtem Spielzeug mangelte es ihnen nicht. Zu dem großen Bestand an Spielgeräten, aus dem sie sich nach Lust und Laune bedienen konnten, zählten ein hölzerner Kuckuck, dem man originalgetreue Pfeiflaute entlocken konnte, ein ebenfalls aus Holz gedrechselter Papagei, der sich auf einer Stange um seine eigene Achse drehte, Kinderbücher, eine Vogelvoliere und ein kleiner Kaufladen. Patsy hatte außerdem eine eigene Wachspuppe, die sie mit einer Unzahl von hübschen kleinen Kleidern in immer neuen Arrangements herausputzen konnte. Jacky, der vielleicht einmal mit mehr Erfolg jene höhere Militärlaufbahn einschlagen würde, von der sich Washington schweren Herzens verabschiedet hatte, erhielt ein ganzes Arsenal von Spielzeugsoldaten. Das Glanzstück seiner kleinen Sammlung war ein Soldat zu Pferde, den sein Stiefvater aus London geordert hatte. Bei diesem kleinen Spielzeugkavalleristen handelte es sich um den Reiter einer europäischen Armee, die Washington mehr als alle anderen bewunderte: Es war ein Dragoner aus dem Regiment Ansbach-Bayreuth, der von Friedrich dem Großen mit Ehren überhäuften Eliteeinheit der preußischen Reiterei, mit dem der kleine Jacky in Mount Vernon über den Holzfußboden seiner Spielecke galoppierte.

Auch an den nötigen Ausgaben für eine gute Schulbildung der Kinder sparte Washington nicht. So ließ er auf Wunsch seiner Frau einen Tutor nach Mount Vernon kommen, Walter Magowan, der dort auch dauerhaft ein Zimmer bezog und Jacky und Patsy das Lesen, Schreiben und Rechnen beibrachte. Jedes gute Buch, das Magowan für einen modernen und gründlichen Unterricht für unentbehrlich hielt, wurde den Geschwistern bereitgestellt. Als Jacky im Lateinunterricht so gute Fortschritte gemacht hatte, dass er in der Lage war, auch einmal längere Texte im Zusammenhang zu lesen, stellte sein Stiefvater ihm eine regelrechte Bibliothek der besten lateinischen Literatur zusammen. Weil viele der benötigten Bücher nicht in Amerika verlegt wurden, mussten auch diese kostbaren Waren in England bestellt werden. Zur Vorsicht orderte Washington immer gleich zwei Exemplare des gewünschten Buches. Wenn eines davon verloren ging oder beschädigt wurde, war so in jedem Fall noch ein zweites vorhanden.

Seiner eigenen literarischen und wissenschaftlichen Fortbildung räumte Washington auf Mount Vernon ebenfalls einen hohen Stellenwert ein, weil er ein aufgeklärter und gut informierter Gutsbesitzer sein wollte. Sein persönlicher Buchbestand wuchs rasch und kontinuierlich auf mehrere hundert Exemplare an, so dass er beim Londoner Handelshaus Cary & Co bei einer seiner vielen aufwendigen Bestellungen einmal über 400 Exlibris anforderte. Seinem auf Ästhetik, Sauberkeit und Ordnung erpichten Geist lag viel daran, jedes Buch mit einem dieser schön und kunstvoll gestalteten Bücherzettel formvollendet als sein persönliches Eigentum zu kennzeichnen. Einen unverkennbar großen Teil seiner derart sorgsam gepflegten Büchersammlung machten Werke zur britischen Verfassung und zur Geschichte des englischen Parlamentarismus aus, die er auch regelmäßig las. »Ein aus Büchern stammendes Wissen«, hob er hervor, sei nämlich die unabdingbare »Basis«, auf die dann in einem nächsten Lernschritt das mittels der Erfahrung gewonnene Wissen immer erst »aufgebaut werden« müsse. Doch auch die beständige Übung im Schreiben war ihm wichtig, weshalb er neben persönlichen Mitteilungen und offiziellen Briefen auch permanent Notizen über seine alltäglichen Verrichtungen niederschrieb.

In einem seiner mit buchhalterischer Sorgfalt geführten Tagebücher, dem er den nüchternen Titel *Wo und wie ich meine Zeit verbrachte* gab, listete er mit Bedacht auf, welchen unterschiedlichen Freizeitvergnügungen er auch nach seiner Heirat nachging. Demnach besuchte er häufig benachbarte Pflanzer, um mit ihnen Karten zu spielen oder auf die Fuchsjagd zu gehen; er frequentierte rauschende Bälle, da er ein passionierter Tänzer war – der die schnellen rhythmischen Tanzschritte übrigens mit den geschickten Bewegungen des Soldaten im Nahkampf verglich, wobei er den Tanz für den »milderen Konflikt« hielt –, und er begab sich bei seinen Visiten in Williamsburg oder Alexandria auch immer wieder gern ins Theater. Einmal besuchte er voller Neugier einen fahrenden Zoo, der Tiger und Löwen vorführte. Auch bei den in Virginia beliebten Hahnenkämpfen war er regelmäßiger Zuschauer.

Die Tiere jedoch, denen seine größte Vorliebe galt und die er auf Mount Vernon selbst mit Leidenschaft züchtete, hegte und pflegte, waren Pferde und Hunde, seine treuesten Begleiter auf der Jagd. Mit großer Akribie notierte er in seinem Tagebuch, welche Stuten von seinen edlen Hengsten jeweils bestiegen wurden. Eine Stute, schrieb er amüsiert, die sich schon mehrfach hatte decken lassen, sei von ihm »immer wieder mit einem meiner jüngeren Pferde angetroffen« worden, und zwar in einer solchen »Liebeslaune«, dass es ihn jedesmal »ein höchstes Maß an Anstrengung« gekostet habe, »sie auseinander zu halten«. Auch das Paarungsverhalten seiner Jagdhunde beobachtete er genau, um zu ermitteln, welcher der neugeborenen Welpen wohl am ehesten wie sein jeweiliges Elternteil zu einem guten Fährtenleser oder Apportierhund ausgebildet werden könne.

Selbstverständlich hielt Washington auf Mount Vernon auch Mastvieh. In besonders großer Zahl wurden Schweine gezüchtet, deren zu Schinken oder Würsten verarbeitetes Fleisch einen großen Teil des Nahrungsbedarfs seiner Familie und der Arbeiter abdeckte, aber auch auf den Märkten der näheren Umgebung in beachtlicher Menge verkauft wurde. Weit über 6000 Pfund Schweinefleisch produzierte Washington im ersten Jahr nach dem Ende des Siebenjährigen Krieges. Ebenfalls zuhauf gab es auf seinem Landsitz Kühe und Schafe, Hühner und Truthähne, Enten und Gänse. Und da sein riesiges Anwesen am Ufer des Potomac lag, schöpfte der Gutsherr auch einen Teil des Fischreichtums dieses breiten Stroms und der Chesapeake Bay ab, indem er Fischerboote zu Wasser ließ, deren Besatzung für ihn auf Heringsfang ging. Noch an Deck legten seine Fischer dann die Heringe in eine Salzlake ein, um die Fische möglichst lange zu konservieren.

Das bedeutendste landwirtschaftliche Produkt war jedoch in den ersten Jahren nach Washingtons Heirat der Tabak, den der Herr von Mount Vernon auf den Feldern seiner Besitzungen großflächig anbaute. Damit tat er es den meisten Farmern und Pflanzern Virginias gleich. Immer noch war das dort seit den Anfangstagen der Kolonie in rauhen Mengen geerntete Genussmittel das wichtigste Exportgut der Virginier, das auf den europäischen Märkten auch weiterhin reißenden Absatz fand, weil es – von Skandinavien bis Neapel und von Großbritannien bis Russland – von Fürsten, Bürgern und Bauern gleichermaßen geschätzt wurde. Von seinem eigenen Wohnhaus aus konnte Washington bei einem gelegentlichen Blick auf den Fluss mitverfolgen, wie auch seine Ware vom Verladehafen Alexandria auf großen Schiffen, deren Segel sich im Wind blähten, über den Potomac in die Chesapeake Bay transportiert wurde, um dann über den Atlantischen Ozean in die Alte Welt zu gleiten.

Ärgerlich für Washington war nur, dass der Erlös aus dem Verkauf des Tabaks weit hinter seinen Erwartungen zurückblieb. Gute Gewinne konnten mit diesem traditionellen virginischen Handelsgut neuerdings immer seltener erzielt werden, weil der Tabak auch in guter Qualität eine Massenware geworden war. Besonders die Spanier, die in ihren mittelamerikanischen und karibischen Kolonien in immer größerer Zahl exzellenten Tabak anbauten, stellten für die nordamerikanischen Kolonisten auf dem europäischen Markt eine erhebliche Konkurrenz dar. Daran änderten auch die regelmäßigen Klagebriefe nichts, die Washington an seinen Londoner Handelspartner Robert Cary schickte, der ihm ja nicht nur europäische Luxus- und Alltagsgüter zusandte, sondern auch seinen Tabak in Kommission verkaufte.

Am 10. August 1764 beschwerte sich der bekümmerte virginische Gutsherr in einem Schreiben nach London, dass seine Handelsbilanz mittlerweile ein nicht eben geringes Defizit aufweise, was nicht geschehen wäre, »wenn sich meine Tabakernte besser verkauft hätte«. Die Aussicht, sich wegen eines dauerhaft niedrigen Preisniveaus für Virginiatabak in Schulden zu stürzen, die zudem jährlich immer weiter anwuchsen, statt rasch abgebaut zu werden, sei »eine unangenehme Sache«, insbesondere für einen »freien Geist«, der niemals in irgendeine Art der Abhängigkeit geraten wolle. Washington entschloss sich also fortan dazu, den Tabakanbau drastisch zu reduzieren, um stattdessen andere Feldfrüchte zu produzieren, die nicht Europa, sondern in erster Linie den amerikanischen Binnenmarkt beliefern sollten.

Welche Getreidesorten auf seinen Pflanzungen am besten gediehen und welche Böden sich für ein rasches Wachstum besonders gut eigneten, ermittelte er in einer Reihe von langwierigen Versuchen, deren Ergebnisse er wieder mit größter Akkuratesse in seinen Tagebüchern festhielt. Nach Abschluss dieser praktischen Studien, in denen er auch mit Hanf, Flachs und Hülsenfrüchten experimentierte, stand für Washington fest, dass er in Zukunft vor allem Weizen und Mais anbauen wollte. Bereits 1765 produzierte er kaum noch Tabak, erntete aber nahezu 7000 Scheffel Weizen und fast 10 000 Scheffel Mais. Da zu seinem Anwesen eine kleine Mühle gehörte, die er nun zu einem großen Mahlwerk ausbaute, um die neuen Getreidemengen nach der Ernte sofort zu verarbeiten, konnte er mit dem selbst hergestellten Mehl nicht nur einen guten Gewinn erzielen, sondern auch das tägliche Brot in ausreichender Anzahl als Selbstversorger in der eigenen Backstube backen. Er erwirtschaftete und sparte nun mehr Geld als jemals zuvor.

Die Früchte der Obstbäume, vor allem Äpfel, die auf den Plantagen und Gartenanlagen von Mount Vernon ebenfalls in großer Zahl heranreiften, wurden zu Cider vermostet, einem gerade im heißen virginischen Sommer beliebten alkoholhaltigen

Erfrischungsgetränk. Allerdings hatte Washington trotz seines ausgeprägten Sinnes für den Nutzen, den seine Pflanzungen bringen sollten, auch ein großes Faible für die Schönheit seiner Gärten, die er durch sorgfältig angelegte Blumenrabatten kunstvoll inszenierte. Dabei ließ er sich von den Empfehlungen des bekannten englischen Gartenarchitekten Batty Langley leiten, dessen 1728 erschienenes Standardwerk *New Principles of Gardening* er sich gleich nach seiner Hochzeit bei Cary & Co bestellt hatte. Der Untertitel dieses Buches zeigt an, welcher komplexen Form der Gartengestaltung sich Washington mit großem Elan widmete: Im Blick hatte er »das Anlegen und Anpflanzen von Beeten, Hainen, Wildgehölzen, Irrgärten, Alleen, Parks, etc.«

Für die Umsetzung seiner hochambitionierten Pläne einer ästhetischen Parkgestaltung – wie natürlich auch für die auf Mount Vernon betriebene Landwirtschaft – benötigte Washington nun eine Vielzahl helfender Hände: 78 afrikanische Sklaven betätigten sich im Jahr 1765 auf seinem Landsitz am Potomac. Viele von ihnen hatten auch Kinder, die ebenfalls zur Verrichtung der unterschiedlichsten Tätigkeiten herangezogen wurden. Manche seiner Sklaven ließ der Gutsherr zu versierten Schreinern und Zimmerleuten ausbilden. So konnte er alle an den Gebäuden oder Ställen anfallenden Reparaturen von den eigenen Leuten ausführen lassen.

Die Behausungen, in denen die Sklaven übernachteten, lagen nie weiter als einen halbstündigen Fußmarsch von ihrem jeweiligen Arbeitsplatz entfernt. Zur Arbeit angeleitet wurden sie von eigens dafür angestellten Aufsehern, die sie auch am Ende des Tages und in der Nacht bewachten, weil der Freiheitsdrang der afrikanischen Sklaven unbändig groß war. Trotz umfangreicher Vorsichtsmaßnahmen gelang es immer wieder einzelnen Sklaven, in einem unbemerkten Moment von den Plantagen zu entfliehen. Sie wurden dann stets mit einiger Hartnäckigkeit gesucht, doch längst nicht immer mit Erfolg. Washington setzte sogar recht hohe Belohnungen aus, um entlaufene Sklaven, die er weiter für sich arbeiten lassen wollte, ausfindig zu machen. Dabei gab er immer sehr genaue Personenbeschreibungen ab. Einmal, als gleich vier seiner Sklaven gemeinsam das Weite gesucht hatten, ließ er in der näheren und weiteren Umgebung von Mount Vernon eine Suchanzeige verteilen, in der er verwundert betonte, dass seine Afrikaner, die alle erst vor wenigen Jahren nach Amerika verbracht worden waren – und daher oftmals nur »ein gebrochenes und unverständliches Englisch« sprachen –, von ihm oder von seinen Aufsehern doch gar nicht schlecht behandelt worden seien: »Sie liefen fort«, obwohl sie »nicht das kleinste böse Wort oder eine Misshandlung« erduldet hätten. Konnte Washington, der sich doch selbst instinktiv gegen jede Form der Abhängigkeit sträubte, wirklich nicht verstehen, dass es der bloße, mit einer umfassenden Entmündigung einhergehende Freiheitsentzug war, der diese Menschen zur Flucht antrieb?

Immerhin bezog er sich doch gerade im Jahr 1765 als Abgeordneter des *House of Burgesses* wieder sehr bewusst auf jene Freiheitsrechte, die Virginia und alle anderen amerikanischen Kolonien in besonderer Weise auszeichneten. Während Washington seit der ersten von ihm besuchten Sitzung der virginischen *Assembly* – wo er errötend und unter Verbeugungen den ausdrücklichen Dank der anderen Abgeordneten für seine »treuen Dienste für Seine Majestät und diese Kolonie« und für sein »mutiges und standfestes Verhalten seit den ersten Übergriffen und Feindseligkeiten der Franzosen und Indianer« entgegennehmen durfte – sich noch als Mitglied des parlamentarischen Militärausschusses vornehmlich um die Belange der Veteranen gekümmert hatte, nahm er seit den späten Junitagen des Jahres 1765 den politischen Kampf gegen ein Gesetz auf, das einen vielleicht nicht mehr zu beseitigenden Keil zwischen die Kolonien und ihr Mutterland zu schieben drohte.

Da sich Großbritannien nach dem Ende des kostspieligen Siebenjährigen Krieges auch wegen der jahrelangen Subsidienzahlungen an Friedrich den Großen mit einem gigantischen Schuldenberg von 137 Millionen Pfund konfrontiert sah, hatte sich die britische Regierung unter Führung des neuen Premierministers

George Grenville Anfang des Jahres 1765 dazu durchgerungen, den aus den Fugen geratenen Staatshaushalt auch mittels einer Besteuerung der amerikanischen Kolonisten wieder ins Lot zu bringen. Immerhin war die Grundbesitzsteuer in England bereits während der Kriegsjahre verdoppelt worden. Eine zusätzliche Besteuerung der Nordamerikaner erschien dem britischen Premierminister also nur angemessen, zumal sie doch am meisten vom Ende der französischen Kolonialherrschaft im Ohiotal und in Kanada profitierten.

Der ausgefeilte Besteuerungsvorschlag, den Grenville dem Kabinett des Königs unterbreitete, lief darauf hinaus, jedes Druckerzeugnis und Kartenspiel vor seinem Verkauf in den britischen Kolonien Nordamerikas mit einer Gebührenmarke oder einem entsprechenden Stempel zu versehen. Auch der britische Finanzminister Thomas Whately sprach sich für die Einführung einer solchen Stempelsteuer aus: »Als Teil des britischen Herrschaftsbereiches«, so Whately, sollten die nordamerikanischen Kolonien auf diese Weise »zusammen mit allen anderen« ihre »notwendigen Aufgaben erfüllen«. Nach einer eingehenden Debatte wurde das Stempelsteuergesetz dann am 22. März 1765 von beiden Häusern des britischen Parlaments mit großer Mehrheit verabschiedet.

In den amerikanischen Kolonien reagierte man auf das Parlamentsgesetz mit Unverständnis. Von Massachusetts über Pennsylvania bis nach Virginia waren die meisten Kolonisten davon überzeugt, dass nur die eigenen *Assemblies* die in Amerika zu zahlenden Steuern festsetzen konnten, keineswegs aber das britische Parlament in Westminster, in dem die Amerikaner ja nicht mit eigenen Abgeordneten vertreten waren. Um zu verdeutlichen, dass sie niemals eine Besteuerung akzeptieren würden, die sie nicht zuvor selbst durch ihre eigenen gewählten Repräsentanten festgelegt hatten, verfassten die Kolonisten zahlreiche Protestresolutionen, die noch im Sommer, kurz nach Bekanntwerden des Stempelsteuergesetzes, an die britische Regierung verschickt wurden.

Es gab weitere Formen des Protests. In Londoner Zeitungen beteuerten amerikanische Kolonisten im Mai 1765, dass sie sich selbstverständlich an den nötigen Maßnahmen zu Schuldentilgung beteiligen würden, aber eben ein ganz bestimmtes englisches Freiheitsrecht unter keinen Umständen aufgeben wollten, nämlich das Privileg, »ihre Loyalität dadurch unter Beweis zu stellen, dass sie ihr eigenes Geld selbst gewährten, wann immer sich ihr Monarch dazu veranlasst sehe, danach zu fragen«. In Neuengland bedienten sich militante patriotische Vereine, die sich allerorts bildeten, sogar des aufgewiegelten Mobs, um die Steuereintreiber durch Plünderungen ihrer Häuser einzuschüchtern. Im Herbst verliehen amerikanische Kaufleute und Politiker dem Protest dann eine ganz neue Dimension, als sie zum gezielten Boykott britischer Waren aufriefen.

Washington schrieb am 20. September 1765 einen detaillierten Brief an seinen Londoner Handelspartner Cary, in dem er das Handeln der Amerikaner ausführlich begründete. Dem Kaufmann aus dem englischen Mutterland, mit dem er schon seit Jahren eine ausführliche Korrespondenz unterhielt, erklärte er, dass »das den Kolonien durch das Parlament von Großbritannien zwangsweise auferlegte Stempelsteuergesetz« schon seit Monaten »die Gespräche« der Kolonisten »in Beschlag« nehme, weil die Amerikaner das neue »Verfahren der Besteuerung« schlicht als »verfassungswidrig« betrachteten und »als grässlichen Angriff auf ihre Freiheiten ansehen«. So sei es nur allzu verständlich, dass sie »laut aufschreien«, um diese »Missachtung ihrer Rechte« auch als solche kenntlich zu machen. Auch er selbst sei der »sehr bestimmten Ansicht«, dass es für die Amerikaner wegen ihres ausgeprägten Freiheits- und Rechtsempfindens »moralisch unmöglich« sei, dem Besteuerungswillen des britischen Parlaments zu entsprechen.

Die »Auswirkungen« der von der britischen Regierung »miserabel durchdachten Besteuerungsmaßnahme«, so Washington weiter, seien wegen des nun einmal entstandenen Aufruhrs noch gar nicht abzusehen. Gewiss aber werde »das Mutterland« bei längerer Beibehaltung des Gesetzes »schlecht fahren«, weil der jetzt als Reaktion darauf einsetzende Handelsboykott den Engländern mehr schade als den Amerikanern. Die Wirtschaft des Mutterlandes sei nämlich sehr vom Export nach Amerika abhängig. Die Amerikaner jedoch seien in der Lage, auf die vielen Luxusgüter, die sie bislang »verschwenderisch« in Großbritannien bestellt hätten, dauerhaft zu verzichten. Die »lebensnotwendigen Dinge« könnten die Kolonisten ohnehin »zum größten Teil in unseren eigenen Gebieten herstellen«. Washington war sich seiner Sache sicher, da er ja auf Mount Vernon schon vor dem Boykottaufruf damit begonnen hatte, seine persönliche Handelspolitik allein aus ökonomischen Erwägungen entsprechend zu verändern.

Für ihn persönlich zahlte sich seine klare und eindeutige Haltung aus. Nicht nur als Gutsherr arbeitete er mit wachsendem Erfolg, auch als Politiker erfuhr er große Anerkennung. Als er sich 1765 entschied, nicht mehr in der Stadt Winchester, sondern in seinem Heimatwahlkreis Fairfax County für das virginische Kolonialparlament zu kandidieren, wurde er tatsächlich auch dort mit einer überwältigenden Stimmenmehrheit wiedergewählt. Wenn er dort an den mitunter hitzig geführten Debatten teilnahm, trat er seinerseits als besonnener und ruhiger Redner auf. Ein Abgeordneter bewunderte Washington dafür, dass er sich stets wie ein »bescheidener, aber vernünftiger Mann« aufführte, der »nur wenig spricht« und über eine »kühle Körperbeherrschung« verfüge. Er stehe bei Wortmeldungen stets so gefasst da »wie ein Bischof beim Gebet«. Ein anderer Abgeordneter beobachtete, dass Washington »niemals länger als zehn Minuten spricht« und immer nur dann, wenn es darum gehe, »einen strittigen Punkt zu entscheiden«. Außerdem kümmere sich Washington im Kolonialparlament immer nur »um die großen Angelegenheiten«, weil er wisse, »dass sich die kleineren von selbst regelten«.

Eine politischer Streitpunkt, der sich nicht von allein klärte, blieb über Monate hinweg das Stempelsteuergesetz. Erst als sich das britische Parlament unter dem Eindruck des gut funktionierenden Handelsboykotts der Amerikaner im Februar 1766 bereit erklärte, 26 sachverständige Kaufleute und Politiker aus England und Nordamerika vor dem britischen Unterhaus zu fragen, wie ihres Erachtens die Stempelsteuerkrise am ehesten beigelegt werden könne, änderte sich die Situation. Einer der Amerikaner, der den britischen Parlamentariern vier Stunden lang Rede und Antwort stehen musste, war der pennsylvanische Kolonialagent Franklin. Wie Washington hielt Franklin das Stempelsteuergesetz für »verfassungswidrig und überdies ungerecht«, weil die Amerikaner »nicht von einem Parlament mit Steuern belegt werden könnten«, in dem sie »nicht vertreten seien«. Allenfalls mit militärischer Gewalt könnten die Amerikaner dazu gebracht werden, gegen ihren Willen Steuern zu erheben; doch selbst der Ausgang eines solch brutalen Unternehmens sei ungewiss. Denn »keine Macht, so groß sie auch sei«, betonte Franklin in Namen aller Amerikaner mit feierlichem Ernst, »kann Menschen zwingen, ihre Überzeugungen zu ändern.«

Franklins Worte und die Redebeiträge der anderen Amerikaner, die vor dem britischen Parlament sprachen, verfehlten ihre Wirkung nicht. Am 18. März 1766, genau ein Jahr nach seiner Verabschiedung, kamen beide Häuser des Parlaments von Westminster überein, das umstrittene Gesetz wieder zu kassieren. Sowohl in England als auch in den nordamerikanischen Kolonien wurde die Rücknahme des Stempelsteuergesetzes als Rückkehr zum friedlichen und einvernehmlichen Miteinander gefeiert. In London läuteten am Tag der Aufhebung des Gesetzes die Kirchenglocken. Zwei Monate später, als die Nachricht über den Widerruf des Gesetzes auch Amerika erreichte, begrüßten die Kolonisten diese erfreuliche Nachricht auf ähnlich euphorische Weise. In Philadelphia wurde am 21. Mai die ganze Stadt mit abertausenden Kerzen festlich illuminiert. Washington schrieb erleichtert, dass diejenigen, »die das Kassieren des Gesetzes ermöglichten, verdientermaßen zu den Danksagungen aller wohlmeinenden Freunde Großbritanniens und ihrer Kolonien berechtigt seien«. Man könne ja nur mit großer Freude wahrnehmen,

»dass durch ihre Bemühungen viele Szenen der Konfusion und der Trübsal vermieden wurden«.

Nur ein Jahr später zeigte sich jedoch, dass es sich bei der Mehrheit im britischen Parlament, die für die Aufhebung des Stempelsteuergesetzes gestimmt hatte, um eine flüchtige Koalition gehandelt hatte. Bereits im Mai 1767 überzeugte der neue britische Finanzminister Charles Townshend die Parlamentarier in einer mitreißenden Rede – die ihm den Spitznamen »Champagner-Charlie« eintrug, weil er sie in angetrunkenem Zustand hielt –, dass eine Besteuerung der Amerikaner wegen der anhaltenden Finanznöte weiterhin zwingend geboten sei. Sein Vorschlag, in den amerikanischen Kolonien Einfuhrsteuern auf Glas, Porzellan, Papier, Blei, Farbe und Tee zu erheben, um auf diese Weise jährlich 40 000 Pfund in den Staatshaushalt fließen zu lassen, fand die sofortige Zustimmung der meisten Abgeordneten. Schon am 29. Juni 1767 wurde das »Townshend-Zollgesetz« vom Parlament verabschiedet.

Die meisten amerikanischen Kolonisten reagierten auf die Townshend-Zölle genauso heftig wie zuvor auf die Stempelsteuer. Erneut kam es zu Gewalttaten, wieder wurden von einflussreichen Kaufleuten Absprachen zur Nichteinfuhr englischer Waren getroffen. Anfang des Jahres 1768 appellierte der Anwalt John Dickinson aus Philadelphia an seine Landsleute, im Protest standhaft zu bleiben. »Wenn ihr einmal zugesteht«, schrieb er in einem einflussreichen Flugblatt, »dass Großbritannien Zölle auf seine Ausfuhren an uns erhebt, um von uns allein Geld einzuziehen«, dann brauche das Mutterland in Zukunft »nur noch Zölle auf die Waren zu erheben, deren Herstellung es uns verbietet – und die Tragödie der amerikanischen Freiheit ist beendet«.

Die britische Regierung wiederum reagierte auf die massiven amerikanischen Proteste, indem sie ein völlig neues »Außenministerium für die amerikanischen Kolonien« einrichtete. Lord Hillsborough, ein bulliger und kompromissloser Politiker, wurde zum ersten Amerikaminister ernannt. Schon seine ersten Amtshandlungen deuteten darauf hin, dass er die Lösung des Steuerkonflikts mit den amerikanischen Kolonisten notfalls auch mit militärischer Gewalt erzwingen werde. So beorderte er am 8. Juni 1768 mehrere Regimenter regulärer britischer Truppen nach Boston, nur weil ihm Berichte zugeleitet worden waren, wonach in der Hauptstadt von Massachusetts am zweiten Jahrestag der Zurücknahme des Stempelsteuergesetzes besonders ausgelassene Feiern stattgefunden hatten.

Die amerikanischen Kolonisten ließen sich durch diese Demonstration militärischer Stärke nicht einschüchtern und blieben ihrer erprobten Devise treu, auf den Kauf von britischen Waren, die im Mutterland produziert wurden, weitgehend zu verzichten. Auch Washington, der sich Dickinsons Pamphlet *Letters from a Farmer in Pennsylvania* gekauft hatte und von dessen Argumenten überzeugt war, hielt einen Handelsboykott einmal mehr für das richtige Mittel, um die britische Regierung zur Besinnung zu bringen. In einem Brief an seinen wohlhabenden und intellektuell scharfsinnigen Nachbarn George Mason, der sich in der Nähe von Belvoir auf seinem Landsitz Gunston Hall regelmäßig verfassungsgeschichtlichen Studien widmete, legte der Gutsherr von Mount Vernon am 5. April 1769 dar, wie er die gegenwärtige Lage einschätzte.

»Zu einer Zeit, wo sich unsere Herren und Meister in Großbritannien mit nichts Geringerem zufrieden geben als mit dem Entzug der amerikanischen Freiheit«, so Washington, scheine es, »höchst notwendig, dass etwas getan wird, um diesen Schlag zu verhindern und die Freiheit, die wir von unseren Vorfahren geerbt haben, aufrechtzuerhalten«. Es müsse daher versucht werden, die Aufmerksamkeit der Briten im Mutterland »auf unsere Rechte und Privilegien« zu lenken, indem sie durch einen wirksamen, von allen Kolonien getragenen Boykott »ihres Handels und ihrer Manufakturen« gleichsam von den Amerikanern allmählich »ausgehungert« würden. Je länger er einen derartigen Plan bedenke, desto leidenschaftlicher wünsche er ihm Erfolg. Denn dass ein solches Vorhaben ein effektives Mittel des Widerstandes sei, glaube er »sehr fest«, falls es »allgemein umgesetzt« werden könne.

Eine allgemeine Umsetzung könne aber nur dann auf legalem Wege erreicht werden, wenn die einzelnen Kolonialparlamente einem Handelsboykott ihre Zustimmung erteilten. Im parlamentarischen System könne die Willensbildung eines Volkes nämlich nur durch dieses legitimierende Verfahren sicher hergestellt werden. So wenig wie ein unumschränkt herrschender Monarch oder ein fremdes Parlament einem Volk seinen jeweiligen Willen aufoktroyieren könne, so wenig dürften chaotische und unkoordinierte Maßnahmen einzelner Aufrührer als Willensbekundungen des gesamten Volkes gelten. Immer müssten die gewählten Repräsentanten eines Volkes gemeinsam über die Gesamtbelange des Landes abstimmen, um durch einen Mehrheitsbeschluss den bindenden Willen aller Bürger zum Ausdruck zu bringen. Deshalb werde er auch dafür sorgen, schon im Mai, »wenn die *Assembly* in Williamsburg eine Sitzung abhält«, einen »einheitlichen Plan« in einer »konzertierten« Aktion verabschieden zu helfen. In der Tat schlug er den versammelten Abgeordneten dann am 18. Mai 1769 in Williamsburg mit Erfolg vor, die gesamte Kolonie Virginia zum Boykott einer langen Liste von Manufakturgütern aus Großbritannien aufzurufen.

Als die Boykottmaßnahmen dann ab Juli nicht nur in Virginia, sondern auch in allen anderen Kolonien nahezu reibungslos umgesetzt wurden, mussten die Amerikaner nach Ansicht vieler Kolonisten nur noch darauf warten, bis die britische Regierung nach 1766 ein zweites Mal nachgeben würde. Washington behielt sich für den Fall eines Scheiterns des Boykotts allerdings noch insgeheim ein »letztes Mittel« des Widerstands vor, über das er sich aber bislang nur sehr vertraulich in seinem Brief an Mason vom 5. April zu äußern gewagt hatte. Sollte die britische Regierung unnachgiebig bleiben oder gar zu weiteren militärischen Repressalien greifen, »darf niemand Skrupel haben oder einen Moment zögern, um zur Verteidigung eines so wertvollen Himmelsgeschenks« wie des Geschenks der Freiheit »zu den Waffen zu greifen«.

Die Ereignisse der nächsten Monate sollten zeigen, dass Washington seinen Vorbehalt nicht ohne Grund geäußert hatte. So signalisierte der britische Amerikaminister Lord Hillsborough zwar noch im Spätsommer 1769, dass er beabsichtige, zumindest einen Teil der Townshend-Zölle zu kassieren. Doch blieben diese Überlegungen bis zum Beginn des neuen Jahres 1770 nur außerordentlich vage. Überdies wären die Amerikaner nur mit der Rücknahme der gesamten Besteuerungsmaßnahmen zufrieden gewesen. Dann, zu Beginn des Monats März, ereignete sich der Übergriff britischer Soldaten auf amerikanische Zivilisten, der zu der von Washington befürchteten Eskalation des Geschehens führte.

Am 5. März 1770 waren im tief verschneiten Boston einige Bürger mit einigen der dort stationierten britischen Soldaten aneinandergeraten und von diesen mit Bajonetten bedroht worden. Als die Soldaten dann ihrerseits von einer größeren Menschenmenge, die sich um die streitenden Parteien gebildet hatte, mit Schneebällen beworfen wurden, erteilte der kommandierende Offizier den Befehl zu feuern: Fünf Bostoner Bürger kamen bei dieser Attacke ums Leben. Die Bewohner aller amerikanischen Kolonien waren außer sich, als sie in den folgenden Tagen durch die Zeitungen von den tragischen Schüssen und ihren traurigen Folgen unterrichtet wurden, die sie nun als »Massaker von Boston« bezeichneten. Der seit fünf Jahren schwelende Konflikt zwischen den britischen Bürgern Amerikas und den Regierungs- und Militärbehörden ihres Mutterlandes hatte die ersten Todesopfer gefordert. Die Beerdigung der ersten vier Opfer des Massakers geriet zu einer der größten öffentlichen Versammlungen, die Nordamerika bis dahin erlebt hatte. Sie wurde zum Fanal für eine ganz neue Form des Widerstandes der Amerikaner, in dem Washington nun eine führende Rolle einnahm.

9.

FREIHEIT UND KNECHTSCHAFT (1770 – 1785)

Zur selben Zeit, als in der westlichen Hemisphäre freiheitsliebende Amerikaner die erschütternde Erfahrung machen mussten, dass ihr lautstarkes Eintreten für parlamentarische Selbstbestimmung von regierungstreuen Soldaten mit tödlichen Schüssen beantwortet wurde, verfolgte Friedrich der Große gebannt die Entwicklung von bürgerkriegsähnlichen Unruhen, die sich im Osten Europas zutrugen. Auch in Polen lieferten sich im Frühjahr 1770 Regierungstruppen erbitterte Gefechte mit Aufständischen, die für ihre traditionellen und neuerdings bedrohten Freiheitsrechte eintraten. Den bewaffneten Aufstand probte in diesem altehrwürdigen osteuropäischen Reich eine Gruppierung von Adligen, die sich *Konfederacja barska* (Konföderation von Bar) nannte, weil sie sich zwei Jahre zuvor auf der Festung von Bar in dem zu Polen gehörenden Teil der Ukraine als Militärbund formiert hatte. Diese polnischen Adligen suchten die Unabhängigkeit des polnischen Staates gegenüber einer immer rücksichtsloseren Protektoratspolitik des russischen Zarenreiches zu verteidigen.

Seitdem sich im Siebenjährigen Krieg große Verbände der russischen Armee in Polen gegen die Truppen des preußischen Königs in Position gebracht hatten, waren die zaristischen Soldaten von dort nicht wieder abgezogen worden. Die neue Zarin Katharina II. – die ihrem Ehemann Peter III. auf den Thron gefolgt war, nachdem dieser unglückliche russische Herrscher vom Bruder ihres Favoriten Grigor Grigorjewitsch Orlow ermordet worden war – hatte sogar eigens 14 000 russische Soldaten in der Nähe von Warschau stationieren lassen, um die zukünftige politische Ausrichtung Polens durch militärischen Druck nach ihren Vorstellungen gestalten zu können. Nachdem der sächsische Kurfürst und polnische König August III. kurz nach dem Hubertusburger Friedensschluss gestorben war, konnte sie auf diese Weise durchsetzen, dass die polnischen Königswähler sich für den von ihr bevorzugten Kandidaten Stanisław Poniatowski entschieden, einen polnischen Adligen und ehemaligen Botschafter in Sankt Petersburg, der unmittelbar vor Orlow ihr langjähriger Liebhaber gewesen war. Seit Poniatowskis Wahl zum König Stanislaus II. August war Polen endgültig zu einem Vasallenstaat Russlands herabgesunken.

Während der französische Außenminister Étienne-François de Choiseul die etwas mehr als 10 000 Kämpfer der *Konfederacja barska* seit Anfang des Jahres 1770 mit monatlichen Subsidien von 100 000 Livres unterstützte und ihnen als Ausbilder den Geheimdienstler und erfahrenen Oberstleutnant Charles-François Dumouriez zusandte, um so den Einfluss Russlands in Osteuropa wieder zu mindern, verhielt sich der preußische König völlig passiv. Er schimpfte Choiseul gar einen neuen »Brandstifter Europas«, der die Ergebnisse der glücklichen Friedensverträge von Hubertusburg und Paris durch sein Handeln leichtfertig aufs Spiel setze. Anders als der französische Außenminister hielt Friedrich es für völlig aussichtslos, Russlands Dominanz über Polen und den östlichen Teil Europas abschütteln zu wollen. Nichts lag ihm daher ferner, als die russische Zarin unnötig zu reizen, zumal sie ja zu seiner großen Erleichterung das von Peter III. mit Preußen geschlossene Bündnis nach Ende des Siebenjährigen Krieges als Defensivbündnis ausdrücklich bestätigt hatte.

Friedrich verschwendete deshalb keinen Gedanken daran, wie er den polnischen Aufständischen zur Hilfe eilen konnte. Vielmehr überlegte er, auf welche Weise er sich und sein Preußen vor möglichen zukünftigen Übergriffen Russlands wohl selbst am besten zu schützen vermochte. Denn trotz des preußisch-russischen Bündnisses blieb das zaristische Riesenreich für ihn auch weiterhin eine unheimliche, ganz und gar unberechenbare politische Größe. Seine tiefsitzenden Ängste vor Russland hatten ihn schon seit langem umgetrieben; am eindringlichsten hatte er sie in einigen intimen Gedichten formuliert, die bereits vor dem Siebenjährigen Krieg entstanden waren.

Allein das unendlich große asiatische Sibirien, hatte er da geschrieben, zeuge »einen Schwarm von Barbaren«, der sich in aggressiver Kampfeslust immer häufiger nach Westen aufmache. Und »das kalte Eis« des nordeuropäischen Russlands produziere unentwegt »Tausende verwegene Mörder«, die den Asiaten in ihrem »unheilvollem Eifer« durchaus glichen. So habe das »rauhe Klima«, das in Russland an allen Orten herrsche, sowohl »an den Ufern des Don« als auch »an der Ostsee« ein »dunkles Volk« entstehen lassen, das »in wilder Kühnheit« und von »einem Dämon angestachelt« seinen begierigen Blick unverhohlen auf die Territorien der zivilisierten Nationen Europas werfe. Dabei beugten diese feindseligen Russen »in harter Sklaverei stumpf den Rücken« vor einer Zarin, die als »politischer Tyrann« herrsche. Welch ein Unterschied war das zu den Verhältnissen in Preußen, einem Staat, den Friedrich in denselben Gedichten als glückliches Gemeinwesen mit »tugendhaften«, »gesetzestreuen« und »arbeitsamen« Bürgern beschrieb. Diesen wohlgeordneten preußischen Staat lenkte der König, wie er meinte, gerade nicht als Despot, sondern als aufgeklärter, verständiger und wohlwollender Fürst.

Mit dem von ihm in düsteren und auch vorurteilsbehafteten Worten beschriebenen Russland wollte sich der preußische König keinesfalls ohne Not militärisch messen. Bestätigt fühlte er sich in dieser Haltung, als das Osmanische Reich, das sich wie Frankreich im Kampf gegen die polnische Besatzungsmacht Russland engagierte, im Laufe des Jahres 1770 eine Reihe demütigender Niederlagen gegen die zaristischen Verbände zu Lande und auch zur See erleben musste. Am 5. Juli vernichteten zwei russische Schwadronen sogar die nördlich der Çeşme-Bucht in der westlichen Türkei vor Anker liegende osmanische Flotte.

Immerhin banden die Türken lange Zeit bedeutende Kräfte der russischen Armee, so dass die *Konfederacja barska* ihren Freiheitskampf gegen die Russen und ihren willfährigen Vasallen Stanislaus II. August weit länger fortsetzen konnte, als Friedrich vermutet hatte. Am 13. Oktober 1770 erklärte die polnische Adelskonföderation den von Katharina installierten König gar für abgesetzt, ohne diesen Urteilsspruch aber durch ein entsprechendes Handeln in Warschau durchsetzen zu können.

Noch im Oktober 1770 schickte der preußische König seinen Bruder Heinrich nach Sankt Petersburg, um durch ihn in der russischen Hauptstadt in Erfahrung zu bringen, welche weiterführenden Pläne Russland – über die Niederschlagung der Adelskonföderation hinaus – mit dem in Aufruhr befindlichen Polen hatte. Heinrich wurde hellhörig, als die Zarin bei einer Soirée, zu der sie ihn eingeladen hatte, darauf zu sprechen kam, dass Österreich schon im Sommer 1769 die Zips, eine südlich der Grenzlandschaft Galizien gelegene polnische Exklave, besetzt hatte. Dieses mitten im österreichischen Gebiet gelegene kleine Territorium war von den Habsburgern eingenommen worden, damit von dort keine Ausläufer der polnischen Wirren in den eigenen Herrschaftsbereich gelangten. Weil die polnische Zips nun schon seit fast zwei Jahren von Österreich kontrolliert wurde, fragte Katharina II. den preußischen Prinzen Heinrich lächelnd: »Aber warum sollen wir uns nicht auch etwas Land nehmen?« Im Anschluss an diese offenherzige Bemerkung entspann sich dann eine sehr lebhafte Debatte über die mögliche Aufteilung einiger polnischer Gebiete zwischen Russland, Preußen und Österreich. An dieser Diskussion beteiligten sich neben Heinrich und der Zarin auch der russische Kriegsminister Graf Sachar Tschernyschew und der preußische Gesandte Graf Viktor von Solms-Sonnenwalde.

Am 23. Januar 1771, einen Tag vor seinem 59. Geburtstag, hielt Friedrich das Schreiben seines Bruders in den Händen, in dem ihm Heinrich über sein jüngstes Gespräch mit der Zarin genaue Mitteilung machte. Auch der König träumte schon seit längerem davon, einen zwischen Hinterpommern und Ostpreußen gelegenen Teil Polens in seinen Besitz zu bringen, um diese beiden preußischen Provinzen durch eine Landbrücke miteinander zu verbinden. Dies hatte er auch schon 1769 seinen Gesandten Solms in Sankt Petersburg wissen lassen. Wenn die Zarin ihr Angebot tatsächlich über den Tag hinaus aufrechterhielt, konnte er jetzt daran gehen, seinen Traum zu verwirklichen. Außerdem, so glaubte er, würde ihn eine durchgehende Landverbindung der Provinzen Ostpreußen und Hinterpommern auch besser vor möglichen zukünftigen Attacken der Russen schützen. Bei rechter Betrachtung schien Friedrich die Einverleibung eines Teiles des polnischen Königreiches in den preußischen Herrschaftsbereich sogar eine zwingende Defensivmaßnahme gegenüber dem übermächtig erscheinenden Russland zu sein. Wie schon beim Einmarsch in Schlesien und bei der Besetzung Sachsens in den Jahren 1740 und 1756 vermischten sich in seinen Gedanken auch jetzt wieder Überlegungen zur Selbstverteidigung mit dem unverblümt vorgetragenen Wunsch nach territorialem Zugewinn. Doch was würde Österreich zu solchen Gedankenspielen sagen?

Im April 1771 stellte Friedrich dem österreichischen Gesandten Gottfried van Swieten in Berlin seinen Plan vor, diverse Gebiete des nach seiner Einschätzung im Zustand der Anarchie befindlichen Königreichs Polen zwischen Russland, Preußen und Österreich aufzuteilen, um die Lage in dieser alten Wahlmonarchie wieder dauerhaft zu stabilisieren. Im Mai ließ van Swieten ihn wissen, dass Österreich sich auf eine derartige Zerstückelung Polens nur einlassen werde, falls sich Friedrich seinerseits bereit zeige, im Gegenzug wieder Schlesien an Maria Theresia abzutreten. Dieser Vorschlag war in den Augen des preußischen Königs nichts als eine wahnwitzige Zumutung, doch zügelte er seinen Unmut über das dreiste Angebot, weil er zunächst abwarten wollte, ob und auf welche Weise die österreichische Regierung gegenüber Russland auf den Plan einer polnischen Teilung zu sprechen kommen würde. Tatsächlich lud der österreichische Staatskanzler Kaunitz den russischen Gesandten Fürst Golizyn im Herbst in Wien zu einem Gespräch über die Frage der polnischen Teilung ein. Nach der ausführlichen Unterhaltung wusste er, dass die russische Zarin nicht gescherzt hatte, als sie dem preußischen Prinzen Heinrich von einer möglichen Teilung Polens unter die drei Anrainerstaaten erzählt hatte.

Daraufhin erneuerte van Swieten gegenüber dem preußischen König am 4. Februar 1772 das scheinbar großzügige österreichische Angebot, Friedrich im Austausch gegen Schlesien ein möglichst großes Stück des polnischen Territoriums zu überlassen, das er sich selbst auswählen dürfe. Diesmal lehnte der König das Angebot sogleich und auch sehr lautstark ab. Dies jedenfalls teilte van Swieten dem Kanzler Kaunitz in einem am Folgetag verfassten Brief mit: »Was? was?«, habe Friedrich ihn angeschrien, »Nehmt Euch Euren Teil, wo immer es Euch am besten passt, aber nicht auf meine Kosten«. Und der erzürnte König berichtete seinem Botschafter Solms, er habe van Swieten geantwortet: »Ich habe zwar die Gicht in meinen Füßen, aber nicht in meinem Kopf.«

Die Österreicher sahen sich nun vor eine schwierige Alternative gestellt. Entweder schauten sie tatenlos dabei zu, wie die beiden Mächte Preußen und Russland sich nach eigenem Gutdünken am polnischen Staatsgebiet vergriffen. Oder aber Wien wirkte bei der Gestaltung der scheinbar nicht mehr zu verhindernden Teilung mit, um sich dann selbst ein möglichst großes Stück des in Auflösung befindlichen Landes einzuverleiben. Schon am 28. Februar teilte van Swieten dem preußischen König den Entschluss seiner Regierung mit, wonach Österreich seine Hand nicht mehr nach Schlesien ausstrecken wollte, sich dafür aber an der polnischen Teilung aktiv zu beteiligen suchte. Nachdem dann im März auch die Zarin über dieses Ansinnen ins Bild gesetzt worden war, gingen Russland, Österreich und Preußen in den nächsten Monaten erstaunlich schnell zu Werke. Die Regierungen der drei Staaten einigten sich darauf, Österreich ganz Galizien und Lodomerien zu geben, Russland ein ähnlich großes Gebiet nördlich und südlich der Stadt Witebsk zuzuschlagen und

Preußen eine Landbrücke zwischen Hinterpommern und Ostpreußen zu gewähren, auf der Friedrich dann die neuen preußischen Provinzen Ermland, Kulmerland, Netzedistrikt und Westpreußen anlegen konnte. Einzig die Städte Danzig und Thorn blieben in dieser Region von der Vereinnahmung durch Preußen verschont.

Bereits im Oktober 1772 hatten russische, österreichische und preußische Truppen die von ihren Regierungen reklamierten Gebiete vollständig besetzt. Auf nennenswerten polnischen Widerstand waren sie bei ihrem Vormarsch nicht gestoßen. Auch die *Konfederacja barska* gab ihren Kampf nun verloren und löste sich auf. Das Abgeordnetenhaus des polnischen Reichstags, der Sejm, wurde von den drei Teilungsmächten sogar genötigt, die Abtretungen der von ihnen eingenommenen Gebiete durch einen entsprechenden Beschluss zu billigen. Immerhin bemühten sich Österreich, Preußen und Russland also zumindest nachträglich um eine einwandfreie völkerrechtliche Legitimation ihres mehr als fragwürdigen Verfahrens, das von vielen Polen bitter beklagt wurde. Ignacy Twardowski, der Gouverneur von Kalisz, blickte mit Fassungslosigkeit auf die Zerteilung seines Vaterlandes: »Wir sind erledigt«, kommentierte er diesen Vorgang resigniert, »denn alle, die durch die Teilung von Polen abgetrennt worden sind und einst frei waren, werden nun zu Sklaven. Der Gedanke daran treibt mir die Tränen in die Augen, denn auch ich werde dieses Schicksal zu einem großen Teil erdulden müssen, unter dem preußischen Joch.«

In Europa fiel das Echo auf die Zerteilung Polens unterschiedlich aus. Großbritannien hielt sich mit Kommentaren zum Vorgehen des langjährigen Verbündeten Friedrich vornehm zurück. Frankreich, das die polnische Adelskonföderation ja zunächst im Kampf gegen die russische Besatzung unterstützt hatte, fühlte sich durch die Beteiligung seines Bündnispartners Österreich an der rücksichtslosen Zerstückelung Polens zwar düpiert, konnte jedoch an dem einmal eingetretenen fait accompli bei realistischer Betrachtung nichts mehr ändern. Maria Theresia allerdings hatte sich von Kaunitz und ihrem Sohn Joseph II. – der nach dem Tod ihres Mannes im Jahr 1765 neuer römisch-deutscher Kaiser geworden war – nur schwer überzeugen lassen. Sie machte keinen Hehl daraus, dass sie von schweren Gewissensbissen geplagt war, obwohl sie doch mit Galizien und Lodomerien soeben ein attraktives großes Territorium und über zwei Millionen neue Untertanen für Österreich gewonnen hatte. »Treu und Glauben« seien durch den Verrat an Polen in Europa »für allezeit verlohren«, fürchtete sie. Doch da sie »nicht starck genug« sei, die Regierungsgeschäfte in Österreich allein zu führen, müsse sie Kaunitz und ihren Sohn wohl oder übel »ihren Weg gehen« lassen, »jedoch nicht ohne meinen größten Gram«.

Friedrich der Große hingegen grämte sich nicht, weil er Westpreußen, Ermland, das Kulmerland und den erweiterten Netzedistrikt unter die Oberhoheit der preußischen Krone gebracht hatte. Denn mit dem Zugewinn befand sich ab sofort die Hälfte seiner territorialen Besitzungen außerhalb der Grenzen des deutschen Reiches und somit unter seiner alleinigen königlichen Befehlsgewalt. Außerdem betrachtete er sich keinesfalls als Tyrann oder Versklaver – wie der Woiwode Twardowski ihn charakterisiert hatte –, sondern eher als Befreier, der seinen neuen Untertanen ein besseres Leben ermöglichen konnte. Tatsächlich erließ er noch im Herbst 1772 ein Patent zur Reform des Justizwesens »in den bishero von der Crone Pohlen besessenen, und nunmehro von Seiner Königlichen Majestät von Preussen in Besitz genommenen Landen«. Darin verfügte er die Aufhebung der bis dahin in diesen Gebieten noch üblichen Sklaverei und Leibeigenschaft der Domänenbauern. Per Edikt verordnete er den rückständigen ländlichen Gebieten ein Leben nach den Grundsätzen der Aufklärung.

Als Friedrich dann bereits ein Jahr später in der frisch erworbenen Provinz Westpreußen die Einrichtung der Justizverwaltung durchgeführt und auch die ersten größeren Vermessungsarbeiten auf den dortigen Äckern abgeschlossen hatte, wurde im britischen *Public Advertiser* am 22. September 1773 ein ganz neues »Edikt des Königs von Preußen« veröffentlicht, das die Leser dieser Londoner Zeitung in ungläubiges Staunen versetzte. Erlassen worden war das Edikt, wie man dem *Public Advertiser* entnehmen konnte, »am 5. September, in Danzig«. Hatte der preußische König denn jetzt von aller Welt unbemerkt auch noch diese noch immer unter polnischer Oberhoheit stehende Ostseehafenstadt eingenommen und Westpreußen zugeschlagen? Noch befremdlicher war der Ton und Gehalt dieses Edikts, in dem Friedrich der Große doch tatsächlich die Bewohner Großbritanniens aufforderte, ihm unverzüglich Steuern zu entrichten.

Um seiner brüskierenden Forderung Nachdruck zu verleihen, führte der preußische König in diesem Zeitungsartikel verblüffende Argumente ins Feld. Die ersten germanischen Siedler, die sich in Großbritannien niedergelassen hatten, seien Untertanen seiner Vorfahren gewesen. Noch immer müsse er also als der wahre Herr aller Briten betrachtet werden. Großbritannien sei somit eine preußische Kolonie. Da er Großbritannien im Siebenjährigen Krieg erfolgreich »gegen die Macht Frankreich« verteidigt habe, wodurch die Briten überhaupt erst in die Lage versetzt worden seien, »von der besagten Macht Gebiete in Amerika zu erobern«, müsse er für diesen unschätzbar großen Einsatz nun wenigstens eine halbwegs »adäquate Kompensation« in Form von Steuerzahlungen verlangen. Deshalb ordne er an, »dass alle Schiffe oder Barkassen, die von Großbritannien an irgendeinen anderen Ort der Welt segeln«, zuvor »in unserem Hafen in Königsberg anlanden müssen«, um dort »entladen, durchsucht und mit Zoll belegt zu werden«.

Der Zeitungsartikel stammte in Wirklichkeit von Benjamin Franklin, dem Londoner Agenten der Amerikaner; er war als eine Parodie auf die britische Steuerpolitik gegenüber den amerikanischen Kolonien zu verstehen. Denn die Amerikaner empfanden die unnachgiebige und autoritäre Haltung der Briten in der Steuerfrage als genauso unverschämt wie Friedrichs Auftreten in Polen. Dass viele Leser des angeblich königlichen Edikts erst am Ende ihrer Lektüre in »ein großes Gelächter ausbrachen«, weil sie den Text zunächst für authentisch gehalten hatten, war wohl, wie der wahre Verfasser des Artikels mutmaßte, dem »Charakter des Königs von Preußen« geschuldet, dem man jede Verwegenheit zutraute.

Weiterhin hielt die britische Regierung mit großer Hartnäckigkeit an ihren Plänen zur Besteuerung der Amerikaner fest. Zwar waren die meisten Townshend-Zölle in den vergangenen beiden Jahren wieder aufgehoben worden, doch beharrte das britische Parlament durch die Beibehaltung der Steuer auf Tee im Prinzip nach wie vor darauf, die amerikanischen Kolonien nach Gutdünken besteuern zu können. Auch waren noch immer zahlenstarke Regimenter regulärer britischer Soldaten in Amerika stationiert, die jederzeit wieder gegen die Kolonisten eingesetzt werden konnten; seit 1771 hielten die Kolonisten die Erinnerung an das Massaker von Boston wach, indem sie jedes Jahr am 5. März öffentliche Gedenkveranstaltungen abhielten.

Ein vom britischen Parlament im Sommer 1773 erlassenes neues Teegesetz, das der englischen Ostindien-Kompanie erlaubte, indischen Tee in den amerikanischen Kolonien unter dem handelsüblichen Preis zu verkaufen, hatte den schwelenden Unmut der amerikanischen Kolonisten eher noch angeheizt. Gegen Ende des Jahres erhielt der amerikanische Widerstand gegen die halsstarrige britische Steuerpolitik dann eine völlig neue Dimension, als im November und Dezember drei Teeschiffe der Ostindien-Kompanie im Hafen von Boston festmachten. Die Gemeindeversammlung der Stadt verlangte die sofortige Rücksendung des Tees nach England und beschloss, notfalls das Entladen des Tees mit allen Mitteln zu verhindern. Da aber der Gouverneur Hutchinson den vollbeladenen Schiffen keine Genehmigung zur Ausfahrt aus dem neuenglischen Hafen erteilen wollte, kam es am 16. Dezember zur dreistündigen »Tee-Party von Boston«, in deren Verlauf mehr als dreißig Bostoner Bürger, die sich als Indianer verkleidet hatten, 342 Kisten Tee von den geankerten Schiffen ins Hafenbecken warfen. Tee im Wert von über 9000 Pfund löste sich in Minutenschnelle im salzigen Hafenwasser auf.

Diese spektakuläre und vollständige »Vernichtung des Tees« wurde bereits am Folgetag von John Adams, einem der einflussreichsten Politiker und Anwälte von Boston, als ein »epochemachendes Ereignis« bewertet, das »wichtige und dauerhafte Konsequenzen« nach sich ziehen werde. Welche Maßnahmen die Krone jedoch ergreifen würde, um diese »kühne, entschlossene, furchtlose und kompromisslose Tat« zu vergelten, war für Adams nicht ausgemacht. Im Bereich des Denkbaren war vieles: »Werden sie uns bestrafen? Wie? Indem sie Truppen einquartieren? Die Gründungsurkunde widerrufen? Noch höhere Zölle einziehen? Unseren Handel beschränken?«

Die sukzessive Beantwortung dieser drängenden Fragen erfolgte zwischen März und Juni 1774, als im britischen Parlament nacheinander vier Gesetze erarbeitet und verabschiedet wurden, die in der Publizistik der Kolonien bald nur noch »die unerträglichen Gesetze« hießen. Danach sollte der Bostoner Hafen für Handelsschiffe so lange geschlossen bleiben, bis der vernichtete Tee bezahlt war; Bürgerversammlungen durften nur noch mit Genehmigung des Gouverneurs stattfinden; Kronbeamte konnten zukünftig auch im Mutterland statt in einer der Kolonien vor Gericht gestellt werden; Soldaten durften in allen Kolonien auch in Privathäusern einquartiert werden. Außerdem wurden weitere elf Regimenter regulärer britischer Truppen nach Boston verlegt, um dort für Ruhe und Ordnung zu sorgen, »wenn nötig mit Gewalt«.

Da mit diesen gesetzgeberischen und militärischen Maßnahmen nicht nur die unbotmäßigen Kolonisten von Massachusetts abgestraft wurden, sondern gleichzeitig alle anderen Kolonien für die Vergehen der Bürger von Boston büßen mussten, formierte sich in den Kolonialparlamenten schon ab Mai 1774 ein breiter Widerstand. Als in Virginia am 4. Mai das *House of Burgesses* in Williamsburg zusammenkam, um über die gesetzliche Schließung des Bostoner Hafens zu debattieren, reihte sich auch Washington in die Front der Regierungskritiker ein. Er stimmte für eine Parlamentsresolution, mit der die Bürger Virginias zu einem Tag des gemeinsamen Fastens und Betens als Zeichen des Protests gegen die Sanktionen aufgerufen wurden. Als der virginische Gouverneur Lord Dunmore am 26. Mai vorzeitig die *Assembly* seiner Kolonie auflöste, um den wachsenden Protest der Parlamentarier einzudämmen, schlug sich Washington auf die Seite jener nun in einem örtlichen Gasthaus versammelten Abgeordneten, die einzig in der Einberufung eines »allgemeinen Kongresses« der »verschiedenen Kolonien von Britisch-Nordamerika« einen Ausweg sahen, die britische Regierung wieder zur Besinnung zu bringen.

Seiner grenzenlosen Wut und Enttäuschung über die verhärtete Position von Krone und Parlament in Westminster verlieh Washington in einem Brief an seinen Freund George William Fairfax Ausdruck. Dem langjährigen Gefährten und Nachbarn – der erst im Vorjahr gemeinsam mit seiner Frau Sally von Virginia nach England gezogen war – berichtete er am 10. Juni 1774 aus dem Parlamentssitz Williamsburg, dass sich die virginischen Abgeordneten am 1. August notfalls auch ohne eine förmliche Einberufung durch den Gouverneur erneut treffen würden, um dann über die nun nötigen gesamtamerikanischen »kraftvollen Maßnahmen« zu sprechen, die man zur Verteidigung der altgewohnten Rechte ergreifen werde. Die britische »Ministerriege möge sich darauf verlassen, dass Amerikaner sich niemals ohne ihre Zustimmung besteuern lassen werden«. Auch die Misere der Bürger von Boston, also »die despotischen Maßnahmen«, die von der britischen Regierung bezüglich des dortigen Hafens ergriffen worden waren, würden »jetzt und für immer« als »eine Angelegenheit ganz Amerikas betrachtet«.

Washington betonte an dieser Stelle seines Briefes, dass er die im Dezember 1773 in Boston vorgenommene »Vernichtung des Tees« keinesfalls kritiklos »billige«, doch sei das mutwillige Zerstören einer Schiffsladung voll Tee bei weitem kein hinreichender Grund, »uns mit allen Mitteln der politischen Kunstfertigkeit und des Despotismus die Fußschellen der Sklaverei anzulegen«. In zwei weiteren, am 4. und 20. Juli verfassten Briefen, die er George Williams Bruder Bryan Fairfax zuschickte, bekräftigte er diese Haltung mit Nachdruck. Es sei für ihn unerträglich zu sehen, dass die britische Regierung versuche, »uns zu so zahmen und unterwürfigen Sklaven zu machen, wie die Schwarzen, über die wir mit solch willkürlicher Macht herrschen«. Erscheine es nicht »so klar wie die Sonne in ihrem mittäglichen Glanz«, fragte er deshalb, »dass es einen geregelten, systematischen Plan gibt«, den Kolonisten »das Recht und die Praxis der Besteuerung aufzuzwingen?«

Nicht etwa weil es besonders »lästig« sei, Steuern auf Tee zu bezahlen, wehrten sich die Amerikaner so vehement. Sie lehnten sich allein deshalb so leidenschaftlich gegen die Vorgaben der britischen Regierung auf, weil sie nicht des »wesentlichen und wertvollen Rechtes ihrer Verfassung beraubt werden« wollten, über ihre Besteuerung grundsätzlich selbst zu bestimmen. Denn die amerikanischen Kolonisten, die sich den von Locke propagierten Werten der politischen Aufklärung verpflichtet fühlten, hätten sich nicht für ein »tyrannisches System«, sondern für das System einer »freien Regierung« entschieden. Dass sich nun ausgerechnet die Regierung des britischen Mutterlandes, die sich doch seit 1689 selbst zu einem parlamentarischen Regierungssystem bekenne, dazu hinreißen lasse, freie Amerikaner zu versklaven, sei besonders empörend. Fairfax dürfe davon ausgehen, dass mit diesem tiefen Gefühl der Empörung »die Brust eines jeden Amerikaners erfüllt« sei.

Zwölf Tage nach der Niederschrift dieses zweiten Briefes an Bryan Fairfax trat in Williamsburg jene Versammlung von Abgeordneten zusammen, die aus ihrer Mitte sieben virginische Delegierte in den großen Kontinentalkongress wählte. Dieser Kongress, den Washington bereits in seinem Schreiben an George William Fairfax erwähnt hatte, sollte ab Anfang September in Philadelphia tagen, der Hauptstadt Pennsylvanias, die aufgrund ihrer zentralen Lage und wegen ihrer ökonomisch-kulturellen Ausstrahlung mittlerweile den Status einer gesamtamerikanischen Kapitale erlangt hatte. Zwar erhielt Peyton Randolph, der Sprecher des virginischen Kolonialparlaments, mit 104 Stimmen den größten Zuspruch aller Abgeordneten. Aber Washington, der zu den renommiertesten und verlässlichsten Politikern Virginias gehörte, wurde ein ähnlich umfassendes Vertrauen ausgesprochen: 98 Parlamentarier stimmten für ihn, er erzielte damit das drittbeste Ergebnis aller Kandidaten.

Von diesem bemerkenswerten Vertrauensvorschuss getragen reiste er nach Philadelphia, wo er zwischen dem 4. September und 27. Oktober 1774 mit großer Wachsamkeit und einem ausgeprägten Verantwortungsbewusstsein an den Sitzungen des Kongresses teilnahm. Wie schon im Kolonialparlament von Williamsburg sprach er auch im Kontinentalkongress nur dann, wenn sich die Debatten der insgesamt 56 Delegierten – zu denen auch John Adams aus Massachusetts zählte – auf die entscheidenden Abstimmungen zubewegten. Unter dem Vorsitz seines von den Delegierten gewählten Präsidenten Peyton Randolph verurteilte der Kongress die Zwangsmaßnahmen der »unerträglichen Gesetze« als mit der britischen Verfassung unvereinbar und rief zum Einfuhrverbot sämtlicher britischer Waren auf.

Zur lückenlosen Überwachung des umfassenden Handels- und Konsumboykotts wurden auf Anregung des Kongresses in allen amerikanischen Städten entsprechende Ausschüsse gebildet, in denen einige der einflussreichsten Politiker der amerikanischen Kolonien mitarbeiteten. Gegen Ende seiner Beratungen in Philadelphia ließ der Kontinentalkongress dann noch im drohenden Ton verlautbaren, dass eine erneute Hinwendung der britischen Regierung zu militärischer Gewalt von den Amerikanern ebenfalls mit Waffengewalt beantwortet werde. Bevor die Delegierten dann am 26. Oktober auseinandergingen, legten sie noch fest, dass ein zweiter Kontinentalkongress in jedem Fall spätestens im Mai 1775 seine Arbeit aufnehmen müsse, um auf eine dann vielleicht dramatisch veränderte Konfliktsituation angemessen reagieren zu können.

In den Wintermonaten wurden in allen amerikanischen Kolonien vorsorglich Bürgerwehren gebildet, um für einen möglichen Waffengang gegen die britische Armee so gut wie möglich gerüstet zu sein. In Virginia wählten gleich fünf freiwillig zusammengetretene Kompanien von Milizionären den Mann zu ihrem Oberbefehlshaber, der die virginische Miliz schon zu Beginn des Siebenjährigen Krieges vorbildlich geführt hatte: Washington. Der Gutsherr von Mount Vernon, der seit siebzehn Jahren keine militärische Einheit mehr kommandiert hatte, fühlte sich geehrt, dass er nach so langer Zeit noch immer im Ruf stand, der beste und erfahrenste Offizier zu sein, den Virginia aufbieten konnte. Allerdings wünschte er sich einen Kampf mit der gut ausgebildeten und hochgerüsteten britischen Armee nicht herbei. Am 25. Februar bekannte er in einem Brief an den pennsylvanischen Immobilienmakler John Connolly, dass er hoffe, »die britische Ministerriege würde ihre Haltung freiwillig ändern, aus der Überzeugung heraus, dass Gewalt kein angemessenes Mittel zur Erreichung des anvisierten Zieles ist«.

Als dann in der Woche zwischen dem 20. und 27. März in Virginia die Wahlen zum zweiten Kontinentalkongress abgehalten wurden, zeigte sich, dass Washingtons ohnehin hohes Ansehen in den vergangenen fünf Monaten noch weiter gestiegen war. Diesmal erhielt er 106 von 108 abgegebenen Stimmen. Nur Payton Randolph erhielt als alter und voraussichtlich auch neuer Kongresspräsident einen noch größeren Zuspruch. Einer der neu gewählten virginischen Delegierten war der erst 32-jährige aufstrebende junge Rechtsanwalt Thomas Jefferson. Alle Virginier, die in den wiederum in Philadelphia tagenden Kongress entsandt wurden, bereiteten sich mit großem Eifer auf ihr bevorstehendes parlamentarisches Engagement vor. Doch am 27. April, nur eine Woche vor ihrer Abreise nach Pennsylvania, traf eine Mitteilung ein, die allen deutlich machte, dass die befürchtete kriegerische Auseinandersetzung mit dem Mutterland schon begonnen hatte.

Acht Tage zuvor war es in Massachusetts, in dem am westlichen Stadtrand von Boston gelegenen Cambridge sowie in der Nähe der Städte Lexington und Concord zu blutigen Gefechten zwischen der britischen Armee und neuenglischen Milizionären gekommen. Weil die in Boston stationierten britischen Einheiten nicht einfach tatenlos mitanschauen wollten, wie sich die in den Wintermonaten gebildeten neuenglische Milizen im Umkreis der Stadt mit Waffen und Munition versorgten, hatten sich 700 britische Soldaten heimlich auf den Weg nach Concord gemacht, um ein dortiges Waffenlager der Amerikaner zu zerstören. Als der Plan der Briten ruchbar wurde, fanden 500 amerikanische Milizionäre noch die Zeit, sich vor der Ankunft der regulären Soldaten in Stellung zu bringen. In den frühen Morgenstunden des 19. April 1775 begannen die Milizionäre bei Lexington mit dem Beschuss der vorrückenden Briten, die überrascht zurückwichen. Unter fortwährendem Feuer gelang es den Amerikanern, die Briten bis nach Boston zurückzutreiben. Dort wurden die britischen Einheiten in den nächsten Tagen von immer neuen herbeiströmenden Milizionären eingeschlossen und belagert.

Washington rechtfertigte das Vorgehen der neuenglischen Miliz in einem wenige Wochen später verfassten Brief an George William Fairfax. Die Neuengländer hätten angesichts des Vorrückens der britischen Soldaten keine andere Wahl gehabt, als diese anzugreifen, um ihr »privates Eigentum« – also das Waffenlager – zu verteidigen. Es stelle auch gar kein Unrecht dar, ein Munitionsdepot in der Nähe von Boston anzulegen. Die schiere Notwendigkeit zur »Selbstverteidigung« habe die Bewohner der Gegend zu diesem Schritt geradezu »verpflichtet«. Selbstverständlich sei es ein Unglück, dass nun bei Lexington »das Schwert eines Bruders in des Bruders Brust gesteckt worden ist und dass die einstmals glücklichen und friedlichen Ebenen Amerikas nun entweder mit Blut durchtränkt oder von Sklaven bewohnt werden. Welch eine traurige Alternative!« Doch könne hier ein »tugendhafter Mann bei seiner Wahl zögern?« Niemand dürfe Zweifel daran hegen, dass »die Amerikaner für ihre Freiheiten und für ihren Besitz kämpfen werden«.

Als Washington sich am 4. Mai von Mount Vernon in einer vierspännigen Kutsche zur Sitzung des zweiten Kontinentalkongresses nach Philadelphia aufmachte, nahm er zum Zeichen seiner Gefechtsbereitschaft die altgediente virginische Uniform mit.

Unterwegs stießen zahlreiche weitere Virginier zu ihm. Bei der Ankunft in Philadelphia begleiteten fast 500 Reiter seinen Wagen. Auf mitgeführten Pfeifen und Trommeln ließen sie schneidige Militärmusik erklingen. Im Kontinentalkongress war der hünenhafte Washington dann der einzige Delegierte, der als uniformierter Offizier an den Debatten teilnahm. Als der Kongress am 15. Juni einen Oberbefehlshaber für die vereinigten Milizen aller amerikanischen Kolonien wählte, wunderte sich daher niemand, dass die Wahl auf Washington fiel. Die Delegierten waren sich einig, dass kein Mann die Amerikaner mit einer größeren Würde, Entschlossenheit und Erfahrung in den Kampf gegen die Briten führen werde als Washington. Er selbst, der durch sein wirkungsvoll inszeniertes Auftreten in Philadelphia suggeriert hatte, ein solch herausgehobenes Offiziersamt gern ausüben zu wollen, war sich seiner Sache allerdings keineswegs sicher.

In einer kurzen Rede vor dem versammelten Kongress, in der er einen Tag später die Wahl zum »General und Oberkommandierenden der amerikanischen Streitkräfte« annahm, bekannte er demütig, »dem Kommando, mit dem ich geehrt wurde«, möglicherweise »nicht gewachsen« zu sein. Immerhin musste er doch ein gerade erst im Entstehen begriffenes Freiwilligenheer gegen die beste Armee der Welt ins Feld führen, die im Siebenjährigen Krieg auf der ganzen Welt beeindruckende Siege gegen die Franzosen erfochten hatte. Er sei sehr besorgt, dass seine »Fähigkeiten und militärischen Erfahrungen« nicht zur gewissenhaften Ausübung der ihm übertragenen »umfassenden und wichtigen Treuhandschaft« ausreichten. Doch »da der Kongress es wünscht«, werde er die ihm zur Verfügung stehende Kraft darauf verwenden, »im Dienst« aller Kolonisten zu stehen, um »der ruhmreichen Sache« der Amerikaner zu dienen.

Washingtons Besorgnis über die Schwere der ihm gestellten soldatischen Aufgabe wurde jedoch durch den Stolz aufgewogen, den er empfand, als er sich vor Augen führte, auf welche revolutionäre Weise ihm sein neues Amt übertragen worden war. Kein Fürst oder Despot hatte ihn als General eingesetzt. Auch hatte er seine militärischen Vollmachten, die immerhin die Befehlsgewalt über das Heer des gesamten nordamerikanischen Kontinents umfassten, nicht usurpiert. Er war in einem parlamentarischen Wahlverfahren von den Repräsentanten des amerikanischen Volkes zum *Commander in Chief* der *Continental Army* gewählt worden. Seither wurde er »von der einhelligen Zustimmung der Kolonien« getragen, wie er seinem Schwager Burwell Bassett selbstbewusst schrieb.

Dies hieß aber auch, dass er alles, was er nun tat und verfügte, in regelmäßigen Rechenschaftsberichten ausführlich vor dem Kontinentalkongress begründen musste, weil diese oberste zivile Autorität der Amerikaner dem höchsten militärischen Kommando der Kolonien stets übergeordnet blieb. Diese Hierarchie der amerikanischen Entscheidungsstruktur wurde von Washington, der ja von Jugend auf ein überzeugter Verfechter des von Locke propagierten treuhänderischen Parlamentarismus war, auch vollständig akzeptiert. Selbst in der heiklen militärischen Lage, in der sich die Kolonien jetzt befanden, strebte er nicht nach einer unumschränkten Befehlsgewalt. Zu keinem Zeitpunkt bildete er sich ein, dass ein Feldherr ohne parlamentarische Kontrollinstanz besser und schlagkräftiger agieren könne als ein in permanenter Abstimmung mit den Volksvertretern handelnder General. Und er wusste sich in dieser Hinsicht mit seinen amerikanischen Landsleuten einig: »Als wir den Rock des Soldaten anzogen«, betonte er in einem am 26. Juni verfassten Brief an den neugebildeten Provinzkongress von New York, »legten wir den darin steckenden Bürger nicht zur Seite«. Folglich schien ihm auch als General keine Auszeichnung so ehrenvoll zu sein wie der Titel eines freien amerikanischen Bürgers.

Kurz nachdem Washington im Juli 1775 im neuenglischen Cambridge sein Hauptquartier bezogen hatte, schrieb er einen Brief an Thomas Gage, den britischen Militärgouverneur von Massachusetts, in dem er diesem Gegner im Kampf ganz unverblümt zu verstehen gab, als amerikanischer General in viel vorzüglicherer Weise militärisch autorisiert zu sein als auch der höchste Offizier der regulären britischen Armee. Auch Gage, ein englischer Aristokrat, sei doch nur ein vom König ernannter Diener der britischen Krone, während er, Washington, durch die »unkorrumpierte Wahl eines mutigen und freien Volkes« in seinen hohen soldatischen »Rang« gelangt sei. Nicht der Gnadenakt eines Fürsten, sondern die freie Wahl einer freien Bürgerschaft sei »der reinste Quell und lauterste Ursprung aller Macht«. Sowohl die politische Führung als auch die militärische Befehlsgewalt der amerikanischen Kolonien – die von Washington nun »Vereinigte Kolonien von Nordamerika« genannt wurden – seien den entsprechenden Regierungs- und Entscheidungsebenen der Briten somit in moralischer und völkerrechtlicher Hinsicht weit überlegen.

Auch wenn Gage und die 10 000 in Boston eingeschlossenen britischen Soldaten Washingtons moralische Integrität und Superiorität nicht anerkennen mochten, mussten sie sich doch eingestehen, dass die von dem Virginier gewählte Belagerungstaktik den Amerikanern zumindest eine deutliche militärische Überlegenheit verschaffte. Die mittlerweile 16 000 Soldaten der Kontinentalarmee, zu deren Finanzierung der Kontinentalkongress bereits im Juni die erforderlichen Mittel bereitgestellt hatte, sorgten nämlich bis weit in den Herbst hinein dafür, dass die eingekesselten britischen Regimenter in Boston zur Landseite keinerlei Ausfallmöglichkeit hatten und somit von der Außenwelt dauerhaft abgeschnitten blieben. Für die Amerikaner war dies ein großer Achtungserfolg.

Als in den Kolonien jedoch Anfang Oktober bekannt wurde, dass der britische Monarch Georg III. am 23. August in London proklamiert hatte, sämtliche amerikanische Kolonien befänden sich im Zustand der Rebellion, mussten sich die Amerikaner darauf gefasst machen, dass demnächst noch sehr viel mehr reguläre Truppenverbände von Großbritannien nach Nordamerika verschifft werden würden. Franklin, der nach seiner Rückkehr aus England im Frühjahr 1775 für Pennsylvania in den Kontinentalkongress gewählt worden war, wurde beauftragt, von Philadelphia ins neuenglische Cambridge zu reisen, um sich dort von Washington vor Ort über den Zustand der Kontinentalarmee aufklären zu lassen. Als die beiden Männer im Oktober im amerikanischen Hauptquartier miteinander konferierten, rechnete Washington Franklin vor, dass seine Soldaten im Krieg, der nun wohl sehr lange dauern werde, nur dann bestehen könnten, wenn die Kontinentalarmee vom Kongress auf mindestens 20000 Mann aufgestockt werde. Einig war er sich mit Franklin auch darin, dass der Kongress sich zusätzlich noch auf die Suche nach »Freunden Amerikas« machen sollte, »die auf der anderen Seite des Atlantischen Ozeans wohnten«. Bereits am 29. November richtete der Kongress deshalb ein geheimes Komitee für auswärtige Angelegenheiten ein, das mit Achard de Bonvouloir, dem Agenten des französischen Hofes in Philadelphia, Kontakt aufnahm.

Zunächst einmal erwirkten die Amerikaner aber im neuen Jahr 1776 aus eigener Kraft den Abzug der britischen Regimenter aus Boston. Nach einer fast einjährigen Belagerung waren es die Briten leid, noch länger in der Hauptstadt von Massachusetts auszuharren. In ihren Schiffen wagten sie den einzig möglichen Ausfall zur Seeseite und segelten aus dem Bostoner Hafen bis ins weit entfernte kanadische Halifax auf und davon. Der Jubel der Amerikaner war groß. Washington dankte »dem Eingreifen der Vorsehung«. Offenbar hatte das von göttlicher Macht gelenkte Geschick, an das der Virginier nach eigener Aussage »mit religiöser Inbrunst glaubte«, den Belagerern wegen der von ihnen vertretenen »gerechten Sache« den Sieg über ihre Widersacher gegönnt.

Der aus Massachusetts stammende Kaufmann John Hancock – der nach dem Tod Peyton Randolphs das Amt des Kongresspräsidenten übernommen hatte – dankte Washington dafür, dass er als Kommandant einer hastig zusammengewürfelten Freiwilligenarmee die gegnerische, »unter dem Kommando der erfahrensten Generäle stehende« britische Armee nur mit einer »Bande von Bauern« besiegt habe. Im Mai wurde Washington von Hancock nach Philadelphia eingeladen, um mit ihm und dem Kongress zu beraten, welche militärische Strategie die Amerikaner nun weiter verfolgen sollten. Angesichts der zu erwartenden neuen Truppenkontingente aus England verständigten sich Washington, der Präsident und die Kongressdelegierten darauf, die Kontinentalarmee vom nun befreiten Boston nach New York zu verlegen.

Während Washington im Juni mit seiner Armee auf Manhattan Island Stellung bezog, um sich dort auf die Ankunft der britischen Flotte vorzubereiten, berieten die Kongressabgeordneten in Philadelphia über die politischen Auswirkungen des nun schon über ein Jahr währenden bewaffneten Konflikts mit dem Mutterland. Seit der erst 1774 aus England nach Pennsylvania eingewanderte Aufklärer und Verleger Thomas Paine in seiner im Januar 1776 veröffentlichten Flugschrift *Common Sense* gefordert hatte, die Amerikaner sollten sich endlich entschlossen von ihrer Anbindung an »die Überbleibsel monarchischer Tyrannei in der Person des Königs« trennen, waren immer mehr Kongressabgeordnete zu der Überzeugung gelangt, dass die im Krieg vereinten Kolonien sich nunmehr als eine vom Mutterland unabhängige Staatenunion ganz neu formieren sollten.

Paines Pamphlet, das in den Kolonien bis zum Sommer nahezu eine Million Leser fand – und das in einem Land, das zu diesem Zeitpunkt erst drei Millionen Einwohner zählte –, konnten die Amerikaner entnehmen, dass es »einzig und allein der Verfassung des Volkes zuzuschreiben ist, und nicht der Verfassung der Regierung, dass die Krone in England nicht so unterdrückerisch ist wie in der Türkei«. Wem es schwer falle, sich aus dem von vielen Zeitgenossen hochgelobten Verfassungssystem des Britischen Empire zu verabschieden, der solle sich einmal daranmachen, »die Bestandteile der englischen Verfassung zu zergliedern«. Dann werde man nämlich erkennen, dass allein »die republikanischen Bestandteile« dieser Verfassung die vielbeschworenen »englischen Freiheiten« garantierten. Das Mitwirken des Königs und der Vertreter der Aristokratie beim Regierungshandeln sei somit nicht länger erforderlich. Nur die von den Bürgern gewählten »Repräsentanten«, deren Mandat in den »häufig abgehaltenen

Wahlen« stets aufs Neue bestätigt werden müsse, könnten eine dem »Interesse der Wähler« entsprechende Politik gestalten. Nichts werde daher »unsere Sache so schnell in Ordnung bringen«, schloss Paine seinen Aufruf zur Errichtung eines nunmehr rein republikanisch-demokratischen Staatswesens in Amerika, »wie eine offene und entschlossene *Unabhängigkeitserklärung*«.

Nicht zuletzt als Folge der großen Wirkung, die Paines Argumente in den amerikanischen Kolonien entfalteten, gewann die Fraktion der Befürworter einer politischen Unabhängigkeitserklärung im Kongress die Oberhand. Mit der Ausarbeitung eines Entwurfs dieser Erklärung wurde zu Beginn des Monats Juni der virginische Delegierte Thomas Jefferson betraut. Drei Wochen später, am 28. Juni, begutachtete dann der gesamte Kongress dessen Werk. Nach einigen gemeinsam vorgenommenen Änderungen wurde Jeffersons Text am 4. Juli 1776 mit den Unterschriften aller im Kongress versammelten Delegierten versehen. In Philadelphia waren damit die im Krieg bereits vereinigten Kolonien nun auch zu den von Großbritannien vollständig unabhängigen, völkerrechtlich souveränen »Vereinigten Staaten von Amerika« geworden. Dieser neue Name des in William Penns »Stadt der brüderlichen Liebe« begründeten Staatswesens – der ersten in der Volkssouveränität gründenden flächenstaatlichen Republik der Moderne – prangte auch im Titel der Unabhängigkeitserklärung, die schon am Abend des 9. Juli von Washington vor seiner versammelten Armee in New York verlesen wurde.

Jeffersons Text überzeugte Washington in nahezu allen Passagen, und besonders dort, wo der naturrechtliche und religiöse Grund der neuen nordamerikanischen Republik gelegt wurde. Die Unabhängigkeitserklärung behauptete, »dass alle Menschen gleich erschaffen worden, dass sie von ihrem Schöpfer mit gewissen unveräußerlichen Rechten begabt worden, worunter sind Leben, Freiheit und das Streben nach Glück. Dass zur Sicherung dieser Rechte Regierungen unter den Menschen eingeführt worden sind, welche ihre gerechte Gewalt von der Einwilligung derer, die regiert werden, herleiten: dass sobald eine Regierung diesen Endzwecken verderblich wird, es das Recht des Volkes ist, sie zu verändern oder abzuschaffen, und eine neue Regierung einzusetzen, die auf solche Grundsätze gegründet und deren Macht und Gewalt solchergestalt gebildet wird, als ihnen zur Erhaltung ihrer Sicherheit und Glückseligkeit am schicklichsten zu sein dünkt.«

Diese Worte waren mehr als nur der Geburtsakt einer echten politischen Union der amerikanischen Einzelstaaten, wie sie Franklin und viele andere amerikanische Politiker schon auf dem Kongress in Albany von 1754 herbeigesehnt hatten. Ihr Anspruch ging viel weiter: Mit der Errichtung des ersten demokratisch-republikanischen Staates der Moderne sollte ein glänzendes Beispiel für den »Rest des menschlichen Geschlechtes« gegeben werden, an dem sich zukünftig auch andere Staaten und Nationen orientieren konnten. Wie kein anderes Dokument des 18. Jahrhunderts verkündete die amerikanische Unabhängigkeitserklärung die Ideale von Freiheit, Gleichheit und Volkssouveränität als gemeinsames Ziel der gesamten Menschheit.

Wenn Philadelphia seit 1701 der Ort war, wo das Goldene Zeitalter der Vernunft, der Freiheit und der Toleranz – wie Voltaire bereits in seinen *Lettres philosophiques* von 1733 behauptet hatte – »sehr wahrscheinlich« existierte, so schien ab 1776 kein Zweifel mehr daran zu bestehen, dass der Glanz dieser Stadt jetzt heller als jemals zuvor in die Welt hinein leuchtete. Die in Philadelphia vom Kongress verabschiedete Unabhängigkeitserklärung war das deutliche Signal an die Menschheit, dass die politische Realisierung der von Locke propagierten parlamentarischen Variante der Aufklärung eine ganz neue, welthistorisch bedeutsame Dimension erlangt hatte.

Im Hochgefühl des weltbewegenden Augenblicks hatte Jefferson keineswegs übersehen, dass die universellen Menschenrechte prinzipiell auch den Schwarzen gewährt werden mussten. Doch ausgerechnet jene Passage in seinem ersten Entwurf der Unabhängigkeitserklärung, in der er den Sklavenhandel heftig kritisiert hatte, war auf Druck der Südstaaten im Kongress wieder gestrichen worden. Anders als die Nordstaaten Vermont, New Hampshire, Massachusetts, Pennsylvania und Rhode Island – die dann in ihren unmittelbar nach dem 4. Juli 1776 entstehenden Einzelstaatsverfassungen die Sklaverei nacheinander und schrittweise für illegal erklärten – konnten sich die landwirtschaftlich geprägten Südstaaten allein schon aus ökonomischen Erwägungen nicht vorstellen, auf die unentgeltliche Feldarbeit der Schwarzen zu verzichten. Von den 460 000 Sklaven, die im Sommer 1776 auf dem Staatsgebiet der jungen USA lebten, befanden sich nur 6000 in Pennsylvania, jedoch weit über 100 000 allein im Staat Virginia.

Auch bestanden selbst unter den aufgeklärtesten weißen Amerikanern tiefsitzende Vorurteile gegenüber Schwarzen, die nur langsam überwunden wurden. Franklin, der bis in die 1760er Jahre afrikanische Sklaven als Hausdiener besessen hatte, war zwar mittlerweile zu einem vehementen Kritiker der Sklaverei geworden. Doch räumte er in einem Brief an seinen englischen Freund John Waring ein, dass der Prozess des Umdenkens lange gedauert hatte: Jetzt, wo er seine alten Ansichten überwunden hatte, konnte er sich kaum mehr vorstellen, dass er jemals an den »natürlichen Fähigkeiten der Schwarzen« gezweifelt habe, weshalb er auch gar nicht erst anfangen wolle, alle seine früheren »Vorurteile zu rechtfertigen oder auch nur zu erklären«. Wie wenig selbstverständlich Franklins Bekenntnis zu einer Zeit war, als Schwarze auch von gebildeten Weißen für geistig minderbegabt gehalten wurden, belegt eine Einschätzung des preußischen Aufklärers und Philosophen Immanuel Kant. In seinen *Beobachtungen über das Gefühl des Schönen und Erhabenen* von 1764, die er auch nach 1776 nicht revidierte, tat er kund: »Die Negers von Afrika« hätten »von der Natur kein Gefühl, welches über das Läppische stiege«. So sei angeblich »unter den hunderttausenden von Schwarzen, die aus ihren Ländern anderwärts verführt werden, obgleich deren sehr viele auch in Freiheit gesetzt werden, dennoch nicht ein einziger jemals gefunden worden, der entweder in Kunst oder Wissenschaft, oder irgend einer anderen rühmlichen Eigenschaft etwas Großes vorgestellt habe, obgleich unter den Weißen sich beständig welche aus dem niedrigsten Pöbel empor schwingen und durch vorzügliche Gaben in der Welt ein Ansehen erwerben.« Für den Preußen Kant war »der Unterschied zwischen diesen zwei Menschengeschlechtern« demnach »in Ansehung der Gemüthsfähigkeiten« genauso groß »als der Farbe nach«.

Das Verhältnis des amerikanischen Oberkommandierenden Washington zu den Schwarzen war zwiespältig. Als die aus dem westafrikanischen Senegal nach Boston verschleppte Sklavin Phillis Wheatley – die im Freiheitskampf gegen die Briten auf Seiten der Amerikaner stand – zum Ruhme der Kontinentalarmee ein Gedicht für »Seine Exzellenz George Washington« veröffentlichte, bedankte sich der *Commander in Chief* in einem persönlichen Schreiben bei der Verfasserin zwar in gerührten Worten, in denen er ihr »großes poetisches Genie« anerkannte. Aber die Sklaven auf seinen Besitzungen in Mount Vernon, die für ihn unverzichtbare Arbeitskräfte waren – und die er tadellos zu behandeln glaubte –, ließ er nicht frei. Als dagegen wieder ein Kriegsrat der Kontinentalarmee verfügen wollte, weder »Sklaven« noch »Neger überhaupt« als amerikanische Soldaten zuzulassen, setzte er sich über diesen Beschluss hinweg, nahm freigelassene Schwarze in die Armee der Freiheitskämpfer auf und ließ diese Entscheidung durch ein Votum des Kongresses parlamentarisch legitimieren. In einigen Einheiten kämpften seither Schwarze und Weiße Seite an Seite für die amerikanische Unabhängigkeit.

Bei dieser Entscheidung dürfte auch der Mangel an Soldaten eine Rolle gespielt haben. Dass Washington wirklich darauf angewiesen war, jeden nur irgendwie verfügbaren Mann in seine Armee einzugliedern, um gegen die Briten bestehen zu können, zeigte sich Ende des Monats Juli 1776, als ein gewaltiger britischer Flottenverband mit weit über 400 Schiffen bei New York die amerikanische Küste erreichte: Über 30 000 Soldaten – darunter größtenteils Mietsoldaten, die der britischen Regierung von sechs verschuldeten deutschen Territorialfürsten (insbesondere aus Hessen-Kassel) zur Verfügung gestellt wurden – bezogen wenige Meilen südlich von New York auf Staten Island und Long Island Stellung. Einen vergleichbaren Truppenaufmarsch hatte es auf dem nordamerikanischen Kontinent bis dahin noch nicht gegeben.

Schon am 27. August griffen die britischen und hessischen Soldaten Washingtons Armee in Brooklyn an, wo die Amerikaner zuvor ihren Befestigungsgürtel zur Sicherung der Stadt New York angelegt hatten. Drei Tage lang rückten die Angreifer beharrlich Stück um Stück näher. Dabei fügten sie den Verteidigern erhebliche Verluste zu. Fast 1000 Amerikaner ließen bei der blutigen Schlacht von Long Island ihr Leben, bis sich Washington schweren Herzens entschloss, New York preiszugeben, um wenigstens das Gros seiner Armee zu retten. Am 29. August zog er sich im Dunkel der Nacht mit seinen Truppen von Brooklyn über den East River nach Manhattan zurück. Nach weiteren erbitterten Gefechten sah er sich Mitte September genötigt, seine Armee von dort aus über Harlem und den Hudson River bis nach New Jersey zu führen. Schließlich musste der umsichtige General auch dort das Feld räumen, bis er sich im Dezember mit seinen Truppen in Pennsylvania einfand, wo er sich in höchster Not eine neue Strategie zur Verteidigung der amerikanischen Sache überlegte.

Unter dem Eindruck des permanenten Rückzugs der Kontinentalarmee hatte der amerikanische Kongress bereits am 29. Oktober Franklin als Generalbevollmächtigen der USA nach Paris entsandt. Dort sollte der in Europa hochgeschätzte Wissenschaftler und Politiker die Franzosen dazu bewegen, den Amerikanern im Kampf gegen Großbritannien beizustehen. Bis die französische Regierung den amerikanischen Freiheitskämpfern jedoch Geld und Waffen zu Verfügung stellte, konnten viele Monate vergehen. So lange mussten sich die Amerikaner also wohl oder übel selbst im Feld behaupten, wenn sie ihre gerade erst verkündete Unabhängigkeit nicht schon in kürzester Zeit wieder verlieren wollten.

In dieser äußerst prekären Situation entschloss sich Washington zu einem Überraschungsangriff auf die am Delaware River gelegene Stadt Trenton in New Jersey, wo sich drei Regimenter hessischer Soldaten mit insgesamt 1400 Mann im Winterlager aufhielten. Am 25. Dezember rückte er mit 2400 Soldaten der Kontinentalarmee aus Pennsylvania bis zur Flussfähre nach Trenton vor und setzte an dieser Stelle mit seinen Einheiten in der Nacht im eisigen Wasser nach New Jersey über. Da dort wenige Stunden zuvor ein heftiger Schneesturm gewütet hatte, wiegten sich die Hessen in vollkommener Sicherheit. Niemand von ihnen glaubte an diesem klirrend kalten Weihnachtstag an einen unmittelbar bevorstehenden Angriff der Amerikaner. Die übliche Aufklärungstätigkeit der hessischen Vorposten war daher eingestellt worden.

Als Washington nun am Vormittag des 26. Dezember mit seinen Soldaten Trenton erreichte, lag die Stadt, die er sofort beschießen ließ, wehrlos vor ihm. Dem Feuer der amerikanischen Artillerie hatten die aufgeschreckten und vom Weihnachtsschmaus noch immer alkoholisierten Hessen nichts entgegenzusetzen. Washington nahm über 900 deutsche Mietsoldaten gefangen und erbeutete über 1000 Waffen mit zugehöriger Munition, die seine seit dem Sommer so geschundene Kontinentalarmee sehr gut gebrauchen konnte. Dann verließen die Amerikaner Trenton, so schnell wie sie gekommen waren, Richtung Philadelphia, wo Washington die Gefangenen im Triumphzug durch die Stadt führen ließ. Dies hob die Moral der Kongressdelegierten sichtlich, zumal Washington in einem Brief vom 27. Dezember an John Hancock nicht sich selbst »zum Erfolg eines Unternehmens gratulierte, das ich gegen eine in Trenton lagernde Abteilung des Feindes durchführen ließ«, sondern dem Kongresspräsidenten und dem von ihm repräsentierten amerikanischen Volk.

Am 3. Januar 1777 gelang Washington dann ein zweiter spektakulärer Coup, als er mit 7000 Soldaten die ebenfalls in New Jersey gelegene Stadt Princeton angriff, von wo aus sich erst kurz zuvor 6000 Briten nach Trenton aufgemacht hatten, um den von den Amerikanern düpierten hessischen Regimentern zur Hilfe zu eilen. Die nur 1400 in Princeton zurückgelassenen Briten konnten gegen die amerikanische Übermacht ebenso wenig bestehen wie die Hessen in Trenton. Abermals zog sich Washington nach dem Sieg rasch aus der eroberten Stadt zurück. Mit dieser Taktik der eiligen Vorstöße und sofortigen Rückzüge, die er dann während des ganzen Jahres 1777 auch an anderen Orten anwandte, konnte Washington zwar nicht hoffen, die Briten zu besiegen. Doch demonstrierte er dem Gegner mit seinen schnellen Truppenbewegungen, dass er nicht gewillt war, jemals zu kapitulieren.

Was Washington mit seinen beiden psychologisch wichtigen Siegen von Trenton und Princeton aber sofort und unmittelbar erreicht hatte, war die moralische Stärkung der geschwächten Kontinentalarmee: Über 8000 begeisterte neue Kämpfer schlossen sich ihr in den nächsten Monaten aus freien Stücken an. Auch als die Briten im Herbst 1777 Philadelphia einnahmen und der Kongress vor dem Feind ins pennsylvanische Hinterland nach York fliehen musste, richteten sich die Amerikaner immer wieder an Washingtons unbestrittenen militärischen Führungsqualitäten auf. Seine Soldaten schützten das flüchtige Parlament der Amerikaner. Er selbst war somit der Schutzherr des bedeutendsten parlamentarischen Experiments im Zeitalter der Aufklärung. So erlangte der Name Washington spätestens ab dem Jahr 1777 Weltgeltung. Er wurde nun auch in Europa, wie Goethe sich ausdrückte, ein glänzender und funkelnder Stern »am politischen und kriegerischen Himmel«.

Doch nicht jedem, der nun in Europa dezidiert seine Meinung zu dem demokratisch-republikanischen General Washington kundtat, ging dessen Name auf Anhieb glatt von der Feder. Auch Friedrich der Große musste sich erst an ihn gewöhnen. In seiner nach der amerikanischen Unabhängigkeitserklärung geführten politischen Korrespondenz nannte der Preußenkönig den neuen amerikanischen Helden der Weltgeschichte erst »Walsington«, dann »Wasincton«, bis er ihn ab der zweiten Hälfte des Jahres

1777 korrekt zu buchstabieren lernte, weil er sich vor allem von den militärischen Fähigkeiten des amerikanischen Oberkommandierenden zunehmend fasziniert zeigte.

Dabei war Friedrichs Haltung zur amerikanischen Revolution von einer strikten und distanzierten Neutralität gegenüber den beiden streitenden Parteien geprägt. Zwar ließ er seinen Hofmarschall Gebhard Werner von der Schulenburg im Oktober 1776 im Vertrauen wissen, dass der Freiheitskampf der Amerikaner wohl »nicht lange dauern« werde, »weil die Engländer die Kolonien schon bald geschlagen haben werden«. Dennoch wollte er abwarten und dabei zusehen, wie sich das Kriegsglück in Amerika verteilte. Nach der Flucht der Amerikaner aus New York fühlte er sich in seiner ersten Einschätzung bestätigt. In einem Brief an Joachim Karl von Maltzahn, den preußischen Gesandten in London, schrieb Friedrich am 20. Januar 1777, es sei »in keiner Weise überraschend, dass die regulären britischen Einheiten den Erfolg über die amerikanischen Provinztruppen davongetragen haben«. Denn, wie er in einem weiteren Schreiben an Maltzahn in einem erklärenden Nachtrag feststellte, »die Armee von Washington ist wirklich schwach«.

Als dann aber die ersten Nachrichten über Washingtons in Trenton und Princeton errungene Überraschungserfolge den König erreichten, änderte er sein Urteil. Plötzlich äußerte er sich in seinen Briefen begeistert über Washingtons »brillante Siege«. Es schien, als fieberte er nun insgeheim mit den mutigen Unabhängigkeitskämpfern mit, die er zwar als aufrührerische »Aufständische« wahrnahm, doch zugleich in einem Brief an den französischen Mathematiker Jean-Baptiste le Rond d'Alembert als »die armen Amerikaner« bezeichnete, die unter den herrschsüchtigen Briten litten. In einem Schreiben an Bernhard Wilhelm von der Goltz, den preußischen Botschafter in Paris, bewunderte er unverhohlen Washingtons Kriegstaktik: Immer wieder entscheide sich der geschickte amerikanische General für »den Rückzug«, doch sei bislang noch kein amerikanisches Zurückweichen vor dem Feind »schlachtentscheidend« gewesen.

Nach einem weiteren unvermuteten Sieg der Amerikaner in den herbstlichen Wäldern des bei Albany gelegenen Ortes Saratoga – wo auf Seiten der Amerikaner auch der aus dem geteilten Polen ausgewanderte Oberst Tadeusz Kościuszko für die als Menschheitsanliegen empfundene Sache der Freiheit gefochten hatte – stellte der preußische König den General Washington gleichsam unter permanente Beobachtung. Im November 1777 schrieb Friedrich seinem Bruder Heinrich, er solle von nun an jede Truppenbewegung Washingtons sorgfältig »beobachten« und ihm, dem König, davon anschließend genaue Mitteilung machen. Denn man könne von Washington wie von kaum einem anderen Feldherrn »diese große Kunst des Krieges lernen, worin man nie genug lernen kann«. Eine Allianz mit den Amerikanern mochte Friedrich jedoch trotz entsprechender Anfragen der amerikanischen Gesandten in Europa nicht schmieden. Zu fremd war ihm trotz aller Sympathien für Washington jenes neue politische Gemeinwesen »von Philadelphia«, dem ja im Grunde der von den amerikanischen Politikern verehrte englische Aufklärer »Locke die Gesetze gab«, wie Friedrich an Voltaire schrieb.

Ein mächtiger europäischer Staat ging jedoch an der Schwelle zum Jahr 1778 ein Bündnis mit den amerikanischen Rebellen ein: Der neue französische Außenminister Charles Gravier de Vergennes hatte Franklins beständigem Werben nachgegeben und König Ludwig XVI. unmittelbar nach der Schlacht von Saratoga überzeugen können, die Unabhängigkeit der wehrhaften Vereinigten Staaten von Amerika schon im Dezember 1777 formell anzuerkennen; am 8. Januar 1778 ließ Vergennes die Amerikaner wissen, dass der König zum Abschluss einer Allianz bereit sei; am 28. Januar sicherte die französische Regierung den USA eine jährliche Unterstützung von 6 Millionen Livres zu; am 6. Januar schließlich wurde in Paris ein umfassender französisch-amerikanischer Freundschaftsvertrag unterzeichnet, der perspektivisch auch ein militärisches Eingreifen in den amerikanischen Unabhängigkeitskrieg vorsah.

Der König von Frankreich sah im Abschluss der amerikanisch-französischen Allianz sicherlich zuallererst eine verlockende Möglichkeit, dem Erzrivalen Großbritannien nachhaltig zu schaden. Doch gab es auch Franzosen, die den Amerikanern Glück wünschten, weil diese sehr bewusst für die republikanisch-demokratische Variante der politischen Aufklärung Partei ergriffen. Einer von ihnen war Voltaire. Sieben Monate vor seinem Tod, den er bereits erahnte, begab er sich am 29. April in die Pariser Akademie der Wissenschaften, um dort Franklin als Repräsentanten der aufständischen Amerikaner zu treffen. Als die beiden Männer sich gegenüberstanden, erscholl aus der sie umgebenden Menge die Forderung nach einer französischen Umarmung. Und tatsächlich nahmen sich die beiden großen Aufklärer in den Arm und küssten sich unter bewegter Anteilnahme aller anwesenden Gelehrten auf die Wangen. Es war wie ein letzter Segen des französischen Philosophen für jenen in Franklin personifizierten Parlamentarismus, den Voltaire schon seit der Publikation seiner *Lettres philosophiques* zu Beginn des Jahrhunderts als politisches Modell der Zukunft gepriesen hatte.

Auch wenn Friedrich der Große sich anders als sein philosophischer Lehrmeister – dessen Tod der preußische König dann Ende des Jahres in einem in der Berliner Akademie der Wissenschaften verlesenen Nachruf tief betrauerte – nicht mit Nachdruck auf die Seite der Amerikaner schlug, erhielt Washington im Frühjahr 1778 doch immerhin bedeutende Schützenhilfe von einem altgedienten preußischen Offizier, der das Kriegshandwerk während des Siebenjährigen Krieges im Großen Hauptquartier des Monarchen gelernt hatte: Der gebürtige Magdeburger Friedrich Wilhelm von Steuben, dessen Vater bereits preußischer Major gewesen war, hatte nach seinem Abschied aus dem preußischen Militärdienst als Hofmarschall des Fürsten von Hohenzollern-Hechingen gewirkt, bis er sich so sehr für den amerikanischen Freiheitskampf zu begeistern begann, dass er Franklin in Paris um eine herausgehobene Stellung als Offizier der Kontinentalarmee ersuchte.

Auf Franklins Vermittlung gelangte Steuben in das nun westlich von Philadelphia gelegene Hauptquartier Washingtons, wo der Preuße schon am 5. Mai 1778 zum Generalinspekteur der amerikanischen Truppen ernannt wurde. Fortan musste Steuben für die verbesserte Organisation und Ausbildung der Kontinentalarmee sorgen, die zwar nach wie vor etliche Freiheitskämpfer aus Europa anzog – darunter den französischen Generalmajor Marquis de Lafayette und Kazimierz Pułaski, den ehemaligen Anführer der polnischen Konföderation von Bar –, andererseits aber noch längst nicht so eingespielt und routiniert agierte wie die Armee des britischen Feindes.

Steuben, der unter Friedrich dem Großen in einer der diszipliniertesten Armeen der Welt gedient hatte, löste seine Aufgabe mit Bravour. In einem Schreiben an seinen alten Offiziersfreund Friedrich Wilhelm von Gaudy, der als preußischer Offzier in Wesel am Rhein stationiert war, deutete er allerdings an, dass die Disziplinierung der demokratisch-republikanischen Amerikaner kein leichtes Unterfangen sei. Der »Geist dieser Nation« lasse sich nämlich »nicht im geringsten mit dem der Preußen« vergleichen. In Preußen sagten die Offiziere »einfach zu ihren Soldaten: ›Tut dies und das!‹, und es wird ausgeführt«, so Steuben, »Ich bin dagegen gezwungen zu erklären: ›Dies muss aus dem und dem Grunde getan werden!‹ und erst dann wird es gemacht.«

Genau in dem Monat, in dem sein ehemaliger Stabsoffizier Steuben in Amerika von Washington zum Generalinspekteur der Kontinentalarmee ernannt wurde, richtete sich der Blick Friedrichs des Großen nach langer Zeit wieder auf beunruhigende Truppenbewegungen der Österreicher. Da im Dezember 1777 mit dem Kurfürsten Maximilian III. Joseph der letzte bayerische Wittelsbacher verstorben war, sollte Bayern nun an den pfälzischen Kurfürsten Karl Theodor fallen. Dieser erklärte sich auf Nachfrage Österreichs Anfang des Jahres 1778 sofort bereit, Niederbayern und die Oberpfalz im Tausch gegen einige Gebiete der österreichischen Niederlande an die Habsburger abzutreten. Der Plan eines großangelegten Gebietstausches innerhalb des Reiches stieß auf die einhellige Ablehnung vieler deutscher Fürsten. Der vehementeste Gegner des Ländertausches aber war Friedrich. Als österreichische Truppen in Niederbayern, der Oberpfalz, Böhmen und Mähren einmarschierten, ließ Friedrich die preußische Mobilmachung ausrufen, rekrutierte im April in Schlesien eine Armee und wartete dann im Mai nur noch auf einen günstigen Moment, um wieder einmal gegen die Österreicher loszuschlagen.

Sein in Berlin zurückgebliebener Bruder Heinrich, der glaubte, dass ein Konflikt mit Österreich diesmal leicht mit diplomatischen Mitteln beizulegen sei, empfing am 17. Mai in seinem Palais an der Spree einen wichtigen preußischen Bundesgenossen aus Weimar. Dieser vornehme Gast aus Thüringen war der Herzog Karl August, der ebenfalls wenig erbaut von dem Gedanken war, durch Friedrichs hitzige Reaktion auf Österreichs Provokation in einen überflüssigen Krieg hineingezogen zu werden. Begleitet wurde der Herzog von Goethe, der seit fast zwei Jahren im weimarischen Staatsdienst stand. Mit seinem ausgeprägten Sinn für atmosphärische Schwingungen nahm Goethe in Berlin sofort wahr, dass der abwesende Friedrich bei den Bürgern und Offizieren der Stadt längst nicht mehr so wohlgelitten war wie noch vor einem Jahrzehnt.

Goethe selbst, der einst so enthusiastisch für Friedrich geschwärmt hatte, war schon Ende der 1760er Jahre während seines Studiums in Leipzig vom Preußenkönig abgerückt, weil er dort im Detail erfahren hatte, wie die preußischen Truppen im Siebenjährigen Krieg in Sachsen gewütet hatten. Die Erzählungen seiner sächsischen Freunde, so Goethe, hätten seine ehemals »unbedingte Verehrung« für den Preußenkönig »erkalten« lassen. Erwärmt hatte sich Goethe stattdessen seit Beginn der 1770er Jahre für die nordamerikanischen Staaten. Eine Zeit lang erwog er sogar ernsthaft, nach Amerika auszuwandern. Nun erlebte er als Weimarer Minister, dass selbst Friedrichs »eigene Lumpenhunde«, wie Goethe dessen Untertanen nannte, in Berlin das Bedürfnis verspürten, über ihren Herrscher geringschätzig zu

»räsonniren«. Offenbar erschien auch ihnen das autokratische Regierungshandeln des 66-jährigen »alten Fritz« mittlerweile als antiquiert und verstaubt, denn die Zeiten hatten sich seit der amerikanischen Revolution doch dramatisch geändert.

Tatsächlich war auch Friedrichs Kriegskunst gar nicht mehr gefragt, weil der Konflikt um die bayerische Erbfolge im Laufe des Jahres 1779 – wie von seinem Bruder Prinz Heinrich gehofft – letztlich doch auf dem Verhandlungsweg gelöst wurde. Am 13. Mai 1779 wurde im österreichischen Teschen ein preußisch-österreichischer Vertrag unterzeichnet, der den Habsburgern das Innviertel, einen Gebietsstreifen von Passau bis zur Nordgrenze des Erzstifts Salzburg, zusicherte. Dafür blieb die Kurwürde Bayerns entgegen dem ursprünglichen Begehren Österreichs im Besitz des pfälzischen Kurfürsten Karl Theodor.

Wenngleich Friedrich also 1779 nicht als Feldherr glänzen konnte, so erregte er doch im Herbst dieses Jahres mit einem erstaunlichen Richterspruch gehöriges Aufsehen. Ein in der Neumark bei Pommerzig ansässiger Wassermüller, Christian Arnold, hatte von dem Grafen Schmettau eine Mühle in Erbpacht genommen. Durch das Anlegen von Karpfenteichen, die der Landrat von Gersdorff oberhalb der Mühle ausheben ließ, führte der Mühlbach deutlich weniger Wasser als zuvor. Der Müller Arnold, der sich durch diesen Eingriff geschädigt glaubte, stellte daraufhin die Zahlung seines Pachtzinses ein. Als es zwischen Schmettau und Arnold zu einem Rechtsstreit kam, verurteilte das zuständige Landgericht den Müller und ordnete an, dessen Mühle zu versteigern. Das Berliner Kammergericht, die höchste juristische Instanz in Preußen, bestätigte diesen Richterspruch. Nun wandte sich Arnold in verschiedenen Eingaben an den preußischen König, der den Müller auch erhörte, weil er glaubte, dass die Richter ihre adligen Standesgenossen parteilich bevorzugt hätten.

Nach einer näheren Untersuchung des Falles führte Friedrich am 11. Dezember 1779 persönlich die Vernehmung der Kammergerichtsräte durch, ohne ihren Einwänden auch nur im Ansatz Gehör zu schenken. Laut einer späteren Aussage des vernommenen Rates Ransleben bediente sich der Monarch »sehr harter Ausdrücke« gegen die Richter. Im Anschluss an das einseitige Verhör wurden die Gerichtsräte sogar ins Stadtgefängnis gebracht. Ihr im Fall des Müllers Arnold gesprochenes Urteil wurde vom zürnenden König eigenmächtig kassiert. Zudem verfügte er, dass die Richter eine einjährige Festungshaft zu verbüßen und dem Müller Schadensersatz zu leisten hatten. Gegenüber dem Minister von Zedlitz begründete Friedrich sein Handeln genau: Er wolle, dass in seinen Landen »einem jeden, er sei vornehm oder gering, prompte Gerechtigkeit widerfahren« und »ohne Unterschied des Standes und ohne alles Ansehen der Person eine unparteiische Justiz administriret werden« solle.

Wiewohl Friedrich im Prozess gegen den Müller Arnold zwar in fürsorglicher Weise für einen scheinbar schwachen und übervorteilten Menschen Partei ergriff, hatte er sich damit doch – wieder einmal – willkürlich über den Spruch der höchsten Richter seines Landes hinweggesetzt. Dies schockierte die Juristenkollegen der inhaftierten Räte nachhaltig. Als der König daher den langjährigen schlesischen Justizminister Johann Heinrich von Carmer mit einer Kabinettsorder vom 14. April 1780 aufforderte, einen Entwurf zur gerechteren Ordnung des preußischen Justizwesens vorzulegen, nutzte dieser die eingeforderte Rechtsreform stillschweigend zur Ausarbeitung der Grundlagen eines ganz neuen liberalen Rechtssystems. Gemeinsam mit seinem engsten Mitarbeiter Carl Gottlieb Svarez verfolgte Carmer fortan das Ziel, die Sicherung der bürgerlichen Freiheiten gegen die despotischen Machtsprüche des Königs in einem ganz neuen Gesetzeskodex zu verankern. Der Entwurf einer revidierten Prozessordnung lag als erstes Buch des *Corpus Juris Fridericianum* schon 1781 vor. Doch die eigentliche Arbeit an der Justizreform sollte bis zu ihrer Umsetzung noch weit über ein Jahrzehnt in Anspruch nehmen.

Während Carmer und Svarez die preußischen Bürgerrechte mit Fleiß und Sachverstand in ihren Berliner Schreibstuben zu verbessern suchten, führten die Amerikaner den entscheidenden Streich, der ihnen die Freiheit zur umfassenden Selbstregierung sicherte, auf einem Schlachtfeld in Virginia. Mit Hilfe der Franzosen, die nun endlich zahlreiche Kriegsschiffe und Soldaten nach Amerika geschickt hatten, schnürten sie am 30. August 1781 in der virginischen Hafenstadt Yorktown 8000 Briten ein, die dort unter dem Kommando des Generals Charles Cornwallis stationiert waren. Zwei französische Geschwader von insgesamt 34 Kriegsschiffen und 3000 Soldaten tauchten an diesem Tag vor Yorktown auf und riegelten den Kriegshafen dieser an der Chesapeake Bay gelegenen Stadt ab.

Washington, der ursprünglich mit der Kontinentalarmee einen Gewaltmarsch Richtung New York durchführen wollte, täuschte den geplanten Angriff auf die Stadt am Hudson River nur noch vor und eilte stattdessen im September mit 2000 amerikanischen und 5000 französischen Soldaten nach Virginia. Da er unterwegs weitere Hilfe anforderte, wurde Yorktown schließlich auch zur Landseite von einer Armee von 11 000 amerikanischen und 9000 französischen Soldaten belagert. Einer der wichtigsten französischen Offiziere Washingtons war der Marquis de Lafayette. Am 18. Oktober 1781 musste Cornwallis die Ausweglosigkeit seiner Lage anerkennen: Er willigte in die vollständige Kapitulation der britischen Truppen ein und übergab die Stadt an die Amerikaner.

Als die Nachricht von Washingtons Einnahme der Stadt Yorktown die britische Metropole London erreichte, führte die allgemeine Betroffenheit der Engländer über die völlig unerwartete Niederlage des Generals Cornwallis zu einem umfassenden politischen Kurswechsel des Parlaments von Westminster. Das Unterhaus weigerte sich jetzt, den kostspieligen Krieg gegen die Amerikaner noch länger fortzusetzen, und votierte am 27. Februar 1782 für die Einstellung aller offensiven Kampfhandlungen jenseits des Atlantiks. Der Premierminister Lord North trat aus Frustration über Washingtons Unnachgiebigkeit von seinem Amt zurück. Die von Lord Rockingham und Lord Shelburne angeführte neue Regierung plädierte für die sofortige Aufnahme von Friedensverhandlungen mit den Amerikanern. Schon am 15. April besprach sich der britische Unterhändler Richard Oswald mit

Franklin in Paris, um zu ermitteln, unter welchen Bedingungen ein Frieden mit den abgefallenen Kolonien zu haben wäre. Derartig zügig gingen diese Sondierungsgespräche vonstatten, dass bereits am 30. November 1782 im Pariser Grand Hotel Muscovite ein förmlicher amerikanisch-britischer Friedensvertrag unterzeichnet wurde. Wie der Eröffnungssatz des Vertrags betonte, waren die Vereinigten Staaten von Amerika nunmehr von Großbritannien als »freie, souveräne und unabhängige Nation« anerkannt.

Damit war nun erwiesen, dass ein staatliches Gemeinwesen wie die USA, das den Weg der politischen Aufklärung in einer ausschließlich demokratisch-republikanischen Variante beschritt, selbst im Falle eines von außen ins Land getragenen Krieges nicht im Chaos versinken musste, solange seine Einwohner mehrheitlich eines Sinnes waren. Wie von Hobbes im 17. Jahrhundert vorausgesagt, konnte eine freiheitliche Demokratie also tatsächlich mit Hilfe parlamentarischer Entscheidungsprozesse einen tragfähigen gesellschaftlichen Konsens herstellen, der dem von einem König oktroyierten Gemeinwillen eines untertänigen Volkes an Willenskraft nicht nachstand. Besonders stolz darauf war der Oberkommandierende der freiheitsliebenden Amerikaner.

Daher reagierte der General Washington auch geradezu entsetzt, als ihm der amerikanische Offizier Lewis Nicola nicht lange nach dem Sieg von Yorktown ganz ernsthaft den Vorschlag machte, doch von nun an den »Titel eines Königs« von Nordamerika anzustreben. »Kein Vorkommnis im Verlauf des Krieges«, so antwortete der *Commander in Chief*, habe ihm »schmerzhaftere Gefühle verursacht« als dieser von einem Offizier seiner Armee formulierte Wunsch. Eines Republikaners und Demokraten sei eine solche »mit Abscheu« zu betrachtende Idee nicht würdig.

Um mit Nachdruck zu zeigen, dass die von einem gewählten Kongress regierten USA sehr wohl auch ohne einen mit königlichen Vollmachten ausgestatteten Armeechef getrost in die Zukunft blicken konnten, reichte der ruhmreiche Virginier nach dem Einstellen der Kampfhandlungen im Jahr 1783 seinen Abschied aus der Kontinentalarmee ein. Gleichzeitig verzichtete er auf alle weiteren öffentlichen Ämter. Seine Zukunft erblickte er in Virginia, wo er mit seiner Frau, die er in den zurückliegenden Jahren immer nur im Winterlager um sich gehabt hatte, nun wieder in Mount Vernon ein beschauliches und friedliches Gutsbesitzerleben führen wollte. Als in Europa bekannt wurde, dass der heldenhafte Oberbefehlshaber der Amerikaner sich auf dem Höhepunkt seiner militärischen Macht konsequent geweigert hatte, über die Annahme des Königsmantels auch nur nachzudenken, bekannte der von dieser Haltung beeindruckte britische Monarch Georg III., Washington sei »der größte Mann der Welt«.

Washingtons freiwilliger Macht- und Amtsverzicht machte besonders deutlich, dass das reibungslose Funktionieren der parlamentarischen Demokratie in den USA nicht von Personen abhing, die sich und ihre charismatische Präsenz für unentbehrlich hielten. Er imponierte auch vielen politisch interessierten Bürgern Berlins. Ein bedeutender, seit 1783 einmal pro Woche zusammenkommender Berliner Debattierzirkel, dessen Mitglieder sich für die republikanisch-demokratischen Ideale der Vereinigten Staaten von Amerika erwärmten, war die sogenannte »Mittwochsgesellschaft«. Dieser Vereinigung von Aufklärungsfreunden und Gesellschaftsreformern gehörten neben dem preußischen Finanzminister Karl August von Struensee, den Publizisten Friedrich Nicolai und Johann Erich Biester auch der Jurist Svarez an. »Ehrenmitglied« der regelmäßig tagenden Sozietät war der Philosoph Mendelssohn, der unmittelbar nach dem britisch-amerikanischen Friedensschluss behauptete, dass das Problem der Neuordnung des gesellschaftlichen Lebens in den USA vielleicht »glücklicher praktisch beygelegt« sei als überall sonst.

Das vielgelesene Publikationsorgan der Mittwochsgesellschaft war die von Biester herausgegebene *Berlinische Monatsschrift*, in der im April 1783 eine geradezu revolutionäre Ode auf die frisch errungene Freiheit Amerikas abgedruckt wurde. Aufhorchen ließen sowohl Ton als auch Gehalt dieser hymnischen Verse. »Frei bist du! (sag's in höherem Siegeston, entzücktes Lied!), frei nun Amerika!«, setzte das Gedicht freudig rufend ein, denn »erschöpft, gebeugt, bedeckt mit Schande« habe Großbritannien die despotische Herrschaft über seine nordamerikanischen Kolonien endgültig abtreten müssen. »Der edle Kampf für Freiheit und Vaterland« sei »rühmlich gekämpfet«, da eine Republik aus dem Unabhängigkeitskrieg hervorgegangen sei, in welcher »gleiche Bürger« ihr politisches Geschick selbst bestimmten. Nach dem Vorbild der Vereinigten Staaten könne in jeder Nation nun jederzeit frei werden, »wer's sein will«, auch in Preußen. Rebellisch forderte die Ode deshalb: »Und du, Europa, hebe das Haupt empor! / Einst glänzt auch dir der Tag, da die Kette bricht, / Du, Edle, frei wirst; deine Fürsten / Scheuchst und, ein glücklicher Volksstaat, grünest.«

Dass solche Zeilen in Preußen von der Zensur unbeanstandet blieben und in Druck gehen konnten, zeugte einerseits von der erstaunlichen Großzügigkeit Friedrichs, andererseits aber auch von seinem ungebrochenen Selbstbewusstsein. Nach wie vor war er sich sicher, dass er in seinen Landen als König unangefochten war. Und er rechnete fest damit, dass die USA ihre Faszinationskraft, die sie unstrittig auf viele Bürger der europäischen Staaten ausübten, schon bald wieder würden einbüßen müssen. Auch nach dem erfolgreich beendeten Unabhängigkeitskrieg traute er den Amerikanern nicht zu, sich dauerhaft im Rahmen einer demokratischen Republik zu organisieren. Gegenüber dem britischen Gesandten in Berlin bekannte er, dass die amerikanische Union in ihrer gegenwärtigen Form nicht lange bestehen könne, da eine republikanische Regierungsform nie auf Dauer existiert habe, wo das Gebiet nicht beschränkt gewesen sei. Der Gedanke, höhnte er, dass die USA als demokratische Republik eine Zukunft haben könnten, sei genauso absurd wie die Vorstellung, zwischen Riga und Brest – also im Zentrum des von der Teilung verschonten polnischen Restkönigreichs – eine Demokratie gründen zu wollen.

Allerdings hielten diese skeptischen Überlegungen Friedrich nicht davon ab, im Schriftwechsel mit den europäischen Botschaftern der Vereinigten Staaten sorgfältig auszuloten, ob Preußen und die USA nicht vielleicht schon bald einen Freundschafts- und Handelsvertrag abschließen konnten und sollten. Denn solange die Vereinigten Staaten existierten, wollte der preußische König vor allen anderen europäischen Herrschern umfassend vom Handel mit dieser jungen Nation profitieren. Zwei Jahre lang verhandelte der preußische Gesandte in Den Haag, Friedrich Wilhelm von Thulemeyer, mit dem dort ansässigen amerikanischen Botschafter John Adams bis ins kleinste Detail über den möglichen Wortlaut eines preußisch-amerikanischen Vertrags.

Friedrich wollte für seine Untertanen vor allem günstig virginischen Tabak, Reis und Indigo erwerben, ließ er Adams im Sommer 1784 wissen. Verkaufen wollte er den Bürgern der neuen Republik dafür in erster Linie westfälische Eisenwaren, schlesische Leinenstoffe und Berliner Porzellan. Einig war er sich mit Adams darin, dass das Königreich Preußen und die USA den handeltreibenden Mitgliedern ihrer beiden aufgeklärten Nationen »vollständigste Gewissensfreiheit und freie Religionsübung« zu garantieren hatten. Als der vollständig ausgearbeitete preußisch-amerikanische Handelsvertrag dann am 24. September 1785 in Berlin von Friedrich ratifiziert wurde, nannte Washington diesen »mit dem König von Preußen abgeschlossenen« Kontrakt, dessen erster Artikel sich für unverbrüchliche, feste und aufrichtige Freundschaft und Frieden zwischen beiden Mächten aussprach, in einem Brief an Lafayette den »freisinnigsten Vertrag, der je von unabhängigen Mächten abgeschlossen wurde«.

Einen Sympathiebeweis ganz eigener Art bezeigten einander einige einfache Angehörige der nun befreundeten Nationen, als sie zwei in der Nähe des amerikanischen Kongresssitzes Philadelphia und der preußischen Hauptstadt Berlin gelegene Orte spontan umtauften. Ein wenige Meilen nordwestlich von Philadelphia befindliches Gasthaus, das während des Unabhängigkeitskrieges auch von Washington und seinen Offizieren häufig frequentiert worden war, erhielt auf Wunsch seines Wirtes die Ehrenbezeichnung »King of Prussia«. Die große Ortschaft, die kurz darauf im Umkreis dieses Inns entstand, trägt den Namen des großen Preußenkönigs bis auf den heutigen Tag. Umgekehrt gaben die Einwohner des südöstlich von Berlin bei Storkow gelegenen Dorfes Hammelstall ihrer kleinen Ansiedlung fast zur selben Zeit den sehr viel klingenderen Namen »Philadelphia«. Auch dieser Ort existiert noch immer und zeugt von einer Zeit, als selbst die Leute in Friedrichs aufgeklärtem Preußen von den USA als dem Land ihrer Sehnsüchte zu träumen begannen.

10.

VOLLENDUNG UND NEUBEGINN (1785–1801)

Der umfassende Freundschafts- und Handelsvertrag mit den jungen USA war nicht das einzige Bündnis, das der zusehends gebrechlicher werdende König Friedrich in seinem nun schon 74. Lebensjahr einging. Parallel zu den Verhandlungen mit den Amerikanern führte der preußische Monarch Gespräche mit den Regenten verschiedener mittlerer und kleinerer deutscher Staaten, die ihn zum Schutz vor neu entflammten österreichischen Begehrlichkeiten dringend in eine Allianz gegen das Haus Habsburg einbinden wollten. Schon kurz nach dem Tod seiner Erzrivalin Kaiserin Maria Theresia – die am 29. November 1780 in Wien im Alter von 63 Jahren verstorben war – hatte deren Sohn und Alleinerbe Kaiser Joseph II. erneut bei dem pfälzisch-bayerischen Kurfürsten Karl Theodor vorgesprochen, um sein 1779 aufgegebenes Projekt eines Ländertausches zwischen Bayern und den österreichischen Niederlanden wieder aufzunehmen. Wieder zeigte sich der Kurfürst gegenüber dem Plan aufgeschlossen. Doch die umsichtigen Herzöge Karl August von Sachsen-Weimar, Karl Friedrich von Baden, Karl August von Pfalz-Zweibrücken und Fürst Franz von Anhalt-Dessau wandten sich strikt gegen das Tauschvorhaben. So riefen sie den greisen Preußenkönig auf, wie schon im Konflikt um die bayerische Erbfolge auch jetzt wieder als Garant der seit dem Frieden von Hubertusburg bestehenden Ordnung des Reiches auf den Plan zu treten.

Friedrich war von diesem Ansinnen zunächst wenig erbaut. »Schon mehr als zur Hälfte jenseits dieser Welt«, schrieb der kränkelnde König zu Beginn des Jahres 1785 in äußerst verdrießlicher Laune, müsse er nun gezwungenermaßen »Klugheit und Tätigkeit verdoppeln« und »unausgesetzt die verhassten Projekte im Kopf haben, die dieser verfluchte Joseph mit jedem neuen Tage neu erzeugt«. Durch die aufrüttelnde Anfrage der hilfesuchenden Reichsfürsten sei er »dazu verurteilt, eine Ruhe nicht eher zu genießen, als bis ein wenig Erde meine Gebeine bedecken wird«. Trotz der Vorahnung seines Todes ging er auf die Bitten der Herzöge ein. Mit Hilfe seiner geschickten Diplomaten schmiedete er einen Fürstenbund gegen Österreich, dem sogar Sachsen und Hannover beitraten. Als am 18. Oktober 1785 auch der mainzische Kurfürst Friedrich Karl von Erthal – der ja der Erzkanzler des deutschen Reiches war – zu dem Bündnis stieß, musste Joseph II. jegliche Hoffnung auf einen Ländertausch innerhalb der Reichgrenzen fahren lassen.

Im darauffolgenden Winter war es dann Friedrich, der eine im Stillen genährte Hoffnung endgültig aufgeben musste: Die Besserung seines jämmerlichen Krankheitszustandes blieb aus. Die schmerzhaften Gichtanfälle, unter denen er schon seit einigen Jahren litt, wurden immer langwieriger und zogen jetzt auch häufig Lähmungserscheinungen nach sich, die über viele Tage hinweg nicht abklingen wollten. Ein schweres Asthma verursachte dem König eine qualvolle Atemnot, und eine sich stetig ausweitende Wassersucht ließ seine Beine bedrohlich anschwellen. Sarkastisch verglich sich der leidende Monarch mit einem immer noch regen »Geist«, der leider »einen Kadaver schleppt«. Noch aber ließ sich der »Alte Fritz« nicht völlig gehen. Auch wenn er die meiste Zeit des Tages in einem sehr unsauberen Krankenzimmer seines Potsdamer Stadtschlosses im Lehnstuhl sitzend verbrachte, stellte er an sich selbst den fordernden Anspruch: »Der Kadaver muss traben!«

Also empfing er auch weiterhin hochrangige auswärtige Gäste. Einer dieser Besucher war Washingtons ehemaliger Offizier Lafayette, der Held des Unabhängigkeitskrieges, dem der König ein besonderes Wohlwollen entgegenbrachte. In zwei Briefen an Washington und Franklin vom Februar 1786 berichtete der Franzose vom Gesundheitszustand des greisen Monarchen. Friedrich besitze »die schönsten Augen, welche ich je gesehen habe«, da sie zugleich ein loderndes »Feuer« versprühten und eine grenzenlose »Milde« ausdrückten. Andererseits aber sei der »alte König« mittlerweile sehr »hinfällig und schmutzig«. Seine Finger seien »durch die Gicht beinahe ganz verrenkt« und sein Kopf liege »fast ganz auf der einen Schulter«. Doch noch in seiner Gebrechlichkeit sei Friedrich der Große von einer Aura der »bezaubernden Anmut« umgeben. Allerdings dürfe dieser faszinierende Eindruck niemanden über den »tyrannischen, harten und egoistischen Charakter« des Monarchen hinwegtäuschen, der ihn eben auch kennzeichne.

Besonders enttäuschend sei es, dass der preußische König sich ganz falschen Vorstellungen von der Wirkkraft und Beständigkeit der amerikanischen Freiheit hingebe. Der angeblich so aufgeklärte König von Preußen habe eben keinen rechten Begriff von der seit 1776 etablierten Selbstregierung der Amerikaner – trotz seiner ausdrücklich bezeugten Hochachtung für die militärischen Tugenden, die sie während des Unabhängigkeitskrieges unter Beweis gestellt hatten. Anders als sein Bruder Prinz Heinrich, der im Ruf stehe, ein aufrichtiger Verehrer der neuen und zeitgemäßen amerikanischen Gesellschaftsordnung zu sein, bezweifle Friedrich der Große noch immer, dass sich ein durch und durch demokratisch-republikanischer Staat mit seiner »freiheitlichen Verfassung« würde »lange halten können«. »Der König von Preußen«, folgerte Lafayette unwirsch, sei in dieser Hinsicht durch üble »Gewohnheit und Vorurteile verblendet«. Vielleicht könne der immerhin sehr kranke Friedrich aber auch gar nicht mehr zu einem nüchternen, ausgewogenen und gerechten Urteil gelangen, denn »die Gesundheit dieses Monarchen ist sehr schlecht«.

Unmittelbar nach Lafayettes Abreise aus Potsdam verschlechterte sich der Gesundheitszustand des Preußenkönigs dann so rapide, dass das Ende seines Lebens kurz bevorzustehen schien. Doch mit Anbruch des Frühjahrs erholte er sich noch einmal. Am

17. April ließ er sich nach einer ausgedehnten Rundfahrt durch die kleinen Dörfer und Siedlungen am Schwielowsee im Havelland sogar wieder in sein sommerliches Lustschloss Sanssouci bringen. Dort lebte er nun völlig einsam. Weder Hofleute noch Adjutanten duldete er um sich. Nicht einmal Wachen bot er zu seinem Schutz auf. Besuche seines Bruders Heinrich und des Thronfolgers Friedrich Wilhelm verbat er sich. Allein sein treuer Kammerhusar Schöning half ihm bei seinen täglichen Verrichtungen und sorgte für die nötigen Mahlzeiten.

Als sich die kaum erträglichen Schmerzen und die schlimmsten Krankheitssymptome der Gicht und Wassersucht dann aber im Juni wieder mit Macht zurückmeldeten, beschloss Friedrich, bei einem der kenntnisreichsten Ärzte seiner Zeit, Johann Georg Zimmermann aus Hannover, Rat einzuholen, wie sich das schwere Leiden wohl am ehesten lindern ließe. Als Zimmermann in Potsdam eintraf, fand er den König in einem mitleiderregenden Zustand vor. Friedrichs Gesicht, so Zimmermann in einem späteren Bericht, »war nicht nur sehr blass und mager, sondern zumal von der weissgelben Blässe, welche nicht nur die übelste Beschaffenheit der Säfte, sondern auch der festen Teile anzeigt und unter solchen Umständen von der übelsten Bedeutung ist«. Außerdem waren seine Beine »bis ganz oben an die Lenden so fürchterlich geschwollen, als nur irgend Beine geschwollen sein können«.

Das einzige Mittel, das der Arzt in diesem Fall zur Besserung der schlimmen Beschwerden in Vorschlag zu bringen wusste, war eine konsequente Diät. Zu Befolgung dieser Maßnahme, die seine ohnehin nur noch dürftige Lebensqualität noch weiter einzuschränken drohte, mochte sich der König allerdings nicht durchringen. So reiste Zimmermann, der erkannte, dass eine Heilung ausgeschlossen war, wieder ab, ohne dem Patienten Erleichterung verschafft zu haben. Seinen Abschied von Sanssouci am 11. Juli schilderte der versierte Mediziner mit ergreifenden Worten: »Nun nahm der König seinen Hut mit unbeschreiblicher Würde, Huld und Freundlichkeit ab, neigte sein Haupt und sprach: ›Adieu, mein guter, mein lieber Herr Zimmermann. Vergessen Sie den guten alten Mann nicht, den Sie hier gesehen haben!‹« Dann sandte er ihn mit der Bemerkung fort, dass seine Kranken in Hannover ihn gewiss nötiger hätten.

Am Morgen des 16. August konnte sich der König kaum noch verständlich machen. Schwere Hustenanfälle wechselten mit minutenlangen Ohnmachten. Er bekam hohes Fieber. Der nun eilends aus Berlin nach Sanssouci gerufene Arzt, Christian Gottlieb Selle, hielt die Nachtwache. Zwei Stunden nach Mitternacht wurde der in einem Lehnstuhl sitzende und von Schöning gestützte Friedrich von einem erneuten heftigen Hustenanfall gepeinigt. Dann seufzte er: »Der Berg ist überwunden, es wird uns nun besser gehen.« Kurz darauf starb er. Selle, der ein aufmerksamer Zeuge war, als Friedrich der Große sein Leben aushauchte, erinnerte sich später: »Der Tod des Königs war wie sein Leben. Furchtlos und gleichmütig blieb er bis zum letzten Zuge seines Odems. Vor dem Fieber glaubte sich der König in der Besserung, wenigstens hatte er sein Ziel noch einige Zeit hinaus gerückt, und im Fieber war ihm der Kopf zu eingenommen, als dass er seine Todesgefahr hätte bemerken können. Auch hatte er zu oft von diesem mit Röcheln verbundenen Husten gelitten, als dass er ihn hätte befremden sollen. – Er verschied also ruhig und sanft, und seine ganz unverstellten Gesichtszüge, sein ruhiger, ernster Blick zeigten noch im Sarge, dass er mit keinem besorgten und quälenden Gedanken aus der Welt gegangen war, ob er gleich noch einige Minuten vor dem Tode Bewusstsein hatte.«

Bereits eine Stunde nach dem Ableben Friedrichs des Großen wurde auf Anordnung seines Nachfolgers König Friedrich Wilhelm II. die Totenmaske des Dahingeschiedenen abgenommen. Dann wurde der Leichnam im Konzertsaal von Sanssouci in einem alten blauen Seidenmantel und auf einem schlichten Feldbett aufgebahrt. Um acht Uhr abends brachte man ihn ins Potsdamer Stadtschloss, wo vier Offiziere die Totenwache hielten.

Die Trauer über den Tod des Königs, der Preußen beinahe fünf Jahrzehnte regiert und mit seinem ehernen Willen dauerhaft geprägt hatte, hielt sich in den beiden Residenzstädten Potsdam und Berlin in engen Grenzen. Viele seiner Untertanen, Bürger und Höflinge, atmeten auf, als sie erfuhren, dass der einstmals über die Maßen verehrte autokratische Herrscher in Sanssouci gestorben war. Diese relative Teilnahmslosigkeit und Gleichgültigkeit hatte ihren Grund vor allem darin, dass die aufgeklärt-absolutistische Staatsphilosophie Friedrichs des Großen seit der Erklärung der amerikanischen Unabhängigkeit als zunehmend antiquiert wahrgenommen wurde.

Der in diesen Tagen durch Preußen reisende französische Aufklärer Gabriel de Riqueti, Graf von Mirabeau, der Friedrich noch wenige Monate vor seinem Tod aufgesucht hatte – weil er ihn als Persönlichkeit bewunderte, obwohl er doch selbst ein glühender Anhänger des Parlamentarismus war – schilderte dem Abbé de Périgord in einem schon am 17. August verfassten Brief die eigenartige Stimmung, die sich unmittelbar nach dem Tod des Königs an Havel und Spree breit machte: »Es herrscht Totenstille«, schrieb der Graf, »aber keine Trauer; man zeigt sich benommen ohne Kummer. Man sieht in kein Gesicht, das nicht den Ausdruck von Erleichterung, von Hoffnung trüge. Kein Bedauern wird laut, man hat keinen Seufzer, kein lobendes Wort! Ist das das Ende einer beinahe ein halbes Jahrhundert währenden Regierung, die so reich war an Großtaten? Alle Welt wünschte das Ende herbei – alle Welt beglückwünscht sich!«

Wie umfassend der bis vor wenigen Tagen noch unumstößlich in Geltung stehende Wille des verstorbenen Monarchen nun missachtet wurde, zeigte sich insbesondere daran, dass Friedrich Wilhelm II. für seinen Onkel ein Begräbnisritual wählte, das dieser sich zu Lebzeiten strikt verbeten hatte. Anders als von Friedrich dem Großen testamentarisch verfügt, wurde sein Leichnam nämlich nicht auf der Terrasse des Schlosses von Sanssouci beigesetzt, sondern direkt neben dem Marmorsarkophag seines Vaters in der Garnisonkirche von Potsdam.

Zwar hatte Friedrich Wilhelm II. jene modrige unterirdische Gruft, die sein Vorgänger schon 1744 – also lange vor der Fertigstellung der neuen Potsdamer Sommerresidenz – am äußersten Terrassenrand von Sanssouci hatte erbauen lassen, noch am Todestag seines Onkels persönlich in Augenschein genommen, um zu überprüfen, wie er am besten dessen letztem Willen gerecht werden konnte. Doch als der neue König sah, dass in die unterhöhlte Terrasse bereits etliche Särge mit den Lieblingshunden Friedrichs des Großen eingelassen worden waren – nicht weniger als elf italienische Windspiele, deren Rufnamen auf jeweils eigenen, die Gruft abdeckenden Sandsteinplatten zu lesen standen –, entschloss sich der von diesem Anblick zutiefst abgestoßene Monarch, die Bestattung in einem anderen Rahmen stattfinden zu lassen. Friedrichs Lebensbahn war vollendet, Preußen stand vor einem Neubeginn und der neue König Friedrich Wilhelm II. war gewillt, diesen Neuanfang schon bei den für seinen Onkel ausgerichteten Trauerfeierlichkeiten spürbar und sichtbar werden zu lassen.

Nicht in einem schmucklosen und in freier Natur befindlichen Grab, das an den gleichartigen Verfall jeder pflanzlichen, tierischen oder menschlichen Kreatur erinnerte, ließ der neue Herrscher Preußens den verblichenen Monarchen beisetzen, sondern in einem weihevollen Kirchenraum, in welchem die dort versammelte christliche Gemeinde Woche um Woche gemeinsam ihre Hoffnung auf die fleischliche Auferstehung aller Gläubigen bekannte. Nicht im eklatanten Widerspruch zum üblichen Begräbniszeremoniell der europäischen Fürstendynastien seiner Zeit wurde Friedrich zur letzten Ruhe gebettet, sondern in Übereinstimmung mit den entsprechenden Gepflogenheiten des Hauses Hohenzollern. Und zu dieser preußisch-hohenzollernschen Tradition gehörte es eben auch, dass im unumschränkt monarchisch regierten Staat der Wille des lebenden Königs das in letzter Instanz gültige Gesetz war. Insofern wohnte Friedrich Wilhelms II. bewusstem Verstoß gegen den letzten Willen seines Vorgängers eine durchaus preußische Logik inne.

Nach einem mit allen militärischen Ehren vollzogenen Trauergeleit fanden die Trauerfeierlichkeiten am 9. September in der

Potsdamer Garnisonkirche statt, wo der Sarg unter einem Monopteros, einem Sinnbild der Unsterblichkeit, plaziert wurde. Der Gedächtnisgottesdienst stand im Zeichen eines alttestamentarischen Verses aus dem ersten Buch der Chronik, in dem der Prophet Nathan sich an den König David wendet und ihm zuruft: »Ich habe Dir einen Namen gemacht, wie die Großen auf Erden einen Namen haben.« Dieser biblische Spruch sollte selbstverständlich als Anspielung auf den schon zu Lebzeiten vergebenen Ehrentitel Friedrichs verstanden werden, der ja in der Tat als »der Große« weltweit bekannt war.

Weltweit sorgte der Tod des großen Herrschers für erhebliches Aufsehen. Innerhalb kürzester Zeit verbreitete sich die Nachricht in alle Himmelsrichtungen und erreichte auch Goethe, der erst vor wenigen Wochen in Italien angekommen war. Genau wie die Bürger Potsdams und Berlins quittierte er die Mitteilung, dass Friedrich der Große das Zeitliche gesegnet hatte, mit dem schlichten Stoßseufzer: »Endlich«. Auch Goethe, der den verstorbenen Monarchen doch einst so vorbehaltlos verehrt hatte, war jetzt wie viele seiner deutschen Landsleute ernüchtert der Meinung, dass »der große König, dessen Ruhm die Welt erfüllte«, sich angesichts der seit 1776 veränderten Weltlage schon viele Jahre vor seinem Tod überlebt habe.

Auch in den USA wurde das Ende der friderizianischen Ära mit einer erstaunlichen Kühle und Distanziertheit hingenommen, obschon Friedrich der Große doch im Siebenjährigen Krieg einen erheblichen Anteil an der französischen Niederlage in Nordamerika gehabt hatte. Zudem hatte er noch vor Jahresfrist mit innerer Überzeugung an der letzten Fassung des preußisch-amerikanischen Freundschafts- und Handelsvertrags mitgearbeitet. Nun aber schrieb Washington, der doch einst bei dem Londoner Handelshaus Cary & Company eine stattliche Büste des von ihm verehrten Königs bestellt hatte, dem Marquis de Lafayette einen freimütigen Brief, in dem er den preußischen Monarchen als Despoten schmähte.

Zwar gebe es nach wie vor kaum einen Zeitgenossen, so der amerikanische Held des Unabhängigkeitskrieges, der Friedrich den Großen »als Soldaten und als Politiker« überrage, denn der preußische König habe als Feldherr und Staatenlenker wahrlich Außergewöhnliches geleistet. Doch sei es deswegen umso mehr »zu beklagen«, dass sein im Grunde »großartiger Charakter« auch mit einem dunklen »Schandfleck« versehen sei. Als unumschränkt regierender Monarch, der ungeachtet des preußisch-amerikanischen Vertrags kein tiefergehendes Verständnis für die republikanisch-demokratische Regierungsform der Amerikaner entwickelt und somit auch keine parlamentarische Mitsprache in seinen Landen befördert habe, sei er ein König gewesen, der »über Millionen Menschen als Tyrann geherrscht« habe.

Washington notierte diese harschen Worte im Bibliotheks- und Arbeitszimmer seines Landsitzes Mount Vernon, wo er sich nun schon seit drei Jahren als zurückgezogen lebender Gutsherr dem Ackerbau und der Viehzucht widmete. Seine am Ende des Unabhängigkeitskrieges beschworene Absicht, sich aus allen öffentlichen Ämtern dauerhaft ins Privatleben zurückzuziehen, war kein leeres Gerede gewesen. Er hatte es genauso gehalten wie der legendäre römische Konsul Lucius Quinctius Cincinnatus, der im fünften vorchristlichen Jahrhundert vom römischen Senat zum Alleinherrscher gemacht worden war, um die Bürger der Stadt möglichst wirkungsvoll gegen die Angriffe der umliegenden Volksstämme der Aequer, Sabiner und Volsker schützen zu können. Als der mit allen diktatorischen Vollmachten ausgestattete Cincinnatus seiner militärischen Pflicht Genüge getan und die römische Freiheit bewahrt hatte, war er sofort wieder auf seine Felder zurückgegangen, um das Schwert gegen den Pflug zu tauschen. Der Versuchung, die ihm im Kriegsfall gewährte diktatorische Machtfülle auch im Frieden für sich als Usurpator zu beanspruchen, hatte Cincinnatus in vorbildlicher Weise widerstanden. Seither galt dieser Römer als einer der redlichsten, gesetzestreuesten und selbstlosesten Freiheitskämpfer der Weltgeschichte.

Einige der altgedienten amerikanischen Offiziere der Kontinentalarmee, die sich nach 1783 ebenfalls aus der Öffentlichkeit auf ihre Landgüter zurückgezogen hatten, waren deshalb auf die Idee gekommen, eine von ihnen zum Andenken an ihren Kampf für »das Glück der Vereinigten Staaten« gegründete Bruderschaft als »Society of the Cincinnati« zu bezeichnen. Zum Präsidenten ihrer Gesellschaft wählten sie Washington, der in ihren Augen geradezu die Reinkarnation des Cincinnatus zu sein schien. Da die Brüder der Cincinnati-Gesellschaft die Mitgliedschaft in ihrer Vereinigung jedoch gemäß der Ordenssatzung nur an die jeweils erstgeborenen Söhne weitergaben – und zwar ausschließlich durch Erbschaft, ohne von ihren männlichen Nachkommen eine zusätzlich zu erbringende Leistung zu verlangen –, musste Washington wiederholt zu dem Vorwurf Stellung nehmen, dass diese Fraternität klammheimlich eine neue Aristokratie in den USA einführen wolle.

Einen die Satzung der Bruderschaft rechtfertigenden Brief richtete Washington am 16. Dezember 1786 an den virginischen Politiker und Juristen James Madison. Zu der Zeit, als der Cincinnati-Orden gegründet wurde, habe sich »keines seiner Mitglieder vorgestellt«, dass dieser harmlosen Vereinigung jemals ein solches Gefahrenpotential zugesprochen werden könnte, wie es momentan selbst »respektable Charaktere« in völlig überzogenen und wirklichkeitsfremden Worten an die Wand malten. Die *Society of the Cincinnati* sei vielmehr ein durchaus ehrenwerter Bund, der es sich in erster Linie zur Aufgabe mache, die mittellosen Witwen und Nachkommen der im Kampf um Amerikas Freiheit gefallenen Patrioten mit ausreichenden finanziellen Zuwendungen zu versehen. Er selbst wies jeden Verdacht weit von sich, als verkappter Aristokrat die »republikanischen Prinzipien« der USA zu verraten. Stattdessen bekannte er sich zu den mit dem Republikanismus bestens zu vereinenden Tugenden des Römers Cincinnatus, der ja nicht ohne Grund der Namenspatron des Ordens war.

Die meisten seiner Mitbürger honorierten diesen Rechtfertigungsversuch Washingtons auch und glaubten ihm, dass er die republikanischen Prinzipien der USA ohne jeden Wankelmut selbst in der größten Notlage der noch jungen Freistaaten verteidigen würde. Der französische Bildhauer Jean-Antoine Houdon, der 1785 eigens nach Amerika gereist war, um dort von Washington eine Lebendmaske abzunehmen, fertigte 1786 sogar eine Büste an, die den heldenhaften Gutsherrn in Toga und Tunika bewusst als amerikanischen Cincinnatus stilisierte. Diese antikisierende Darstellung fand das uneingeschränkte Wohlwollen des Abgebildeten, doch sah sich Washington noch lieber in der zeitgenössischen Uniform des Generals verewigt. So stellte Houdon – den Jefferson vor dessen Abreise aus Paris in einem Brief an Washington als »den besten Bildhauer der Welt« angepriesen hatte – noch zahlreiche weitere Bronzebüsten und Marmorstandbilder des Siegers von Yorktown her, die den Heros der Amerikaner ganz überwiegend in der Kleidung des Oberbefehlshabers der Kontinentalarmee zeigten.

Auch Maler, die nun in großer Zahl nach Mount Vernon pilgerten, um Washingtons Bildnis mit Dreispitz und Zopf für die Nachwelt in farbigem Öl festzuhalten, bevorzugten eine Darstellung des siegreichen Generals in seiner eleganten blau-gelben und mit goldenen Epauletten geschmückten Offiziersuniform. Die beliebtesten Porträtisten der Zeit, unter ihnen so namhafte Künstler wie Charles Willson Peale und Robert Edge Pine, wetteiferten in dem Versuch, eine möglichst realistische Darstellung des großen Soldaten auf die Leinwand zu bannen. Washington bewies bei den oft stundenlangen Sitzungen große Langmut. Er sei mittlerweile willens und fähig, brüstete er sich, bloß »auf einen Wink« der Maler wie die personifizierte »Geduld auf einem Denkmal« zu erstarren, »während sie meine Gesichtszüge nachzeichnen«. Noch bei den ersten Besuchen der Porträtisten sei er ein »ungeduldiges« Modell gewesen, doch nun richte sich »kein Karren prompter nach der Deichsel aus als ich mich nach dem Schemel des Malers«.

All die meisterhaften Arbeiten der Bildhauer, Zeichner und Maler, die aus Washington in erster Linie eine Ikone der Tugend und Redlichkeit machten, konnten zugleich als Krönung einer bemerkenswerten bürgerlichen Laufbahn verstanden werden: Ein virginischer Farmerssohn, der schon als Jüngling Halbwaise geworden war und sich fortan als Landvermesser sein Brot verdienen musste, hatte es aus eigener Kraft geschafft, die Stellung des weltweit bekannten Landesverteidigers der Vereinigten Staaten von Amerika einzunehmen, des obersten und allseits geachteten Schutzherrn einer ganz neuartigen demokratisch-republikanischen Bürgergesellschaft. Wie seine Porträtisten dachte auch der mittlerweile 54jährige Washington selbst, dass er damit den Gipfel seiner atemberaubenden Karriere erklommen hatte. Ein größerer Ruhm als der, den er jetzt genoss, war undenkbar. Und doch sollte es schon in kürzester Zeit zu einer weiteren Erhöhung Washingtons kommen.

Was Washington und seinen Mitbürgern im Jahr 1786 vor allem Sorgen bereitete, war der krisenhafte Zustand, in den die jungen USA innerhalb weniger Monate unversehens abgeglitten waren. Zehn Jahre nach dem Gründungsakt von 1776 stellte sich heraus, dass das unabhängig gewordene Amerika, das sich als eher lose Konföderation souveräner Einzelstaaten verstand, zu selten weitreichende Entscheidungen treffen konnte, die alle Mitglieder des Staatenbundes dauerhaft zufriedenstellten. Da alle wichtigen Vorhaben des Kongresses von mindestens neun der dreizehn amerikanischen Gründerstaaten gebilligt werden mussten, dieses Quorum aber aufgrund der häufig widerstreitenden Interessen der Einzelstaaten selten erreicht wurde, war die amerikanische Regierung in etlichen politischen Fragen nicht ausreichend handlungsfähig.

Als sich bei einer am 11. September in Annapolis abgehaltenen Wirtschaftskonferenz die Delegationen aus New York, New Jersey, Pennsylvania, Delaware und Virginia über grundlegende Fragen des Verkehrswesens und des Handels der Vereinigten Staaten zerstritten, beschloss die Rumpfkonferenz auf Betreiben der Delegierten James Madison und Alexander Hamilton, zu einem neuen Bundeskonvent nach Philadelphia einzuladen, der sich nicht allein auf die Erörterung von Handelsfragen beschränken, sondern die Verfassung der USA einer genauen Prüfung unterziehen sollte. Als oberstes Ziel dieses Konvents, der im Mai 1787 eröffnet werden sollte, wurde von Madison und Hamilton ausgegeben, die politische Organisation der Vereinigten Staaten so zu reformieren, dass sie fortan den Erfordernissen der föderalen Union besser angepasst sein würde.

Noch während die Wahlen zum Verfassungskonvent von Philadelphia mit Billigung und Unterstützung des Kongresses vorbereitet wurden, verschärfte sich die politische Krise: Im westlichen Massachusetts kam es zu einem Aufstand von zweitausend verschuldeten Farmern, die mit Waffengewalt gegen Steuererhöhungen und dadurch ausgelöste Zwangsversteigerungen protestierten. Ihr Anführer, der Veteran Daniel Shays, der im Unabhängigkeitskrieg an der ruhmreichen Schlacht von Saratoga teilgenommen hatte, drohte, so lange marodierend durch den Staat Massachusetts zu ziehen, bis die ihm missfallende Steuerpolitik wieder entscheidend abgeändert werde.

Washington beklagte und verurteilte Shays' Rebellion in deutlichen Worten. Wenn die zuständigen Behörden in Massachusetts nicht sofort mit aller gebotenen militärischen Härte gegen Shays und seine gesetzlosen Männer vorgingen, würden die USA den traurigen Beweis erbringen, »dass die Menschheit, wenn sie sich selbst überlassen wird, nicht in der Lage ist, sich selbst zu regieren«. Gerade dies aber entspreche der unheilvollen Prophezeiung, »die unsere transatlantischen Feinde vorhergesagt haben«. Er fühle sich daher wie tödlich getroffen, wenn er angesichts der neuen amerikanischen Wirren und Unruhen, »die Wolken betrachte, die sich über den strahlendsten Morgen gelegt haben, der je über einem Lande angebrochen ist«. War das Sonnenlicht der politischen Aufklärung, das sich in Amerika seit Beginn des Jahrhunderts so glänzend ausgebreitet hatte, noch immer stark genug, um die dunklen Wolken der anarchischen Rebellion und des drohenden Verfassungschaos zu durchbrechen oder gar durch Verdunstung ins Nichts aufzulösen?

Wie tiefgehend sich viele Einwohner der USA von der nicht immer gelingenden Regierungsarbeit ihrer führenden Politiker verunsichern ließen und wie brüchig der Glaube an den Erfolg des gewagten republikanischen Experiments vielerorts war, zeigte sich besonders deutlich gegen Ende des Jahres 1786, als der jüngere Bruder Friedrichs des Großen, Prinz Heinrich, ein brisantes Schreiben aus Amerika erhielt, dessen Absender Friedrich Wilhelm von Steuben war. Der ehemalige Exerziermeister der Kontinentalarmee deutete in diesem Brief an, dass es angesichts der Verfassungskrise der USA ernsthafte Bestrebungen gebe, statt der republikanisch-demokratischen Verfassung eine praxistauglichere neue Konstitution nach englischem Vorbild in Geltung zu bringen. Vorsichtshalber erkundigte sich Steuben bei dem preußischen Prinzen in wohlgesetzten Worten, ob er unter Umständen bereit sei, das Amt eines Königs der Vereinigten Staaten von Amerika zu übernehmen, da er ja im Ruf stehe, ein Sympathisant der USA zu sein.

Als der Brief aus Amerika den Prinzen Heinrich im April 1787 erreichte, antwortete er postwendend. Zunächst hob er hervor, dass er überhaupt nur dann für das Amt eines Königs der Vereinigten Staaten kandidieren würde, wenn die Franzosen als wichtigste Verbündete der Amerikaner einen solchen Plan unterstützten. Nachdem er diese Vorbedingung formuliert hatte, gestand er offen zu, dass die englische Verfassung tatsächlich auch in seinen Augen »die vollkommenste aller Verfassungen« zu sein schien, da sie ein gutes »Gleichgewicht zwischen dem Souverän und seinen Untertanen« sicherstelle. Grundsätzlich hielt er aber den Wunsch, das republikanisch-demokratische Verfassungssystem der USA nach dem glänzenden Sieg der Amerikaner im Unabhängigkeitskrieg wieder auf den vor 1776 geltenden Zustand zurückführen zu wollen, für unrealistisch. Den Verlauf der Geschichte konnte man nach der amerikanischen Revolution nicht mehr umkehren. »Ich bekenne offen«, schrieb Heinrich daher, »dass ich kaum zu glauben vermag, dass jemand ernstlich die Absicht hegen kann, die jetzt in den Vereinigten

Staaten von Amerika geschaffene Grundform der Regierung zu ändern«.

Mit dieser aus der Ferne vorgenommenen Einschätzung hatte der preußische Prinz die Gefühlslage der führenden amerikanischen Politiker korrekt beurteilt. Denn als sich der amerikanische Verfassungskonvent im Mai 1787 konstituierte, um über eine neue Verfassung der USA zu beraten, wurde in der Tat schnell ersichtlich, dass die überwiegende Mehrheit der 55 nach Philadelphia entsandten Delegierten nicht im mindesten bereit war, die republikanisch-demokratische Verfassungsordnung der Vereinigten Staaten in Frage zu stellen, geschweige denn mit monarchischen Elementen anzureichern. Die Revolutionäre von 1776 waren nicht gewillt, den Auftrag und das Erbe der amerikanischen Unabhängigkeitserklärung leichtfertig zu verspielen. Washington, der sich erst nach langem Zögern und nur in Anbetracht der Notlage seines Landes bereit erklärt hatte, trotz seines doch eigentlich als dauerhaft verstandenen Rückzugs aus der Politik die Präsidentschaft des Verfassungskonventes zu übernehmen, brachte die im Frühjahr 1787 in den USA vorherrschende Stimmung auf den Punkt: »Ich bin vollkommen der Auffassung«, schrieb er an den virginischen Delegierten James Madison, »dass diejenigen, die einer monarchischen Regierungsweise zuneigen«, sich nur ungenügend »mit der öffentlichen Meinung auseinandergesetzt haben«.

Washington und den anderen Mitgliedern des Verfassungskonvents war aber auch klar, dass die noch immer zu schwache Bundesgewalt gegenüber den weitreichenden Vollmachten der Einzelstaaten eine deutliche Aufwertung erfahren musste, um die amerikanische Union voll handlungsfähig zu machen. Nach intensiven Beratungen konnten sich die von Madison angeleiteten Fürsprecher einer starken Bundesregierung denn auch durchsetzen. Überzeugend legten sie dar, dass eine von allen Amerikanern gemeinsam gewählte Staatsführung, die sich regelmäßig einer Wiederwahl stellen müsse, letztlich immer auch die Interessen der einzelnen Bundesstaaten berücksichtigen werde. So schufen die Konventsdelegierten das neue Amt eines gewählten Staatsoberhaupts. Nach dem bewährten Vorbild des in den Einzelstaaten erprobten Gouverneursamtes wurde es als eine Einpersonenexekutive gestaltet. Der neue demokratisch legitimierte Staatschef sollte den Titel eines »Präsidenten der Vereinigten Staaten von Amerika« tragen.

Um das in den USA seit 1776 in Geltung stehende Prinzip der Volkssouveränität nicht aufzuweichen, sollte dieser neue amerikanische Präsident nicht von den *Assemblies* der Einzelstaaten gewählt werden, sondern von direkt gewählten Wahlmännern. Die Machtfülle des Präsidenten, dem die Rolle des *Commander in Chief* und ein Veto in der Bundesgesetzgebung zugebilligt wurde, war zwar verhältnismäßig groß, doch seine Amtszeit war auf vier Jahre begrenzt, und er musste sich, wolle er weiter regieren, nach Ablauf dieser Zeit durch eine geheime Wahl im Amt bestätigen lassen. Mit diesem Beschluss schrieben die Delegierten des Verfassungskonvents von Philadelphia Geschichte. Das Amt eines republikanisch-demokratischen Regierungschefs war eine welthistorische Novität. Noch war allerdings nicht entschieden, wer dieses Amt als erster prototypisch und in zukunftsweisender Manier ausfüllen würde.

Nun ragte unter den Delegierten von Philadelphia ein Mann heraus, der als einziger amerikanischer Politiker mit der Unabhängigkeitserklärung von 1776, mit der französisch-amerikanischen Allianz von 1778, mit dem britisch-amerikanischen Friedensvertrag von 1782/3 und nun auch mit der neuen Verfassung von 1787 sämtliche Gründungsdokumente der USA ausgehandelt und mitunterzeichnet hatte: Benjamin Franklin. Zudem hatte der berühmte Wissenschaftler als Präsident von Pennsylvania auch schon einige Jahre lang auf der Ebene des Einzelstaates wertvolle demokratisch-republikanische Regierungserfahrungen sammeln können. Sein Ansehen war derart groß und seine Autorität so sehr respektiert, dass es ihm bei der abschließenden Sitzung des Verfassungskonvents gelang, die meisten der noch zweifelnden Delegierten von der Notwendigkeit zu überzeugen, den Text der neu entworfenen Bundesverfassung zu akzeptieren und mit ihrer Unterschrift zu besiegeln.

In einer langen, bewegenden und auch humorigen Rede bekannte Franklin am 17. September 1787, »dass diese Verfassung verschiedene Teile enthält, die ich im Augenblick nicht billige«. Dennoch riet er den Delegierten eindringlich, der Verfassung die Zustimmung zu erteilen, da sie im Großen und Ganzen eine tragfähige Grundlage für das friedliche und gedeihliche Zusammenleben aller amerikanischen Bürger abgebe. Ohnehin bezweifelte er, »dass ein anderer Konvent, der zusammengerufen werden könnte, eine bessere Verfassung machen würde«. Denn wenn man eine größere Gruppe von Menschen versammle, um ihre vereinte Weisheit zu nutzen, dann versammle man »unweigerlich auch ihre Vorurteile, ihre Leidenschaften, ihre Irrtümer, ihre lokalen und ihre eigenen Interessen«. Jeder Delegierte müsse also bereit sein, bestimmte Kompromisse einzugehen, wenn er nicht gerade von seiner eigenen Unfehlbarkeit so überzeugt sei »wie eine gewisse Französin, die einmal bei einem Streit mit ihrer Schwester ausrief: ›Ich weiß nicht, wie es kommt, Schwester, aber ich kenne niemanden außer mir selbst, der immer recht hat‹«. Er hoffe daher inbrünstig, »dass wir um unserer selbst als Teil des Volkes und um der Nachwelt willen« dem amerikanischen Volk »diese Verfassung entschlossen und einmütig empfehlen werden«. Franklins rhetorisch meisterhafte Rede überzeugte nahezu alle Mitglieder des Verfassungskonvents, so dass letztlich nur drei Delegierte gegen die Annahme der neuen US-Bundesverfassung stimmten.

Als die Befürworter des Verfassungswerks nacheinander mit Federkielen ihre Unterschriften unter die Urkunde setzten und die Tinte langsam trocknete, lenkte Franklin die Aufmerksamkeit der versammelten Männer auf das Relief einer Sonne, die in die geschwungene Lehne des Stuhls geschnitzt war, auf dem Washington als Präsident des Verfassungskonvents saß, als er den Vorsitz in diesem bedeutenden Gremium hatte. Viele Künstler, so Franklin, hätten große Schwierigkeiten, auf ihren Gemälden oder Zeichnungen den Unterschied zwischen einer untergehenden

Sonne oder dem Bildnis der aufgehenden Sonne der Aufklärung deutlich genug herauszuarbeiten. Auch er habe sich im Verlauf der vergangenen Monate mehr als einmal gefragt, ob die Sonne auf Washingtons Stuhl im Aufsteigen oder im Untergehen begriffen sei. Jetzt aber, da die neue Verfassung die Zustimmung der überwältigenden Mehrheit der Delegierten gefunden habe, sei er sich sicher, »dass es eine aufgehende und keine untergehende Sonne ist«, die den Vereinigten Staaten und somit der gesamten Welt eine glückliche Zukunft verheiße.

Doch trotz seines unvergleichlichen Charismas war Franklin letztlich nicht der geeignete Mann, um für das neu geschaffene Präsidentenamt zu kandidieren. Er war jetzt, als 81-jähriger gichtgeplagter Greis, schlicht zu alt und zu krank, um ein solch wichtiges Amt über vier Jahre hinweg mit der nötigen physischen Kraft und Konzentrationsfähigkeit ausfüllen zu können. Er selbst wusste dies nur zu gut, weshalb er mit seinem Hinweis auf die über Washingtons Stuhl aufgehende Sonne den strahlenden Helden des Unabhängigkeitskrieges sehr geschickt als den Mann identifizierte, der die USA sicher in die Zukunft führen würde. Pierce Butler, ein Delegierter des Staates South Carolina, gab denn auch zu, dass »viele Mitglieder« des Konvents von Philadelphia »ihre Augen auf George Washington als Präsident warfen«, um fortan ihre Auffassung von der möglichen Ausgestaltung des Präsidentenamtes »an ihren Meinungen hinsichtlich seiner Tugend« auszurichten.

Bevor es zur Wahl eines Präsidenten kommen konnte, musste die neue Verfassung allerdings erst noch von der Mehrheit der Einzelstaaten ratifiziert werden. Washington setzte sich öffentlich und in privaten Schreiben mit allem Nachdruck für die Annahme der Verfassung ein. Es sei sein »glühendster Wunsch«, schrieb er noch im September 1787, dass der Ratifizierungsprozess von Erfolg gekrönt werde, um die sonst drohende »Anarchie« in den USA zu vermeiden. Im Übrigen sei die neue Verfassung aber sehr viel mehr als nur eine Notlösung. Vor allem aber stelle das Präsidentenamt keine Gefahr für die Demokratie dar, denn, so schrieb er seinem Verwandten Bushrod Washington »die höchste Gewalt unter der Verfassung wird immer beim Volk verbleiben. Sie wird nur für bestimmte definierte Zwecke und für einen bestimmten begrenzten Zeitraum den Repräsentanten anvertraut, die es zuvor selbst gewählt hat; und wann immer sie im Gegensatz zu seinen Interessen ausgeübt wird, oder nicht gemäß seinen Wünschen, können und werden seine Diener unzweifelhaft wieder abberufen werden.«

Offenbar teilten die meisten Einwohner der Einzelstaaten Washingtons Einschätzung, nicht zuletzt auch deswegen, weil Alexander Hamilton und James Madison in vielgelesenen Zeitungsartikeln, die später unter dem Sammelbegriff *Federalist Papers* berühmt wurden, überzeugende Argumente zur Annahme der neuen Verfassung vortrugen und publik machten. Schon im Dezember 1787 ratifizierten die Staaten Delaware, Pennsylvania, New Jersey und Georgia die Bundesverfassung. Bis zum 26. April 1788 gaben dann auch noch Connecticut, Massachusetts und Maryland ihre Zustimmung.

Als sich damit langsam, aber sicher eine Mehrheit für die Annahme der Verfassung abzuzeichnen begann, signalisierte Washington in einem Schreiben vom 28. April an Lafayette, dass er nun zumindest »über die Möglichkeit meiner Wahl zum Präsidenten« nachdenke, auch wenn er weiterhin viel lieber »als ehrlicher Mann auf meiner eigenen Farm« in der Zurückgezogenheit von Mount Vernon »leben und sterben« wolle. Nachdem dann aber bis Anfang August auch South Carolina, New Hampshire, sein Heimatstaat Virginia und selbst der bevölkerungsreichste Staat New York die Verfassung ratifiziert hatten, wusste Washington, dass er nun wohl sehr bald gefragt würde, ob er das Präsidentenamt im Falle seiner Wahl übernehme.

Doch je näher dieser Zeitpunkt rückte, umso mehr zauderte und zagte er. Am 3. Oktober 1788 ließ er Hamilton wissen, dass er »jubeln« würde, wenn die im kommenden Februar zusammentretenden Wahlmänner »irgendeiner anderen Person ihre Stimme geben« würden, denn dann bleibe er vor dem »Dilemma« verschont, gezwungen zu werden, die Wahl »entweder annehmen oder ablehnen zu müssen«. Sollte er die Wahl gewinnen, werde seine etwaige Annahme des Präsidentenamtes nur mit »Zaghaftigkeit und Zögern« erfolgen, wiewohl er selbstverständlich alles in seiner Macht Stehende tun werde, »um das öffentliche Wohl zu befördern«. Doch am liebsten wolle er seine verbleibende Lebenszeit nach seinem bisher so »stürmisch verlaufenen Leben« im »Schoße häuslicher Ruhe« auf Mount Vernon zubringen, weil der erste Präsident der Vereinigten Staaten von Amerika »ein noch von niemandem erforschtes Feld betreten« werde.

Aber wer anders als eine Persönlichkeit, die den Amerikanern als besonders mannhaft und vertrauenswürdig galt, konnte das unbekannte Terrain der amerikanischen Präsidentschaft als Erster erkunden? Als das Votum, das die Wahlmänner am 4. Februar 1789 abgegeben hatten, am 6. April in New York City im ebenfalls neu gewählten Kongress offiziell gesichtet wurde, stellte sich heraus, dass immerhin 34 Stimmen auf John Adams entfallen waren, einen Bostoner Revolutionär der ersten Stunde und gewieften Diplomaten, dem viele seiner Landsleute eine resolute und geschickte Amtsführung zutrauten. Dennoch verhalf dem ambitionierten Adams diese durchaus stattliche Stimmenzahl nur zur Vizepräsidentschaft. Erster gewählter Präsident der USA wurde Washington, dem 69 Wahlmänner ihre Stimme gegeben hatten.

Noch am selben Tag machte sich Charles Thomson, der Sekretär des Kongresses, von New York nach Mount Vernon auf, um Washington die Nachricht von dessen einhelliger Wahl zu überbringen. Bereits acht Tage später, am 14. April, erfuhr der Gutsherr dann »gegen ein Uhr« unter der Mittagssonne von Virginia aus Thomsons Munde, dass er die Präsidentschaftswahl mit großem Stimmenvorsprung vor Adams gewonnen hatte. Washington zeigte sich vom Vertrauen seiner Landsleute überwältigt. Deshalb nahm er die Wahl auch umgehend an. Noch am Nachmittag verfasste er ein Dankes- und Antwortschreiben, in dem er bekannte: »Ich bin schon so lange daran gewöhnt, die Meinung meiner Mitbürger zu respektieren, dass mir das Wissen um ihr zu meinen

Gunsten gefälltes einmütiges Votum kaum eine Alternative der Entscheidung lässt«. Washington musste sich dem Wahlergebnis fügen: »Ich glaube, dass ich keinen größeren Beweis meiner Empfindung für die große Ehre erbringen kann, die Sie mir bezeigt haben, als die Ernennung anzunehmen.«

In seinem Tagebuch schlug Washington jedoch einen anderen, sehr viel weniger freudigen und durchweg grüblerischen Ton an. Er wusste ja jetzt, dass ihm ein beschaulicher langer Lebensabend als Gutsherr von Mount Vernon wohl nicht mehr vergönnt war. Am 16. April notierte er: »Gegen zehn Uhr sagte ich Mount Vernon, dem Privatleben und der häuslichen Glückseligkeit Adieu.« Und er fügte hinzu: »Mit einem Gemüt, das mit ängstlicheren und schmerzlicheren Gefühlen beschwert ist, als sich in Worten ausdrücken lässt, machte ich mich auf den Weg nach New York.« Zwar war er auch »mit den besten Vorsätzen ausgestattet, meinem Land in Beantwortung seines Rufes zu dienen«. Ebenso aber verspürte er in sich »wenig Hoffnung«, diesen »Erwartungen zu genügen«. Doch stellte er sich den neuen Anforderungen tapfer und pflichtbewusst.

Im Herzen von New York City, in Manhattan, wo auch die abgegebenen Stimmen der Wahlmänner im Februar ausgezählt worden waren, verlas Washington am 30. April 1789 seine programmatische Rede zum Amtsantritt, die in vielen Passagen wieder viel selbstsicherer klang als seine jüngsten Tagebucheinträge. Der neue Präsident dankte zuerst »dem Allmächtigen Wesen, das über das Universum herrscht«, für den treuen Beistand, der den Amerikanern überhaupt erst zu ihrem jetzt wieder so hoffnungsvoll in die Zukunft blickenden demokratisch-republikanischen Staatswesen verholfen habe. Jede Stufe, die das Volk der Vereinigten Staaten von Amerika auf dem Weg zur Verfassung von 1787 erklommen habe, scheine von der »Vorsehung« in besonderer Weise begünstigt worden zu sein. Deswegen gebiete die Demut vor der gnädigen göttlichen Führung den Amerikanern auch, »das geheiligte Feuer der Freiheit« und das »republikanische Modell der Selbstregierung« zu keinem zukünftigen Zeitpunkt Schaden nehmen zu lassen. Alle Bürger seien aufgerufen, ihre Liebe zu einer wahrhaft »freien Regierung« niemals erlöschen zu lassen, um durch ihr löbliches Beispiel »den Respekt der Welt« zu erwerben.

Die vielen Grußbotschaften, die Washington nun aus allen Bevölkerungsschichten und von den unterschiedlichsten kirchlichen und politischen Organisationen der Vereinigten Staaten zugesandt wurden, nahm der Präsident zum Anlass, auf die uneingeschränkte Religions- und Gewissensfreiheit als die eigentliche Wurzel der amerikanischen Freiheit hinzuweisen. So versicherte er den Baptistengemeinden von Virginia im Mai 1789, dass er niemals seine Unterschrift unter die Verfassung von 1787 gesetzt hätte, wenn diese »die Rechte welcher Religionsgemeinschaft auch immer gefährden würde«. Wenig später beantwortete er ein Gratulationsschreiben der jüdischen Gemeinde von Newport in Rhode Island mit ganz ähnlichen Worten. »Mögen die Kinder aus dem Stamme Abrahams, die in diesem Lande leben, sich auch weiterhin des guten Willens der anderen Einwohner erfreuen«, schrieb er. Jeder Bürger der USA solle »in Sicherheit unter seinem eigenen Wein und Feigenbaum sitzen« und von niemandem wegen seiner religiösen Ausrichtung »geängstigt werden«. So möge der himmlische Vater »uns in all unseren verschiedenen Konfessionen einander nützlich« und »immerwährend glücklich« machen.

Weil Washington mit derart großer Emphase für das Recht auf freie Religionsausübung eintrat, unterstützte er auch eine *Bill of Rights* genannte Grundrechteerklärung, die am 25. September 1789 auf Betreiben Madisons vom amerikanischen Kongress als wichtiger Zusatz zur Bundesverfassung verabschiedet wurde. Gleich im ersten Artikel dieser Erklärung wurde den Bürgern der USA garantiert, dass der Kongress kein Gesetz erlassen dürfe, »das die Einrichtung einer Religion betrifft« oder gar »die freie Religionsausübung verbietet«. Auch »die Rede- oder Pressefreiheit oder das Recht des Volkes«, sich »friedlich zu versammeln und die Regierung um die Beseitigung von Missständen zu ersuchen«, wurde allen amerikanischen Bürgern in diesem ersten Zusatzartikel zur Verfassung als Grundrecht gewährt.

Die ersten Akzente, die Washington in seinem neuen Amt setzte, waren also die mitunter ans Pathetische grenzenden Reden und weihevollen Stellungnahmen eines über die politischen Errungenschaften und Privilegien der Amerikaner treu wachenden Landesvaters. Da er sich zudem noch in seinem ersten Regierungsjahr mit ungewöhnlich fähigen Ministern umgab, denen er bei ihrer Amtsführung ein hohes Maß an Selbständigkeit gestattete, und da er auch den Vizepräsidenten Adams am politischen Tagesgeschäft beteiligte, konnte er seinen präsidialen Regierungsstil auch über den Tag seiner Amtseinführung hinaus beibehalten. Die wohl herausragendsten Mitglieder seines Kabinetts waren Alexander Hamilton, der von Washington zum Finanzminister berufen wurde, und Jefferson, der das Außenministerium führte. Alle Minister waren allein dem Präsidenten verantwortlich und konnten von ihm jederzeit wieder entlassen werden.

Im Herbst 1789 erfuhr Washington dann, dass sich im Juli in Europa sensationelle Ereignisse zugetragen hatten, die unter Beweis stellten, wie sehr die erfolgreiche amerikanische Revolution mittlerweile auch das politische Leben jenseits des Atlantiks beflügelte. Auch in Paris, notierte Washington am 13. Oktober, »war eine Revolution in Gang gesetzt worden«, die den Einwohnern Frankreichs dieselben bürgerlichen Freiheiten und Rechte garantierte, welche in Amerika schon lange in Geltung standen. Diese Entwicklung schien Washington »von so wunderbarer Natur« zu sein, »dass der Verstand diese Tatsache kaum begreifen kann«. Bald schon, so hoffte der amerikanische Präsident, werde die französische Nation »die mächtigste und glücklichste in Europa sein«.

Besonders freute sich Washington darüber, dass sein ehemaliger Offizier und Schützling Lafayette bei dem revolutionären Umsturz in Frankreich eine führende Rolle gespielt hatte. Am 14. Juli 1789 wurde er zum Vizepräsidenten der neu gegründeten Nationalversammlung gewählt. An eben diesem Tag erstürmten französische Bürger in Paris die Bastille, die verhasste Zwingburg absolutistischer Willkür, den großen Kerker, in dem einst auch Voltaire einsaß. Lafayette, der nach dem Sturm auf die Bastille auch zum Kommandanten der neu gebildeten französischen Nationalgarde ernannt worden war, nahm den Schlüssel zu diesem nun für immer aufgebrochenen Staatsgefängnis in seine Obhut. Auf sein Betreiben wurde am 26. August auch in der Nationalversammlung eine am amerikanischen Vorbild ausgerichtete Erklärung der Menschen- und Bürgerrechte verlesen. Ebenfalls im August entzog die französische Nationalversammlung dem Adel und dem Klerus sämtliche Privilegien. So wurde binnen weniger Stunden eine nahezu tausendjährige Gesellschaftsordnung zu Grabe getragen. Nicht mehr Geistliche, Adlige und Bürgerliche standen sich fortan in Frankreich gegenüber, sondern alle waren nur noch Gleiche unter Gleichen. Das war das Ende des Ancien Régime.

Allein die Geschwindigkeit, mit der diese an sich wünschenswerten Veränderungen in Frankreich durchgeführt worden waren, beunruhigte Washington. Er fragte sich, »ob diese Revolution nicht in einem zu großen Rahmen in zu kurzer Zeit« umgesetzt worden sei, um Bestand zu haben. König und Adel würden sich möglicherweise schon bald einem »aktiven Widerstand« gegen die grundstürzenden Neuerungen im Lande anschließen. Dennoch: Als Lafayette ihm im März 1790 den Schlüssel der Bastille nach Amerika schickte, weil er in Washington den »Vater der Freiheit« erblickte, nahm der amerikanische Präsident dieses unvergleichliche Symbol des Sieges über den Despotismus gern als »Zeichen der Freiheit« in Empfang. Als dann im April Benjamin Franklin starb, erbte Washington auch noch dessen Spazierstock aus Apfelbaumholz. »Wäre dies ein Szepter«, hatte Franklin zuvor in seinem Testament erläutert, dann hätte der Präsident »es verdient und es würde ihm zur Zierde gereichen«. Mit dem Spazierstock – der symbolisierte, dass der amerikanische Präsident stets im Wissen um die (von Franklin entscheidend mitgestaltete und durchwanderte) eigene Geschichte vertrauensvoll noch unerforschtes Terrain erkunden werde –, und mit dem Schlüssel der Bastille – der veranschaulichte, dass das in die Welt wirkende amerikanische Freiheitsideal irgendwann jedes Gefängnis der Tyrannen sprengen würde – besaß Washington nun zwei ungewöhnliche republikanisch-demokratische Herrscherinsignien, die weltweit ihresgleichen suchten.

Ab Herbst 1790 befasste sich Washington verstärkt mit der Planung der neuen amerikanischen Hauptstadt, die unweit von Mount Vernon am Potomac River entstehen sollte. Der Kongress, der in diesem Augenblick zwar gerade erst wieder von New York an seinen angestammten Sitz nach Philadelphia zurückgekehrt war – wo nun auch Washington einen im Stadtzentrum gelegenen schlichten roten Backsteinbau als neuen Amtssitz des Präsidenten bezog –, hatte im Juli ein Gesetz verabschiedet, das vorsah, die zukünftige Kapitale der USA als Bundesstadt in einem eigenständigen und erst noch zu bildenden Distrikt anzulegen, der nach »Columbia«, dem poetischen Namen für Amerika, *District of Columbia* (abgekürzt D.C.) benannt wurde. Dort, auf neutralem, zu keinem der bereits existierenden Bundesstaaten gehörendem Boden, sollten Parlament und Regierung der USA dann ab dem Jahr 1800 ihren permanenten Sitz nehmen.

Zu Ehren des ersten amerikanischen Präsidenten wurde die neue Bundesstadt schon wenige Monate nach dem Hauptstadtbeschluss offiziell *City of Washington, D.C.* genannt. So war es auch folgerichtig, dass ihr Namensgeber alle wesentlichen Entscheidungen über den Bauplan und die auszuwählenden Architekten traf. Auch die endgültige Lage (zwischen Rock Creek und Goose Creek) der auf streng quadratischem Grundriss angelegten Stadt am Potomac bestimmte Washington persönlich. Der Architekt seiner Wahl war der französische Künstler und Wissenschaftler Pierre L'Enfant, der schon 1777 als Major im amerikanischen Unabhängigkeitskrieg gedient hatte. L'Enfant ließ sich beim Entwurf des Stadtgrundrisses, der als ein von boulevardartigen Querstraßen durchzogenes Schachbrettmuster angelegt war, vom Wegesystem der französischen Residenz Versailles inspirieren. Das prächtige Kongressgebäude wiederum wurde von dem Schotten William Thornton entworfen. Es erinnerte mit seiner mächtigen Kuppel an das römische Pantheon. Den Präsidentenpalast schuf der irische Architekt James Hoban. Er orientierte sich mit seinem Entwurf an der Stadtresidenz des Earl of Kildare, einem in der irischen Hauptstadt Dublin gelegenen imposanten Aristokratenpalais. So entstand mit der Stadt Washington, D.C., unter der Oberaufsicht des Präsidenten eine auf dem Reißbrett entworfene neue Stadt, die in einem für amerikanische Verhältnisse ungewöhnlichem Glanz alteuropäischer Noblesse und Eleganz erstrahlte.

Unter Washingtons Oberkommando wurden ab 1790 auch etliche Verträge mit jenen Indianerstämmen geschlossen, die durch Landkauf – teils aber auch durch wilde Besiedlung ihrer angestammten Jagdgründe – von weißen Amerikanern immer weiter ins Innere des nordamerikanischen Kontinents zurückgedrängt worden waren. Washington, der seit den Tagen des Siebenjährigen Krieges wusste, wie wichtig ein freundschaftliches Einvernehmen mit den Ureinwohnern für die ungestörte Entwicklung der amerikanischen Staaten war, legte großen Wert darauf, die Indianer fair zu behandeln. Illegale private Übergriffe auf die von den Indianern bewohnten Gebiete zwischen Appalachen und Mississippi wollte er unter allen Umständen und in alle Zukunft verhindern. Über mehrere Wochen hinweg empfing Washington daher im Jahr 1790 in Philadelphia Häuptlinge der verschiedensten Indianerstämme, die er wie vornehme europäische Staatsgäste mit aufwendigen Festessen bewirtete.

In einem an der Wende zum Jahr 1791 verfassten Brief an die Häuptlinge des Irokesenstamms der Seneca erläuterte der Präsident seine Indianerpolitik in großer Ausführlichkeit. Er wolle alle seine präsidialen Vollmachten dazu nutzen, »die Sicherheit des euch verbliebenen Landes« zu garantieren. Niemand dürfe »euer Land kaufen«, ohne zuvor die Zustimmung der obersten »Autorität der Vereinigten Staaten« eingeholt zu haben. Die US-Regierung werde dafür sorgen, dass Indianer niemals »betrogen«

würden. Vielmehr werde sie »alle eure gerechten Ansprüche schützen«. Auf die Anfrage der Indianer, ob sie auf ihren Ländereien Ackerbau betreiben dürften, da sie dort schon seit geraumer Zeit nicht mehr genügend bejagbares Wild vorfänden, antwortete Washington, dass »die Vereinigten Staaten glücklich wären«, wenn nun auch die nomadisierenden Indianer damit begännen, als sesshafte Farmer »den Boden zu bebauen«. Dann könnte »die väterliche Sorge, mit der die Vereinigten Staaten sich um die Indianer kümmern wollen«, viel leichter ausgeübt werden.

Washington schärfte den Irokesenhäuptlingen aber auch ein, dass er – so sehr die Vereinigten Staaten danach strebten, mit den ihnen wohlgesonnenen Indianern »befreundet zu sein« – niemals »die Vergehen der schlechten Indianer ohne Bestrafung dulden« werde. Was er mit dieser Drohung meinte, zeigte sich, als er im Herbst 1791 mehrere militärische Expeditionen ins Ohiotal beorderte, um dort gegen Aufstände der Wyandots, Shawnees und Miamis vorzugehen. Allerdings war diesen Waffengängen kein Erfolg beschieden. Noch agierten die verbündeten Ohio-Indianer entschlossen genug, um sich gegen die US-Soldaten mit respektheischendem Mut zur Wehr zu setzen.

Seit 1792 machte ihm ein heftiger Streit innerhalb seines Kabinetts zu schaffen. Zwischen seinen Ministern Jefferson und Hamilton hatte sich in den zurückliegenden beiden Jahren ein Riss aufgetan, der kaum mehr zu kitten war. Während Jefferson den Verdacht hegte, Hamilton wolle die USA klammheimlich in eine von Washington geführte Monarchie umwandeln, fürchtete der Finanzminister seinerseits, dass der Außenminister und Verfasser der Unabhängigkeitserklärung eine an den französischen Zuständen orientierte radikale Volksherrschaft anstrebe, die den erprobten amerikanischen Verfassungsrahmen langfristig zerstören werde.

Washington ermahnte sowohl Jefferson als auch Hamilton, sich wieder verstärkt auf gemeinsame politische Ziele zu besinnen. Am 26. August schrieb er an Hamilton, dass »Differenzen in politischen Auffassungen« zwar auch bei Ministern desselben Kabinetts »unvermeidlich« seien, doch eben nur »bis zu einem bestimmten Punkt«. Schließlich hätten doch alle Mitglieder der Regierung »dieselben allgemeinen Ziele im Blick«. Am 18. Oktober wies er auch Jefferson zurecht: »Ich bedauere – ich bedauere zutiefst – die Meinungsverschiedenheiten, die aufgebrochen sind, und die Sie und einen anderen führenden Diener der Regierung entzweit haben«. Inständig wünschte er sich, dass der Streit zwischen Jefferson und Hamilton »durch gegenseitiges Nachgeben« beigelegt werden könne.

Die amerikanischen Wähler beurteilten die präsidiale, stets zwischen allen Bevölkerungsgruppen vermittelnde, im entscheidenden Fall dann aber doch autoritäre Amtsführung ihres Regierungschefs, der zuweilen wie der Patriarch einer Großfamilie auftrat, so günstig, dass Washington nach Ablauf seiner ersten Amtsperiode von den wieder zusammengetretenen Wahlmännern einstimmig als Präsident bestätigt wurde. Die von ihm auch in seiner zweiten Amtszeit als Minister im Kabinett gehaltenen Streithähne Hamilton und Jefferson konnte Washington jedoch trotz der politischen Macht, mit der er nach seiner triumphalen Wiederwahl ausgestattet war, nicht miteinander versöhnen. Nach wie vor war es Jeffersons positive Einstellung zur Revolution in Frankreich, die der eigentliche Grund des Zerwürfnisses blieb.

Als Washington kurz nach seiner am 4. März 1793 erfolgten zweiten Inauguration erfuhr, dass der französische König Ludwig XVI. am 21. Januar hingerichtet worden war und die neue, vom ehemaligen Justizminister Georges Danton angeleitete Regierung nun in Frankreich eine Schreckensherrschaft errichtete, in der alle tatsächlichen oder vermeintlichen Gegner der Revolution mit dem Tod durch die Guillotine bedroht wurden, rückte er allmählich von Jefferson ab. Schon einige Monate zuvor hatte er verkündet, dass er zwar auch als Präsident niemals vergessen werde, wie er als General im Unabhängigkeitskrieg »in der Stunde der Bedrückung« eine »großzügige Hilfe der Franzosen« empfangen habe. Doch dürfe das Bewusstsein für diese historische Tat die Amerikaner nicht daran hindern, die nun in Frankreich eingetretene »Unordnung und Unsicherheit dieser Nation« scharf zu kritisieren. Als das revolutionäre Frankreich noch im Frühjahr 1793 Großbritannien den Krieg erklärte, schlug Washington sich nicht auf die Seite des ehemaligen Verbündeten, sondern proklamierte die »strikte Neutralität« der Vereinigten Staaten.

Für Jefferson, der erfreut war, dass Frankreich sich nach der Hinrichtung des Königs endlich auch eine republikanische Verfassung gegeben hatte, stellte Washingtons Neutralitätserklärung jedoch eine Parteinahme für das britische Königreich dar, das in seinen Augen einem anachronistischen Verfassungssystem verhaftet war. Er verurteilte die kühle Distanz, mit der Washington den stürmischen Entwicklungen in der französischen Republik begegnete, als Verrat an den politischen Idealen von 1776. Am 31. Dezember, reichte der amerikanische Außenminister sein Rücktrittsgesuch ein, das Washington bereits einen Tag später »akzeptierte«, wenn auch nicht ohne »ehrliches Bedauern«.

Im Verlauf des Jahres 1794 stellte sich heraus, dass Jefferson nicht der einzige Amerikaner war, dem Washingtons Amtsführung zunehmend weniger behagte. Überall im Lande entstanden »Demokratische Gesellschaften«, die in den USA die gleiche egalitäre Version republikanischer Selbstherrschaft einzuführen wünschten, die sie in Frankreich zu erblicken glaubten. Wirkungsvolle Unterstützung erhielten Jefferson und die Demokratenvereine auch von dem Journalisten Benjamin Franklin Bache, dem Enkel Franklins, der mit der geerbten Druckerpresse seines Großvaters in Philadelphia eine Zeitung herstellte, die den Präsidenten und seinen politischen Kurs in bis dahin nicht gekannter Schärfe kritisierte. In dieser Situation, in der in den USA erstmals politische Parteien entstanden, konnte Washington nun nicht länger die Rolle des überparteilichen Landesvaters spielen. Er musste sich in einer für die Öffentlichkeit deutlich wahrnehmbaren Weise positionieren. Und das tat er.

Als im August 1794 über 6000 Farmer im Westen Pennsylvanias gegen eine vom Kongress erhobene Verbrauchssteuer auf

Whiskey revoltierten, die Steuereintreiber mit Waffengewalt vertrieben und in der Nähe von Pittsburgh sogar symbolisch Guillotinen errichteten, um ihre Sympathie für die französischen Revolutionäre zum Ausdruck zu bringen, ging der Präsident als Oberkommandierender der amerikanischen Truppen persönlich gegen die Whiskey-Rebellen vor. Zunächst stellte er fest, dass er »diesen Aufstand als die erste schreckliche Frucht der Demokratischen Gesellschaften« betrachte, die »unter Zurschaustellung populärer und faszinierender Maskeraden die teuflischsten Versuche« unternähmen, »die beste Bauart einer humanen Regierungsform zu zerstören, die jemals der Menschheit zur Annahme präsentiert worden ist«. Und er fügte hinzu, dass die politischen Ideen der angeblich so demokratisch gesinnten Aufständischen nur »Anarchie und Verwirrung« stifteten. So übernahm er persönlich das Kommando über 13 000 Soldaten, die er im Oktober zusammen mit Hamilton an der Spitze ins westliche Pennsylvania führte. Zum Kampf kam es allerdings nicht, weil die Aufständischen zuvor die Flucht ergriffen und die Waffen streckten. Als Hamilton in Pittsburgh einmarschierte, versprach er auf Washingtons Geheiß allen Rebellen, die bereit waren, wieder auf den Boden der durch die Verfassung bezeichneten Ordnung zurückzukehren, vollständige Straffreiheit.

Washington, der sich ein gedeihliches demokratisch-republikanisches Zusammenleben nur im Rahmen des 1787 beschlossenen Verfassungswerks vorstellen konnte – das notfalls auch mit Waffen verteidigt werden musste –, hatte sich somit klar und deutlich gegen alle vom französischen Denken beeinflussten radikaldemokratischen Tendenzen innerhalb der Grenzen der USA bekannt. 1795 unterzeichnete er dann einen vom obersten amerikanischen Richter John Jay ausgehandelten Handelsvertrag mit Großbritannien, der das von ihm lange aufrechterhaltene Neutralitätsprinzip im internationalen Warenverkehr zum Schaden Frankreichs konterkarierte. Erneut tobten Washingtons innenpolitische Gegner. Als Benjamin Franklin Bache den Text des Vertrages am 1. Juli veröffentlichte und mit einem bitterbösen Kommentar versah, ätzte der Präsident nur vier Wochen später in einem vertraulichen Schreiben an Hamilton, dass »der Aufschrei gegen den Vertrag« bald wieder abebben werde, wenn der bei Teilen des amerikanischen Volkes journalistisch angeheizte »Fieberanfall wieder abgeklungen ist«.

Doch die Amerikaner kamen nicht zur Ruhe. Obwohl Washington auch weiterhin ein direktes Eingreifen in den Krieg zwischen dem revolutionären Frankreich und Großbritannien vermied, nahmen ihm viele seiner Landsleute den Jay-Vertrag dauerhaft übel. Als die radikaldemokratische Presse weiter gegen seine Amtsführung wetterte und dabei auch immer häufiger seine persönliche Integrität in Frage stellte, fasste der von diesen journalistischen Attacken gekränkte und zermürbte Washington den Entschluss, auf eine Kandidatur für eine dritte Amtszeit zu verzichten und diesen Verzicht beizeiten öffentlich kundzutun. In einer von Hamilton redigierten und im Herbst 1796 in allen Zeitungen der USA gedruckten »Abschiedsbotschaft« erläuterte der 64-jährige Präsident seinen Mitbürgern die Gründe für seinen Rückzug aus der Politik. Zugleich erklärte er den Amerikanern, welchen Weg die Vereinigten Staaten zukünftig am besten beschreiten sollten.

Er habe sich entschieden, ließ er alle seine »Freunde und Mit-Bürger« wissen, nicht mehr zur Zahl derer gehören zu wollen, »aus denen per Wahl jemand hervorgeht«, der »den exekutiven Part der Regierung der Vereinigten Staaten administriert«. Denn jeder kräfteraubende Tag, der beim Regierungshandeln vergehe, erinnere ihn mit erbarmungsloser Gewalt an »das zunehmende Gewicht der Jahre«, das ihm zu schaffen mache. So halte er es aus Altersgründen schlicht für »notwendig«, die ihm verbleibenden Lebenstage statt in der Hitze des tagespolitischen Geschäftes »im Schatten der Zurückgezogenheit« von Mount Vernon zu verbringen. Schließlich wisse doch jeder Bürger der Vereinigten Staaten, dass ein gewählter amerikanischer Präsident ohnehin immer nur ein Staatsdiener auf Zeit sei. Und er dankte seinen Mitbürgern für die »vielen Ehrenbezeugungen«, mit denen sie ihn während seiner Amtsjahre überschüttet hatten.

Auch gab er einige wichtige Ratschläge für die Zukunft. Es sei für die Amerikaner als freie, demokratische und republikanische Nation überlebenswichtig, »die freie Verfassung« von 1787, »die das Werk Eurer Hände ist«, dauerhaft so zu schützen, dass sie gleichsam als »geheiligte« Schrift unumstößlich »in Geltung« stehe. Zwar sei »das Fundament unseres politischen Systems das Recht des Volkes, die Zusammensetzung der Regierung zu bilden und wieder zu verändern«. Doch die Bewahrung der Verfassung selbst, »die zu jeder gegebenen Zeit bestehen bleibt« und die eine regelmäßige Regierungsumbildung durch das legale Verfahren ordentlicher und geheimer Wahlen erst garantiere, müsse »von allen als heilige Verpflichtung« betrachtet werden.

Im Übrigen setze »die Idee von der Vollmacht und dem Recht des Volkes, eine Regierung einzusetzen«, die »Pflicht eines jeden Individuums« voraus, »der so eingesetzten Regierung dann auch gehorsam zu sein«. Alle Angriffe auf dieses Regierungs- und Verfassungsverständnis seien für eine die Freiheit liebende Gesellschaft »destruktiv« und »tödlich«. Selbst wenn populistisch agierende politische Vereinigungen, ohne durch Wahlen legitimiert zu sein, für sich das Recht in Anspruch nähmen, für das gesamte Volk zu sprechen, um dann auf der Basis dieser Behauptung »die Zügel der Regierung« in einem Staatsstreich »zu usurpieren«, würden auch sie letztlich die fatale Erfahrung machen, »dass sie auf diese Weise die Kräfte zerstören, die sie in die Position ihrer ungerechten Herrschaft gehievt haben«.

Als Washington dann im Frühling des Jahres 1797 aus dem Amt schied, folgte ihm als Präsident John Adams nach, sein bisheriger loyaler Vizepräsident, der nach äußerst knappem Wahlausgang den Herausforderer Jefferson auf den zweiten Platz verweisen konnte. Dieser Wahlsieg war für Washington eine persönliche Genugtuung, da auch Adams auf Distanz zum revolutionären Frankreich ging, ohne die von seinem Vorgänger vorgegebene amerikanische Neutralitätspolitik anzuzweifeln. Nur einmal, im Sommer des Jahres 1798, als die französische Flotte immer häufiger Angriffe auf die mit den Briten Handel treibenden Schiffe der Amerikaner unternahm, war die Versuchung für Adams groß, in den europäischen Krieg einzugreifen. Vorsorglich bestimmte er in dieser gefährlichen Situation Washington noch einmal zum »Generalleutnant und Oberbefehlshaber aller ausgehobenen oder noch auszuhebenden Armeen im Dienste der Vereinigten Staaten«. Doch die Krise ebbte wieder ab, bevor Washington das militärische Kommando übernehmen konnte.

Die einzige öffentliche Aufgabe, die ihm nun noch blieb, war die regelmäßige Überwachung der Bauarbeiten in der nach ihm benannten neuen Bundesstadt, die ja von Mount Vernon aus leicht zu erreichen war. Sein besonderes Anliegen war es, dort auch eine landesweit bedeutsame Universität zu errichten. Immer wieder kam er darauf zu sprechen, dass es »in diesem Zeitalter freier Forschung und aufgeklärter Vernunft« auch in den USA »notwendig« sei, eine Hochschule zu gründen, in der »die Künste, die Wissenschaften und die Belletristik in ihrer ganzen Breite unterrichtet« werden konnten. Jede neue Generation »unserer Bürger« müsse »mit einer guten Ausbildung auf die Anforderungen des öffentlichen wie des privaten Lebens« vorbereitet werden. Unerlässlich sei es daher, in der neuen Hauptstadt talentierte »Jugendliche aus den verschiedenen Teilen unserer aufstrebenden Republik zu versammeln«, damit sie dort »durch ihren Umgang miteinander« lernten, solche »Vorurteile zu überwinden«, die bei ihnen sonst »vielleicht aufgrund lokaler Umstände entstehen« könnten.

Wiewohl Washington noch bei leidlicher Gesundheit war – lediglich die unangenehmen Begleiterscheinungen seiner vollständigen Zahnlosigkeit, die er mit einem Holzgebiss nur unvollkommen kaschieren konnte, bereiteten ihm Verdruss –, ließ er nun immer häufiger sein gelebtes Leben Revue passieren. In der Vorahnung, dass ihm nun nicht mehr viel Lebenszeit beschieden sein würde, machte er sein Testament. Darin verfügte er, dass alle Sklaven und Sklavinnen, die ihm gehörten, beim Tod seiner Frau in die Freiheit entlassen werden sollten. Damit hatte er hinsichtlich der in den Südstaaten noch immer gestatteten

Sklaverei, des wohl schrecklichsten Widerspruchs des amerikanischen Gesellschaftssystems, wenigstens sein Gewissen erleichtern können.

Auch in seinen persönlichen Briefen bilanzierte er den Verlauf seines Lebens. So war es ihm ein Bedürfnis, seiner Jugendliebe Sally Fairfax, die jetzt als alternde Witwe in England lebte, noch einmal ausdrücklich von der tiefen Zuneigung zu berichten, die er nach wie vor für sie empfand. »Kein einziges der Ereignisse«, die sein Leben in so wunderbarer Weise ausgezeichnet hätten, und »nicht einmal alle zusammengenommen«, versicherte er ihr in bewegenden Worten, hätten es »vermocht, die Erinnerungen an die glücklichen Momente, die glücklichsten meines ganzen Lebens, auszulöschen, die ich mit Dir zusammen genossen habe«. Dies wollte er ihr gerade auch mit Blick auf »den Rest meiner Tage (von denen es nicht mehr viele geben kann)« unbedingt aufs Neue gestehen.

Von den Briefen, die er in der Abgeschiedenheit von Mount Vernon empfing, las er besonders gern die essayartigen Depeschen des US-Diplomaten John Quincy Adams, den sein Vater, der Präsident John Adams, als Botschafter nach Berlin entsandt hatte. Dort, in der preußischen Hauptstadt an der Spree, sollte der Sohn den zunächst befristeten, von Friedrich dem Großen ausgehandelten preußisch-amerikanischen Handelsvertrag von 1785 um weitere Jahre verlängern und gegebenenfalls an die seither veränderten Weltgegebenheiten anpassen. Washington empfand es nicht als anstößig, dass ein Präsident einen solch wichtigen Auftrag und ein so würdevolles Amt an den eigenen Sohn vergab. Im Gegenteil: Obgleich der Gutsherr von Mount Vernon nicht voraussehen konnte, dass John Quincy Adams in einem Vierteljahrhundert selbst amerikanischer Präsident wurde, erblickte er in dem jungen Mann schon jetzt ein großes politisches Talent, das gefördert werden musste. Immerhin wagte Washington noch kurz vor seinem Tod die Prophezeiung, dass sich der Berliner Botschafter Adams »im diplomatischen Corps als der Fähigste von allen erweisen« werde.

Als ihn schließlich der Tod kurz vor Ablauf des Jahres 1799 ereilte, hatte er alle seine persönlichen Angelegenheiten geordnet. Die Todesursache war eine akute Kehlkopfentzündung, die der Ex-Präsident sich am 12. Dezember bei einem mehrstündigen Ritt durch seine Ländereien in einem schweren Schneesturm zugezogen hatte. Schon zwei Tage später raubte ihm der geschwollene Hals, den die herbeigerufenen Ärzte nicht kurieren konnten, den letzten Atem. Noch im Sterben fühlte er sich im Beisein seiner Frau und seines Leibsklaven, die gemeinsam in seinem Schlafzimmer an seinem Bett wachten, den immer schwächer werdenden Puls. Die letzten vernehmlichen Worte, die Washington sich unter Mühen abpresste, waren: »Es ist gut.« Vier Tage später bestattete man ihn unweit seines Herrenhauses in einer auf einem dicht bewaldeten Hang gelegenen Gruft.

Nach dem einschneidenden Verlust des heldenhaften Vaters ihrer Nation standen die Vereinigten Staaten vor einem Neubeginn, und auch die Welt steuerte mit Beginn des Jahres 1800 auf ein neues Zeitalter zu. So stellte sich die Frage, welches bleibende Vermächtnis Washington als einer der führenden Repräsentanten des Zeitalters der Aufklärung der Nachwelt hinterlassen hatte. Würden seine Errungenschaften, würde die Verfassung der USA, würde die in den Vereinigten Staaten modellhaft errichtete demokratisch-republikanische Gesellschaftsordnung auch über das 18. Jahrhundert hinaus Bestand haben?

Auch den US-Botschafter John Quincy Adams in Berlin trieben diese Fragen um. In einer ersten spontanen Reaktion auf die Nachricht vom Ableben Washingtons notierte er am 4. Februar 1800: »Der Verlust eines solchen Mannes ist ein Unglück für die Menschheit.« Aber was meinte der Diplomat damit? Setzte er nicht genügend Vertrauen in die Funktionstüchtigkeit jener doch vom Charisma bedeutender Persönlichkeiten unabhängigen demokratischen Verfahren der Vereinigten Staaten, die seit 1776 auch in immer weiteren Teilen Europas Vorbildcharakter bekommen hatten? War nicht schon der erste Wechsel im Amt des Präsidenten, die Übergabe der Präsidentschaft an seinen eigenen redlichen Vater, eine erfolgreich bestandene Bewährungsprobe der amerikanischen Verfassung gewesen? Konnte man denn immer noch am glücklichen Ausgang des republikanischen Experimentes in den USA zweifeln?

Ja, man konnte. Der Botschafter Adams hielt die franzosenfreundlichen Gegner Washingtons, die nun zu den politischen Feinden seines Vaters geworden waren, mit ihren »schlechten Leidenschaften« zumindest für stark genug, um die Vereinigten Staaten »in eine schwere Bedrängnis zu bringen«. Wie eine solche Bedrängnis aussehen konnte, hatte soeben das in Anarchie und Terror abgeglittene Frankreich vorgeführt, das ja 1789 einen durchaus hoffnungsvollen republikanisch-demokratischen Aufbruch gewagt hatte. Durch einen Staatsstreich hatte sich der Revolutionsgeneral Napoleon Bonaparte im November 1799 in Frankreich die Alleinherrschaft gesichert, die er ab sofort als »Erster Konsul« in Form einer verdeckten Diktatur ausübte. Zeigte Napoleons Triumph, der beim Botschafter nach eigener Aussage »Übelkeit erregte«, nicht deutlich an, dass alle demokratisch-republikanischen Experimente früher oder später in Diktaturen münden mussten, schlimmen Diktaturen gar, die den aufgeklärten Absolutismus Friedrichs des Großen im Nachhinein nun doch als die wünschenswerteste aller Regierungsformen erscheinen ließ? Auch Friedrich hatte den Vereinigten Staaten noch kurz vor seinem Tod gegenüber Lafayette den Weg ins Chaos prophezeit.

John Quincy Adams, der schon in seiner frühesten Jugend ein Verehrer des Preußenkönigs war, hatte sich bereits als vierzehnjähriger Knabe in einer Buchhandlung von seinem eigenen Taschengeld die vierbändige Gesamtausgabe des dichterischen Werks Friedrichs des Großen gekauft. Noch immer pries er die überragende Rolle, die der 1786 verstorbene König als aufgeklärter Erzieher seines Volkes über Jahrzehnte hinweg gespielt hatte. Zudem konnte der Botschafter, der sich seit Beginn seines Aufenthalts in Berlin wiederholt mit Friedrichs noch lebendem Bruder Prinz Heinrich zum ausführlichen Gespräch verabredet hatte, fasziniert feststellen, dass Friedrich der Große – anders als in den ersten Jahren nach seinem Tod – in Berlin wieder in hohem Ansehen stand. Da sein Nachfolger Friedrich Wilhelm II. die Presse- und Religionsfreiheit bereits unmittelbar nach seinem Amtseintritt stark beschnitten hatte, blickten viele Berliner rasch wieder sehnsüchtig auf die jetzt als liberal verklärten Regierungsjahre des »Alten Fritz« zurück.

Auch nachdem der als »dicker Lüderjahn« – als Taugenichts – vom Volk verspottete neue König 1797 gestorben und von seinem nicht weniger autoritären Sohn Friedrich Wilhelm III. im Amt des Königs beerbt worden war, blieb Friedrich der Große im Gedächtnis der Preußen als ein wichtiger Maßstab für gutes und gerechtes Regierungshandeln. Im Vergleich zu den beiden mächtigsten europäischen Herrschern der Gegenwart, dem Diktator Napoleon Bonaparte und dem exzentrischen russischen Autokraten Zar Paul I., erschien der große Preußenkönig in der Rückschau als weiser und aufgeklärter Herrscher, als ein seinem Volk in pflichtbewusster Gesinnung dienender Regent. War seine maßvolle Regierungsweise im Anbetracht der Wirren der Zeit nicht wieder ein bedeutender Fingerzeig, an dem sich die europäischen Regierungen orientieren konnten? Oder würde stattdessen doch eher die Präsidentschaft Washingtons, der die friderizianische Regierungsform ja letztlich als Tyrannei diskreditiert hatte, noch im 19. Jahrhundert und darüber hinaus als ein prototypisches Modell für modernes Regierungshandeln in Geltung stehen? Welcher der von Friedrich dem Großen und George Washington beschrittenen Wege der politischen Aufklärung würde sich als der zukunftsträchtige erweisen?

Nur die Zukunft selbst konnte die Antwort auf diese Fragen geben. In Berlin traf jedoch schon am 14. April 1801 ein prominenter Bewohner der Stadt, der sowohl dem Erbe Friedrichs des Großen als auch dem Vermächtnis George Washingtons großen Respekt entgegengebrachte, eine ganz persönliche Entscheidung, mit der er deutlich machte, wer von diesen beiden Heroen, die das 18. Jahrhundert wesentlich geprägt hatten, seines Erachtens den politischen Königsweg in die Zukunft wies. An diesem Apriltag taufte John Quincy Adams seinen neugeborenen ersten Sohn in Berlin auf den Namen jenes Helden, der für ihn auch bei abschließender gründlicher Betrachtung – trotz aller Kritik an ihm zu Lebzeiten – die politische Zukunft verkörperte: George Washington.

DANK

Das Entstehen dieses Buches haben viele Kollegen in den USA und in Europa, aber auch Freunde und Familienmitglieder über Jahre hinweg mit nachdrücklicher Ermutigung und ungezählten Anregungen begleitet. Ohne ihr Mitdenken und ihren anteilnehmenden Enthusiasmus wäre dieses Buch nicht in der vorliegenden Form geschrieben worden. Dass es überhaupt entstand, verdanke ich zuvörderst dem großen Interesse, das der Verlag Klett-Cotta meiner Idee entgegenbrachte, die Lebensläufe des großen preußischen Königs und des ersten amerikanischen Präsidenten einmal vergleichend zu erzählen.

Danken möchte ich daher an erster Stelle dem Verleger Michael Klett, der das Buchkonzept nicht nur von Anfang an guthieß, sondern mich durch sein gezieltes Nachfragen auch wiederholt zu größerer analytischer Präzision veranlasste. Gleich drei Lektoren beförderten das Werden des Buches: Christoph Selzer begutachtete die erste Projektskizze mit großer Begeisterung und stellte den Kontakt zum Verlag her; Teresa Löwe-Bahners wies mich immer wieder mit behutsamer Beharrlichkeit darauf hin, die Ausgewogenheit meiner Darstellung der preußischen und amerikanischen Aufklärung nicht aus dem Blick zu verlieren; Balthasar Haußmann lektorierte schließlich gründlich und einfühlsam das gesamte Manuskript. Ihnen allen danke ich für ihre Freundlichkeit, für ihre Sorgfalt und für viele unschätzbare Hinweise.

Meine Recherchen zu diesem Buch führten mich in zahlreiche in- und ausländische Bibliotheken und Archive, deren Mitarbeiter mir stets mit geduldiger Hilfsbereitschaft zur Seite standen. Zu besonders großem Dank verpflichtet bin ich dem Personal der Bibliothek des John-F.-Kennedy-Instituts für Nordamerikastudien der Freien Universität Berlin, der William L. Clements Library der University of Michigan in Ann Arbor, des Archivs der American Philosophical Society in Philadelphia und des Geheimen Staatsarchivs Preußischer Kulturbesitz in Berlin. In allen genannten Institutionen konnte ich auch sehr kostbare Bücher und einzigartige Akten entleihen und ausheben lassen, was ich durchaus nicht als Selbstverständlichkeit betrachte.

Meiner Frau Kerstin und unseren Söhnen Julius und Konstantin danke ich dafür, dass sie in den vergangenen Jahren nicht nur meine vielen Bibliotheks- und Archivreisen in die USA tolerierten, sondern auch mein sehr regelmäßiges Versunkensein in die Welt des 18. Jahrhunderts, das sich besonders häufig am gemeinsamen abendlichen Esstisch manifestierte, wo ich oft meinen Gedanken über die Taten Friedrichs und Washingtons nachhing, die ich zuvor beschrieben hatte. Soviel Toleranz zeugt nicht nur von der praktischen Beherzigung einer Kardinaltugend des Zeitalters der Aufklärung, sondern mehr noch von einer uneingeschränkten und liebevollen Unterstützung meiner wissenschaftlichen Neigungen. Dafür kann ich meiner Familie nur von ganzem Herzen und in Liebe danken.

Dankbar bin ich auch und vor allem jenen Historikerkollegen und -kolleginnen, mit denen ich mich in Philadelphia und Berlin – also den Metropolen der amerikanischen und preußischen Aufklärung – in den vergangenen Jahren am intensivsten über Friedrich, Washington, Preußen, die USA oder auch ganz allgemein über die Grundsätze und Aufgaben unserer Profession austauschen konnte: Die vielen anregenden Gespräche mit Johannes Burkhardt, Volker Depkat, Roy Goodman, Andreas Kossert, Benjamin Marschke, Vanessa de Senarclens, Frank Trommler und Kerstin Weiand haben mich nicht nur fachlich inspiriert, sondern auch menschlich bereichert.

Das gilt ganz besonders für meinen akademischen Lehrer Quentin Skinner. Seit meiner Studienzeit in Cambridge ist mir sein Verständnis der frühneuzeitlichen Geschichte und seine auch in vielen Essays dargelegte Auffassung von der angemessenen Vorgehensweise des Historikers vorbildlich geblieben. In gewisser Weise erweist sich für mich erst jetzt, zwanzig Jahre nach unserer ersten Begegnung, wie prägend und wegweisend die Auseinandersetzung mit seiner Methodologie einer modernen Diskursgeschichte für meine historische Forschung geworden ist. Friedrich den Großen und Washington als Teilnehmer eines von Hobbes, Locke und Leibniz begonnenen Diskurses über politische Aufklärung zu deuten – um dann die politischen Handlungen des Preußenkönigs und des amerikanischen Präsidenten am Anspruch eben dieses transatlantischen intellektuellen Kontextes zu messen – wäre mir ohne Skinners Inspiration wohl nicht in den Sinn gekommen. Dafür und für seinen jahrelangen Zuspruch gebührt ihm mein aufrichtiger Dank.

LITERATUR

Bei der Abfassung dieses Buches habe ich in einigen Fällen auch unveröffentlichte Manuskripte konsultiert und zitiert, auf die ich während meiner Recherchen im Geheimen Staatsarchiv Preußischer Kulturbesitz in Berlin und in der American Philosophical Society in Philadelphia stieß: Lange verschollene Gedichte Friedrichs des Großen sowie briefliche Mitteilungen von Washingtons engem Vertrauten Lafayette an Benjamin Franklin über seinen Aufenthalt in Preußen. Zum ganz überwiegenden Teil aber fußt meine Darstellung auf der gründlichen Auswertung der mit großer Sorgfalt erstellten Gesamtausgaben der Werke Friedrichs des Großen und George Washingtons.

Die bis heute maßgebliche Edition der Werke des Preußenkönigs ist die von Johann David Erdmann besorgte kritische Gesamtausgabe Œuvres de Frédéric le Grand in 30 Bänden (Bde.1–7: Œuvres historiques; Bde. 8–9 Œuvres philosophiques; Bde. 10–15 Œuvres poétiques; Bde. 16–27 Correspondance; Bde 28–30 Œuvres militaires). Diese Ausgabe erschien zwischen 1846 und 1857 in Berlin. Die wichtigste Werkausgabe in deutscher Übersetzung ist die zum zweihundertsten Geburtstag des Preußenkönigs vorgelegte Edition Die Werke Friedrichs des Großen, hg. von Gustav Berthold Volz, 10 Bde., Berlin 1912–1914. Die Texte dieser Standardausgaben von Preuss und Volz sind jetzt auch auf einer von der Universitätsbibliothek Trier erstellten Website einsehbar: friedrich.uni-trier.de

Eine weitere wichtige Quellengrundlage ist die von Johann Gustav Droysen, Max Duncker, Reinhold Koser, Gustav Berthold Volz u. a. herausgegebene Politische Correspondenz Friedrichs des Großen, 46 Bde., Berlin 1879–1939. Sie dokumentiert schriftliche Äußerungen der Jahre 1740 bis März 1782. Erst kürzlich erschien in Köln der von Peter Baumgart herausgegebene Band 47 dieser Reihe. Er enthält zwischen April 1782 und Dezember 1782 verfasste Texte. Eine zweisprachige Ausgabe der Schriften Friedrichs des Großen wird zur Zeit von Anne Baillot, Günther Lottes, Brunhilde Wehinger, Vanessa de Senarclens, Jürgen Overhoff u. a. als Potsdamer Ausgabe/Édition de Potsdam (frz./dt.) herausgegeben. Diese Ausgabe ist auf zwölf Bände angelegt. Bislang erschien der Band VI (Philosophische Schriften: Antimachiavel u. a.), Berlin 2007.

Wichtige Ausgaben von Briefen des Preußenkönigs sind der Briefwechsel Friedrichs des Großen mit Grumbkow und Maupertuis (1731–1759), hg. von Reinhold Koser, Leipzig 1898, der Briefwechsel Friedrichs des Großen mit Voltaire, 3 Bde., hg. von Reinhold Koser und Hans Droysen, ND der Ausgabe von 1908/1909 und 1911, Osnabrück 1965 und die Briefe Friedrichs des Großen, dt. von Friedrich von Oppeln-Bronikowski und Eberhard König, hg. von Max Hein, 2 Bde., Berlin 1914. Eine Quelle von hohem Informationswert ist zudem: Heinrich von Catt. Unterhaltungen mit Friedrich dem Großen. Memoiren und Tagebücher, hg. von Reinhold Koser, Leipzig 1884.

Neue, gute und leicht erschwingliche Sammlungen von Briefen, Schriften und Gedichten Friedrichs des Großen sind: Voltaire – Friedrich der Große: Briefwechsel, hg. und übersetzt von Hans Pleschinski, München 2004, Friedrich der Große: Ausgewählte Schriften, hg. von Ulrike-Christine Sander, Frankfurt a. M. 2011 und An meinen Geist. Friedrich der Große in seiner Dichtung: Eine Anthologie, frz./dt., hg. von Jürgen Overhoff und Vanessa de Senarclens, Paderborn 2011.

Für lange Zeit die wichtigste Werkausgabe George Washingtons war die von John C. Fitzpatrick herausgegebene Edition Writings of George Washington, 39 Bde., Washington, DC, 1931–1939, die aber keine an Washington gerichtete Korrespondenz enthält. In den 1970er Jahren begannen dann an der University of Virginia die Vorbereitungen für die moderne Standardausgabe der Washington Papers, die seit 1983 in fünf Reihen erscheint: The Papers of George Washington: Colonial Series, 10 Bde., hg. von W.W. Abbot, Dorothy Twohig u. Philander D. Chase (Hg.), Charlottesville, VA 1983–1995; The Papers of George Washington: Revolutionary War Series bislang 20 Bde., hg. von W.W. Abbot, Dorothy Twohig u. Philander D. Chase, Charlottesville, VA, 1985 – ; The Papers of George Washington: Confederation Series, 6 Bde., hg. von W.W. Abbot u. Dorothy Twohig, Charlottesville, VA, 1992–1997; The Papers of George Washington: Presidential Series, bislang 15 Bde., hg. von W.W. Abbot u. Dorothy Twohig, Charlottesville, VA, 1987 – ; The Papers of George Washington: Retirement Series, 4 Bde., hg. von W.W. Abbot, Charlottesville, VA, 1998–1999.

Weitere unverzichtbare Quellen für das Studium der Biographie Washingtons sind zudem seine Tagebücher The Diaries of George Washington, 6 Bde., hg. von Donald Jackson u. Dorothy Twohig, Charlottesville, VA, 1976–1979 und die während seiner Präsidentschaft erstellten Protokolle seiner Amtshandlungen The Journal of the Proceedings of the President. 1793–1797, hg. von Dorothy Twohig, Charlottesville, VA, 1981. Eine gute und kompakte Auswahl seiner wichtigsten Schriften präsentiert die einbändige Ausgabe George Washington: Writings, hg. von John Rhodehamel, New York 1997.

Deutsche Übersetzungen einiger weniger Schriften Washingtons sind zuletzt in der ersten Hälfte des 20. Jahrhunderts veröffentlicht worden: Die drei großen Amerikaner Hamilton, Jefferson und Washington. Auszüge aus ihren Werken, hg. von Adolf Rein, Berlin 1923 und George Washington: Abschiedsbotschaft 1796, hg. v. J.G. Boeck, übers. u. Nachwort. v. Walther Peter Fuchs, Müllheim/Baden 1948.

Die Lebensläufe Friedrichs des Großen und George Washingtons sind bislang noch nicht in einem Doppelporträt miteinander verglichen oder aufeinander bezogen worden. Allerdings enthalten die folgenden beiden Büchern zumindest in einigen Passagen Hinweise auf die vielversprechende Möglichkeit einer Doppelbiographie des preußischen Königs und des amerikanischen Präsidenten: Friedrich Kapp, Friedrich der Große und die Vereinigten Staaten von Amerika, Leipzig 1871 und Paul Sethe, Morgenröte der Gegenwart. Von Friedrich dem Großen bis Washington. Bilder und Texte, Stuttgart 1963.

Interessante Versuche, Friedrichs Leben im Rahmen einer Doppelbiographie zumindest im Kontext der europäischen Aufklärung zu schildern, bieten: Christian

Graf von Krockow, Die preußischen Brüder. Prinz Heinrich und Friedrich der Große. Ein Doppelportrait, Stuttgart 1996, Dieter Wunderlich, Vernetzte Karrieren: Friedrich der Große, Maria Theresia, Katharina die Große, Regensburg 2000, Paul Noack, Elisabeth Christine und Friedrich der Große. Ein Frauenleben in Preußen, Stuttgart 2001, Klaus Günzel, Der König und die Kaiserin: Friedrich II. und Maria Theresia, Düsseldorf 2005 und Sven Externbrink, Friedrich der Große, Maria Theresia und das Alte Reich. Deutschlandbild und Diplomatie Frankreichs im Siebenjährigen Krieg, Berlin 2006.

Auch der Lebensgang Washingtons ist wiederholt im Rahmen eines Doppelporträts geschildert und gedeutet worden, allerdings stets nur im Kontext der amerikanischen Aufklärung: Stuart Leibiger, Founding Friendship: George Washington, James Madison, and the Creation of the American Republic, Charlottesville 2001, James R. Gaines, For Liberty and Glory: Washington, Lafayette, and Their Revolutions, New York 2007, Dave R. Palmer, George Washington and Benedict Arnold: A Tale of Two Patriots, Washington DC, 2006.

Bis heute gilt die erstmals zu Beginn des 20. Jahrhunderts erschienene mehrbändige, von Reinhold Koser verfasste Geschichte Friedrichs des Großen, 4 Bde, ND der 6. u. 7. Aufl. von 1925, Darmstadt 1963 als Maßstäbe setzende Biographie des preußischen Königs, an der sich alle späteren Darstellungen seines Lebens messen lassen müssen. Zu den zuverlässigsten und zugleich originellsten Biographien, die nach Koser erschienen, zählen: Theodor Schieder, Friedrich der Große. Ein Königtum der Widersprüche, Berlin 1983, Karl Otmar von Aretin, Friedrich der Große. Größe und Grenzen des Preußenkönigs, Freiburg u.a. 1985, Gerd Heinrich, Friedrich II. von Preußen. Leistung und Leben eines großen Königs, Berlin 2009. Als moderne Standardbiographie ist mittlerweile zu betrachten: Johannes Kunisch, Friedrich der Große. Der König und seine Zeit, München 2004. Die stilistisch brillantesten und zudem mit höchst pointierten Beobachtungen aufwartenden Bücher zu Friedrich stammen aus den Federn von Sebastian Haffner, Preußen ohne Legende, Hamburg 1978 und Christian Graf von Krockow, Friedrich der Große – Ein Lebensbild, Bergisch-Gladbach 1987.

Die besten Biographien Friedrichs des Großen aus französischer Perspektive sind Pierre Gaxotte, Friedrich der Große. Das Werden eines Königs, Tübingen 1963 und Jean-Paul Bled, Friedrich der Große. Biographie, Düsseldorf 2006; Aus britischer Perspektive ist das Leben des Preußenkönigs in besonders erhellender Weise in folgenden Büchern und Artikeln beschrieben worden: Christopher Duffy, Friedrich der Große. Ein Soldatenleben, Zürich/Köln 1986, Tim Blanning, »Frederick the Great and Enlightened Absolutism«, in H.M. Scott (Hg.), Enlightened Absolutism. Reform and Reformers in Later Eighteenth-century Europe, London 1990, S.265–288, David Fraser, Frederick the Great: King of Prussia, London 2000 und Christopher Clark, Preußen. Aufstieg und Niedergang, 1600–1947, München 2007, S.220–315.

Einzelnen Lebensphasen Friedrichs des Großen oder speziellen Aspekten seines Charakters und Wirkens sind folgende aufschlussreiche Bücher gewidmet: Über seine Jugend und Erziehung informiert am ausführlichsten Ernst Bratuschek, Die

Erziehung Friedrichs des Großen, Berlin 1885. Der Fluchtversuch des Kronprinzen sowie der anschließende Prozess gegen ihn und seinen Fluchthelfer Katte ist am gründlichsten dargestellt in Carl Hinrichs, Der Kronprinzenprozeß. Friedrich und Katte, Hamburg 1936. Eindringliche Analysen der der traumatischen Erfahrungen, die der Kronprinz im Verlauf seiner Haft in Küstrin machen musste, bieten Ernst Lürßen, »Reinszenierung eines massiven Traumas. Leitmotive im Leben Friedrichs des Großen«, in: Jutta Gutwinski-Jeggle und Johann Michael Rotmann (Hrsg.), »Die klugen Sinne pflegend«. Psychoanalytische und kulturkritische Beiträge – Hermann Beland zu Ehren, Tübingen 1993, S. 414–431 und Ernst Lewy, »Die Verwandlung Friedrichs des Großen. Eine psychoanalytische Untersuchung«, in: Psyche 49 (1995), S. 727–804.

Das von Friedrich nach seiner Hochzeit bezogene Schloss Rheinsberg beschreibt einfühlsam Christian Graf von Krockow, Rheinsberg – Ein preußischer Traum, Leipzig 1992. Witzige, ironisierende und überaus anregende Gedanken zum Schlossbaus von Sanssouci sind enthalten in Heinz Dieter Kittsteiner, Das Komma von SANS,SOUCI. Ein Forschungsbericht mit Fußnoten, Heidelberg 2001. Friedrich als Dichter ist das Thema eines Buches von Eduard Spranger: Der Philosoph von Sanssouci, 2. Aufl., Heidelberg 1962. In welcher Weise Friedrich aufklärerisch wirkte untersucht der Band Friedrich II. und die europäische Aufklärung, hg. von Martin Fontius, Berlin 1999. Über die von Friedrich angestoßene preußische Justizreform informiert: Peter Weber, »Was jetzt eben zu sagen oder noch zu verschweigen sei, müßt ihr selbst überlegen«. Publizistische Strategien der preußischen Justizreformer 1780–1794, in: Ursula Goldenbaum (Hg.), Appell an das Publikum. Die öffentliche Debatte in der deutschen Aufklärung 1687–1796, 2 Bde. Berlin 2004, hier Bd. 2 S. 729–812.

Die beiden Standardbiographien Washingtons sind: Douglas Southall Freeman, George Washington: A Biography, 7 Bde. New York 1948–1957 (Bd. 7 wurde fertiggestellt von John A. Caroll und Mary W. Ashworth), und James Thomas Flexner, George Washington, 4 Bde., Boston, MA, 1965–1972. Allerdings wurden in den vergangenen fünf Jahrzehnten dann auch weitere gründliche Washington-Biographien vorgelegt, die diese beiden älteren Darstellungen um viele wichtige Erkenntnisse, die im Zuge der voranschreitenden Forschung ans Licht gebracht wurden, ergänzen: Marcus Cunliffe, George Washington: Man and Monument, Boston, MA, 1958; Noemie Emery, George Washington, New York 1976; Edmund S. Morgan, The Genius of George Washington, New York 1980; Barry Schwarz, George Washington: The Making of an American Symbol, New York 1987; John E. Ferling, The First of Men: A Life of George Washington, 1988.

An der Wende zum 21. Jahrhundert erschienen dann zwei Bücher, in denen noch einmal viele Details der Lebensgeschichte des ersten amerikanischen Präsidenten einer gründlichen Revision unterzogen wurden: Richard Brookisher, Founding Father: Rediscovering George Washington, New York 1996, und Don Higginbotham (Hg.): George Washington Reconsidered, Charlottesville, VA, 2001. In der Nachfolge dieser Studien wurden dann von zwei stilistisch glänzenden und mit dem Pulitzerpreis ausgezeichneten Autoren Lebensbeschreibungen Washingtons vorgelegt, die außer originellen Perspektiven auf seinen Lebenslauf auch ein großes Lesevergnügen bieten: Joseph J. Ellis, His Excellency. George Washington, New

York 2004 (dt. Seine Exzellenz. George Washington: Eine Biographie, München 2005) und Ron Chernow, Washington. A Life, New York 2010.

Aus deutscher Perspektive wurde Washington einerseits in zwei im Grunde sehr lesenswerten Biographien beschrieben, die allerdings teilweise nicht ganz frei von sensationsheischenden Übertreibungen sind: Joseph-Thomas Göller, George Washington. Vom Waldläufer zum Staatsmann – der erste Präsident, Berlin 1998 und Franz Herre, George Washington. Präsident an der Wiege einer Weltmacht, Gernsbach 2008. Historisch weitaus zuverlässiger gearbeitet sind folgende kürzere Darstellungen, die sich im Wesentlichen mit bestimmten Aspekten der Präsidentschaft Washingtons befassen: Volker Depkat, »Die Erfindung der republikanischen Präsidentschaft im Zeichen des Geschichtsbruchs: George Washington und die Ausformung eines demokratischen Herrscherbildes«, in: Zeitschrift für Geschichtswissenschaft 56 (2008), S. 729–742; Ronald D. Gerste, Duell ums Weiße Haus: amerikanische Präsidentschaftswahlen von George Washington bis 2008, Paderborn 2008; Jürgen Heideking, »George Washington, 1789–1797. Schöpfer der amerikanischen Präsidentschaft«, in: Christof Mauch (Hg.), Die amerikanischen Präsidenten. 44 historische Portraits von George Washington bis Barack Obama, 5. Akt. Aufl., München 2009, S. 49–64.

Einzelnen Lebensabschnitten Washingtons oder speziellen Aspekten seines Persönlichkeit und Wirkens sind zahlreiche Studien gewidmet. Über seine Jugend informieren besonders ausführlich: Bernhard Knollenberg, George Washington: The Virginia Period, 1732–1775, Durham, NC, 1964, und Paul Longmore, The Invention of George Washington, Berkeley, CA 1988. Seine ersten militärischen Erfahrungen im Siebenjährigen Krieg und seine Rolle als vorbildlich kommandierender Offizier sind eindrucksvoll dargestellt in: Fred Anderson, Crucible of War: The Seven Years' War and the Fate of Empire in British North America, New York 2000, Don Higginbotham, George Washington and the American Military Tradition, 1985 und David Hackett Fischer, Washington's Crossing, New York 2006.

Als Gutsherr von Mount Vernon wird Washington in umsichtiger Weise geschildert in: Robert F. Dalzell Jr. und Lee Baldwin Dalzell, George Washington's Mount Vernon, Oxford 1998. Das von ihm dort und anderswo gepflegte Privatleben untersucht: Giles Unger, The Unexpected George Washington: His private Life, Hoboken, NJ, 2006. Seine Rolle als Sklavenhalter in Virginia und Philadelphia beleuchten kritisch: Fritz Hirschfeld, George Washington and Slavery: A Documentary Portrayal, Columbia, MO, 1997, und Henry Wiencek, An Imperfect God: George Washington, His Slaves and the Creation of America, New York 2003. Inwiefern Washington aber dessen ungeachtet dennoch als Aufklärer verstanden werden kann beschreibt: Garry Wills, Cincinnatus: George Washington and the Enlightenment, Garden City, NY, 1984.

Washingtons aufgeklärt-deistische Religiosität und sein Eintreten für religiöse Toleranz untersuchen folgende Studien: Fritz Hirschfeld, George Washington and the Jews, Newark, Delaware, 2005, David L. Holmes, The Faiths of the Founding Fathers, Oxford 2006, und Mary V. Thompson, »In the Hands of a Good Providence«. Religion in the Life of George Washington, Charlottesville, VA, 2008.

Das große politische Talent, über das Washington verfügte, sein Wirken als Präsident der Constitutional Convention von 1787 und sein Handeln als erster amerikanischer Präsident sind Aspekte seiner Biographie, die besonders ausführlich in folgenden Büchern zur Sprache kommen: Forrest McDonald, The Presidency of George Washington, Lawrence, Kansas, 1974; Glenn A. Phelps, George Washington and American Constitutionalism, Lawrence, Kansas,1995; John E. Ferling, The ascent of George Washington: the hidden political genius of an American icon, New York 2009.

Washingtons kritisch-distanzierte Haltung zur Französischen Revolution thematisieren: Louis Martin Sears, George Washington and the French Revolution, Detroit 1960; James R. Gaines, For liberty and glory: Washington, Lafayette and their revolutions, New York 2007. Die von Washington zur Zeit der Französischen Revolution befehligten Indianerkriege und sein Verhältnis zu den amerikanischen Ureinwohnern wird analysiert in: Wiley Sword, President Washington's Indian War: The Struggle for the Old Northwest, 1790–1795, Norman, Oklahoma, 1985.

Über Washingtons Tod, seinen Nachruhm und sein bis heute gültiges politisches Vermächtnis informieren am kenntnisreichsten: Richard Norton Smith, Patriarch: George Washington and the New American Nation, Boston, MA, 1993; Patrick J. Garrity, A Sacred Union of Citizens: George Washington's Farewell Address and the National Character, Lanham, MD, 1996. Peter R. Henriques, The Death of George Washington: He Died as He Lived, Mount Vernon, VA, 2000.

Abschließend nur noch einige bibliographische Hinweise zu den methodologischen Grundannahmen und zum erzählenden und heuristischen Ansatz des vorliegenden Doppelporträts:

Die Möglichkeiten und Grenzen einer vergleichenden Doppelbiographie werden noch immer am besten durch die Lektüre von Plutarchs Bioi paralleloi deutlich, die heute in zwei guten deutschen Übersetzungen erhältlich sind: Leben und Taten der großen Griechen und Römer. Doppelbiographien, 4 Bde, übers. von Eduard Eyth, mit einem Vorw. v. Holger Sonnabend (erschienen sind bislang die beiden ersten Bände) Frankfurt a. M. 2008 und Große Griechen und Römer, 6 Bde, übers. von Walter Wuhrmann, Konrat Ziegler und Hans Jürgen Hillen, Düsseldorf 2010.

Inwiefern die Schriften des englischen Philosophen Thomas Hobbes den Auftakt für den Diskurs über die zwei Wege der politischen Aufklärung bilden, machen die Ergebnisse folgender Studien ersichtlich: Jürgen Overhoff, Hobbes's Theory of the Will. Ideological Reasons and Historical Circumstances, Lanham, MD, 2000 und Richard Tuck, »Hobbes and Democracy«, in James Tully/Annabel Brett (Hg.), Rethinking the Foundations of modern political thought, Cambridge 2006, S. 171–190.

Die Methodologie Quentin Skinners, die eine wichtige Inspiration war, Friedrich den Großen und Washington als Teilnehmer eines von Hobbes begonnenen Diskurses über politische Aufklärung zu deuten, ist am ausführlichsten entfaltet in: James Tully (Hg.), Meaning and Context. Quentin Skinner and his Critics, Cambridge 1988, und in verknappter Zusammenfassung in: Eckhart Hellmuth/Martin Schmidt. »John G. A. Pocock, Quentin Skinner«, in: Lutz Raphael (Hg.), Klassiker der Geschichtswissenschaft, Bd. 2: Von Fernand Braudel bis Natalie Z. Davis, München 2006, S. 261–279.

BILDNACHWEIS

akg-images: Tafel I, II (unten rechts), III (oben links, o. rechts, unten links), IV (oben u. unten), V (unten), VI (oben);
IAM/akg: Tafel 2 (oben rechts);
akg/Erich Lessing: Tafel VIII (oben);
akg/North Wind Picture Archives: Tafel II (oben links).

bpk: Tafel VIII (unten);
bpk/Nationalgalerie SMB/Klaus Göken: Tafel V (oben).

© Massachusetts Historical Society, Boston, MA, USA/The Bridgeman Art Library.

© Jürgen Overhoff: Tafel VI (unten), VII.

PERSONENREGISTER